Andreas Rühl

Investmentfonds verstehen und richtig nutzen

Andreas Rühl

Investmentfonds verstehen und richtig nutzen

Strategien für die optimale Vermögensstruktur

FinanzBuch Verlag

Bibliografische Information der Deutschen Bibliothek:
Die Deutsche Bibliothek verzeichnet diese Publikation in der Deutschen Nationalbibliografie; detaillierte bibliografische Daten sind im Internet über **http://dnb.ddb.de** abrufbar.

Covergestaltung: Stephanie Villiger
Gesamtbearbeitung: Druckerei Joh. Walch, Augsburg
Lektorat: Dr. Renate Oettinger
Druck: Druckerei Joh. Walch, Augsburg

4., völlig überarbeitete Auflage 2006

Frundsbergstraße 23
80634 München
Tel. 089 651285-0
Fax 089 652096

Den Autor erreichen Sie unter:
ruehl@finanzbuchverlag.de

ISBN-10: 3-89879-222-6
ISBN-13: 978-3-89879-222-6

VORWORT

Das heutige Börsen- und Wirtschaftsumfeld ist nicht zu vergleichen mit der „Goldgräberzeit“ (1980 bis 2000), die vielen Anlegern noch gut in Erinnerung ist. Seither hat sich in der Wirtschaft und an der Börse vieles – zum Teil radikal – verändert. Für eine erfolgreiche Vermögensbildung muss dies bei Ihren zukünftigen Anlage- und Versorgungsentscheidungen berücksichtigt werden.

Meine jahrelangen Erfahrungswerte mit den verschiedenen Formen der Vermögensbildung haben mich zur Überzeugung gebracht, dass die optimale Vermögensbildung mit exzellent gemanagten Investmentfonds erzielt wird. Bitte beachten Sie: Die Betonung liegt auf exzellent gemanagt!

Ziel meiner Ausführungen ist es, dem Fondsneuling wie auch dem erfahrenen Investmentfondsanleger die beste Wissensgrundlage zu schaffen, die für das richtige Ausnutzen guter Fonds notwendig ist.

Aber auch bei der Anwendung dieser Wissensgrundlage ist es wichtig, sich die Gesetze der Kapitalmärkte bewusst zu machen. Sie müssen bewusst hören, lesen und sehen, warum die Bildung von Vermögen beim einen klappt und beim anderen nicht – trotz der gleichen Voraussetzungen.

Hier ist ganz erhebliche Aufklärungsarbeit notwendig!

Oder ist für Sie verständlich, dass mehr als die Hälfte der Anleger im Fidelity Magellan Fonds, einem der größten Fonds dieser Welt, in der Zeit von 1977 bis 1990, als der Fonds im Jahresdurchschnitt eine Rendite von nahezu 30% p. a. erzielte, ihre Anlage im Minus geschlossen haben?

Ihnen soll es besser gehen!

Mit diesem Buch

- erfahren Sie alles über die Investmentfondsanlage.
- werden Sie die Überzeugung gewinnen, dass Investmentfonds die optimale Kapitalanlageform sind.
- lernen Sie die Gesetze der Kapitalmärkte und Wirtschaftszyklen kennen und richtig zu nutzen.
- liegt das Wissen für Ihre erste Million vor Ihnen.

Bevor wir richtig loslegen, bedanke ich mich bei allen, die zum Gelingen dieses Buches beigetragen haben – ganz besonders Thorsten Pörschmann und Marco Feiten, die mir mit ihren Ideen und ihrer konstruktiven Kritik weitergeholfen haben, sowie bei Stefan Schörner vom FinanzBuch Verlag, der über viele Wochen geduldig meine Änderungen zur vierten Ausgabe eingearbeitet hat.

Ein ganz besonderer Dank gilt meiner Frau Michaela. Ihr Verständnis und ihre Unterstützung geben mir die Kraft, ein Geschäfts- und Arbeitsvolumen zu bewältigen, das weit über dem Normalstatus liegt.

Andreas Rühl

Inhaltsverzeichnis

1. Kapitel

Wollen Sie Millionär werden? Kennen Sie die Formel zur ersten Million?

„Dem Geld darf man nicht nachlaufen, man muss ihm entgegengehen."
Henry Ford

Da das reine Wissen um Investmentfonds durchaus eine trockene Materie sein kann, werde ich sie mit kleinen Exkursen immer wieder etwas auflockern. Beispiele aus dem Alltag werden sich mit Zahlen rund um die Millionärsformel© abwechseln.

Sie kennen die Millionärsformel© noch nicht?

Das ist wahrscheinlich der Hauptgrund, weshalb Sie von der ersten Million noch weit entfernt sind!

In meinem Arbeitsalltag werde ich immer wieder mit folgender Aussage konfrontiert:

„Mit 50 Euro im Monat lohnt es sich nicht anzufangen." Könnte diese Aussage auch von Ihnen stammen? Wenn Sie daran glauben, werden Sie nie Ihre erste Million erreichen. Nicht mit 50 Euro, aber auch nicht mit 1.000 Euro im Monat.

Sie sind in den Herbstferien und planen eine Wandertour. Was tun Sie?

Sie kennen das Ziel, den wundervollen Bergsee. Diesen Bergsee wollen Sie erreichen. In dem Moment, in dem Sie Ihr Ferienhaus verlassen und den ersten Schritt Richtung Bergsee getan haben, sind Sie zwar noch weit vom Ziel entfernt, aber Sie werden es erreichen.

Diesen ersten Schritt auf dem Weg zu Ihrer Million müssen Sie selbst tun! Sie müssen den Weg und das Ziel kennen und anfangen, diesem entgegenzugehen. Lernen Sie, reich zu werden.

Millionär zu werden kann man lernen. Lernen Sie die Millionärsformel© mit ihren Bausteinen, und setzen Sie zum ersten Schritt, Ihrem Reichtum entgegen, an.

Millionärsformel©:		
1 Mio € (Ziel)	=	Rendite p.a. x Kapitaleinsatz x Zeit (x Disziplin x **Wissen**) (Weg)

Eine Formel, die es in sich hat! Sie muss allerdings mit Leben gefüllt werden, damit Sie erkennen, wie wichtig die einzelnen Bausteine sind.

Das Zusammenwirken dieser Bausteine wird nirgendwo richtig gelernt bzw. gelehrt. Im gesamten Buch werden Sie dieser Formel in den zahlreichen Beispielen stets begegnen und sie in- und auswendig lernen. Ihnen wird bewusst werden, dass Sie die einzelnen Komponenten aufeinander abstimmen müssen. Dieses Bewusstsein wird Ihnen die Disziplin geben, um das Ergebnis aus jeder Lebensphase heraus zu erreichen.

Lassen Sie mich mit einem Beispiel für den Faktor Zeit beginnen.
(Millionärsformel©, Baustein: Zeit):

1.1 „Zeit ist Geld!"

Jedes Sprichwort hat seine Bedeutung. Meistens machen wir uns die Bedeutung jedoch nicht richtig bewusst. In Bezug auf die Aussage „Zeit ist Geld" zeigt Ihnen der folgende Fall, wie viel Geld Zeit tatsächlich ist.

Fall 1

PETRA UND SILKE haben beide im Alter von 18 Jahren ihre Lehre abgeschlossen. Sie genießen die Obhut des Elternhauses und können über den gesamten Nettobetrag ihres Gehaltes verfügen. Beide denken darüber nach, was sie mit ihrem monatlichen Betrag von 1.000 Euro machen können.

Silke vertritt die folgende Einstellung: „Ich lebe jetzt! Also gönne ich mir, was ich mir verdient habe. Das, was am Monatsende übrig bleibt, spare ich."

Petra folgt dem Tipp ihres Vaters. Sie lässt gleich zu Beginn jedes Monats 250 Euro vom Konto abbuchen, die sie spart. Da sie vorher eine wesentlich niedrigere Ausbildungsvergütung erhielt, stellt das für sie nicht einmal einen Verzicht dar. Schließlich kann sie sich mit dem Rest immer noch dreimal so viel leisten wie bisher!

Silke stellt schnell fest, dass am Monatsende zum Sparen nichts übrig bleibt. Da sie noch jung ist, beunruhigt sie das wenig, letztendlich hat sie noch viel Zeit.

Wie es der Zufall will, heiraten beide mit 31 Jahren. Bei Petra war bereits ein Kind unterwegs, sodass sie nicht mehr arbeitet. Das Gehalt ihres Mannes macht es möglich, dass auf das angesparte Kapital nicht zurückgegriffen werden muss, der monatliche Sparplan wird jedoch eingestellt. Silke und ihr Mann wollen keine Kinder. Sie nutzen jetzt ihr Doppeleinkommen und fangen an, monatlich 250 Euro zu sparen.

Kurz zusammengefasst:

Petra spart 13 Jahre 250 Euro monatlich und lässt dann das bereits aufgebaute Kapital weiterarbeiten. Silke fängt nach diesen 13 Jahren an, 250 Euro zu sparen.

Was denken Sie?

Wie lange müssen Silke und ihr Mann sparen, damit sie den Vermögenswert von Petra erreichen?

20 Jahre?
25 Jahre?
30 Jahre?
Oder noch länger?

	Petra bei einem Zins von 6 %	Silke bei einem Zins von 6 %	Petra bei einem Zins von 8 %	Silke bei einem Zins von 8 %
1. Jahr	3.097 €		3.130 €	
2. Jahr	6.380 €		6.510 €	
3. Jahr	9.861 €		10.161 €	
4. Jahr	13.550 €		14.104 €	
5. Jahr	17.460 €		18.362 €	
6. Jahr	21.606 €		22.961 €	
7. Jahr	25.999 €		27.928 €	
8. Jahr	30.657 €		33.292 €	
9. Jahr	35.594 €		39.086 €	
10. Jahr	40.827 €		45.342 €	
11. Jahr	46.374 €		52.100 €	
12. Jahr	52.254 €		59.398 €	
13. Jahr	58.487 €		67.280 €	
14. Jahr	61.996 €	3.097 €	72.663 €	3.130 €
15. Jahr	65.716 €	6.380 €	78.475 €	6.510 €
16. Jahr	69.659 €	9.861 €	84.753 €	10.161 €
17. Jahr	73.839 €	13.550 €	91.534 €	14.104 €
18. Jahr	78.269 €	17.460 €	98.856 €	18.362 €
19. Jahr	82.965 €	21.606 €	106.765 €	22.961 €
20. Jahr	87.943 €	25.999 €	115.306 €	27.928 €
21. Jahr	93.220 €	30.657 €	124.531 €	33.292 €
22. Jahr	98.813 €	35.594 €	134.493 €	39.086 €
23. Jahr	104.742 €	40.827 €	145.253 €	45.342 €
24. Jahr	111.026 €	46.374 €	156.873 €	52.100 €
25. Jahr	117.688 €	52.254 €	169.423 €	59.398 €
26. Jahr	124.749 €	58.487 €	182.977 €	67.280 €
27. Jahr	132.234 €	65.094 €	197.615 €	72.663 €
28. Jahr	140.168 €	72.097 €	213.424 €	78.475 €
29. Jahr	148.578 €	79.520 €	230.498 €	84.753 €
30. Jahr	157.493 €	87.389 €	248.938 €	91.534 €
.....	.....	.....	.....	.....
40. Jahr	282.046 €	197.328 €	537.439 €	273.408 €
.....	.....	.....	.....	.....
50. Jahr	505.102 €	394.213 €	1.160.290 €	635.610 €
.....	.....	.....	.....	.....
100. Jahr	9.304.065,36 €	8.160.779 €	54.419.495 €	31.607.039 €

Tabelle 1: Zeit ist Geld

Die beiden können Petra nie mehr einholen!

Die Kraft des Faktors Zeit, der daraus resultierende Zins und Zinseszins ist so gewaltig, dass Petra für immer Siegerin bleibt!

Mit der nebenstehenden Tabelle habe ich Ihnen die linearen Zahlenverläufe bei einem jährlichen Zinssatz von sechs und acht Prozent berechnet. Ergebnis des Bausteins Zeit: „Je früher, desto reicher."

1.2 Investmentfonds sind eine Geldanlage

Investmentfonds sind eine von vielen Formen, Ihr Geld anzulegen.
Geld anlegen heißt Vermögen bilden.
Wie bei allen Dingen im Leben, gibt es auch beim Vermögenbilden

- **ein Ziel** und
- **einen Weg** zu diesem Ziel.

Setzen Sie sich ein Ziel! Warum nicht die erste Million?
Lernen Sie die („Reichwerde-") Millionärsformel© und machen Sie den ersten Schritt.

Millionärsformel©:		
1 Mio € (Ziel)	=	Rendite p.a. x Kapitaleinsatz x Zeit (x Disziplin x **Wissen**) (Weg)

Das erste Beispiel zur Millionärsformel©, dem **Baustein** Zeit, lehrt uns:

- Fangen Sie an, machen Sie den ersten Schritt Richtung Bergsee.
- Fangen Sie heute an! Nicht nächsten Monat oder erst nächstes Jahr.

Erst wenn Sie zu sparen beginnen, können Zins und Zinseszins anfangen, für Sie zu arbeiten.

2. Kapitel

„Investmentfonds sind die beste Kapitalanlage!“

Eine mutige Aussage? Eine richtige Aussage? Lesen Sie dieses Buch, und Sie werden wissen, was die Aussage bedeutet: Investmentfonds sind die beste Kapitalanlage.

Sehr oft beginne ich meine Seminare mit der Frage:

Was erwarten Sie von einer guten Kapitalanlage?

Die Antworten lassen sich fast immer wie folgt zusammenfassen:

- *Es soll eine hohe Rendite erzielt werden.*
- *Die Kapitalanlage soll sicher sein.*
- *Es muss eine ständige Verfügbarkeit möglich sein.*
- *Sie soll steuergünstig sein.*
- *Sie soll vor Inflation schützen.*
- *Sie soll transparent sein.*
- *Sie soll bequem sein.*

Wenn wir die Erwartungen im Einzelnen betrachten, fällt uns sofort eine Anlage dazu ein. Dabei stellen wir jedoch fest, dass nicht alle Punkte gleichzeitig erfüllt werden können. Dies gilt vor allem für das „magische Dreieck“: hohe Rendite, Liquidität und Sicherheit.

Lassen Sie mich an dieser Stelle die Behauptung aufstellen, dass Investmentfonds die einzige Anlageform bilden, die es durch ihren Aufbau möglich macht, all diese Punkte zu erfüllen. Die Investmentfondsanlage stellt also die optimale Kapitalanlage dar!

Sie haben Ihre Zweifel? Überzeugen Sie sich im Verlauf dieses Buches.

3. Kapitel

Warum ist Deutschland in Bezug auf Fonds ein Entwicklungsland?

Wenn ich behaupte, Investmentfonds sind die beste Kapitalanlage, stellt sich sofort die Frage, weshalb diese Anlageform in Deutschland bis heute keine größere Bedeutung gewonnen hat.

Anfang 2005 verfügten die Deutschen über ein Volksvermögen von 4.067.000.000.000 Euro. Trotz der rasanten Zunahme von Geldern in Investmentfonds sind „nur" 464 Milliarden Euro, also circa 11,4 Prozent des liquiden Volksvermögens, in Investmentfonds investiert. Bleibt immer noch eine Differenz von 3,6 Billionen Euro, die zum großen Teil besser angelegt werden kann. Die Deutsche Bundesbank gibt jedes Jahr bekannt, wie die Deutschen ihr Geld angelegt haben. Am Jahresanfang 2005 war das liquide Vermögen wie folgt verteilt:

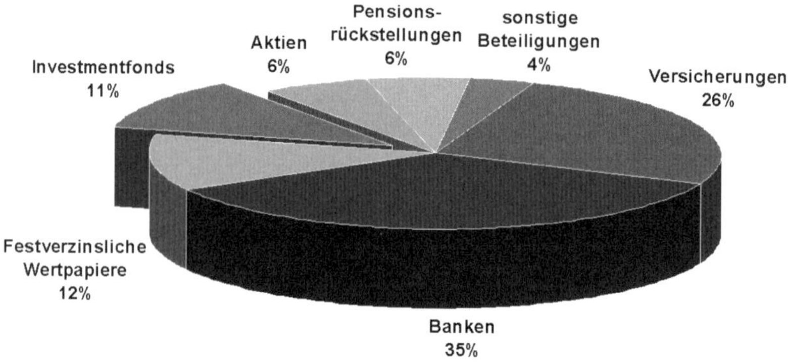

Grafik 1: Liquides Volksvermögen nach Anlageformen Quelle: Deutsche Bundesbank

Auf den ersten Blick fällt auf, dass der größte Teil in Anlagen der Banken und Versicherungen investiert ist. Auch im Ländervergleich, Investmentvermögen pro Kopf der Bevölkerung, liegt Deutschland ebenfalls weit zurück.

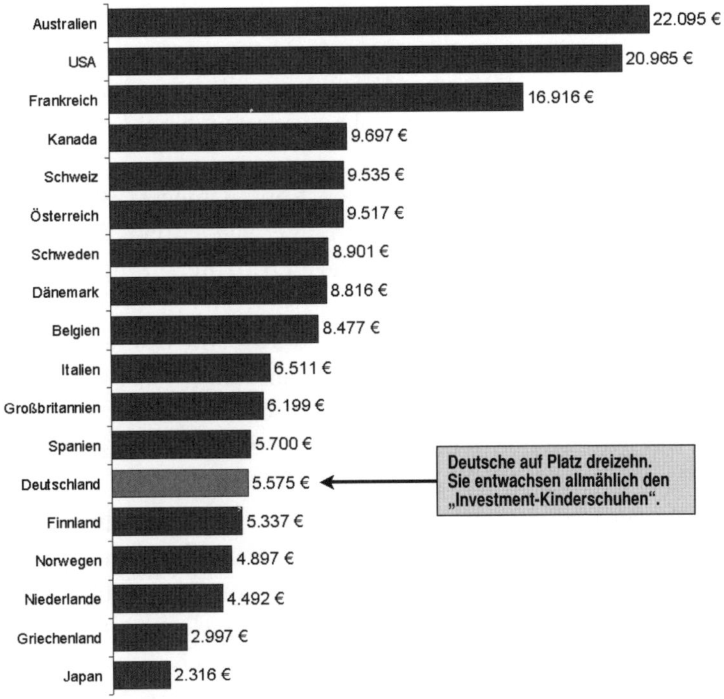

Grafik 2: Investmentfondsvermögen am Jahresanfang 2005 Quelle: BVI

Verantwortlich dafür sind unsere Gesetzgebung und unser (Universal-) Bankensystem. Beim Vergleich mit anderen Ländern sind die unterschiedlichen Sozial- und Schulsysteme zu nennen. Hinsichtlich ihrer sozialen Versorgung, vor allem der Altersrente, hatte die deutsche Bevölkerung viel zu lange ein starkes Sicherheitsgefühl. Aufgrund dieser trügerischen Sicherheit hat sich der deutsche Bürger im Vergleich zu anderen Ländern viel weniger „eigene Gedanken" über eine gute Kapitalanlage gemacht. In allen Ländern mit hohen Investmentvermögen pro Kopf musste sich die Bevölkerung stets selbst Gedanken darüber machen, wie die Altersversorgung aufgebaut werden muss. Das soziale Netz ist teilweise nicht vorhanden oder erbringt nur geringe Leistungen.

In Deutschland waren die „Renten sicher". Die Rentenproblematik war für die Politiker bis 1994 stets ein „Tabuthema". Erst die Rentenreform 1992 und die Entwicklung der beiden folgenden Jahre, das Einsehen, dass der Generationenvertrag so nicht mehr finanzierbar sei, haben in unseren hoch gestellten Politikern ihr Verantwortungsbewusstsein geweckt.

Erst jetzt wurde offen darüber diskutiert, dass unser Rentensystem auf wackligen Füßen stehe, dass es nicht mehr finanzierbar sei und man selbst Vorsorge treffen sollte. Dies hat bei der Bevölkerung ein allmähliches Umdenken bewirkt. Die neuesten Diskussionen beschleunigen diesen Umdenkungsprozess zusehends.

Die Hauptanlaufstelle des deutschen Kapitalanlegers ist seine Hausbank. Dort werden ihm systembedingt immer wieder hauseigene Anlageformen (Sparbücher, Sparbriefe, Anlagezertifikate, Obligationen oder Ähnliches) empfohlen. Nur wenn diese Palette nicht ausreicht, werden festverzinsliche Wertpapiere, Aktien und Investmentfonds (haus-/verbundeigene) in die Empfehlung mit eingebunden.

Die folgende Grafik zum Geld- und Wirtschaftskreislauf zeigt deutlich auf, dass die hauseigenen Anlageformen für die Banken absolut lebensnotwendig sind. Schließlich stellen sie auf Dauer die einzige Finanzierungsquelle der Geldmittel für die gewinnbringende Kreditvergabe dar. Daher muss der Bankberater immer wieder versuchen, möglichst viele Interessenten für diese Anlageformen zu gewinnen. Dies dürfte einer der Hauptgründe sein, warum der Kunde erst in den letzten Jahren zunehmend an die herausragende Investmentfondsanlage herangeführt wird.

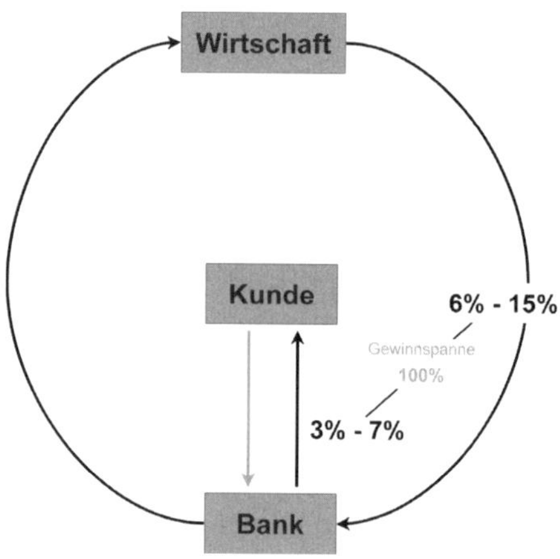

Grafik 3: Geldkreislauf – Kunde-Bank-System

Dieser Kreislauf dokumentiert in volkswirtschaftlichem Sinne die Hauptaufgabe des deutschen Bankensystems. Wir als Kunde stehen bildlich gesprochen zwar im Mittelpunkt des Geschehens, sind allerdings nichts anderes als die ursprünglichen Geldgeber für dieses System. Unsere Entlohnung liegt je nach Anlagedauer, Verfügbarkeit und aktuellem Zinsniveau zwischen drei und sieben Prozent Guthabenszins.

Wenn sich Privatpersonen andererseits Geld für einen Wohnungskauf, ein Auto oder einen Urlaub ausleihen bzw. Industrieunternehmen Geld für neue Investitionen abrufen, fließt dieses Geld in irgendeiner Form immer in die Wirtschaft. Nunmehr erwartet die Bank eine entsprechende Vergütung. Je nach Art des Darlehens, der Laufzeit und des aktuellen Zinsniveaus werden zwischen sechs und 15 Prozent Sollzinsen berechnet.

Ihre Tätigkeit als Großhändler im Kreislauf des Geldes lassen sich die Banken fürstlich bezahlen. Die Verzinsung, der Unterschied zwischen Soll und Haben, stellt für die Banken mit die lukrativste Einnahmequelle dar.

Da die einzige Finanzierungsquelle die Gelder der Kunden bilden, das heißt Ihr Geld ist, wird der Bankberater auch nie in der Lage sein, eine unabhängige Empfehlung zu geben.

Fazit:

- Die Ware der Banken ist Geld.
- Banken sind Zwischenhändler in diesem Kreislauf.
- Um die Gewinnspanne verdienen zu können, muss von den Kunden Geld bei der Bank angelegt werden.

Trotz der Vorgaben durch die EU-Richtlinien wurden in Deutschland immer noch keine Gesetze verabschiedet, die den Berufsstand Investmentberater schützen. Nach wie vor kann jeder auch ohne eine berufliche Qualifikation als Vermögens-/Anlage-/Finanzberater tätig werden. Dies führt dazu, dass viele Quereinsteiger Initiatoren mit kriminellen Energien aufsitzen. Aufgrund ihrer mangelnden Fachkenntnisse sind sie nicht in der Lage einzuschätzen, geschweige denn zu prüfen, ob das Anlageprodukt, das sie vermitteln sollen, seriös und marktgerecht ist. In den meisten Fällen sind diese „Vermögensberater" so überzeugt, dass sie selbst ihr eigenes Geld angelegt haben. Mit dieser Überzeugung verkaufen sie den vermeintlichen „Renditebringer" sehr erfolgreich. Wenn dann das Schneeballsystem zusammenbricht, können sie es selbst nicht glauben. Diese Meldungen über das Verschwinden großer Anlagesummen bei irgendwelchen freien Vermögensberatern verunsichern die Bevölkerung so, dass sie lieber zur „sicheren" Hausbank tendiert.

Der nächste Grund hängt mit unserem Schulsystem zusammen. In Deutschland fehlt selbst die Vermittlung der einfachsten Geldregeln. Weder die Grundlagen der verschiedenen Anlagemöglichkeiten, einschließlich ihrer Risiken und Chancen, noch das Thema der Schuldenentwicklung spielen beim Lernen für das Leben eine Rolle. Selbst an den Universitäten müssen schon spezielle Studiengänge belegt werden, damit man zum Thema Geld überhaupt etwas lernt. Nach Beendigung der Schule und des Studiums wird ausreichend Geld verdient, das Wissen für die Anlage muss man sich jedoch selbst aneignen. Eine der Hauptanlaufstellen hierfür ist wiederum die Hausbank. Also wachsen wir, trotz der erfreulichen Zunahmen in den letzten Jahren, nur ganz langsam aus den Kinderschuhen der Kapitalanlage heraus. Wir sind jedoch auf dem richtigen Weg. Wir informieren uns! Unser Drang nach bestmöglichen Anlagen lässt uns nicht mehr allein auf die (bankenorientierte) Beratung der Hausbank hören. Und Investmentfonds haben einen unaufhaltsamen Siegeszug angetreten.

Die Lektüre dieses Buches zeigt Ihnen den richtigen Weg. Sie gehören zu den wenigen Anlegern, die sich die Zeit nehmen, sich über ihr Geld und die Möglichkeiten der Anlagen Gedanken zu machen. Damit haben Sie bereits den ersten Schritt getan, um Ihre Vermögensbildung zu optimieren. Ich verspreche Ihnen die richtigen Informationen, die Sie hierfür benötigen. Gekoppelt mit den über 5.000 Fonds, die in Deutschland zum Vertrieb zugelassen sind, wird sich sicherlich der gewünschte Erfolg bei Ihren zukünftigen Anlagen einstellen.

3.1 Zinswerte versus Unternehmenswerte

Am Anfang des vorigen Kapitels erhielten Sie einen Überblick über die aktuelle Aufteilung des deutschen Volksvermögens. Ich habe mir die Mühe gemacht, die einzelnen Vermögenswerte zu differenzieren und klarer aufzuzeigen, wie die Anlagen aufgeteilt sind, welche in Zinswerte investieren und welche Gelder in Unternehmenswerte angelegt sind.

Bei den deutschen Anlegern war die Zinswertanlage der Favorit der letzten 50 Jahre! Die Unternehmensbeteiligung hat erst mit dem Beginn der Jahrhunderthausse (1982) mehr Bedeutung und mit der Telekom-Privatisierung an Schub gewonnen, war aber, selbst auf der Spitze der Jahrhunderthausse (März 2000), nach wie vor stark untergewichtet und hat daran anschließend, durch den am längsten andauernden Börsen-

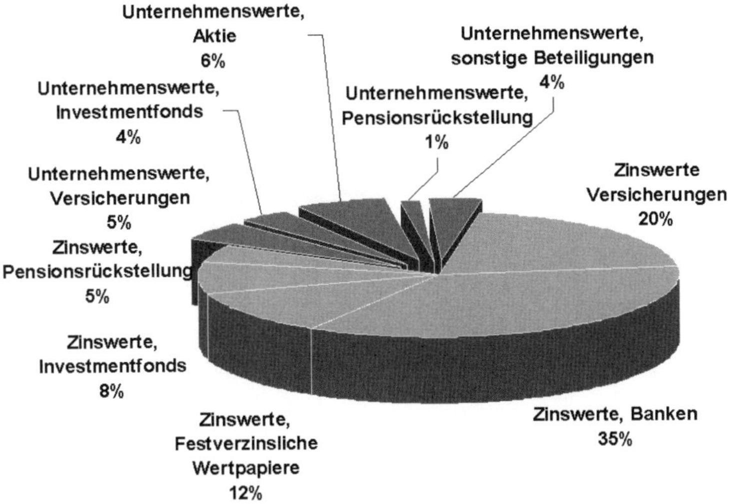

Grafik 4: Liquides Volksvermögen nach Zins- und Unternehmenswerten

Quelle: Deutsche Bundesbank, BVI, eigene Berechnungen

crash der letzten 70 Jahre, wieder Anteile abgeben müssen. Anfang 2005 waren gerade mal 20 Prozent in Unternehmenswerte und 80 Prozent in Zinswerte investiert.

Dies verwundert umso mehr, wenn man sich die Entwicklungen der einzelnen Anlagen etwas genauer anschaut. Hierfür folgen drei Grafiken auf den nächsten Seiten.

Grafik 5 zeigt die Nominalrendite p. a. bei den einzelnen Anlageformen. Unternehmenswerte, sprich Aktien, konnten im langfristigen Durchschnitt die höchsten Erträge erzielen. Allerdings liegt die Betonung auf „langfristig" und „im Durchschnitt". Immer wieder gab es Jahre mit negativen Wertentwicklungen. Diese mussten durch positive Jahre so ausgeglichen werden, dass eine durchschnittliche Jahresrendite von 7,5 Prozent erzielt wurde. Diejenigen, die negative Jahresergebnisse scheuen, nutzten die Renditechancen von festverzinslichen Wertpapieren, Festgeld- oder Sparbuchanlagen. Dabei handelt es sich immerhin um 80 Prozent des liquiden Volksvermögens. Den meisten Anlegern ist jedoch nicht bewusst, welche Gelddiebe an diesen Renditeerwartungen zehren.

Kennen Sie die beiden Gelddiebe der deutschen Finanzwirtschaft? Der erste Gelddieb ist die Inflation, der Kaufkraftschwund durch eine allmähliche Geldentwertung. **Grafik 6** zeigt, was nach Abzug der Inflation an Kaufkraft tatsächlich übrig geblieben ist.

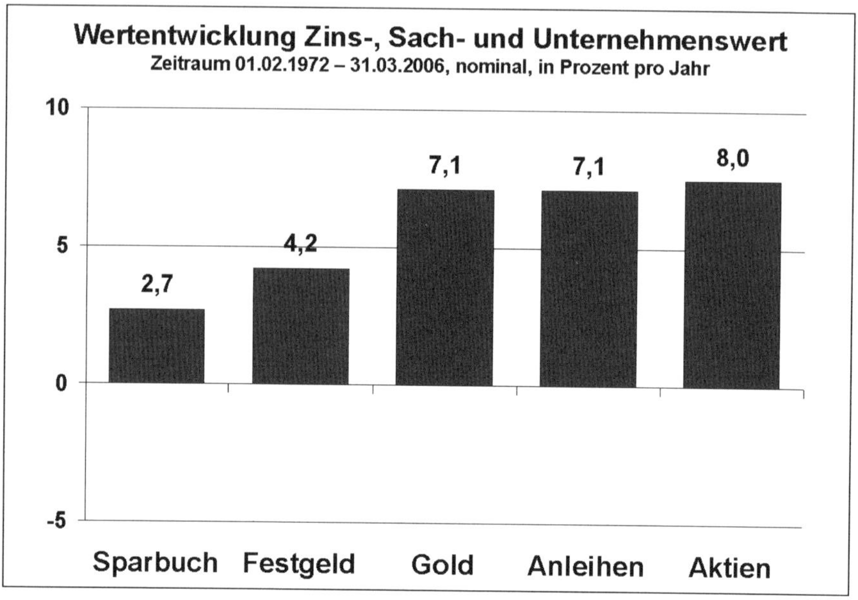

Grafik 5: Wertentwicklung Zins-, Sach- und Unternehmenswert, nominal

Quelle: FVBS, Aktien: DAX, Anleihen: REX

Haben Sie sich das in der Vergangenheit schon einmal bewusst gemacht? Angenommen, Sie haben vor Jahren 10.000 Euro angelegt. Durch Zins und Zinseszins sind heute 12.000 Euro daraus geworden. Wenn Sie mit diesem höheren Betrag nicht mehr das kaufen können, was Sie zur Zeit der Anlage dafür erhalten hätten, sind Sie nicht reicher geworden! Nur die Zinsgutschriften zu betrachten ist ein Trugschluss!

Wenn Sie nun zu dem Personenkreis gehören, der seinen persönlichen Sparerfreibetrag ausgeschöpft hat, dann greift der Staat regelmäßig, per Steuereinnahmen, in Ihre Taschen und holt sich seinen Anteil. **Grafik 7** dokumentiert Ihnen, was von Ihrem Ertrag nach Inflation und dem zweiten Gelddieb, der Steuer, tatsächlich übrig bleibt.

Erst bei dieser ausführlichen Betrachtung wird klar, dass es unter Berücksichtigung von Inflation und Steuer langfristig nur die Anlage in Sach- und Unternehmenswerten möglich macht, mit der Kapitalanlage Vermögen zu bilden.

Die bisher am häufigsten genutzten Formen der Geldanlage versprechen nach Inflation und Steuer keinen Ertrag! Im Gegenteil, für ein Fünftel des Volksvermögens ist eine schleichende Vermögensvernichtung vorprogrammiert! Hier besteht ein riesiger Handlungsbedarf.

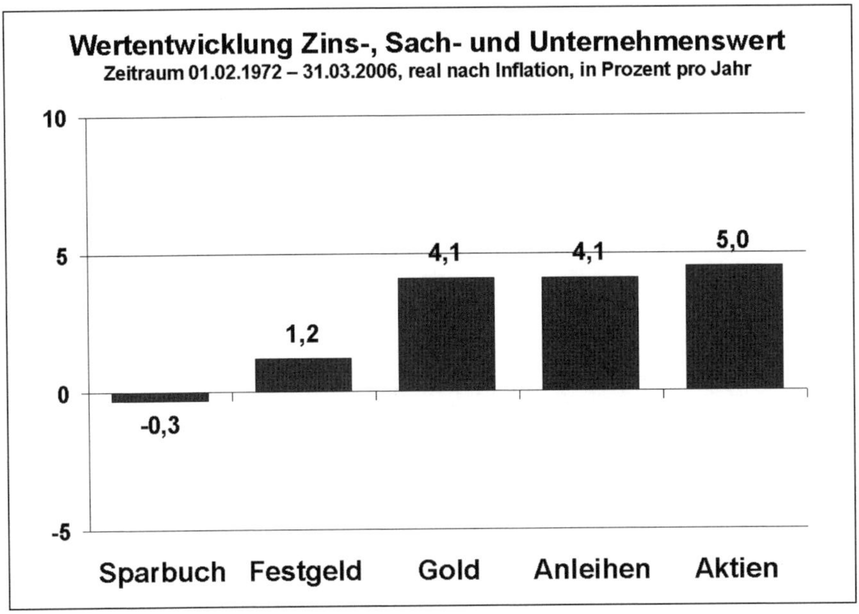

Grafik 6: Wertentwicklung Zins-, Sach- und Unternehmenswert, nach Inflation
Quelle: FVBS, Aktien: DAX, Anleihen: REX

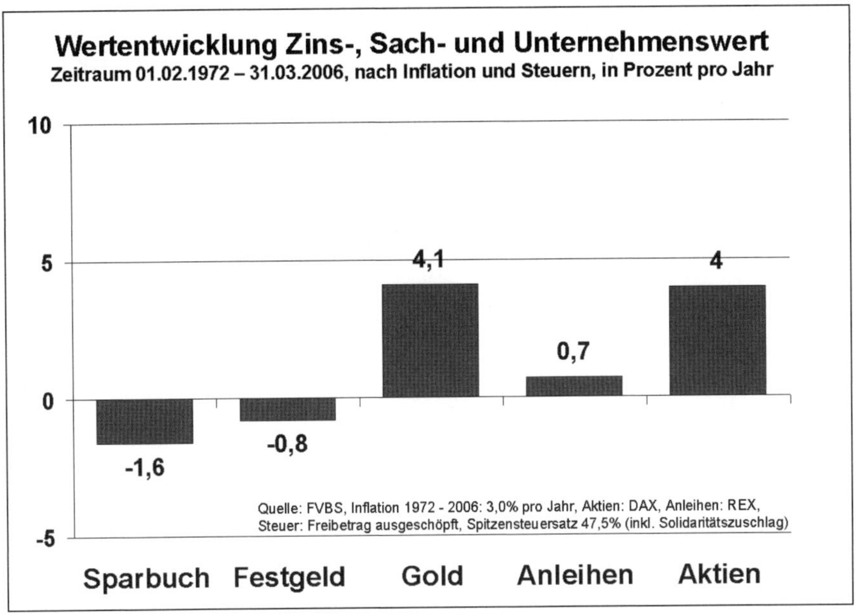

Grafik 7: Wertentwicklung Zins-, Sach- und Unternehmenswert, nach Inflation und Steuern
Quelle: FVBS, Aktien: DAX, Anleihen: REX

Genau genommen konnten die deutschen Anleger durch die Art ihrer Anlage, die Erträge ihrer Zinswerte, in der Vergangenheit kein Vermögen erzielen. Verantwortlich für die hohe Vermögensbildung in Deutschland war nicht die Wahl der richtigen Anlageform! Grundlage war eher das wirtschaftliche Umfeld. Dem deutschen Anleger ist es so gut gegangen, dass er von Jahr zu Jahr neues Geld dazulegen konnte.

Der Zwang der privaten Vorsorge hat hier jedoch ein gewaltiges Umdenken bewirkt. Das Streben nach einer – langfristig – optimierten Vermögensbildung lässt niemanden mehr an der Aktienanlage, der Unternehmensbeteiligung vorbeigehen.

Das gilt auch für Sie! Ein Ziel meiner Ausführungen besteht darin, Ihnen den optimalen Wegbegleiter zu Ihrer ersten Million bewusst zu machen. Sie sollen diese Möglichkeit für Ihre Zukunft nutzen. Sie sollten die Aktienfondsanlage als Instrument auf dem Weg zu Ihrem Reichtum, Ihrer finanziellen Freiheit, erkennen. Wenn Sie dies bereits nutzen, bekommen Sie eine Bestätigung für Ihr Tun. Auf die Aktienfondsanlage sollten Sie jedoch nicht zurückgreifen, weil sie gerade in Mode gekommen ist, sondern weil Sie verstanden haben, warum sie eine Optimierung darstellt.

Die Ausführungen zum Thema Aufteilung und Anlage des deutschen Volksvermögens erscheinen als der geeignete Zeitpunkt, sich einem weiteren Faktor unserer Millionärsformel©, dem **Baustein Rendite,** zuzuwenden.

3. 2 Die richtige Rendite ist entscheidend

Vermögen zu bilden, gar die erste Million zu machen, ist einfacher, als Sie denken. Man nehme:

1. exzellent gemanagte Aktienfonds,
2. Zeit – je mehr, desto besser,
3. Disziplin und Durchhaltevermögen.

Wie sich Ihre Entscheidungen zur Vermögensbildung in der Praxis auswirken, macht eine kleine Geschichte deutlich.

Fall 2

DONALD, DAGOBERT UND DUFFY haben gerade ihre Ausbildung begonnen. Jeder von ihnen möchte von seinem ersten Geld 100 Euro monatlich sparen. Alle drei lassen sich beraten.

Donald hört auf seinen Banker. Dieser empfiehlt ihm, sich monatlich 100 Euro automatisch vom Girokonto aufs Sparbuch umbuchen zu lassen. Auf diese Weise würde im Lauf der Zeit ein hübsches Sümmchen zusammenkommen. Außerdem wird das Sparbuch in Kombination mit dem Sparprogramm besonders bonifiziert, sodass man eine jährliche Verzinsung von drei Prozent erreicht.

Duffy nimmt die Beratung eines Versicherungsvertreters in Anspruch. Er erfährt, dass heute niemand mehr auf eine private Vorsorge verzichten kann. Der Abschluss einer Lebensversicherung sei daher das einzig Richtige. Die vertraglich festgelegte Laufzeit sorgt für eine hohe Spardisziplin und einen sicher genutzten Zinseszins. Die wahrscheinliche Rendite wird bei fünf Prozent p. a. liegen.

Dagoberts „Aufklärer" ist ein Investmentberater. Er setzt auf exzellent gemanagte Aktienfonds. Dagobert erfährt, dass – je nach Wirtschaftslage – mehr oder weniger große Kursrückschläge auf ihn zukommen. Er weiß, dass er schon immer über Ausdauer verfügte. Die notwendige Zeit bringt er auch mit, sodass er die Chancen und Entwicklungen eines auf Ertrag ausgerichteten Wirtschaftssystems erzielen kann. Dagobert freut sich auf eine realistische Rendite von circa neun Prozent p. a.

Sind Sie neugierig geworden, wie die Geschichte endet? **Grafik 8** zeigt die Auflösung. Sie macht deutlich, wie sich im Lauf der Jahre die unterschiedlichen Renditen und die damit einhergehenden Kräfte des Zinses und Zinseszinses entwickeln. – Worauf kommt es also an?

- Haben Sie keine Angst vor kurzfristigen Kursrückschlägen bei Aktienfonds. Ihr Mut wird auf Dauer reichlich belohnt.
- Fangen Sie heute an! Nicht nächsten Monat oder erst nächstes Jahr. Erst wenn Sie anfangen zu sparen, können Zins und Zinseszins beginnen, für Sie zu arbeiten.
- Überlegen Sie, welchen Betrag Sie regelmäßig entbehren können. Nehmen Sie einen Betrag, den Sie für nichts anderes einplanen. Auch in der Zukunft nicht! Weder für ein Haus noch für ein Auto oder den Urlaub. Und – halten Sie dann diszipliniert durch!

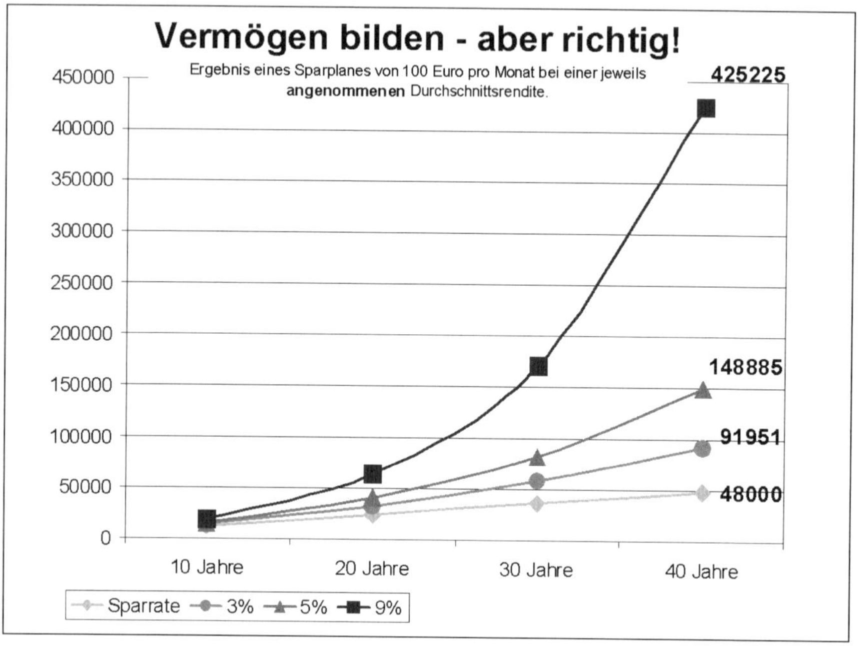

Grafik 8: Entwicklung verschiedener Renditen Quelle: FVBS

Also, mit welchem Betrag werden Sie beginnen? Sie wissen es noch nicht? Überlegen Sie: Was haben Sie heute vor zehn Jahren gemacht? Wie schnell ist die Zeit bis heute vergangen? Glauben Sie wirklich, dass die nächsten zehn Jahre länger dauern? **Die richtige Rendite macht Geld!** Die nachfolgende Tabelle zeigt Ihnen das oben Dargestellte mit einem Einmalbetrag auf:

Aus 10.000 Euro werden in ... Jahren ... Euro Ertrag erzielt:

Anlage	Rendite	Ertrag in			40 Jahre inkl.
		20 Jahren	30 Jahren	40 Jahren	Kapitaleinsatz
Sparbuch	3 %	8.061 €	14.372 €	22.620 €	32.620 €
Lebensversicherung	5 %	16.532 €	33.219 €	60.399 €	70.399 €
Aktienfonds	9 %	46.044 €	122.676 €	304.094 €	314.094 €

Tabelle 2: Erträge bei verschiedenen Renditen

Achtung! Lassen Sie sich von dem linearen Kurvenverlauf nicht täuschen! Die Praxis bei der Aktienanlage (Neun-Prozent-Kurve) unterliegt erheblichen Schwankungen. Vor allem im Bereich bis zehn Jahre, in Phasen langer Bärenmärkte (siehe Kapitel 7.4.2) sogar bis 20 Jahre, können erhebliche Abweichungen entstehen. Diese sind hier nicht dokumentiert.

Dies gilt auch für die aufgezeigten Ergebnisse. Es käme schon einem Sechser im Lotto gleich, wenn Sie genau diese Zahlen nach 20, 30 oder 40 Jahren erzielen würden. Die Problematik des Zielsparens bzw. einer genau festgelegten Ablaufzeit wird im Kapitel 15.5 ausführlich erläutert.

Für die gezeigten Anlagehorizonte werden lediglich die Ergebnisse realistischer Durchschnittserträge aufgezeigt. Auf die Frage, warum bei Aktienfonds diese hohen Ergebnisse realistisch sind und mit welchen Schwankungsbreiten sie erzielt werden, gehe ich in späteren Kapiteln ein.

4. Kapitel

Die Idee des Investmentfonds

Vor den Investmentfonds gab es lediglich die Möglichkeit der direkten Geldanlage. Mit all ihren Chancen und Risiken. Zur Einführung möchte ich einige Beispiele der direkten Geldanlage nennen.

4. 1 Chance und Risiko der direkten Geldanlage

Chance und Risiko sind in der Welt des Geldes stets eng miteinander verbunden. Damit Ihr Bewusstsein hierfür geschärft wird, zeige ich Ihnen im Nachfolgenden die möglichen Risiken.

Fall 3

FÜR DEN DEUTSCHEN ANLEGER ist es oft reizvoll, in ausländische Anleihen zu investieren. Das Risiko eines stärkeren Währungsrückganges bei ausländischen festverzinslichen Wertpapieren ist immer wieder akzeptiert worden. Vielleicht können Sie sich noch an die Hochzeiten der norwegischen Kronen- oder der australischen Dollar-Anleihen erinnern? Durch die starken Rückgänge der beiden Währungen im Vergleich zur D-Mark musste eine große Anzahl der damaligen Anleger am eigenen Leib erfahren, was es heißt, ein Währungsrisiko zu akzeptieren.

Bei der Suche nach Alternativen zu Fremdwährungsanleihen stößt man schnell auf Unternehmensanleihen. In Euro aufgelegt, schließen sie ein Währungsrisiko aus. Das jeweilige Unternehmen finanziert einen hohen Kapitalbedarf durch das Auflegen von festverzinslichen Wertpapieren. Es verspricht, jährlich die Zinsen und am Ende der Laufzeit das ausgeliehene Kapital zurückzubezahlen. Je unsicherer die Finanzgrundlage des Unternehmens ist, desto stärker ist die Zins- und Kapitalrückzahlung in Frage gestellt. Je schlechter die Bonitätseinstufung ist, desto höher muss der Zinssatz liegen. Nur dann ist die Möglichkeit gegeben, genügend Käufer zu finden. Besteht die Gefahr, dass Zins- oder Kapitalrückzahlung in Frage gestellt wird, spricht man vom Bonitätsrisiko. Das Bonitätsrisiko kann genauso für Staatsanleihen Anwendung finden.

Anlagen, die täglich über die Börse verkauft werden, können den Schwankungen der Kapitalmärkte unterliegen. Steigende Kapitalmarktzinsen wirken sich negativ auf die Kursentwicklung von festverzinslichen Wertpapieren aus. Schlechte Unternehmensnachrichten lassen den Kurs von Aktien fallen. In beiden Fällen erleben Sie Kursrisiken.

Fast für jedes Kapitalmarktsegment gibt es einen Index. Der Index stellt die durchschnittliche Entwicklung der Papiere dar, aus denen er sich zusammensetzt. Bei der Berechnung wird berücksichtigt, dass es Papiere gibt, die sich unter dem Index bewegen, und Papiere, die in ihrer Entwicklung darüber liegen. Wenn Sie Pech haben, halten Sie eines der Papiere, welches in seiner Entwicklung unter dem Index liegt. Wir sprechen dann von dem Risiko der Underperformance.

Für jede Kapitalanlage besteht das Risiko des Totalverlustes. Waren Sie in der Vergangenheit Eigentümer einer Aktie (z. B. Südmilch oder einige der Neuer-Markt-Titel) oder einer Industrieanleihe (z. B. Fokker oder Alan Bond), welche aufgrund des Konkurses ohne Gegenwert vom Kurszettel der Börsen verschwand, dann spricht man vom Ausfallrisiko.

All die Anleger, die höchstmögliche Renditen suchen und hierbei selbst in den entferntesten Ländern ihr Kapital anlegen, tragen neben den oben genannten Risiken auch das politische Risiko. Jüngstes Beispiel war der Staat Malaysia. Hier wurden praktisch sämtliche Auslandsgelder eingefroren. Man war über viele Monate nicht in der Lage, zu irgendeinem Kurs über das Geld zu verfügen.

Die obigen Risiken der Einzelanlagen bildeten die Grundidee der Investmentfondsanlage. Jeder Anleger sollte das Prinzip der Risikostreuung optimal nutzen können. Durch das Sammeln von vielen Beträgen in einen Topf wird jedem – bereits ab Beträgen von 25 Euro monatlich – die gleiche Chance gegeben. Aus diesem Topf (Pool) heraus sind Investitionen in viele Aktienwerte nach dem Prinzip der Risikostreuung möglich.

Selbst bei kleinen Anlagesummen profitiert der einzelne Anleger aus den Renditen der gesamten Poolanlage und hat gleichzeitig eine hohe Risikoverteilung.

Die ersten Investmentfonds wurden um 1850 gegründet. Unabhängig voneinander gründeten die Schweizer, die Schotten und die Engländer die ersten Investmentfonds. Interessant ist, dass die Länder, die heute zu den Spitzen der Kapitalmärkte gehören – die Schweiz als das Anlage- und Kapitalland und England als die führende Börse in Europa –, gleichzeitig die Gründer dieser Anlageform waren. Der Erfolg kommt also doch nicht von ungefähr.

Schon damals waren die Ziele der Gesellschaften klar festgelegt:

- Der kleine Sparer soll die gleichen Vorteile erzielen wie der vermögende Anleger.
- Das Risiko soll durch die Streuung auf viele Aktien gering gehalten werden.

Durch die hohen Transaktionssummen innerhalb des Pools kommen dem einzelnen Anleger die daraus resultierenden niedrigen Kosten für Aktienkäufe und -verkäufe zugute.

Trotz dieser frühen Gründungszeit hat der Investmentboom erst lange nach dem Zweiten Weltkrieg begonnen. 1949 wurde zwar die erste deutsche Fondsgesellschaft, die Allgemeine Deutsche Investment Gesellschaft (ADIG), gegründet. Viele Banken folgten diesem Beispiel, trotzdem blieb der Run auf die zur Verfügung stehenden Investmentfonds aus. Eine Belebung war erst durch die Einführung des Kapitalanlagegesetzes (Vorgänger des heutigen Investmentgesetzes) im Jahre 1957 zu spüren. Mit dieser rechtlichen Sicherheit fanden die Anleger mehr Gefallen an der Investmentfondsanlage. Den ersten großen Boom erlebte Deutschland mit dem Vertriebsgenie Bernie Cornfield. In der Zeit zwischen 1964 und 1970 sammelte seine Firma IOS für ihren „Fund of Funds" über 1,28 Milliarden Euro bei den deutschen Anlegern. Aufgrund von Kursmanipulationen hat die SEC (Security Exchange Commission) schon 1967 den Vertrieb in den USA verboten. Unterschlagung von riesigen Anlagesummen führte 1972 zum Zusammenbruch des Unternehmens und in der gesamten Investmentbranche zu einem herben Rückschlag. Da die deutschen Anleger sehr viel Geld verloren, wurden strenge Gesetze erlassen, die betrügerische Manipulation mit Investmentfonds ausschließen. Seitdem ging es in kleinen Schritten wieder aufwärts. Den zweiten Boom erlebte die Investmentbranche mit der Einführung der Zinsabschlagsteuer per 01.01.1993. Viele Anleger wollten diesen Steuerabzug umgehen und investierten dreistellige Milliardenbeträge über Investmentfonds in Luxemburg.

5. Kapitel

So funktioniert ein Investmentfonds

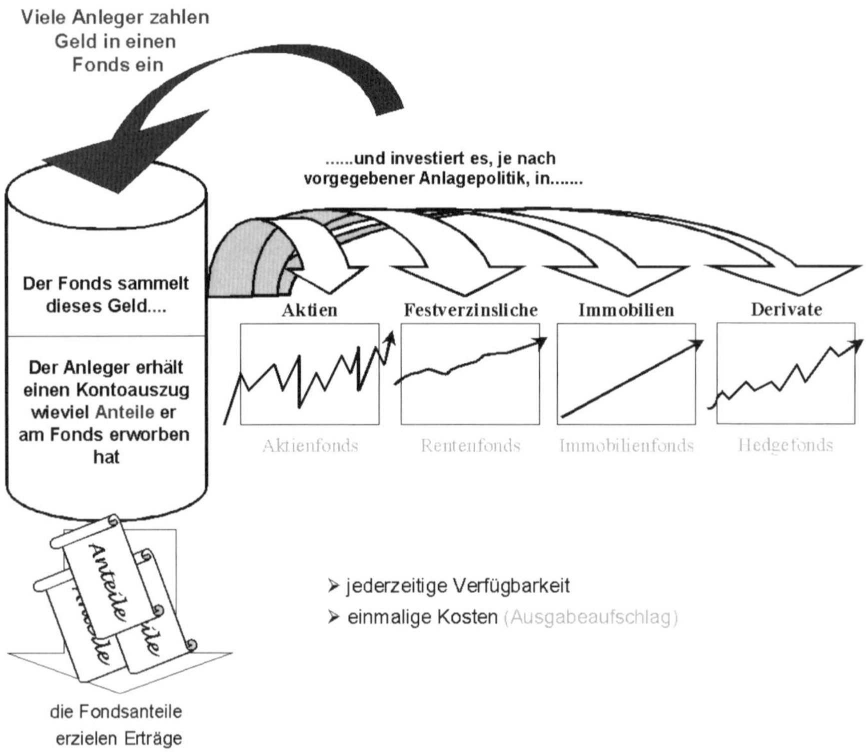

Grafik 9: So funktioniert ein Investmentfonds – das Grundprinzip

Quelle: IFL® Rühl GmbH

Ein Investmentfonds ist ein großer Topf (ein Sondervermögen), in welchen Tausende von Anlegern Kapital einzahlen. Dem einzelnen Anleger werden für seinen Sparbeitrag Anteile vom gesamten Sondervermögen gutgeschrieben. Das so angesammelte Vermögen wird von qualifizierten Fachleuten (Fondsmanagern) verwaltet. Das Ziel ist, durch die fachmännische Verwaltung dieser Wertpapierspezialisten aus dem vorhandenen Vermögen einen bestmöglichen Ertrag bei gleichzeitiger Risikominderung auf der Basis einer breiten Streuung zu erreichen.

Je nach der festgelegten Anlagepolitik gibt es vier verschiedene Hauptgruppen, in welche Fondsmanager investieren. Die Gelder werden entweder in Aktien, festverzinsliche Wertpapiere, Immobilien und/oder Derivaten angelegt. Die einzelnen Hauptgruppen bieten nunmehr eine Vielzahl von Sonderformen, welche wir in Kapital 8 ausführlich besprechen werden.

Der Fondsmanager wird von einer Kapitalanlagegesellschaft angestellt. Er ist in deren Namen tätig. Das von ihm verwaltete Vermögen wird bei einer Bank (Depotbank) treuhänderisch verwahrt. In einem Investmentfonds haben sich Tausende von Geldanlegern zusammengeschlossen, um eine optimale Geldanlage zu erhalten. Im Einzelnen sehen die Funktionen und Abläufe wie folgt aus:

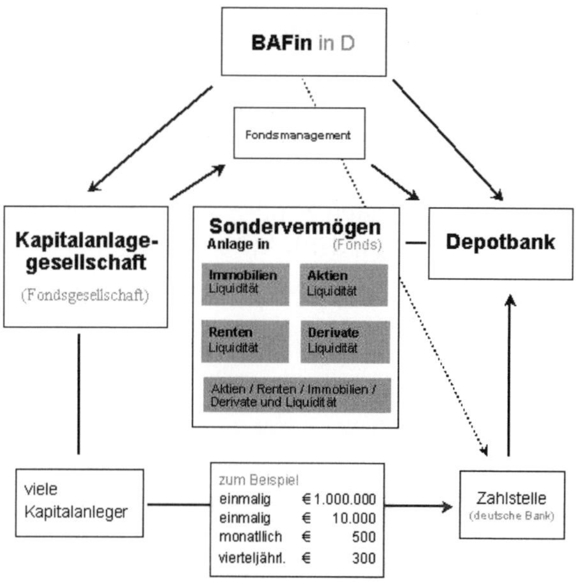

Grafik 10: So funktionieren Investmentfonds – gesetzlich geschützter Kreislauf

Quelle: IFL® Rühl GmbH

5.1 Kapitalanlagegesellschaft

Wenn Sie als Kapitalanleger Fondsanteile erwerben wollen, eröffnen Sie bei einer Kapitalanlagegesellschaft ein Konto. Eine Kapitalanlagegesellschaft (KAG) – oder auch Fondsgesellschaft genannt – ist ein Unternehmen, welches Sondervermögen (Fonds) auflegt.

In Deutschland sind Kapitalanlagegesellschaften meist Tochterfirmen von Banken oder Versicherungen. Sie sind innerhalb des jeweiligen Finanzverbundes tätig.

Im Ausland (hauptsächlich USA und England) handelt es sich meist um unabhängige Gesellschaften, die sich ausschließlich auf das Investmentfondsgeschäft konzentrieren.

Die Kapitalanlagegesellschaften unterliegen sehr strengen gesetzlichen Vorschriften. Im Sinne des Kreditwesengesetzes (KWG) handelt es sich um Institute, die Bankgeschäfte abwickeln. Daher gelten für die KAGs dieselben gesetzlichen Bestimmungen und Vorschriften wie für Ihre Hausbank. Der Unterschied zu dieser liegt darin, dass Sie bei einer Fondsgesellschaft kein Giro- oder Sparkonto führen oder ein Darlehen beantragen können. Das einzige Bankgeschäft, welches Fondsgesellschaften anbieten, ist die Vermögensverwaltung. Deshalb werden sie unter den Banken auch als Spezialkreditinstitute eingestuft. Sie unterliegen dadurch der Kontrolle der Bundesanstalt für Finanzdienstleistungsaufsicht (BAFin). Zusätzlich zum KWG gelten vor allem die Bestimmungen des Investmentgesetzes (InvG) und des Investmentsteuergesetzes (InvStG). Die KAG muss in der Regel mindestens 2,5 Millionen Euro Nennwert an Kapital besitzen. Die von ihr aufgelegten Sondervermögen sind untereinander – bzw. gegenüber dem Vermögen der KAG – streng getrennt zu verwalten.

5. 2 Zahlstellenkonto

Den Betrag, den Sie anlegen wollen, überweisen Sie von Ihrem Girokonto auf das Zahlstellenkonto der Fondsgesellschaft.

Bei den in Deutschland registrierten und zum Vertrieb zugelassenen Investmentfonds muss ein Konto bei einer deutschen Bank bzw. bei ausländischen Kreditinstituten einer deutschen Tochter als Zahlstelle geführt sein.

Diese kontoführende Bank hat sich der Bundesanstalt für Finanzdienstleistungsaufsicht gegenüber verpflichtet, für den Fonds als Treuhänder zu fungieren und eingehende Gelder unverzüglich und direkt auf die Depotbank in die einzelnen Sondervermögen einzubringen. Durch diese Verpflichtung haben Sie als Investmentsparer die Garantie, dass Ihre Einzahlungen in das von Ihnen gewünschte Sondervermögen eingehen.

Mit dem Zahlstellenkonto steht wieder die Sicherheit der Anlagegelder im Vordergrund. Es wird kein Bargeld an irgendwelche Vertrauen erweckende Vermittler, Banker oder sonstige Anlageanbieter bezahlt, sondern nur bargeldlose Zahlungen auf die in den einzelnen Verkaufsprospekten genannten Zahlstellen vorgenommen. Bitte wählen Sie nie einen anderen Weg.

Nur dann bleibt Ihr Geld in diesem gesetzlich geschützten Kreislauf! Sollten Sie an einen Berater gelangen, der Bargeldtransaktionen verlangt, suchen Sie sich sofort einen neuen!

5. 3 Depotbank

Um die Sicherheit für den Investmentsparer zu gewährleisten, muss die Kapitalanlagegesellschaft andere Kreditinstitute mit der Verwahrung der in den Sondervermögen befindlichen Wertpapiere und Gelder beauftragen. Das beauftrage Kreditinstitut ist die Depotbank. Sie hat durch ihren Auftrag eine Treuhänderfunktion.

Die zu den einzelnen Sondervermögen gehörenden Wertpapiere müssen in gesperrte Depots gelegt werden. Die Depotbank sorgt dafür, dass die Wertpapiere im Namen des Fonds verbucht und verwaltet werden. Käufe und Verkäufe dürfen nur innerhalb des Sondervermögens vorgenommen werden.

Die Depotbank übernimmt neben der Verwahr- auch eine Kontrollfunktion. Hierbei kontrolliert sie, ob die täglichen Kaufaufträge des Fondsmanagements innerhalb der vorgegebenen Anlagepolitik und der gesetzlichen Vorschriften liegen.

5. 4 Sondervermögen

Die einzelnen Kapitalanlagegesellschaften legen meist viele verschiedene Investmentfonds auf. Diese Fonds unterscheiden sich jeweils durch die vorgeschriebene Anlagepolitik.

Basisinvestitionen sind Fonds mit einer internationalen Anlagepolitik. Je eingeschränkter die Anlagemöglichkeiten werden, desto stärker müssen Sie oder Ihr Investmentberater Anlageentscheidungen übernehmen. Weltweit gibt es ca. 80.000 Fonds. In Deutschland beläuft sich die Zahl der zum Vertrieb zugelassenen Fonds auf über 6.000. Es kommen ständig neue – deutsche und ausländische – Investmentfonds dazu.

Die Anlagegelder der vielen Investmentsparer, die in einen dieser bestimmten Fonds fließen, müssen trotz der Vielzahl genau für diesen einen Fonds zurechenbar sein. Der Gesetzgeber schreibt vor, dass die Gelder aller Fonds und das Kapital der Kapitalanlagegesellschaft bzw. der Depotbank stets getrennt voneinander verwaltet und verbucht werden müssen. Das heißt, es muss für jeden einzelnen Fonds ein Topf zur Verfügung gestellt werden, in welchen die für diesen Fonds bestimmten

Kundengelder einfließen müssen. Aufgrund der ganz klaren Trennung der verschiedenen Vermögensmassen nennt man die einzelnen Töpfe Sondervermögen.

Durch diese strikte Trennung ist gewährleistet, dass die Kundengelder selbst im Konkursfall einer Kapitalanlagegesellschft oder einer Depotbank noch vorhanden sind. Schließlich sind es Sondervermögen, die bei beiden Institutionen nicht in die Konkursmasse fallen.

5. 4.1. Fonds versus Zertifikate

In der **Grafik 2** habe ich darauf hingewiesen, dass Deutschland erst allmählich aus seinen „Investmentfonds-Kinderschuhen“ wächst. Bevor die Fondswelt so richtig das Erwachsenenalter erreicht, hat sie mit Zertifikaten eine tendenziell zunehmende Konkurrenz bekommen.

Wer Fonds und Zertifikate miteinander vergleicht, wird oft mit dem Argument konfrontiert, Zertifikate seien billiger. Dem ist sicherlich nicht so. In einem Zertifikate-Mantel lassen sich Gebühren allerdings wesentlich besser verstecken als in einem transparenten Investmentfonds. Und dies nutzen die emittierenden Banken gerne aus. Weitere Kostenelemente eines Zertifikates sind in den meisten Fällen die vom Emittenten einbehaltenen Dividenden. Bei einer Dividendenrendite von zwei bis vier Prozent – je nach Anlageschwerpunkt – spricht doch vieles für die Fondswahl.

Wenn Sie sich trotz der Kosten-Intransparenz für einen Zertifikatekauf entschieden haben, werden Sie mit einem sehr viel bedenklicheren Aspekt der Zertifikatewelt konfrontiert. Dabei geht es um die Preisbildung. Beim Fonds werden die Vermögenswerte zum aktuellen Marktpreis bewertet, und der Nettoanlagewert wird veröffentlicht. Beim Zertifikat gibt es dagegen keine festen Regeln. Der Emittent stellt selbst An- und Verkaufskurse. Nicht selten ist zu beobachten, dass in hektischen Zeiten – wenn viele verkaufen wollen – die Differenz zwischen An- und Verkaufskurs, der so genannte Spread, stark ausgeweitet wird. Beim Verkauf werden zum Teil weit unter dem realen Wert liegende Kurse gestellt und abgerechnet. Da geht dann viel von den Taschen der Anleger in die Taschen der Emittenten! Je spezieller die Zertifikate ausgestattet sind, desto wahrscheinlicher ist die Enttäuschung beim späteren Verkauf!

Ein noch größeres Argument für die Fonds- und gegen die Zertifikatewelt ergibt sich aus der Entwicklung unserer Finanzsysteme und dem weltweiten Schuldenproblem. Wer sieht, wie weit unsere Finanzsysteme in ihrer Lebensdauer fortgeschritten sind, und die hohen Verschuldungen mit ihren expotentiellen Entwicklungen kennt, sollte sich bewusst machen, dass Investmentfonds im Falle einer Insolvenz – wie oben beschrieben – Sondervermögen darstellen, Ihnen als Anleger also keine Gelder verloren gehen. Anders bei Zertifikaten! Ein Zertifikat ist eine Inhaberschuldverschreibung, also ein verbriefter Anspruch gegenüber dem Emittenten. Geht der Emittent Pleite, gehen Sie als Käufer von Zertifikaten mit hoher Wahrscheinlichkeit leer aus. Vielen Zertifikate-Anlegern ist dies heute nicht bewusst. Wer einen längerfristigen Anlagehorizont verfolgt, sollte dieses Ausfallrisiko jedoch ernst nehmen und seine Vermögensschwerpunkte lieber auf die Sondervermögen der Fondswelt setzen.

5. 5 Fondsmanager

Die Kapitalanlagegesellschaft hat unter anderem die Aufgabe, für die professionelle Verwaltung der von ihr aufgelegten Sondervermögen zu sorgen. Hierfür stellt sie Fachleute (Fondsmanager) ein.

Das Fondsmanagement kann aus einzelnen Personen oder aus einem Team von Fachleuten bestehen. Es handelt sich stets um hoch qualifizierte Wertpapierspezialisten, welche jahrelange Erfahrungen an den Börsen der Welt gesammelt haben. Ihre Aufgabe besteht darin, die Gelder der Investmentsparer, die ihre Anlagesummen in das Sondervermögen einbezahlt haben, bestmöglich zu verwalten. Diese „Vermögensverwaltung“ ist an die zu den einzelnen Sondervermögen gehörende Anlagepolitik gebunden. Das bedeutet: Die Vorgaben, welche als Anlagepolitik zu den einzelnen Sondervermögen gehören, grenzen die Möglichkeiten bei der Auswahl der Märkte und Titel ab.

Ein Investmentfonds mit einem speziellen Anlageland kann deshalb nur in diesem Land investieren. Dasselbe gilt für Fonds, die nur in eine ganz bestimmte Branche bzw. Region investieren. Selbst wenn das Fondsmanagement kurzfristig keine positive Meinung für „seinen Markt“ hat, muss es in seinem Land, seiner Branche bzw. Region bleiben.

Je nach Kapitalanlagegesellschaft werden an die Fondsmanager hohe Anforderungen gestellt, damit sie die Aufgabe der Fondsverwaltung übernehmen können. Jahrelange praktische Erfahrungswerte an den Kapitalmärkten in Hausse- wie auch in Baissephasen sowie die Kenntnisse der Wirtschaftssysteme zeichnen einen Fondsmanager aus. Er verfügt über eine starke Persönlichkeit, die den Druck der täglichen Preisveröffentlichung, der täglichen Vergleichbarkeit mit den Kollegen in einem Zwölf-bis-18-Stunden-Tag verarbeiten kann – die sich außerdem im Klaren ist, dass bei schlechten Ergebnissen der Arbeitsplatz stets in Frage gestellt ist.

Bitte machen Sie sich beim Kauf von Fondsanteilen immer bewusst:

Sie kaufen keinen Fonds! Sondern: Sie stellen Ihr Geld einem Fondsmanagement zur Verfügung!

Für die Wertentwicklung eines Fonds spielt die Leistung der Fondsmanager eine wesentliche Rolle. Bei der Wahl aus verschiedenen Fonds sind immer die Alternativen vorzuziehen, bei welchen eine lange Konstanz im Fondsmanagement gegeben bzw. eine solide Weiterführung auf gleicher Auswahlbasis garantiert ist. Eine gute Beratung muss bei der Auswahl Ihrer Fonds konstantes Fondsmanagement in den Vordergrund stellen. Nur so ist gewährleistet, dass gute Ergebnisse aus der Vergangenheit – und die stellen meist die Entscheidung für eine Anlage in einen ganz bestimmten Fonds dar – vom gleichen Fonds auch in der Zukunft erzielt werden.

Wie wichtig es ist, darauf zu achten, wer für die Ergebnisse verantwortlich war oder ist, zeigt das folgende Kapitel.

5. 5. 1 Fondsmanager in der Praxis

Fall 4

MERRILL LYNCH EMERGING EUROPE. Fondsmanager von Januar 1996 bis Juli 1997: Jürgen Kirsch. **Grafik 11** zeigt, mit welcher Kontinuität Jürgen Kirsch die anderen Osteuropamanager auf die Plätze verwies.

Jürgen Kirsch verließ im Juli 1997 Mercury. Sein Kollege Yuli Stein folgte ihm. Irfan Janmohamed wurde damals durch die Marketingabteilung von Mercury (später von Merrill Lynch gekauft) als bisheriger Co-Manager und würdiger Nachfolger vorgestellt. Er übernahm das Management. Die Anleger, die unter dem neuen Management an dem Merrill Lynch Emerging Europe festhielten und von den bisherigen überdurchschnittlichen Ergebnissen im Vergleich zu den anderen Osteuropa-Fondsmanagern verwöhnt waren, wurden enttäuscht. Jürgen Kirsch gründete mit Partnern eine eigene Fondsgesellschaft. Nach einigen Vorarbeiten nahm er gemeinsam mit seinem Kollegen Yuli Stein die aktive Arbeit auf. Seit Oktober 1998 managt er den Griffin/ Partners Eastern European Fund. **Grafik 13** zeigt, dass der neue Vergleich mit den anderen osteuropäischen Fonds wiederum die hohe Kontinuität in der überdurchschnittlichen Managementleistung bestätigt – wie zu den Zeiten bei Mercury (heutiger Name: Merrill Lynch).

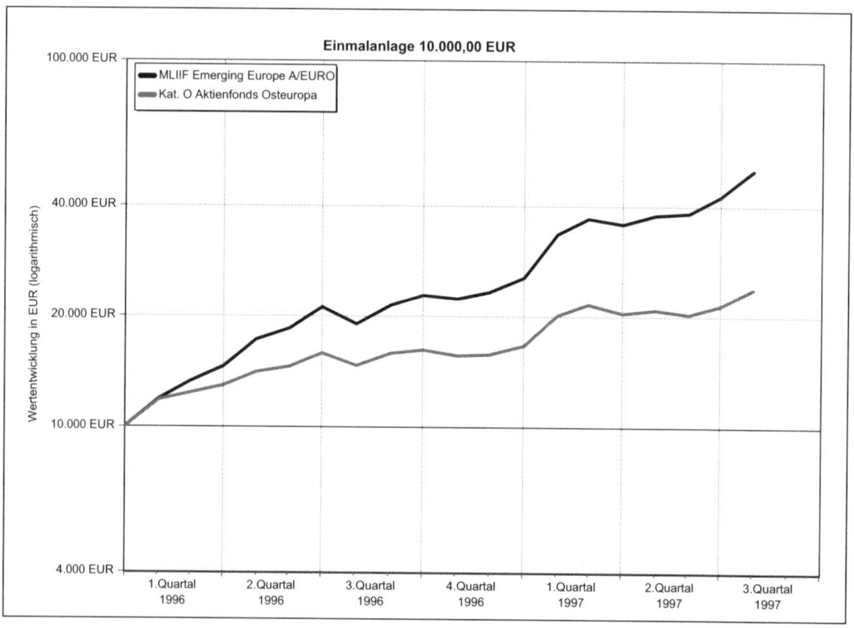

Grafik 11: Fondsmanager im Vergleich – Jürgen Kirsch. Vgl. MST Emerging Europe vs. Ø Aktienfonds Osteuropa 01.96 bis 07.97 Quelle: FVBS

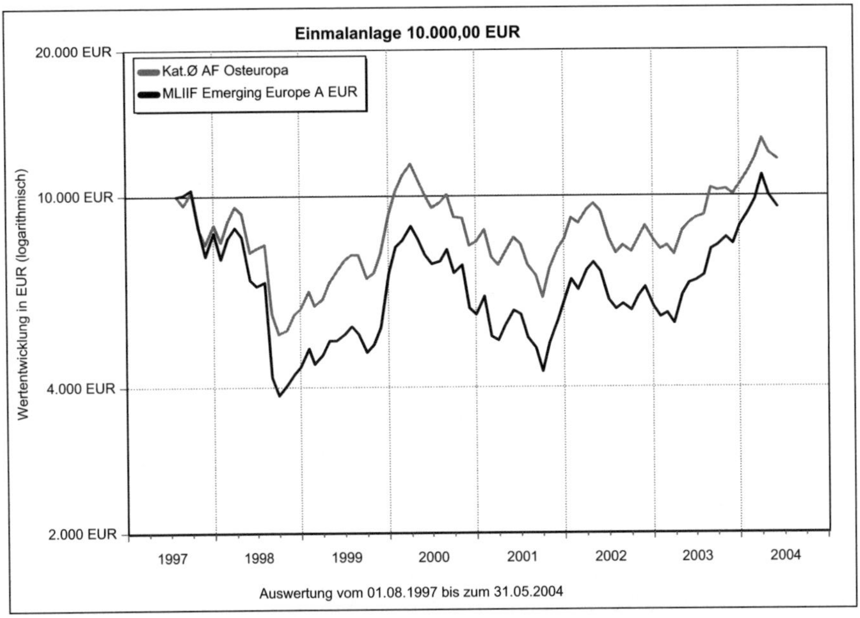

Grafik 12: Fondsmanager im Vergleich – MLIIF Emerging Europe vs. Ø Aktienfonds Osteuropa 08.97 bis 05.04 Quelle: FVBS

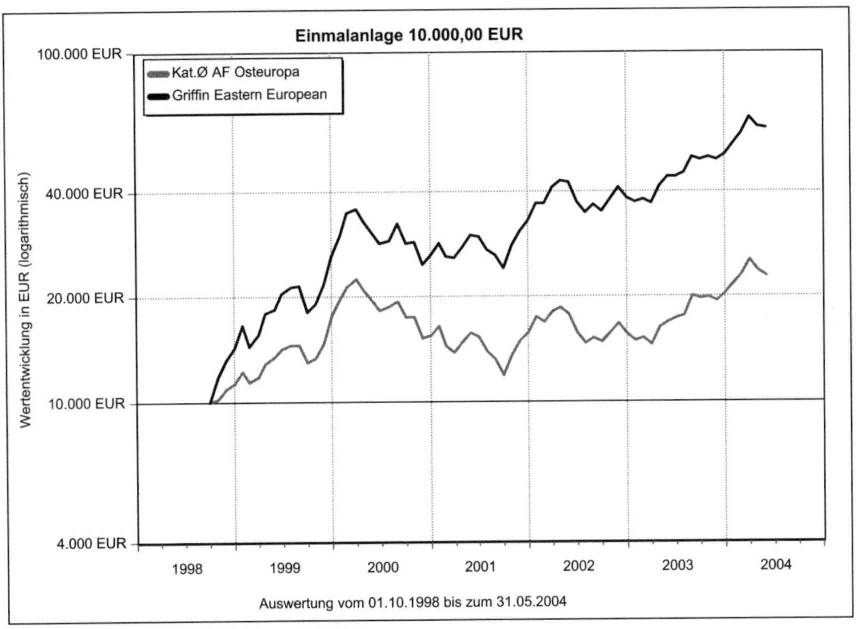

Grafik 13: Fondsmanager im Vergleich – Jürgen Kirsch. Vgl. Ø Aktienfonds Osteuropa vs. Griffin Eastern European 10.98 bis 05.04 Quelle: FVBS

Fall 5

PEH Q RENTEN WELT, Fondsmanager von 1994 bis Dezember 1999: Peter E. Huber.

Mit Peter E. Huber zeige ich Ihnen ein Beispiel aus dem Anleihenbereich, das die Abhängigkeit einer guten Fondsentwicklung vom Fondsmanagement eindrucksvoll dokumentiert. Zu PEH-Zeiten erzielte er wesentlich höhere Erträge als die Kollegen mit ähnlichen Anlagevorschriften. Bis auf das Jahr 1998 konnte Huber stets den Vergleichsindex und seine Kollegen mit einer in der Branche äußerst selten anzutreffenden Kontinuität schlagen (siehe **Grafik 14**).

Nach seinem Weggang konnte der PEH Q Renten Welt zwar weiterhin mit dem Durchschnitt der internationalen Rentenfonds mithalten, für die erfolgsverwöhnten Investoren war die Rendite jedoch nicht mehr von einem überdurchschnittlichen Erfolg gekrönt (siehe **Grafik 15**).

In der Zeit von Dezember 2001 bis Ende 2005 hatten die Anleger mit dem internationalen Rentenfonds StarCap Argos wieder die Möglichkeit, an den herausragenden Managementleistungen des Peter E. Huber zu partizipieren, wie **Grafik 16** zeigt. Mit sehr flexiblen Anlageentscheidungen erzielte er für seine StarCap-Investoren wieder eine weit über dem Durchschnitt liegende Wertentwicklung.

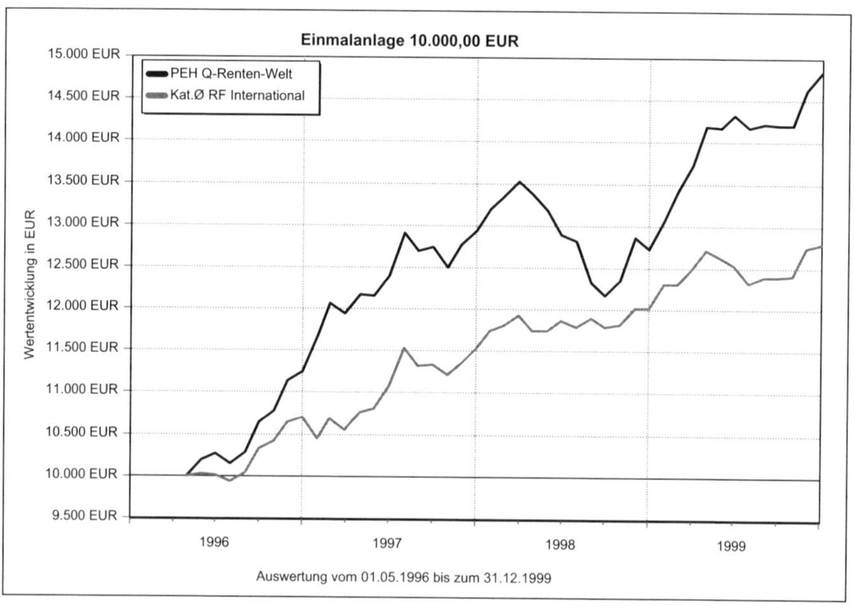

Grafik 14: Fondsmanager im Vergleich – Peter E. Huber. Vgl. PEH Q Renten Welt vs. Ø Rentenfonds International 07.94 bis 12.99 Quelle: FVBS

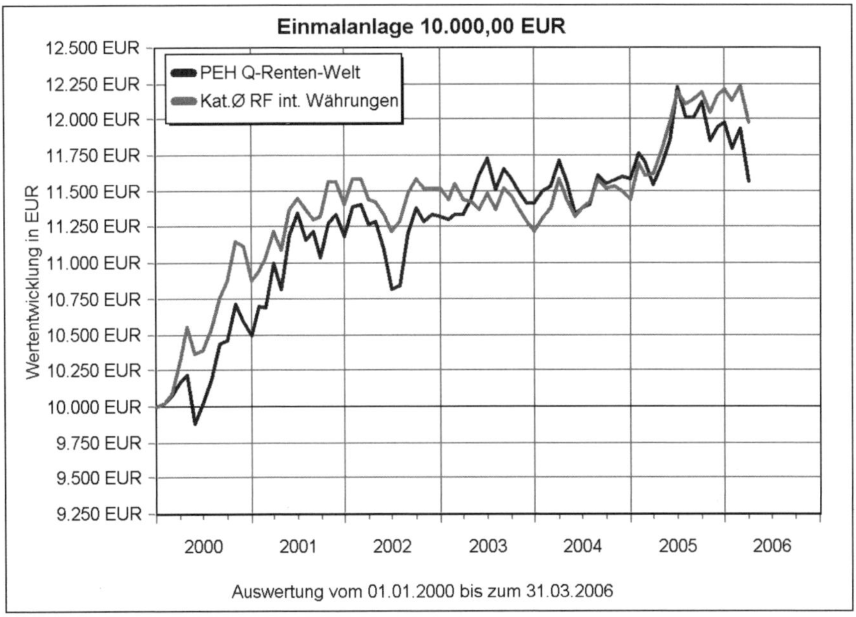

Grafik 15: Fondsmanager im Vergleich – Vgl. PEH Q Renten Welt vs. Ø Rentenfonds International 01.00 bis 06.03 Quelle: FVBS

Sie haben einen Fonds mit einem guten Fondsmanager? Wenn er diesen Fonds verlässt, sollten Sie im Zweifelsfall dem Fondsmanager folgen.

Fondsmanager ist ein Beruf wie jeder andere auch. In jedem Beruf gibt es Menschen, die ihr Handwerk besser beherrschen als die anderen. Der Unterschied zu anderen Berufen ist darin zu sehen, dass der Erfolg, die Leistung, durch die gesetzlich vorgeschriebene Transparenz vergleichbar ist. Wenn ich die Ergebnisse zweier Fondsmanager mit derselben Anlagepolitik vergleiche, kann ich – vor allem bei der Betrachtung längerer Zeiträume – feststellen, wer seinen Job besser beherrscht. Vertrauen Sie Ihr Geld dem Fondsmanager an, der kontinuierlich bessere Wertentwicklungen erzielt. Damit steigt die Wahrscheinlichkeit, dass auch zukünftig überdurchschnittliche Ergebnisse erreicht werden.

Vor allem bei Fonds, bei welchen die Anlageentscheidungen von einzelnen Personen getroffen werden, ist es angebracht zu wissen, wer diese Person ist, ob sie für die überdurchschnittlichen Ergebnisse der Vergangenheit auch tatsächlich verantwortlich war, ob sie auch zukünftig für

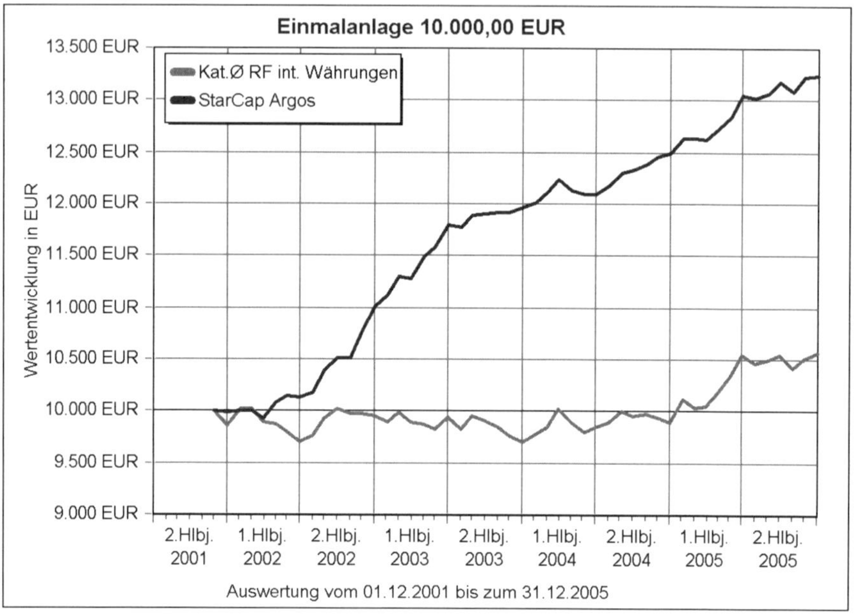

Grafik 16: Fondsmanager im Vergleich – Peter E. Huber. Vgl. StarCap Argos vs. Ø Rentenfonds International 12.01 bis 05.12 Quelle: FVBS

diesen Fonds verantwortlich ist oder ob sie bereits zu einer anderen Fondsgesellschaft gewechselt hat. Ist dies der Fall? Schauen Sie sich die Fondsergebnisse nach dem Weggang genau an. Falls unter dem Nachfolger eine schlechtere Managementleistung erkennbar wird, sollten Sie nicht an diesem Fonds festhalten.

Diesen Sachverhalt möchte ich anhand eines anderen Berufs noch einmal verdeutlichen. Denken Sie jetzt bitte an das Restaurant, in welchem Ihnen das Essen am besten schmeckt. Wer ist hierfür verantwortlich? Ein absoluter Spitzenkoch! Jetzt stellen Sie sich bitte vor, dieser Koch hört dort auf. Was machen Sie? Richtig, normalerweise wechseln Sie mit ihm das Restaurant. Sie folgen ihm, weil er Ihnen bewiesen hat, dass er seinen Job besser versteht als die meisten seiner Kollegen.

Aber Vorsicht! Lassen Sie sich in langen Haussephasen nicht blenden! Gute Ergebnisse in einer Phase allgemein steigender Kurse sind noch kein Indiz für überdurchschnittliche Managementleistungen. Erst wenn in längeren Börsenphasen, begleitet von Zeiten der Hausse und Baisse, beachtliche Ergebnisse erzielt werden, ist das mit hoher Wahrscheinlichkeit auch in der Zukunft zu erwarten.

5. 5. 2 Wechsel im Fondsmanagement – gar nicht so selten!

Der Kultstatus, den der eine oder andere Fondsmanager durch seine herausragenden Ergebnisse, die Öffentlichkeitsarbeit der Fondsgesellschaften und der Medien erzielt, lässt die Star-Manager immer öfters untreu werden.

Noch nie konnten wir so häufige Wechsel wie in den Jahren 1997 bis 2001 feststellen. Für die Erfolgsmanager spielen häufig höhere Vergütungschancen, aber auch verbesserte Arbeitsbedingungen, mit denen die eigenen Ideen erfolgreicher umgesetzt werden können, eine große Rolle. Im Nachfolgenden habe ich einige Fonds zusammengestellt, die in der Zeit von 1997 bis 2001 mit dem Weggang von verantwortlichen Managern konfrontiert waren:

ABN Amro Europe Equity	Anko Beldsnijder	07.2000
Baring Eastern European	Martin Taylor	06.2000
Baring European Growth Trust	Mark Pignatelli	01.2000
Baring Europe Select	Gerhard Schöningh und Georg Oldfield	05.1998
Henderson Global Technology	Tim Woolley	12.2000
Invesco Neue Märkte	Karl Fickel	09.2000
Investa DWS	Elisabeth Weisenhorn	08.2000
Nürnberger Adig A	Corinna Eller	03.2000
Mercury Emerging European	Jürgen Kirsch	07.1997
Merrill Lynch Euro Equity	Adrian Holmes	06.2000
Pictet Biotech	Vincent Ossipow	12.2000
Provesta DWS	Elisabeth Weisenhorn	08.2000
RingAktienfonds DWS	Elisabeth Weisenhorn	08.2000
Schroder US Smaller Comp.	Fariba Talebi	07.1998
SMH International UBS	Martin Amrhein	05.2001

Eine gute Beratung erkennen Sie daran, dass Fonds mit solch wesentlichen personellen Veränderungen vorerst von der Empfehlungsliste genommen werden. Erst nach einer Phase der Überwachung, in welcher die Wertentwicklung im Vergleich zum Index und den Vergleichsfonds kritisch überprüft wird, kann entschieden werden, ob man dem Fonds unter dem neuen Management die Treue hält oder besser eine Alternative wählt.

5. 5. 3 Neue Fonds kaufen oder nicht?

Vor 15 Jahren lag die Anzahl der in Deutschland registrierten und zum Vertrieb zugelassenen Fonds bei knapp 400. Heute können wir aus über 5.000 Investmentfonds auswählen. Fast täglich kommen neue hinzu. Welches Fondsangebot ist nun das richtige? Sollen wir lieber auf die Klassiker oder auf einen der Fondsneulinge setzen?

Die Marketingabteilungen der Fondsgesellschaften sind ständig auf der Suche nach neuen „Verpackungen". Eine der besten Marketingideen des Jahres 1997 kreierte die DWS. In dem im Januar 1997 aufgelegten Fonds DWS Top 50 Welt wurden die größten Wachstumssegmente der Zukunft: Finanzen, Gesundheit, Energie, Information und Infrastruktur zusammengepackt und beworben. Aus der Sicht des Marketings war dies so erfolgreich, dass innerhalb von sieben Monaten die Drei-Milliarden-Euro-Grenze im Anlagevolumen überschritten wurde. Damit wurde der damals größte deutsche Aktienfonds in nur sieben Monaten aus der Taufe gehoben.

Und das, obwohl die DWS kurz vor der Auflage, Ende 1996, mit ihren beiden damals bekanntesten internationalen Aktienfonds Akkumula und Intervest in den Marktvergleichen gerade mal zum zweiten und dritten Viertel der Fünfjahresergebnisse gehörte (Quelle: FVBS).

Auch der bereits seit 1991 bestehende ACM Global Growth Trends, ein Fonds, der die „neue" Anlagestrategie des DWS Top 50 Welt bereits sechs Jahre lang erfolgreich umsetzte, konnte den Erfolg nicht verhindern.

Was war passiert? Die Berater der Deutschen Bank, Hauptvertrieb der DWS, konnten damals im internationalen Bereich keinen Starmanager mit weit überdurchschnittlich erzielten Ergebnissen in den Vordergrund stellen. Die Bankkunden konnten auch nicht erwarten, dass man ihnen alternativ einen Fonds anbietet, der das gleiche Konzept bereits seit vielen Jahren mit weit überdurchschnittlichem Erfolg umsetzt. Schließlich ist der ACM-Fonds kein Produkt aus der hauseigenen Investmentpalette. Der damals größte deutsche Aktienfonds entstand aus einer „aufgefrischten", jedoch tollen Story und der immensen Vertriebskraft der deutschen Bank.

Eine gute unabhängige Beratung erkennen Sie daran, dass sie Fakten dokumentiert. Da der Hauptgrund für die Investition in einen neuen Fonds, ein Fondsmanagement, welches in der Vergangenheit bereits exzellente Ergebnisse erzielt hat, fehlte, sollten Sie in solchen Fällen eher auf die bereits bestehenden Erfolgsfonds zurückgreifen.

Die Durchschnittsrenditen der beiden Fonds seit Auflage des DWS Top 50 Welt bestätigen diese grundsätzlichen Überlegungen.

Fonds	Durchschnittliche Rendite p. a. in %
ACM Global Growth Trends A	9,42 %
DWS Top 50 Welt	6,01 %

Tabelle 3: Neue Fonds kaufen oder nicht? ACM versus DWS
Quelle: FVBS, p. a. Rendite in der Zeit von 01.02.97 bis 31.03.06

Neue Fonds sollten Sie nur kaufen, wenn Sie die Gewissheit haben, dass Ihr Geld einem bereits in der Vergangenheit erfolgreich agierenden Fondsmanagement zur Verfügung gestellt wird. Fehlt der Nachweis eines solchen Erfolgsgaranten? Greifen Sie lieber auf Fonds zurück, die über mehrere Jahre, und zwar in Hausse- und Baissephasen, ihre Managementqualität bereits unter Beweis gestellt haben. Ist der Fonds und das Management neu, die Anlageidee für Sie jedoch absolut überzeugend? Und sie kann mit einem anderen Produkt aus dem Fondsuniversum nicht umgesetzt werden? Dann investieren Sie anfangs kleinere Anlagebeträge. Sammeln Sie Ihre Erfahrungen mit Beträgen, die nicht wehtun.

5. 5. 3. 1 Neue Fonds – dem Trend hinterher?

Die Marketing- und Managementabteilungen der Fondsgesellschaften haben ein Eigenleben. Deren Erfolg wird am Zufluss neuen Geldes, welches es zu verwalten gilt, und an einer bestmöglichen Rendite gemessen. In den letzten Jahren nutzen die Marketingabteilungen der Fondsgesellschaften jede Modewelle, um mit neu aufgelegten Fonds Geld einzusammeln. Lässt sich die Idee gut verkaufen, kommt der neue Fonds auf den Markt.

Die Gefahr ist groß, dass Fondsgesellschaften aufgrund der Chance, schnell viel Anlagevolumen generieren zu können, einfach einem Trend hinterherlaufen. Selbst dann, wenn das Fondsmanagement die größten Chancen bereits in der Vergangenheit sieht. Ein fast schon klassisches Praxisbeispiel finden wir in der im Frühjahr 2000 zu Ende gegangenen Technologiehausse. Das Fonds-Research-Unternehmen Feri-Trust hat festgestellt, dass 60 Prozent aller Technologiefonds zwischen Herbst 1999 und Frühjahr 2000, also fast am Höchststand, aufgelegt wurden. Gleichzeitig floss der größte Teil des Kapitals, welches die Fondsanleger in dieser Zeit investierten, in diese neu aufgelegten Technologiefonds.

Hinterfragen Sie vor allem bei Branchentrends die neuen Fondsgründungen. Zyklisches Auflegen neuer Fonds macht es einem Fondsmanagement nicht möglich, gute Ergebnisse zu erzielen! Und wenn Sie sich auf diese Trend-Fonds einlassen, zahlen Sie die Zeche für das prozyklische Verhalten der Fondsgesellschaften.

6. Kapitel

Wie sicher sind Investmentfonds?

Das Grundprinzip der Investmentfondsanlage, die breite Streuung in viele Anlagewerte, gibt dem Anleger die höchste Sicherheit, die eine Kapitalanlage haben kann. Was damit jedoch noch nicht geklärt ist, ist die Sicherheit des Kapitals selber: etwaige Risiken wie Kursmanipulationen oder gar Unterschlagungen der Spargelder.

Durch die Erfahrungen (IOS), die der deutsche Investmentsparer in den siebziger Jahren machte, sind die Gesetze hinsichtlich der Sicherheit der Investmentanlage lückenlos geworden. Allerdings konnte der Gesetzgeber mit seinen strengen Vorschriften die schwarzen Schafe des grauen Kapitalmarktes nicht völlig auslöschen.

Wenn Sie als Anleger vor Ihrer Anlageentscheidung einen Punkt überprüfen, dann haben Sie für Ihre Anlage all die nachfolgenden Sicherheiten. Bei der Überprüfung dieses einen Punktes müssen Sie sicherstellen, dass es sich um einen registrierten und in Deutschland zum Vertrieb zugelassenen Investmentfonds handelt.

Bei ausländischen Fonds tun Sie das bei der Bundesanstalt für Finanzdienstleistungsaufsicht (BAFin). Für deutsche Fonds erhalten Sie die gewünschten Auskünfte beim Bundesverband deutscher Investment- und Vermögensverwaltungs-Gesellschaften (siehe Kapitel 17).

Für diese Investmentfonds gibt es neben dem Kreditwesengesetz (KWG) das Gesetz zur Modernisierung des Investmentwesens und zur Besteuerung von Investmentvermögen. Dieses „Investmentmodernisierungsgesetz" hat zum 01.01.2004 die alten Anlegerschutzgesetze – das Gesetz für Kapitalanlagegesellschaften (KAGG) und das Auslandsinvestmentgesetz (AuslInvestmG) – abgelöst. Es beinhaltet das heute gültige Investmentgesetz (InvG) und das Investmentsteuergesetz (InvStG). Zusätzlich unterliegen die Kapitalanlagegesellschaften der Aufsicht einer öffentlichen Behörde, dem BAFin. Das BAFin überprüft, ob die Bestimmungen der Anlegerschutzgesetze eingehalten werden.

6. 1 Europäische Investmentrichtlinie (OGAW-Richtlinie)

Die europäischen Investmentrichtlinien wurden als gesetzliche Richtlinien für „Organismen für gemeinsame Anlagen in Wertpapieren“ (OGAW) geschaffen. Nach zehnjährigen Beratungen und zahlreichen Änderungen wurden diese Rechtsvorschriften am 20.12.1985 gebilligt. Die einzelnen EU-Mitgliedsländer waren verpflichtet, die Richtlinien in nationales Recht umzusetzen.

Der Anwendungsbereich beschränkt sich ausschließlich auf Investmentfonds der offenen Konstruktion, welche in Wertpapieren anlegen und für das Publikum angeboten werden. Die europäischen Investmenrichtlinien legen die Anforderungen an die Kapitalanlagegesellschaften fest. Das in der Praxis bewährte Anlegerschutzgesetz bietet so dem Kapitalanleger Sicherheit. Dies gilt für alle in EU-Ländern zugelassenen Publikumsfonds.

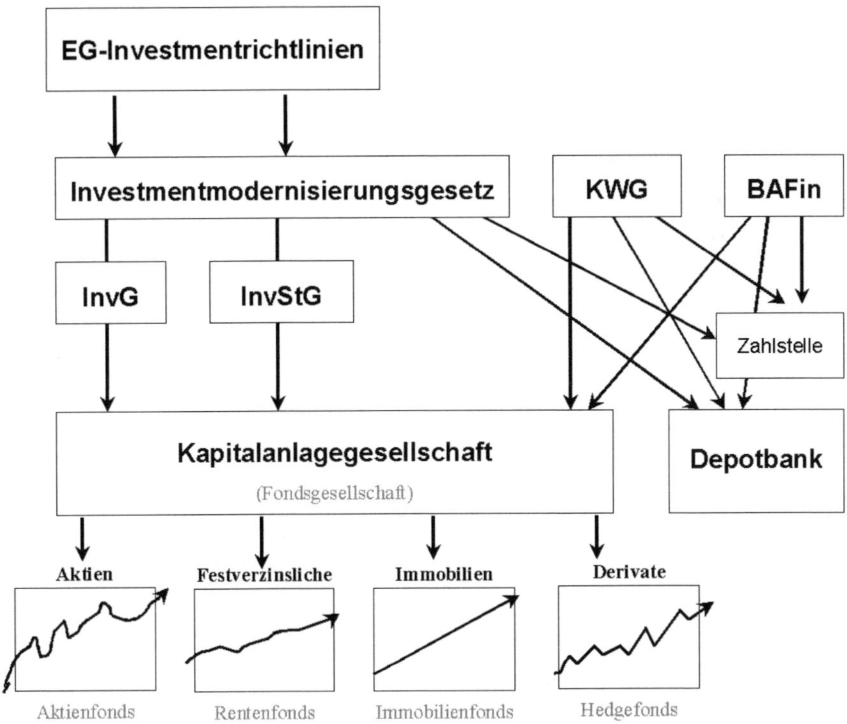

Grafik 17: Wie sicher sind Investmentfonds? Anlegerschutzgesetze und Kontrollorgane

Quelle: IFL® Rühl GmbH

6. 2 Investmentmodernisierungsgesetz

Am 15.12.2003 wurde das Investmentmodernisierungsgesetz verabschiedet. Zum 1. Januar 2004 löste es das Gesetz über Kapitalanlagegesellschaften (KAGG) und das Auslandsinvestmentgesetz (AuslInvestmG) ab. Die Trennung der Vorschriften für deutsche und ausländische Fonds wurde damit außer Kraft gesetzt. Die beiden Abschnitte Investmentgesetz (InvG) und Investmentsteuergesetz (InvStG) stellen seither die Rechtsgrundlage für das gesamte Investmentgeschäft dar.

Zum Schutz für den Kapitalanleger sind alle Vorschriften, die für die Sicherheit des Kapitals notwendig sind, beinhaltet. Das Investmentmodernisierungsgesetz schreibt so unter anderem zwingend vor, dass ...

- Kapitalanlagegesellschaften (KAG) Kreditinstitute sind. Für sie gelten also die gleichen gesetzlichen Vorschriften (KWG) wie für jede Bank. Unter anderem müssen sie über mindestens 730.000 EUR eingezahltes Nennkapital verfügen und mindestens zwei zuverlässige Gesellschafter haben, die eine entsprechende fachliche Eignung aufweisen.
- die vorhandenen Sondervermögen getrennt vom KAG-Vermögen zu halten sind.
- in einem Sondervermögen die Gelder gestreut werden müssen. Folgende Werte dürfen nicht überschritten werden:
  Grundsätzlich darf ein einzelner Wert maximal fünf Prozent ausmachen. Wird darüber hinaus die Ausnahmeregelung in Anspruch genommen, liegt die Maximalbegrenzung auf zehn Prozent des Sondervermögens. Die Summe der Ausnahmeregelungen darf 40 Prozent des Sondervermögens nicht übersteigen. Daraus ergibt sich eine gesetzlich vorgeschriebene Mindestanzahl von Anlagepositionen:
  Ausnahmeregelung: maximal zehn Prozent pro Wert, in der Summe maximal 40 Prozent, ergibt vier Werte
  Grundsatzregelung: maximal fünf Prozent für das restliche Volumen von 60 Prozent, ergibt zwölf Werte
  Daraus ergibt sich die gesetzlich vorgeschriebene Mindeststreuung von **16** Werten.
- **Eine klare Transparenz ist vorgeschrieben.** Die Leistung des Fondsmanagements ist täglich kontrollierbar. Die Kapitalanlagegesellschaften müssen täglich den Vermögenswert errechnen und bekannt

machen. Halbjährlich werden über Rechenschaftsberichte die Wertpapierpositionen und die Fondskosten veröffentlicht.

- **Liquiditätshaltung.** Um die jederzeitige Rückgabe von Fondsanteilen zu gewährleisten, müssen die Fondsgesellschaften stets einen Teil ihres Vermögens liquide halten. Dieser Teil darf nicht in schwankende Anlagen investiert werden.

Ausländische Investmentgesellschaften müssen ...

- ihre Fonds bei der BAFin zum Vertrieb genehmigen lassen und regelmäßig von Wirtschaftsprüfern bereits bestätigte Unterlagen zur Überprüfung vorlegen.
- alle Werte der Sondervermögen von einer Depotbank verwahren bzw. überwachen lassen. Damit erreicht der Fondssparer die gleiche Sicherheit wie bei den deutschen Fonds.
- mindestens ein inländisches Kreditinstitut als Zahlstelle benennen.
- alle relevanten Veröffentlichungen in deutscher Sprache zur Verfügung stellen.

6. 3 Bankenaufsicht

Investmentgesellschaften unterliegen durch ihren „Bankenstatus" automatisch der Bankenaufsicht. Sie müssen die gleichen Vorschriften erfüllen wie jede andere Bank.

Eine Bankenaufsicht hat die Macht und die Aufgabe, die Einhaltung der gesetzlichen Vorschriften zu überprüfen.

6. 3. 1 Bundesanstalt für Finanzdienstleistungsaufsicht (BAFin)

In Deutschland unterliegt die Bankenaufsicht der Bundesanstalt für Finanzdienstleistungsaufsicht (BAFin). Die **Grafik 17** zeigt Ihnen, wie wichtig die Kontrolle durch die BAFin für die deutsche Fondslandschaft ist. Bei konkreten Fragen erhalten Sie von der BAFin in puncto Fonds die Auskunft, welche ausländischen Fonds in Deutschland registriert und zum Vertrieb zugelassen sind. Die BAFin ist wie folgt erreichbar:

Bundesanstalt für Finanzdienstleistungsaufsicht
Graurheindorfer Str. 108
D-53117 Bonn

und

Lurgiallee 12
D-60439 Frankfurt

Telefon: 0228 / 4108 - 0
Telefax: 0228 / 4108 - 1550
Internet: www.bafin.de
Email: poststelle@bafin.de

6. 3. 2 Die Aufsichtsämter im Ausland

Bevor ausländische Fonds in Deutschland als registriert gelten und zum Vertrieb zugelassen werden, überprüft die BAFin, ob die Fondsbedingungen denen der EG-Investmentrichtlinien und dem Investmentmodernisierungsgesetz unterliegen. Nur dann ist gewährleistet, dass ausländische Fonds durch die entsprechenden nationalen Aufsichtsbehörden kontrolliert werden. Hierbei gelten als die wichtigsten Bankenaufsichten:

- in Luxemburg: die Commission de Surveillance du Secteur Financier, (CSSF) Internetadresse: www.cssf.lu.
- in den USA: die U.S. Securities and Exchange Commision (SEC). Sie genießt den Ruf der strengsten Sicherheitsbehörde der Welt. Internetadresse: www.sec.gov.
- auf Jersey: die Jersey Financial Services Commision (FSC). Internetadresse: www.jerseyfsc.org.
- in Irland: die Central Bank of Irland. Internetadresse: www.centralbank.ie.

Lesen lohnt sich!

FinanzBuch Verlag
Lesen lohnt sich!

❑ **Senden** Sie mir bitte Ihren aktuellen **Gesamtkatalog** mit allen Büchern und den Sonderangeboten zu.

❑ **Ich möchte** regelmäßig über **Neuerscheinungen** informiert werden.

Bitte informieren Sie mich über Ihre ❑ **Bücher** ❑ **Seminare und Schulungen** zu folgenden Themen:

❑ Behavioral Finance	❑ Candlesticks	❑ Handelssysteme	❑ Money Management	❑ Optionsscheine
❑ Technische Analyse	❑ Technische Indikatoren	❑ Trading	❑ Wirtschaft allgemein	❑ Zertifikate

❑ Sonstige: ....

Schicken Sie mir die gewünschten Infos bitte per ❑ **eMail** ❑ **per Post** (siehe Rückseite).

❑ **Ich möchte am Gewinnspiel teilnehmen.**
Unter allen Einsendern verlosen wir jeden Monat 5 Büchergutscheine im Wert von **200 Euro.**

Unser Gesamtprogramm und unsere regelmäßigen Aktionen finden Sie auch auf unserer Website unter
www.finanzbuchverlag.de

6. 4 Wo liegen die Restrisiken?

Durch die gesetzlichen Vorschriften ist sichergestellt, dass im Bereich der Investmentfondsanlage niemand unrechtmäßig Zugriff auf das Fondsvermögen hat. Das Risiko der Veruntreuung von Anlagegelder ist daher bei Investmentfonds ausgeschlossen. Einmal abgesehen von den Schwankungsrisiken, die aus den Kursbewegungen der im Fondsvermögen befindlichen Wertpapiere entsteht.

Welche Risiken bleiben?

Ein Risiko könnte in der Abhängigkeit der meisten deutschen Kapitalanlagegesellschaften liegen.

6. 4. 1 Wer gehört zu wem?

Jedes Spitzeninstitut der deutschen Kreditwirtschaft ist entweder direkt oder indirekt an einer Fondsgesellschaft beteiligt. Die **Tabelle 1** gibt Ihnen einen Auszug zu den wichtigsten Beteiligungen:

Banken	Fondsgesellschaften	Immobilienfondsgesellschaften
Deutsche Bank	DWS, DVG, DWS S.A.	DGI
Dresdner Bank	DIT, Dam	DEGI
Commerzbank	Adig, A.L.S.A	HausInvest
SEB	SEB Invest	SEB ImmoInvest
Hypo-Vereinsbank	Activest	iii
Sparkassen	DEKA, Deka intern.	DESPA
Volks- und Raiffeisenbanken	Union	DIFA
BHF-Bank	Frankfurt Trust	

Tabelle 4: Wer gehört zu wem?

Kritiker des deutschen Universalbanken-Systems sehen in der Mutter-Tochter-Verbindung der deutschen Banken und ihrer Kapitalanlagegesellschaften einen erheblichen Interessenkonflikt.

Immer wieder scheinen die Banken ihre Fonds als „Abladestelle“ zu benutzen. Da die großen (Universal!)Banken an den vielen Emissionen von neuen Wertpapieren beteiligt sind, übernehmen sie die Aufgabe, diese auch vollständig an die Frau und den Mann zu bringen. Gerade bei

Wertpapieren, bei denen das „Publikum" kein so großes Interesse zeigt, sind die Fonds der eigenen Tochtergesellschaft hervorragende „Abnahmestellen".

Ein zweites Beispiel scheint in der zweiten Jahreshälfte, bzw. dem letzten Quartal eines Jahres eine Rolle zu spielen. Es basiert auf der Tatsache, dass die Höhe der Gebühren für Wertpapierkäufe und -verkäufe innerhalb eines Fonds, trotz der gesetzlich vorgeschriebenen Kostentransparenz, bei den deutschen Fondsgesellschaften geheim gehalten werden darf. Wenn bei den Banken in schlechten Wertpapierjahren die Provisionserträge aus dem Wertpapierkauf und -verkauf hinter den Planzahlen zurückliegen, scheinen Fondsmanager von den Muttergesellschaften ermutigt zu werden, das Fondsvermögen häufiger umzuschichten. Die Kosten der daraus resultierenden Wertpapierverkäufe und -käufe entstehen also nicht, weil es anlagespezifisch sinnvoll war zu tauschen, sondern um die wichtigen Provisionserträge der Bank (zu Lasten der Anteilsinhaber) zu erhöhen.

Fazit: Investmentfonds bieten rechtlich ein Höchstmaß an Sicherheit. Aufgrund der hohen Transparenz (tägliche Bewertung) und der ständigen Vergleichbarkeit im Wettbewerb verliert der Interessenkonflikt womöglich an Bedeutung! Will man ihn gänzlich ausschließen, sollte man von vornherein nur Fonds von unabhängigen Kapitalanlagegesellschaften wählen.

7. Kapitel

Die langen Wellen der Konjunktur

Ab dem Kapitel 8.3 werden wir die verschiedenen Fondsarten besprechen. Bei diesen Erläuterungen werden Sie mit Begriffen wie Bullen- und Bärenmärkte, Primär- und Sekundärtrends, Finanz- und Wirtschaftskrisen und verschiedenen Phasen von Wirtschaftszyklen konfrontiert. Um die Einsatzmöglichkeiten der Fonds in diesen einzelnen Marktphasen zu erkennen, zeigen Ihnen die Erläuterungen in diesem „Konjunktur-Exkurs" die Zusammenhänge von Börsenentwicklungen und Wirtschaftszyklen auf.

7. 1 Wirtschaft und Börse laufen langfristig im Gleichklang

Das Konsumverhalten aller Bürger eines Landes ist für das wirtschaftliche Ergebnis verantwortlich. Das menschliche Streben nach mehr Eigentum, besserer Qualität und erleichternder Technik führt – bei einem Betrachtungszeitraum über mehrere Generationen – zu einem durchschnittlichen Wirtschaftswachstum von etwa sieben Prozent pro Jahr.

Wenn sich die Wirtschaft über Zeiträume von 50, 100 oder noch mehr Jahren mit durchschnittlich sieben Prozent entwickelt, wie wird dann die langfristige Entwicklung bei der durchschnittlichen Bewertung aller Wirtschaftsunternehmen (Aktiengesellschaften) sein?

Hier kann es nur eine Antwort geben!

Die Börse bewertet Aktiengesellschaften und deren wirtschaftlichen Erfolg oder Misserfolg. Dies entspricht im Durchschnitt dem Wirtschafts-

Grafik 18: Der Primärtrend einer Wirtschaft

ergebnis eines Landes. Also liegt die durchschnittliche Börsenentwicklung aller Unternehmen – über Generationen gerechnet – bei ebenfalls sieben Prozent im Jahr!

Langfristig ist diese Entwicklung immer nach oben gerichtet. Die **Grafik 18** zeigt den Kursverlauf der amerikanischen Börse über 106 Jahre. Der langfristige Aufwärtstrend – der Primärtrend – zeigt, wo auch zukünftig die Reise hingeht.

7. 2 André Kostolany: „Der Mensch und der Hund"

Noch besser dürfte ein von Börsenaltmeister André Kostolany benutzter Vergleich die Zusammenhänge der Börse und deren Abhängigkeit zur realen Wirtschaft verdeutlichen. Um Börsenphasen mit starken Übertreibungen (nach oben, wie nach unten) und die daraus über kurz oder lang eintretende Börsenentwicklung sinnbildlich darzustellen, hat er von einem Mann und seinem Hund erzählt.

Stellen Sie sich vor, Sie gehen mit Ihrem Hund spazieren. Sie haben den Weg vom Ferienhaus zum Bergsee gewählt. Ihr Hund ist nicht angeleint, sondern kann sich frei bewegen. Eine Zeit lang bleibt er bei Ihnen, dann läuft er weit voraus und bleibt stehen. Sie gehen Ihren Weg weiter und an ihm vorbei, sodass dieser hinter Ihnen zurückbleibt. Gelegentlich bleiben Sie einige Augenblicke stehen und genießen den Ausblick, bevor Sie Ihren Weg fortsetzen. Auf der ganzen Strecke läuft der Hund mal voraus, mal nach hinten. Aber egal, wie weit er sich von Ihnen auch entfernt, er kommt immer wieder zu Ihnen zurück!

Auf die Kapitalmärkte übertragen, sind Sie die Wirtschaft, und Ihr Hund ist die Börse. Kurzfristig sind Börsenkurse von „technischen" Faktoren abhängig. Dabei spielen die Liquidität und psychologische Einflüsse der Börsenteilnehmer die größte Rolle. Je extremer die Meinung für die zukünftige Börsenentwicklung wird, desto weiter ist Ihr Hund von Ihnen entfernt. Jetzt ist es nur noch eine Frage der Zeit, bis sich Ihr Hund auf den Weg zurück zu Ihnen macht. Denn langfristig setzen sich ausschließlich fundamentale Unternehmensdaten auf Basis einer kaufmännisch sinnvollen Bewertung durch.

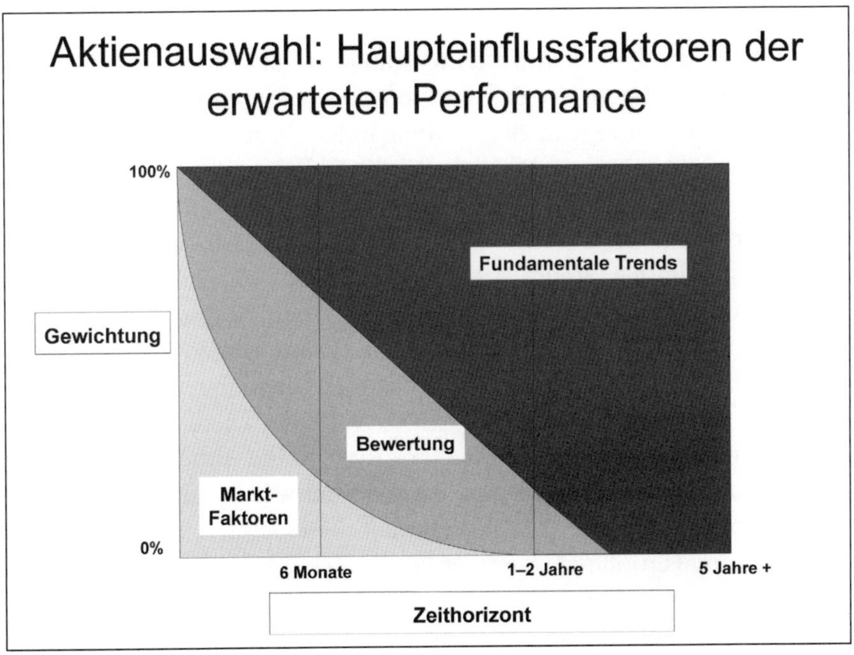

Grafik 19: Welche Faktoren beeinflussen die Aktienkursentwicklung?

Quelle: Swiss Life Asset Management

Kostolanys Bildnis und die **Grafik 19** verdeutlichen, dass sich bei Aktienentwicklungen auf Sicht von drei und mehr Jahren immer nur die fundamentalen Daten – das tatsächlich erzielte Ergebnis – durchsetzen wird. Große Schwankungen an den Aktienmärkten entstehen also

- kurzfristig betrachtet, wenn die Liquidität und die Stimmung der Spekulanten durch Angebot und Nachfrage zu starken Unter- oder Überbewertungen führen,
- langfristig, wenn die Unternehmensergebnisse durch Konjunkturschwankungen beeinflusst werden.

Da wir in der Regel langfristig Vermögen bilden wollen und die Börsen auf lange Sicht ausschließlich durch konjunkturelle Schwankungen beeinflusst werden, schauen wir uns die Zyklen der Wirtschaft an.

7. 3 Kondratieff-Zyklen – die langen Wellen der Konjunktur

Die Marktwirtschaft kennt keinen absolut gleichförmigen Verlauf. Konjunkturelle Boom- und Rezessionsphasen wechseln – scheinbar mehr oder weniger regelmäßig – miteinander ab. Jeder hat Erfahrungen mit kurzen und mittleren Wirtschaftszyklen. Bereits in der Bibel wechseln sich sieben gute mit sieben schlechten Jahren ab. In der Marktwirtschaft treten aber auch lange Wellenbewegungen auf. Der Russe Nikolai Kondratieff stellte 1926 seine These von langen Schwankungen auf. Die Weltkonjunktur bewegt sich seit Beginn der Industrialisierung in 50- bis 60-jährigen Zyklen. Diese langen „Kondratieff"-Wellen unterteilen sich in zwei unterschiedliche Entwicklungsperioden, eine positive und eine negative Phase. Diese beiden Phasen werden nochmals unterteilt. Die positive in die Erholung und den Aufschwung. Die negative in den Abschwung und die Flaute. Publikationen die sich mit Kondratieff beschäftigen sprechen auch vom Frühling (Erholung), Sommer (Aufschwung), Herbst (Abschwung) und Winter (Flaute).

Nach Kondratieffs These folgt die Weltwirtschaft einer treppenförmigen Entwicklung. Ihr fundamentaler Trend zeigt über die Jahrzehnte hinweg deutlich nach oben. Dies entspricht auch dem langen Wachstums-

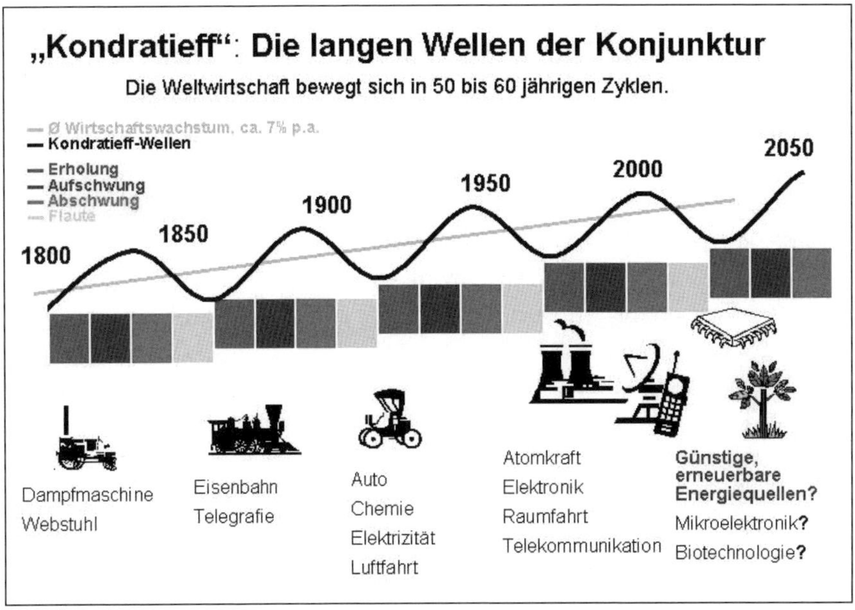

Grafik 20: Kondratieff-Zyklen Quelle: IFL® Rühl GmbH

trend von Wirtschaft und Unternehmen von durchschnittlich etwa sieben Prozent. Die Phasen beschleunigten und verlangsamten Wachstums führen über ausgeprägte Schwankungen von Generation zu Generation, erfassen jedoch nicht alle Regionen in jedem Zyklus gleichermaßen. Sturm-und-Drang-Perioden folgen lange Reinigungsphasen.

Ein Aufschwung fällt stets mit bahnbrechenden Erfindungen zusammen. Je nachdem, welche Forschungs- und Entwicklungsergebnisse die Produktivität in der Wirtschaft verbessern oder gar revolutionieren, erleben wir einen immensen Wachstumsschub. Aufgrund dieser technischen Durchbrüche beginnt ein kräftiger Investitionsboom. Über kürzere Konjunkturschwankungen hinweg gewinnt der Aufschwung ständig an Kraft. 25 bis 30 Jahre später lässt die Dynamik wieder nach. In wenigstens der Hälfte dieser Zeit sorgt der Aufschwung dafür, dass die Unternehmen mit weitaus größeren Steigerungsraten – als dem langjährigen Durchschnitt (sieben Prozent) – wachsen können. Viele Unternehmen weisen 15, 20 oder mehr Prozent an jährlichen Wachstumsraten – im optimalen Fall über zehn bis 15 Jahren – auf. Diese Dynamik überträgt sich auf die Bewertungen der Wirtschaftsunternehmen. Die Aktienmärkte erleben jahrelang steigende Kurse. Eine Hausse oder auch einen so genannten sekundären Bullenmarkt. Kurzfristige Rückschläge entpuppen sich lediglich als Finanzkrisen, sie haben keine nachhaltig negativen Auswirkungen auf den Konsum und den Konjunkturaufschwung. Am Ende des Aufschwunges weist das klassische Bewertungsinstrument – Kurs-Gewinn-Verhältnis – Werte von nahe 20 und mehr aus. Zu den Pionierunternehmen haben sich viele, viele Nachahmer gesellt, der scharfe Wettbewerb lässt Überkapazitäten entstehen, und die Gewinne schrumpfen. Die Phase des Abschwungs wird eingeläutet. Sind es anfangs geplante Rationalisierungen und Kostensenkungen, führen diese in einem gesättigten Konsumentenmarkt zur „Zwangs"-Zerstörung von Kapazitäten und Arbeitsplätzen. Firmenpleiten und hohe Arbeitslosigkeit sind vorprogrammiert. Die Aktienmärkte haben schon lange den Rückwärtsgang eingelegt. Geht man anfangs bei diesen Rückschlägen lediglich von Finanzkrisen aus, wird den Marktteilnehmern erst einige Zeit später klar, dass es sich um eine Wirtschaftkrise handelt. Über lange Zeit tendieren die Börsen ab- und seitwärts. Die Dauer und die Höhe der Kursrückgänge nehmen Ausmaße an, die sich zum Ende des Aufschwungs niemand vorstellen und erklären kann. Alte Indexhöchststände werden erst nach 15 und mehr Jahren erreicht. Man spricht von einer jahrelangen Baisse bzw. einem sekundären Bärenmarkt. Im Konjunkturabschwung beginnt in der Wirtschaft ein normaler Ausleseprozess. Viele Unternehmen verschwinden von der Bildfläche. Innovativ denkenden Unternehmen und solche die finanziell gut ausgestattet sind, stellen die Basis für den nächsten Boom dar. Vor der Trendwende und einer neuen Aufschwungphase sind Aktienbewertungen auf ein Niveau gefallen, bei dem sich das reale Kurs-Gewinn-Verhältnisse im einstelligen Bereich (sieben bis neun) errechnet. Erst jetzt ist eine gesunde Basis für einen neuen langjährigen Bullenmarkt geschaffen.

7. 4 Bullen- und Bärenmärkte – ein Gesetz der Wirtschaft

Die Historie zeigt: Bullen- und Bärenmärkte wechseln sich ab. Die Regelmäßigkeit macht es deutlich, es ist keine Zufallsfindung! In Verbindung mit den oben erläuterten Kondratieff-Zyklen handelt es sich um eine Tatsache, ein Gesetz der Börse und Wirtschaft.

Grafik 21: Sekundärtrends Bullen- und Bärenmärkte

Die **Grafik 21** macht den Unterschied zwischen Primär- und Sekundärtrend deutlich. Dies, untermauert mit Kondratieffs Thesen über lange Konjunktur- und Wirtschaftszyklen, lässt erahnen, dass erfolgreiche Anlagestrategien in Bullenmärkten anders aussehen als in Bärenmärkten.

7. 5 Strategien in Bullen- und Bärenmärkten

Das Wissen um den Primärtrend von Wirtschaft und Börse lässt uns immer wieder hören: „Langfristig ist die Aktie die beste Anlageform!" oder Kostolanys viel zitierte Aussage: „Kaufen Sie Aktien, nehmen Sie Schlaftabletten und wachen Sie nach vielen Jahren vermögend auf".

Grundsätzlich ist diese Aussage korrekt. Allerdings zeigen die Grafiken über den Primär- und die Sekundärtrends, dass der Begriff „langfristig" – im Zusammenhang mit profitablen Aktienfondsanlagen – je nach Wirtschaftszyklus unterschiedlich interpretiert werden kann.

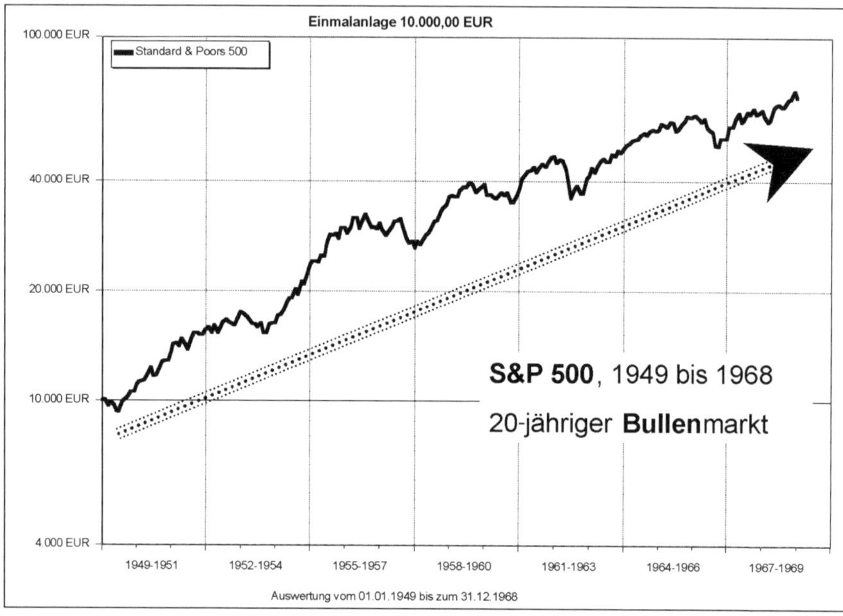

Grafik 22: Die Entwicklung der 500 größten Unternehmen in Amerika 1949 bis 1968

Quelle: FVBS

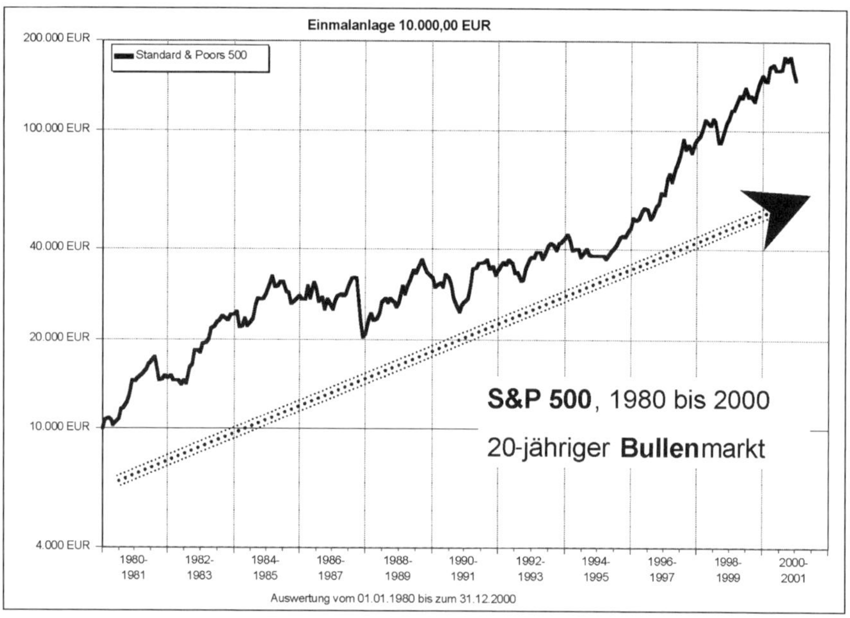

Grafik 23: Die Entwicklung der 500 größten Unternehmen in Amerika 1980 bis 2000

Quelle: FVBS

7. 5.1 Bullenmärkte

Angenommen, wir befinden uns in einem Zyklus wirtschaftlichen Aufschwungs. Die Wirtschaft boomt, und die Börse befindet sich in einem deutlich erkennbaren Bullenmarkt.

Milliardenschäden durch Naturkatastrophen, Ängste wegen kriegerischer Auseinandersetzungen, Attentate auf bekannte Persönlichkeiten oder Währungsspekulationen in nicht ausgeprägten Wirtschaften sorgen immer wieder für crashartige Rückgänge an den Aktienmärkten. Aber weder die Ereignisse selbst noch die Vermögensvernichtung durch die Kursrückgänge können der robusten Wirtschaft etwas anhaben. Sie boomt mit kurzen Unterbrechungen einfach weiter. Diese so genannten Finanzkrisen kommen stets unverhofft und stellen für den gerade gemachten Neueinstieg an den Börsen einen äußerst unglücklichen Einstiegszeitpunkt dar. Da sich nach Finanzkrisen jedoch stets die positiven Wirtschaftszahlen durchsetzen, müssen Sie als Neueinsteiger gar nicht so lange warten, bis Sie – für die Bereitschaft, Kursrisiken zu akzeptieren – belohnt werden. Nach spätestens zwei Jahren haben Sie Ihr eingesetztes Kapital wieder auf dem Konto. Nach spätestens sieben Jahren können Sie meist eine zweistellige Rendite erwarten.

Langfristig heißt in einem Bullenmarkt, dass Sie bereits mit Zeiträumen von sieben und/oder mehr Jahren eine hohe Wahrscheinlichkeit für eine erfolgreiche Aktienfondsanlage haben. Die beste Anlagestrategie ist die Kostolany-Strategie (Buy & Hold) – kaufen, liegen lassen und vermögend werden. Die **Grafiken 22** und **23** zeigen zwei klassische Bullenmärkte und ihre Verläufe.

7. 5. 2 Bärenmärkte

Die weit gefasste Definition eines Bärenmarktes beinhaltet den Zeitraum, den die Börse benötigt, bis die alten Indexhöchststände wieder erreicht sind. Enger gefasst, sprechen wir von der Zeit, bis wieder ein nachhaltiger Aufwärtstrend beginnt, der Bärenmarkt also in einen Bullenmarkt umschlägt. Dies führt in der weiter gefassten Definition dazu, dass es zwischen den beiden Sekundärphasen sich überschneidende Kalenderjahre gibt.

Nach langen Jahren des Konjunkturbooms folgt immer eine – mehr oder weniger – schmerzliche Konsolidierungsphase: der Zyklus des wirtschaftlichen Abschwungs. Die Börse nimmt die wirtschaftliche Ent-

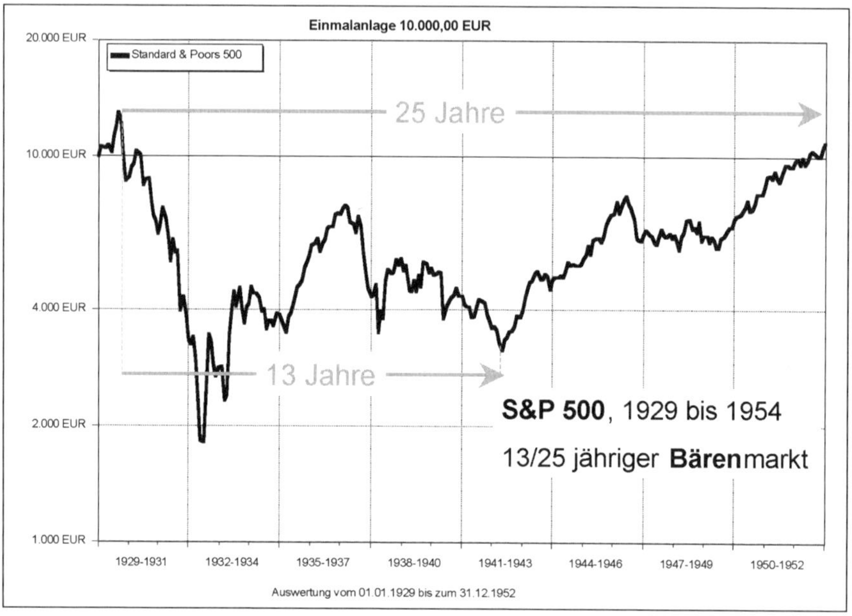

Grafik 24: Die Entwicklung der 500 größten Unternehmen in Amerika 1929 bis 1954

Quelle: FVBS

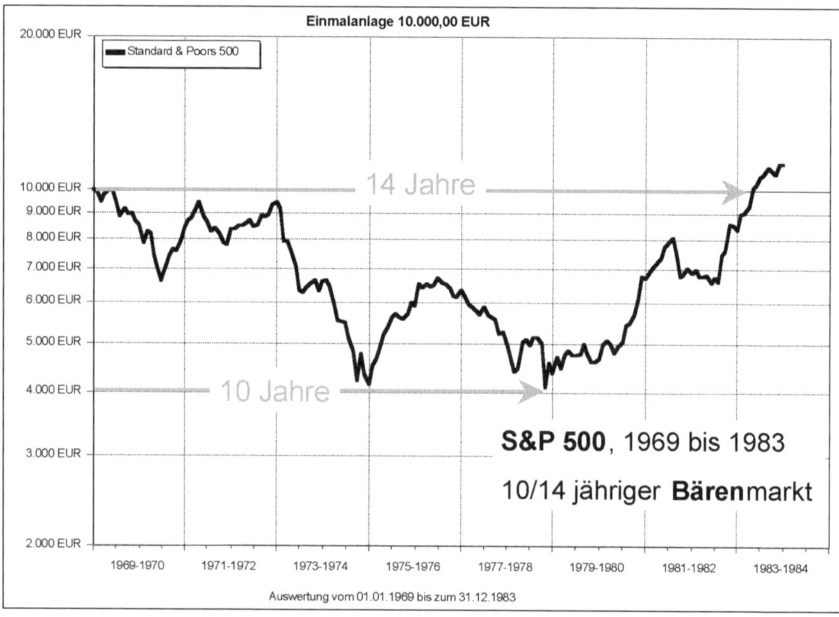

Grafik 25: Die Entwicklung der 500 größten Unternehmen in Amerika 1969 bis 1983

Quelle: FVBS

wicklung voraus und bewertet sie in einem deutlich erkennbaren Bärenmarkt.

Rezession und Wirtschaftskrise sorgen für Umsatz- und Gewinnrückgänge, welche an der Börse sehr schnell eine erste große Kurskorrektur einläuten. Ein großer Verkaufsdruck führt zu einer ersten Übertreibungsphase nach unten. Diese Übertreibung wird in den darauf folgenden Monaten durch steigende Kurse korrigiert. Da die wirtschaftliche Konsolidierung nie in so kurzer Zeit abgeschlossen ist und die positiven Signale aus den Unternehmen ausbleiben, setzt die Börse ihre Bärenjagd fort. Die Analyse verschiedener Bärenmärkte (siehe die **Grafiken 24** und **25**) zeigt, dass die wirtschaftliche Wende und damit ein dauerhafter Kursanstieg erst nach zehn und mehr Jahren – gerechnet ab dem Höchststand – möglich sind. War der Neueinstieg im Bullenmarkt nur sporadisch als unglücklicher Einstiegszeitpunkt zu bezeichnen, stellt sich das im Hoch bzw. im Beginn des Bärenmarktes als sehr lang andauerndes Unglück dar.

Die Kostolany-Strategie muss 15 bis 25 Jahre ausharren, bis die alten Kursstände erreicht sind. Dazwischen werden die Nerven stark strapaziert. Kursverluste von 60 bis zu 85 Prozent lassen einen schnell den Glauben an die Wirtschaft und den Primärtrend verlieren. Die Gefahr des vorzeitigen Ausstiegs ist über viele Jahre latent. Aber was ist vorzeitig? Wenn der Bärenmarkt rechtzeitig erkannt wird, ist der Ausstieg – selbst mit Verlust – immer noch die bessere Strategie. Wenn Sie den Bärenmarkt aussitzen, müssen Sie sehr viel mehr Zeit mitbringen, muss es Ihre Lebenssituation erlauben und vor allem Ihre eigene Disziplin ermöglichen. Im Extrem haben Sie nach zwei Jahren bis zu 80 Prozent Verlust. Nach sieben Jahren liegen Sie immer noch nahe dem Tiefststand. Zweistellige Rendite und damit ein langfristiger Zeitraum im Bärenmarkt werden erst mit Anlagehorizonten von 30 und mehr Jahren erzielt.

Buy & Hold ist in einem Bärenmarkt nicht von Erfolg gekrönt. Akzeptable Ergebnisse werden ausschließlich mit Fonds, die auf einen absoluten Ertrag setzten, erzielt. Mit Aktienfonds ist eher ein mittelfristiges Trendfolge-/Timing-Modell oder das langfristige Nutzen des Cost-Average-Effekte (siehe Kapitel 12.2.1, 12.2.6 und 18.5) erfolgreich.

Ob Bullen- oder Bärenmarkt – Börsenentwicklungen, die fünfzehn Jahre oder länger anhalten, prägen die Investoren, deren Berater und die Medien. Börsenbewegungen bzw. -trends, die über solch lange Zeiträume die Regel waren, setzen sich im Unterbewusstsein aller Marktteilnehmer fest, sie scheinen auf Dauer ihre Gültigkeit zu halten. Die Gefahr der Fehleinschätzung zukünftiger Wirtschafts- und Börsenentwicklungen nimmt vor allem zum Ende von Bullen- und Bärenmärkten extrem zu.

7. 5.3. Welche Anlageklassen in welchem Zyklus?

Die bisherigen Ausführungen zu den Sekundärtrends an den Kapitalmärkten haben sich lediglich auf die Aktienmärkte bezogen. Daraus abzuleitende Anlagestrategien sind:

- In Bullenmärkten Aktien kaufen und einfach liegen lassen.
- In Bärenmärkten mit Aktien nur die Schwankungen ausnutzen, also in starke Kurserholungen hinein Aktien verkaufen und nur nach extremen Kursrückgängen wieder investieren.

Die langen (Kondratieff-)Zyklen in der Wirtschaft und an den Börsen entstehen durch menschliches Handeln, welches immer ähnliche Verlaufsmuster aufweist. Dies führt nicht nur zu abwechselnden Sekundärtrends an den Aktienmärkten, sondern auch zu abwechselnden Kapitalflüssen in andere Anlageformen. Dabei ist das „große“ Geld ständig auf der Suche nach interessanten Anlagemöglichkeiten. Beeinflusst durch Wirtschaftszyklen, vorhandene Geldmengen, Inflationsentwicklung und Verschuldungen werden attraktive Vermögensklassen bestimmt und begonnen, dort zu investieren. Dieser Investitionszyklus dauert dann über Jahre an, so lange, bis überteuerte Bewertungen – bis hin zu „Blasenbildungen“ – entstanden sind. In solchen Phasen verabschiedet sich dann das „smarte“ Geld und fängt an, in neu auserkorene Vermögensklassen zu investieren.

Dies sei anhand eines Brunnens, der sich in meinem Heimatort Reutlingen in der Kaiserpassage findet, verdeutlicht. Er hat die Form einer Kaiserkrone und ist so konstruiert, dass sich das Brunnenwasser in einem Kreislauf bewegt. Es läuft im oberen Teil der Krone in eine große Schüssel, über deren Rand das Wasser in mehrere kleinere oval geformte Edelstahlschüsseln läuft. Deren Befestigungen sind so ausgerichtet, dass sie vorerst mit Wasser voll laufen und beim Erreichen eines hohen Wasserstands über einen Kippmechanismus entleert werden. Das Wasser läuft dann ins nächste Oval, welches mit derselben Technik das Wasser in diesem Brunnenkreislauf in Bewegung hält.

Übertragen auf die Finanzwelt ist das Wasser unsere globale Geldmenge. Die einzelnen Ovale sind die verschiedenen Vermögensklassen, in welche das Kapital investiert wird. Das Geld fließt entsprechend dem oben erläuterten Brunnenkonzept in die vorhandenen Vermögensklassen. Hat das Geld mal einen Weg eingeschlagen, entstehen Strömungsschwerpunkte; diese sind von der Erwartung gelenkt, wo in den kommenden Jahren am meisten Rendite zu erreichen ist. Diese Vermögensklassen werden zu Lasten der bisher gut gelaufenen Anlageklassen favorisiert. Das Geld fließt so lange in diese Richtung, bis Überbewertungen in der ausgewählten Vermögensklasse entstehen. Je größer die Ungleichgewichte werden, desto schneller findet die Korrektur, die „Entleerung dieser Vermögensklasse", statt. Das abfließende Geld sucht neue Ideen. Es fließt in andere Anlageklassen und findet schnell wieder neue Strömungsschwerpunkte. Dort beginnt derselbe Ablauf von neuem.

Die **Grafik 26** zeigt an Hand der Sekundärtrends des amerikanischen Aktienindex Dow Jones Industrial Index (DJII), wie in Phasen stagnierender bzw. rückläufiger Aktienmärkte eine Veränderung der Geldströme

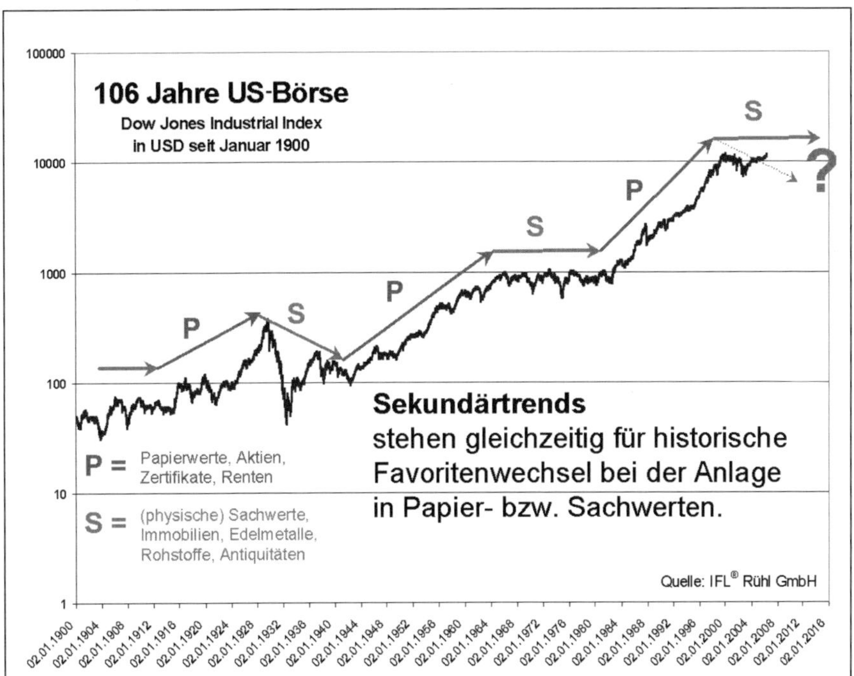

Grafik 26. Sekundärtrends an den Aktienmärkten bewirken auch einen Favoritenwechsel in anderen Anlageklassen.

stattfindet und Alternativen in der Anlagewelt favorisiert werden. Die mit „S“ gekennzeichneten Phasen sind durch einen starken Kapitalfluss in physische Sachwerte – Immobilien, Edelmetalle, Rohstoffe und Antiquitäten – geprägt.

8. Kapitel

Arten und Formen von Investmentfonds

Allein in Deutschland können Sie zwischen über 6.000 Fonds auswählen! Da soll man noch den Überblick behalten. Die Fondsauswahl, vor allem die richtige, ist durch die inflationäre Entwicklung des Angebots nicht einfacher geworden. Ein Überblick über die verschiedenen Formen und die großen Hauptgruppen bringt die ersten Einblicke in den Fondsdschungel.

nach ihrer Konstruktrion

- **Closed-End-System**
  Die Zahl der ausgegebenen Anteilscheine ist von vornherein begrenzt.
- **Open-End-System**
  Die Zahl der ausgegebenen Anteilscheine ist nicht begrenzt. Bei Bedarf werden neue Anteilscheine ausgegeben.
- **Geschlossene Fonds**
  Von vornherein festgelegte Anlagewerte, die nicht ausgetauscht werden.
- **Offene Fonds**
  Wechselnde Anlagewerte innerhalb eines festgelegten Rahmens.

nach der Verwendung ihrer Erträge

- **Ausschüttung der Erträge**
  Zinsen, Dividenden und realisierte Kursgewinne werden in der Regel einmal jährlich ausgeschüttet.
- **Ansammlung der Erträge**
  Die Erträge des Fonds werden innerhalb des Sondervermögens zur Wiederanlage verwendet. Diese Fonds nennen sich Thesaurierungs- oder Kumulierungsfonds.

nach ihren Vermögenswerten

- **Effektenfonds**
  Reine Aktienfonds
  Reine Rentenfonds
  Mischfonds
  Spezialitätenfonds
- **Immobilienfonds**
  Offene Fonds mit wechselnden Immobilien
  Geschlossene Fonds mit bestimmten Immobilien **(keine gesetzliche Kontolle!)**
- **Hedgefonds**
  - Klassische Strategien
  - Derivate / Wetten auf Preistrends

Grafik 27: Arten von Investmentfonds

8. 1 Fonds, unterschieden nach ihrer Konstruktion

8. 1. 1 Das Closed-End-System

Im Closed-End-System ist die Zahl der ausgegebenen Anteilscheine von vornherein begrenzt. Dieses System ist vor allem in Amerika und in Großbritannien geläufig. Einige dieser Closed-End-Fonds werden als Aktie hier in Deutschland an der Börse gehandelt. Die Kurse werden also durch Angebot und Nachfrage festgestellt. Man spricht hier auch von der Fondsaktie. Durch die Preisfeststellung über die Börse ergeben sich bei dieser Fondsart zeitweise erhebliche Abweichungen des Börsen(-kurs)-preises zum tatsächlichen Inventarwert.

An dieser Stelle sei außerdem erwähnt, dass die steuerliche Handhabung für den deutschen Anleger bei den Closed-End-Fonds meist sehr nachteilig ist.

8. 1. 2 Das Open-End-System

Im Open-End-System ist die Zahl der ausgegebenen Anteilscheine nicht begrenzt. Bei Bedarf werden neue Investmentanteile ausgegeben. Dieses System wird bei den deutschen Fonds angewandt. Der Inventarwert wird hier börsentäglich direkt von der Depotbank errechnet. Es wird also stets der faire Inventarwert sowohl für Käufe (Ausgabepreis = Inventarwert + Ausgabeaufschlag) als auch für Verkäufe (Rücknahmepreis = Inventarwert) zugrunde gelegt.

8. 1. 3 Der geschlossene Fonds

Der geschlossene Fonds ist in Deutschland nur durch Immobilienfonds bekannt. Bei der Auflegung des Fonds werden die Anlagewerte im Vorfeld festgelegt. Diese Anlagewerte dürfen nicht ausgetauscht werden.

8. 1. 4 Der offene Fonds

Der offene Fonds kann seine Anlagewerte ständig neu wählen. Innerhalb des Rahmens, der durch die Anlagepolitik festgelegt bzw. beschränkt ist, können die Anlagewerte durch den Fondsmanager gewechselt werden.

8. 2 Fonds, unterschieden nach der Verwendung ihrer Erträge

8. 2. 1 Ausschüttung der Erträge

Die Zinsen, Dividenden, die realisierten Kursgewinne, Erlöse aus der Verwertung von Bezugsrechten und Berichtigungsaktien sowie Mieterträge werden in der Regel einmal im Jahr ausgeschüttet.

Je nach Verwahrung der Investmentanteile werden die Ausschüttungen ausgezahlt oder sofort in zusätzliche Anteile reinvestiert.

8. 2. 2 Ansammlung der Erträge

Die Erträge werden zur Wiederanlage innerhalb des Fonds verwendet. Dadurch erhöht sich der Wert des Fondsvermögens. Solche Fonds werden in der Regel als Kumulierungs- oder Thesaurierungsfonds bezeichnet.

Durch die Wiederanlage innerhalb des Fondsvermögens erhöht sich der Preis der Investmentanteile.

Kursverlauf von Investmentfonds bei den verschiedenen Ertragsverwendungen

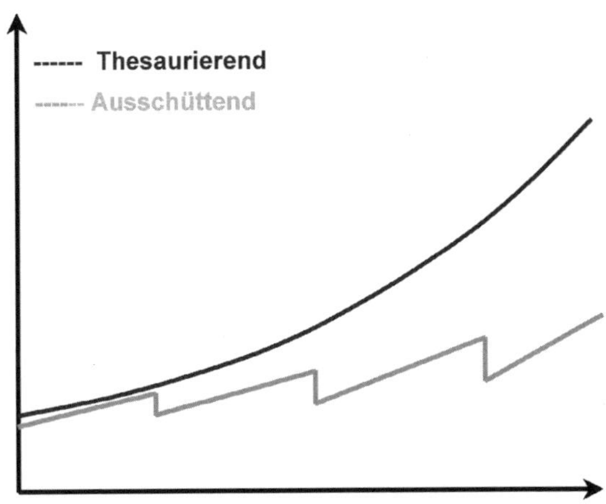

Fazit: Für das jährliche Fomdsergebnis spielt es keine Rolle, welche Ertragsform Ihr Fonds hat. Bei der thesaurierenden Form profitieren Sie im Laufe der Zeit jedoch automatisch vom Zins und Zinseszins.

Grafik 28: Ausschüttender versus thesaurierender Fonds Quelle: IFL® Rühl

8. 3 Fonds, unterschieden nach ihren Vermögenswerten

Die festgelegte Anlagepolitik ist das wesentliche Unterscheidungsmerkmal bei der Betrachtung von Fonds. Je nachdem, welches Ziel mit dem Sondervermögen erreicht werden soll, wird genau festgelegt, in welche Vermögenswerte investiert werden darf und in welche nicht.

Man unterscheidet die vier Hauptgruppen: Immobilien-, Renten-, Aktien- und Hedgefonds. Die Kombination aus Aktien und Renten wird Mischfonds genannt. Im Zusammenhang mit Immobilienfonds werden wir den offenen Fondstyp ausführlich besprechen. Geschlossene Immobilienfonds unterliegen keinen Anlegerschutzgesetzen. Deshalb werden wir sie auch nur kurz ansprechen.

Bevor wir die Fondsarten detailliert nach ihren verschiedenen Vermögenswerten untersuchen, wenden wir uns kurz der Chance-Risiko-Betrachtung bei der Fondsauswahl zu. Durch diesen Exkurs wird es Ihnen später leichter fallen, die einzelnen Fonds nach ihren Entwicklungspotenzialen einzustufen und zu entscheiden, welche Fondsart zu Ihrer Anlagementalität passt und mit welcher Fondslösung Sie erfolgreich durch die zukünftigen Wirtschaftszyklen steuern.

8. 3. 1 Chance und Risiko bei der Fondsauswahl

In der Zeit von 1997 bis Frühjahr 2000 wurden mit Internet-, Neue-Märkte- und Biotechnologiefonds aufgrund der phantastischen Zukunftsperspektiven durchschnittliche Jahresrenditen bis zu 100 Prozent und mehr erzielt. Ähnliches geschah auch bis 1993 auf den asiatischen Märkten. Je länger solch extreme Markttrends anhalten, desto mehr scheinen die Anleger die Gesetze der Kapitalmärkte zu vergessen. Dreistellige Renditen werden beinahe schon als normal vorausgesetzt. Risiken scheint es nicht zu geben. Die Fondsauswahl wird nach den Spitzenreitern aktueller Wertentwicklungslisten vorgenommen.

Meine praktischen Erfahrungswerte zeigen, dass man nicht nur angesichts der zahlreichen Fonds vor einer schwierigen Aufgabe steht. Die in den Kapiteln 4 und 5 besprochene Sicherheit der Fonds scheinen die Anleger, aber auch die Berater so zu verinnerlichen, dass die Vorstellung, welche Marktschwankungen und Fondsentwicklungen auf einen zukommen können, außer Acht gelassen wird.

Richtig ist, dass das Fondsgerüst unsere Geldanlage vom Grundsatz her sicher macht. Aber die Streuung kann noch so groß sein, das Fondsmanagement noch so gut, der Fonds wird sich einer allgemeinen Baissephase nie entziehen können!

Gerade in Zeiten, in denen Aktienmärkte ohne große Unterbrechungen steil nach oben gehen, können sich viele Anleger, aber leider auch deren Berater nicht vorstellen, dass sie auch einmal stärkere Korrekturen erleben. Und zwar nach dem Gesetz der Kapitalmärkte:

**Je steiler der Anstieg,
desto größer das Rückschlagsrisiko.**

Diese fehlende Vorstellungskraft kann man niemandem verübeln, vor allem im Endstadium langjähriger Haussephasen nicht. Auf der Spitze der Hausse ist die Anzahl der (unerfahrenen) Aktionäre sehr stark angewachsen. Beispielsweise waren die meisten der 1999/2000 in Deutschland agierenden Aktienanleger ja erst Ende 1996 mit Manfred Krug und „seiner" Telekom in das Lager der Aktionäre übergesiedelt. Negative Börsenerfahrungen wie 1990 (15 Monate fallende Kurse) oder 1987 (der Einstieg kurz vor dem Crash brachte auf Fünf-Jahres-Sicht Aktienrenditen von: DAX +0,04 Prozent p. a., MSCI-World –3,89 Prozent p. a., Quelle: FVBS) haben diese Aktienanleger bis ins Frühjahr 2000 nicht erlebt, sondern nur steigende Kurse und schnelle Erholungen von Kurskorrekturen (Der Crash 1998 war nach sechs Monaten wieder aufgeholt). Diese praktischen Erfahrungswerte machen es besonders schwer, sich größere Risiken vorzustellen.

Dies galt im Übrigen auch für viele Bank- und Investmentberater. Wer Risiken nicht selbst – mit eigenem Geld – erlebt hat, dem fehlt die notwendige Basis, über die Risiken der Marktschwankungen aufzuklären und sie in seinen Empfehlungen herauszustellen. Diese Vorstellungskraft muss dann teuer erkauft werden. Wie oft konnte ich in der Zeit von 1998 bis Frühjahr 2000 feststellen, dass die ausschließlich positiven Börsenerfahrungen der Anleger, deren Berater, die Fondsvergleiche und Prognosen der Medien die Auswahl der Fondsinvestitionen beeinflussten.

Personen, die bisher nur das Sparbuch und Bundesschatzbriefe für die Geldanlage nutzten, kauften ihren ersten Fonds: „Deka-Telemedien TF" – „Da hat mein Vater (bei der Nachfrage erfahren: 65 Jahre alt) seine fällige Lebensversicherung investiert, bei der Branche kann ja nichts passieren."

In Extremfällen, Anfang 2000, wählte man den nordasia.com. Schließlich ist das Wachstumspotenzial im asiatischen Internetmarkt phänomenal, und der zuvor von der gleichen Fondsgesellschaft aufgelegte globale Internetfonds Nordinternet hat in zwei Jahren ja auch über 600 Prozent gemacht.

„In einem Jahr brauche ich das Geld, mein Banker meinte: Der Unieuropa ist genau das Richtige".

Ein Teilnehmer eines dreitägigen Geldseminars bemerkte einmal: „Wieso machen wir uns das Leben denn so schwer? Wofür brauche ich andere Fonds? Ich nehme einfach den besten. Tun Sie alles, was Sie haben, in den DAC-Fonds UI, und Sie können nichts falsch machen." Als der Teilnehmer durch den Referenten darauf hingewiesen wurde, dass die Fondsauswahl so einfach nicht zu treffen sei und bei solchen Fonds schließlich auch gewisse Risiken eingekauft werden, glaubte ich, dass es dem Referenten gelungen sei, den Teilnehmer ruhig zu stellen. Aber nach einer Viertelstunde weiterer Ausführungen zu verschiedenen Fonds meldete sich der DAC-Fan wieder: Er verstehe diese ganze Diskussion nicht, er würde weiterhin alles, was er hat, in diesen Fonds investieren und könne es allen anderen Teilnehmern nur empfehlen, dies ebenso zu tun.

Erst der etwas strengere Verweis sowie die Erläuterung zum Chance-Risiko-Verhältnis stellten den Teilnehmer endgültig ruhig. Allerdings befürchte ich, dass seine Überzeugung erst durch die Rückschläge vom Frühjahr 2000 ins Wanken gekommen ist.

Natürlich haben die oben genannten Fonds vielen Anlegern ganz hervorragende Ergebnisse gebracht. 95 Prozent dieser Investoren war vermutlich nicht klar, mit welchem Risiko sie die hohen Ertragschancen einkauften.

Für die Anleger die bei einem DAC-Fonds UI von Anfang an dabei sind, ist das Risikopotenzial, welches eben erst ab dem Jahr 2000 zu tragen kam, kein Beinbruch. Trotz Rückschlägen bis zu 88 Prozent seit dem Höchststand bleiben ihnen immer noch positive Renditen auf das eingesetzte Kapital.

Die Investoren, die ihre Einstiegsentscheidung bei solchen Fonds zu einem Zeitpunkt treffen, der sich im Nachhinein erst einmal als Höchstpunkte herausgestellt hat, dürften in vielen Fällen feststellen, dass die Schwankungsbreite doch weit über das Gewollte hinausgeht und nicht wenige schlaflose Nächte die Folge sind.

Machen Sie sich bewusst, dass hohe Ertragschancen mit großen Risiken verbunden sind. Dies ist ein Gesetz der Kapitalmärkte, welches uns über kurz oder lang immer wieder einholen wird.

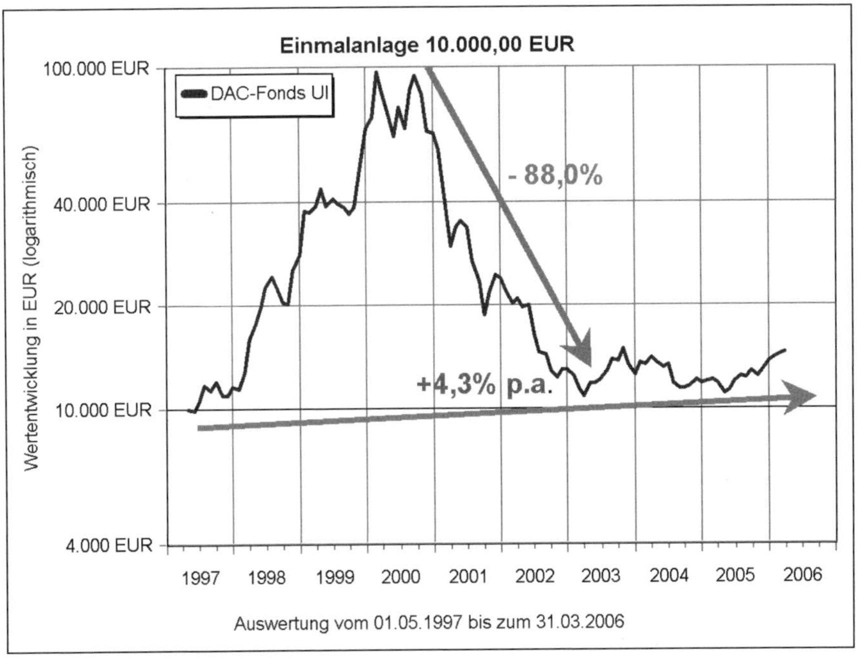

Grafik 29: DAC-Fonds UI Quelle. FVBS

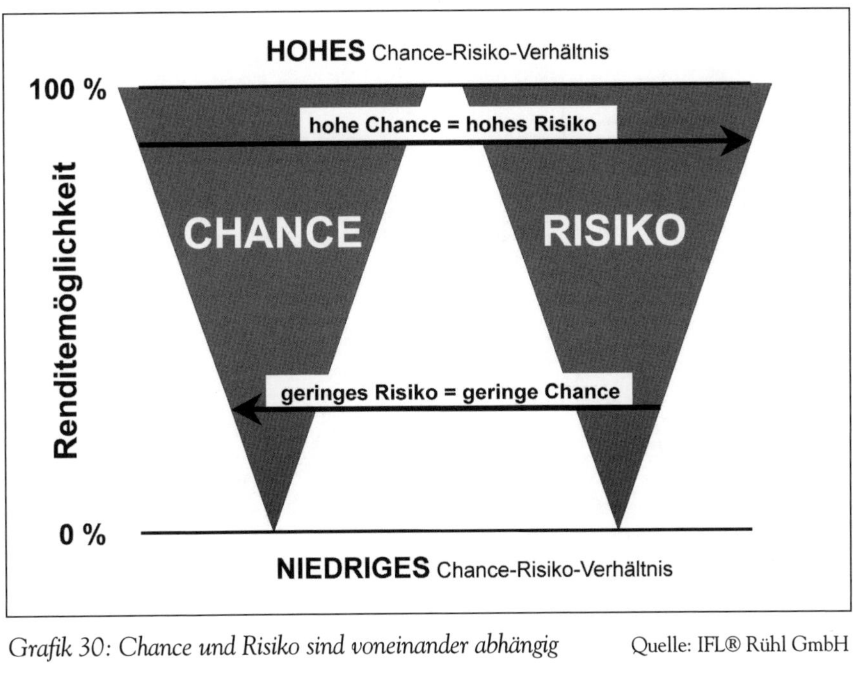

Grafik 30: Chance und Risiko sind voneinander abhängig Quelle: IFL® Rühl GmbH

8. 3. 1. 1 Chance-Risiko-Klassen für die Fondsbeurteilung

Qualifizierte Fondsempfehlungen sollten Ihnen bereits auf den ersten Blick eine klare Einstufungsmöglichkeit bieten. Auf seinen Geldseminaren hat Moneycoach Bodo Schäfer hierfür eine Einteilung in sechs Risikoklassen vorgenommen. Diese Fondseinstufung habe ich in der Praxisarbeit übernommen. Um die direkte Abhängigkeit von Chance und Risiko zu verdeutlichen, spreche ich künftig von Chance-Risiko-Klassen (CRK). Die Chance-Risiko-Klassen gehen von eins (sehr sicher) bis sechs (höchstes Risiko).

Das Sparbuch und der Geldmarktfonds beinhalten keinerlei Schwankungsrisiken. Sie erhalten Ihr eingezahltes Kapital und die aufgelaufenen Zinsen zurück. Sie sind typische Anlageformen der Chance-Risiko-Klasse 1.

Am Beispiel des Fidelity Thailand zeige ich Ihnen einen Fonds der Chance-Risiko-Klasse 6, der höchste Chancen und Risiken einschließt (siehe Grafik 31).

1. Chancenphase: Mitte 1992 bis Ende 1993

Mit einem Wertzuwachs von 285 Prozent erlebten Investoren des Fidelity Thailand Fund eine explosionsartige Entwicklung.
Daran anschließend gönnte sich der thailändische Markt eine Verschnaufpause. Nach einer Seitwärtstendenz von etwa zwei Jahren mit

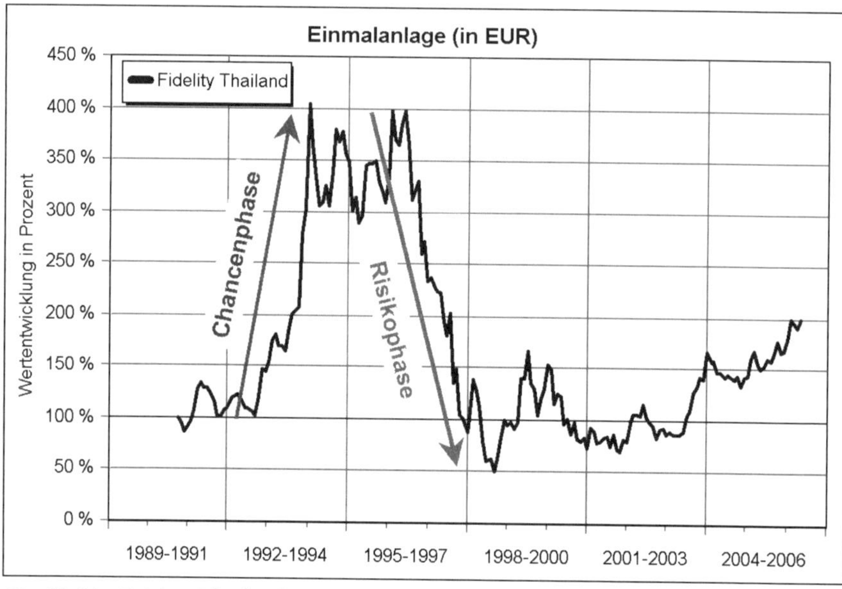

Grafik 31: Fidelity Thailand Quelle: FVBS

geringeren Schwankungen stand der Kurs wieder kurz vor dem einstigen Hoch. Viele Experten glaubten damals, dass der thailändische Markt nach einer so langen Seitwärtstendenz genügend Luft geholt hat und bei den rosigen Wachstumsaussichten eine hervorragende nächste Chancenphase bevorstehe.

2. Risikophase: Mai 1996 bis September 1998

Trotz dieser Expertenmeinung folgte jetzt ein Sturz ins Bodenlose, der über mehr als zwei Jahre dauerte. Wer auf die Expertenmeinung vertrauend im Mai 1996 100.000 Euro in den Fidelity Thailand Fund investierte, hatte nach etwa zwei Jahren noch sage und schreibe 8.500 Euro auf dem Konto – ein Wertverlust von mehr als 90 Prozent.

Nur wer einen kleinen Teil seines verfügbaren Kapitals in diesem in der Chance-Risiko-Klasse 6 eingestuften Fonds angelegt hatte, kam mit einem blauen Auge davon. Denn nur dann konnte er solche Verluste mit Erträgen aus den Fonds der niedrigeren Chance-Risiko-Klasse kompensieren.

Investieren Sie nur kleine Teile (maximal zehn bis 20 Prozent) in CRK-6-Fonds. Der Großteil sollte in Fonds der CRK 2 bis 4 investiert werden.

Gehören Sie zu den Anlegern, die sich durchaus vorstellen können, Ihre erste Anlage in Aktienfonds zu investieren?

Nehmen Sie sich diese Ausführungen zu Herzen. Glauben Sie mir, Thailand ist kein Einzelfall. Fangen Sie mit Basisinvestitionen (CRK-2- bis CRK-4-Fonds) an, und behalten Sie, egal wie groß die Aufwärtstrends bei den Spezialitätenfonds werden, stets Ihre Schwerpunkte. Wir werden in der Zukunft bei den absoluten Highflyern unter den Aktienfonds immer wieder ähnliche Verläufe erleben! Beispiele der jüngsten Vergangenheit finden wir im Internet- und im ehemaligen Neuer-Markt-Bereich. Auf dem Weg zu den höchsten Kursen hat man nicht mehr gefragt, was ist, sondern was sein wird oder sein könnte. Man hat nicht mehr die Realität gehandelt, sondern die Zukunft. Oder, besser gesagt, den Tag nach der Zukunft.

Wenn nun die Unternehmensberichte nicht aufzeigen, dass Umsatz- und vor allem die Gewinnentwicklungen die Tendenz haben, die hohen Aktienkurse wieder einzuholen, geht der Börse die Geduld aus.

Die ersten Korrekturen setzen ein. Ihnen folgen Gewinnmitnahmen durch die Erstkäufer, dann die Verkäufe jener, die ihre Verluste begrenzen wollen. Nun beginnt die zweite Verkaufswelle der Erstkäufer, die ihre letzten Gewinne schwinden sehen.

Schließlich folgen die ersten Panikverkäufe – Personen, denen nicht klar war, welche Risiken sie eingehen. Jetzt setzt die letzte Verkaufswelle der Erstkäufer ein, die sich lieber plus/minus null verabschieden. Gewinn ade! Aber wenigstens kein Verlust. Zu guter Letzt kommen die Zwangsverkäufe der kreditfinanzierten Aktienkäufer. Durch die dramatischen Rückschläge verlangen die Banken Zusatzsicherheiten, die von den meisten Spekulanten nicht mehr zur Verfügung gestellt werden können. Das Aktiendepot wird zwangsliquidiert! Zu jedem erzielbaren Kurs!

Genau so wird sich die Situation bei allen extremen Übertreibungen auch in der Zukunft abspielen. Als letztes Beispiel möchte ich noch den Chart des Internetfonds nordasia.com zeigen. Der Fonds wurde am 03.01.2000 aufgelegt. Die Profis versprachen sich durch die extrem hohen Wachstumsraten im asiatischen Internetsegment überdurchschnittliche Ertragsmöglichkeiten. Die Gier der Anleger war kaum zu bremsen. Man hatte das Gefühl, jeder wollte dabei sein. Die Fondsgesellschaft Nordinvest sammelte von Januar bis März nur für diesen Fonds über 2,2 Milliarden Euro Kundengelder ein. Meines Wissens gab es in der ganzen Geschichte der Investmentfonds noch nie einen Fonds, der innerhalb von drei Monaten ein so hohes Anlagevolumen erzielen konnte. Und das, obwohl es sich um einen Fonds handelt, der in einer qualifizierten Beratung als CRK-6-Fonds lediglich eine kleine Beimischung darstellen sollte.

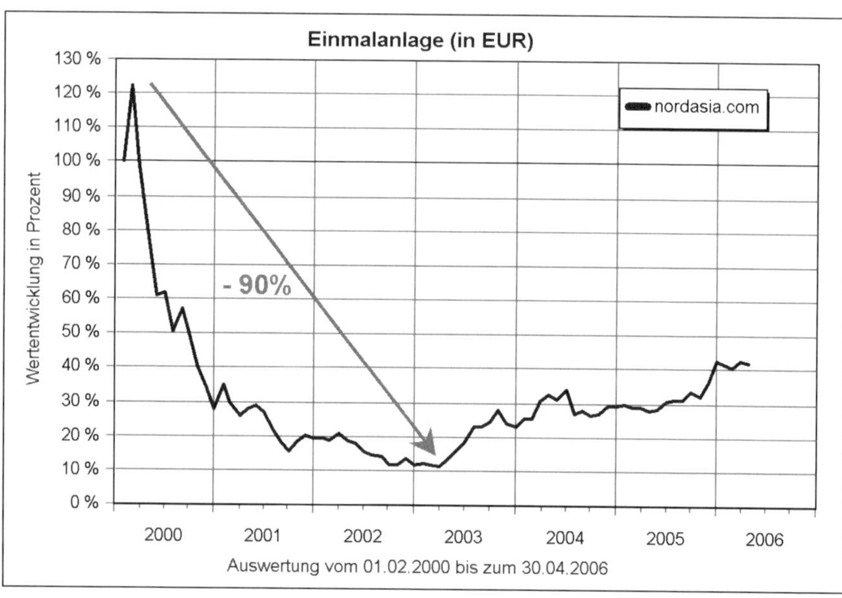

Grafik 32: nordasia.com Quelle: FVBS

Wie viel Geld hier tatsächlich eingesammelt wurde, macht folgende Dokumentation klar. Wenn Sie alle Gelder, welche in derselben Zeit in sämtliche Fonds der Fondsgesellschaften ACM, Alger, Davis, Fidelity, Fleming, Merrill Lynch, Threadneedle, Pioneer und Templeton geflossen sind, zusammenzählen, hat die Summe das Ergebnis des nordasia.com nicht übertroffen.

Das Ergebnis des ersten Internetfonds aus dem Hause Nordinvest – über 600 Prozent innerhalb von zwei Jahren – hat sich trotz der hervorragenden Wachstumsperspektiven nicht wiederholt. Konnten sich die Erstzeichner in den ersten drei Monaten noch über schnelle Gewinne freuen, mussten die Euphorie und Gier erst Zweifeln und später Angst und Panik Platz machen. Bei Kursverlusten von nahezu 90 Prozent vom Höchstkurs gerechnet hört man nicht selten: „Wenn fast alles weg ist, ist es auch egal!" Das ist bitter! Also, denken Sie daran:

Die Letzten beißen die Hunde!

Wenn die Performancestory nicht aufgeht, heißt es: Zähne zusammenbeißen. Hoffentlich hat man dann nur einen kleinen Teil des Vermögens investiert. Denn wenn solche Rückschläge stattgefunden haben, dauert es im Normalfall viele Jahre oder gar Jahrzehnte, bis die ehemaligen Höchstkurse wieder erreicht werden – eben diese Jahre der Zukunft, die zu früh gehandelt und bewertet wurden.

Mit Hilfe der nachfolgenden Tabelle können Sie erkennnen, wie viel Prozent Ihr gefallener Highflyer wieder steigen muss, damit Sie Ihren alten Kurs erreichen. Außerdem gibt Ihnen die letzte Spalte einen realistischen Anhaltspunkt dafür, wie viel Zeit Sie bis dahin mitbringen müssen.

Kursverfall seit Höchststand:	Notwendiger Kursanstieg, um den alten Höchststand wieder zu erreichen:	Bei einer Ø Rendite von 8 % p. a. dauert das:
- 30 %	+ 43 %	4,6 Jahre
- 50 %	+ 100 %	9,0 Jahre
- 60 %	+ 150 %	11,9 Jahre
- 70 %	+ 233 %	15,6 Jahre
- 80 %	+ 400 %	20,9 Jahre
- 90 %	+ 900 %	29,9 Jahre

Tabelle 5: Notwendige Kursgewinne nach einem Verlust von … Quelle: IFL® Rühl GmbH

Diese Zahlen sollen Ihnen verdeutlichen, dass in solche Fonds nur ein kleiner Teil des Vermögens investiert werden sollte.

Werden Sie nie zu gierig!
Gier frisst Hirn.

Gehören Sie zu den Anlegern, die Baissephasen bereits bewusst erlebt haben? Haben Sie festgestellt, dass hierfür auch die richtige Anlagementalität notwendig ist?

Wir haben alle die menschliche Eigenschaft, negative Erfahrungen zu verdrängen. Wir erinnern uns sehr gerne an die Gewinne, die wir erzielt haben, die Verluste vergessen wir einfach. Wahrscheinlich wird es wieder 15 bis 20 Jahre dauern, bis wir solch extreme Haussephasen erleben wie in der Zeit von 1996 bis 2000 oder von 1982 bis 1986. Dann freuen wir uns über die weit überdurchschnittlichen Wertentwicklungen. Je länger diese Phasen dauern, desto selbstverständlicher werden sie. Für diese Zeit brauchen wir Instrumente, die uns wieder auf den Boden der Tatsachen, der Realität zurückholen.

8. 3.1.1.1 *Chance-Risiko-Klassen im Überblick*

Die folgenden Seiten geben Ihnen einen Überblick der Chance-Risiko-Klassen. Bei der anschließenden Vorstellung der einzelnen Fondsarten greife ich immer wieder auf diese Einteilung zurück.

Chance-Risiko-Klasse 1

Für die Anlage ist eine kontinuierliche und stabile Wertentwicklung entscheidend. Die Ertragschancen sind allerdings begrenzt. Die Sicherheit der Anlage steht im Vordergrund. Kursrisiken sind nicht vorhanden. Der Einsatz ist in Bullen- und Bärenmärkten gleichermaßen sinnvoll.

Chance-Risiko-Klasse 2

Eine Anlagewertentwicklung mit geringen Schwankungsrisiken und mittleren Ertragschancen. Zwischenzeitliche Wertschwankungen in geringem Maße möglich. Der Einsatz ist in Bullen- und Bärenmärkten gleichermaßen sinnvoll.

Chance-Risiko-Klasse 3

Höhere Erträge als mit ausschließlich kursstabilen Anlagen sind möglich. Den Ertragserwartungen stehen angemessene Risiken gegenüber, zwischenzeitlich sind mäßige Wertschwankungen möglich. Die nachfolgend genannte Renditechance ist nur in Bullenmärkten möglich. In Bärenmärkten können die Wertschwankungen Ausmaße bis zu minus 40 Prozent erreichen bzw. müssen längere Laufzeiten möglich sein.

Chance-Risiko-Klasse 4
Ertragserwartung über Kapitalmarktzinsniveau. Sicherheit und Liquidität werden den besseren Ertragsaussichten untergeordnet. Zwischenzeitlich sind erhöhte Wertschwankungen möglich. Die Renditechancen gelten für die Phasen von Bullenmärkten. In Bärenmärkten sind besondere Anlagestrategien gefragt, die Wertschwankungen gehen im negativen Bereich weit über 40 Prozent hinaus.

Chance-Risiko-Klasse 5
Ertragsstarke Anlageformen werden gesucht, um gezielt die Ertragschancen zu verbessern. Die Akzeptierung von vorübergehenden hohen Wertschwankungen ist unvermeidbar. Die genannten Renditechancen sind über mehrere Jahre hinweg nur in Bullenmärkten möglich. In Bärenmärkten sind besondere Anlagestrategien gefragt, die Wertschwankungen gehen im negativen Bereich weit über 60 Prozent hinaus

Chance-Risiko-Klasse 6
Anlagemotiv ist die Nutzung sehr hoher Renditechancen. Dabei sind überdurchschnittlich hohe Wertschwankungen möglich. Die Renditechancen sind selbst in globalen Bullenmärkten nur für ausgewählte Zeiträume möglich.

8. 3. 1. 2 Vermögensanalyse im Selbsttest

Mit **Tabelle 6** können Sie Ihre bestehenden liquiden Vermögenswerte (dazu zählen beispielsweise auch Guthaben in Bausparverträgen oder Rückkaufswerte von Versicherungen) einer Kurzanalyse unterziehen.

Ordnen Sie Ihre bestehenden Anlagen den Chance-Risiko-Klassen zu, und tragen Sie die Werte in die entsprechenden Zeilen ein.

Chance-Risiko-Klasse 1	Renditepotenzial 2 - 4 %, Verlustpotenzial 0 %
Sehr sicher Geldmarktfonds, Sparbuch, Bausparguthaben, Festgeld, Safe, Bargeld usw.	____ ____ ____ ____ Summe: ______ €, entspricht ___ % des Gesamtvermögens
Chance-Risiko-Klasse 2	**Renditepotenzial 4 - 8 %, Verlustpotenzial 0 - 6 %**
Sicher Rentenfonds, Offene Immobilienfonds, kapitalbildende Versicherungen, Dachhedgefonds, konservative Single Hedgefonds	____ ____ ____ ____ Summe: ______ €, entspricht ___ % des Gesamtvermögens
Chance-Risiko-Klasse 3	**Renditepotenzial 6 - 10 %, Verlustpotenzial 15 - 40 %**
Geringes bis mittleres Risiko Mischfonds, Reitfonds, Hochzinsrentenfonds, Schwellenländerrentenfonds	____ ____ ____ ____ Summe: ______ €, entspricht ___ % des Gesamtvermögens
Chance-Risiko-Klasse 4	**Renditepotenzial 8 - 11 %, Verlustpotenzial 20 - 60%**
Mittel Aktienfonds von Großfirmen (international, Europa, Nordamerika)	____ ____ ____ ____ Summe: ______ €, entspricht ___ % des Gesamtvermögens
Chance-Risiko-Klasse 5	**Renditepotenzial 9 - 15 %, Verlustpotenzial 30 - 80 %**
Mittel bis hoch Aktienfonds von Kleinfirmen, gewachsene Branchenfonds	____ ____ ____ ____ Summe: ______ €, entspricht ___ % des Gesamtvermögens
Chance-Risiko-Klasse 6	**Renditepotenzial > 15 %, Verlustpotenzial 40 - 90 %**
Hoch Aktienfonds aus Schwellenländern, Neue Märkte / Brachenfonds, spekulative Single Hedgefonds usw.	____ ____ ____ ____ Summe: ______ €, entspricht ___ % des Gesamtvermögens

Tabelle 6: Selbstanalyse Ihres Vermögens

Wenn Sie jetzt sehr starke Übergewichte in den Randklassen (CRK 1 oder CRK 5 und 6) erkennen, sollten Sie darüber nachdenken, ob dies von Anfang an so geplant war und Sie hierfür (vor allem bei CRK 5 und 6) die richtige Mentalität aufweisen.

Eine gesunde Vermögensstruktur hat ihren Schwerpunkt in den Chance-Risiko-Klassen 2 bis 4. Je nach Anlegermentalität können dann die Randbereiche mehr oder weniger ergänzend hinzugenommen werden.

Machen Sie Ihren Selbsttest!

Sollten Sie noch keine Fondserfahrungen haben, tragen Sie die Empfehlungen Ihres Beraters ein.

Die Kontrolle liegt damit bei Ihnen.

Stellen Sie fest, wie Ihr Vermögen prozentual aufgeteilt wurde. Jetzt sehen Sie, ob die Informationen, die Sie Ihrem Berater zu Ihren Anlagewünschen gegeben haben, und Ihre Antworten auf seine Fragen zu einer Lösung geführt haben, die auf Ihre Person zugeschnitten ist.

Haben Sie bisher Ihre Entscheidungen autark getroffen? Kontrollieren Sie, ob Ihre Vermögensstruktur Ihrer persönlichen Anlagementalität entspricht? Ist dies nicht der Fall? Haben Sie Schwerpunkte in den Chance-Risiko-Klassen 4 und 6? Dann gehören Sie sicherlich zu denen, die in extremen Baissephasen – wie beispielsweise in der Zeit vom Frühjahr 2000 bis ins Frühjahr 2003 – mehr als nur eine schlaflose Nacht gehabt haben. Bitte überlegen Sie, ob Sie Ihre zukünftigen Entscheidungen doch nicht besser in die Hände eines qualifizierten Beraters geben – auch wenn dies nicht zum Discount möglich ist. Wenn Sie Verluste aus zu risikoreichen Fondsanlagen summieren, sind die eventuell gesparten Gebühren ein „Klacks“ dagegen.

8. 3. 1. 3 Kurzanalyse der einzelnen Fondsarten

Die oben gewonnenen Kenntnisse werden bei den einzelnen Gruppen von Fonds umgesetzt. Jede Fondsart wird kurz analysiert, sodass Sie sich schnell einen Überblick verschaffen können.

Spalte 1	Spalte 2	Spalte 3	Spalte 4	Spalte 5	Spalte6	Spalte 7
CRK 3	ca. 8 %	+ 25 %	- 10 %	- 20 %	4 Jahre	10 Jahre

Spalte 1:
Die Chance-Risiko-Klasse, in welcher die Fondsart einzustufen ist.

Spalte 2:
Die langjährige Durchschnittsrendite, die unter Berücksichtigung sämtlicher Schwankungen mit dieser Fondsart erzielbar ist. Langjährig ist davon abhängig, in welcher generellen Wirtschafts- und Börsenphase wir uns befinden. (Sekundärer Bullen- oder Bärenmarkt. Siehe Kapitel 7)

Spalte 3:
Gibt die höchsten Ertragschancen im Laufe von zwölf Monaten Anlagedauer an.

Spalte 4:
Gibt die größten Rückschlagspotenziale vom Höchst- zum Tiefststand an. Gültig in der Zeitperiode eines Bullenmarktes.

Spalte 5:
Wie Spalte 4, jedoch gültig in der Zeitperiode eines Bärenmarktes.

Spalte 6:
Gibt die notwendige Mindestanlagedauer an. Nur wenn Sie diesen Anlagehorizont mitbringen, haben Sie eine hohe Wahrscheinlichkeit, die langjährigen Durchschnittsrenditen der Spalte 2 zu erzielen. Gültig in der Zeitperiode eines Bullenmarktes.

Spalte 7:
Wie Spalte 6, jedoch gültig in der Zeitperiode eines Bärenmarktes.

Wenn die Rendite und die Mindestanlagedauer mit einem Sternchen (*) versehen sind, bedeutet es, dass es sich bei dieser Fondsart um keine Daueranlage handelt. Die angegebene Durchschnittsrendite ist dann lediglich in einem ausgewählten Zeitraum von etwa zwei bis drei Jahren – ein- oder zweimal innerhalb der Anlagedauer – bei Ausnutzung der Schwankung realisierbar.

8. 3. 2 Aktienfonds

Aktienfonds investieren ihr Sondervermögen hauptsächlich in Aktien inländischer und/oder ausländischer Unternehmen. Die meisten Aktienfonds können ihr Sondervermögen auch teilweise in festverzinslichen Anlagen „parken“. Theoretisch soll dem Fondsmanager die Gelegenheit gegeben werden, bei schwächeren Märkten die zur Verfügung stehenden Gelder ohne große Risiken verzinslich anzulegen.

Achtung! In der Praxis halten die meisten Aktienfonds stur an ihrer Anlagepolitik fest. Die Möglichkeit des Liquiditätsaufbaus wird – selbst in einem Bärenmarkt – nur in einem sehr geringen Maß genutzt. Dabei betonen die Fondsgesellschaften, dass es ihre Aufgabe sei, Kapital, welches sie für Aktienfonds zur Verfügung gestellt bekommen, auch in Aktien zu investieren. Ein Risikomanagement, welches bei einem Übergang von einem Bullen- zu einem Bärenmarkt automatisch die Aktienquote reduziert, wird damit nicht geleistet. Diese Arbeit überlassen die Fondsgesellschaften in der Regel Ihrem Berater oder Ihnen selbst.

Eine längerfristige Investition in Aktien schützt vor Verlusten durch Inflation. Der Inhaber von Aktienfondsanteilen ist mit einer breiten Streuung am Produktivvermögen der verschiedenen Unternehmen beteiligt. Deren Vermögenswerte, wie Gebäude, Grundstücke, Maschinen, Warenbestände, die gesamten bilanziellen Aktivposten sowie deren Know-how über Produktionstechniken und ihre weltweiten Geschäftsverbindungen, stellen einen riesigen inflationssicheren Wert dar.

Mit einem Aktienfonds beteiligt man sich

Inhaber von Aktienfondsanteilen sind mit einer breiten Streuung **am Produktivvermögen** der vielen Unternehmen **beteiligt!**

Das Produktivvermögen setzt sich aus folgenden **Vermögenswerten** zusammen:

- Gebäude
- Grundstücke
- Maschinen
- Warenbestände

} die gesamten bilanziellen Aktivpositionen

- Know-how
- Produktionstechniken
- weltweite Geschäftsverbindungen

= riesige inflationssichere Vermögenswerte

Grafik 33: Aktienfonds = Produktivvermögen = Sachwertanlage Quelle: IFL® Rühl GmbH

also an einer hervorragenden Sachwertanlage. Erinnern Sie sich an den Geldkreislauf im Kapitel 3?

Wir hatten festgestellt, dass sämtliche Gelder, die bei einer Bank als Darlehen abgerufen werden, in irgendeiner Form immer in die Wirtschaft zurückfließen. Auf diesen Kreislauf sollten wir noch einmal zu sprechen kommen. Jetzt aber nicht mehr ausgehend vom Ursprung des Geldes, das heißt von uns als Kunden, sondern von der Wirtschaft.

Stellen Sie sich vor, Sie sind ein Industrieunternehmer. Für eine neu entwickelte Produktionsmöglichkeit benötigen Sie 10.000.000 Euro, um das Konzept umsetzen zu können. Sie gehen zu Ihrer Bank und beantragen ein entsprechendes Darlehen.

Was macht Ihre Bank?

Im ersten Kreislauf haben wir festgestellt, dass Gelder, die Ihre Bank verleiht, ihr eigentlich gar nicht gehören. Es sind die Gelder ihrer Kunden, und sie wollen diese irgendwann auch wieder zurückhaben. Deshalb muss die Bank genau prüfen, ob sie ein Darlehen vergibt. Wenn sie sich dazu entschließt, ist sie sich sicher, dass sie die vereinbarten Darlehenszinsen und das verliehene Kapital zurückbekommt. Lassen Sie uns das einmal rechnerisch darstellen.

Angenommen, wir bezahlen sechs Prozent Darlehenszins und müssen das Darlehen mit einer anfänglichen Tilgungsrate von zehn Prozent zurückbezahlen. Die Bank ist sich sicher, dass wir aus der Produktion unserer Zehn-Millionen-Euro-Investition einen Ertrag erzielen, der weit im zweistelligen Bereich liegt. Schließlich müssen der Ertrag, Ihre Kosten und die Gewinnkalkulation aufgehen.

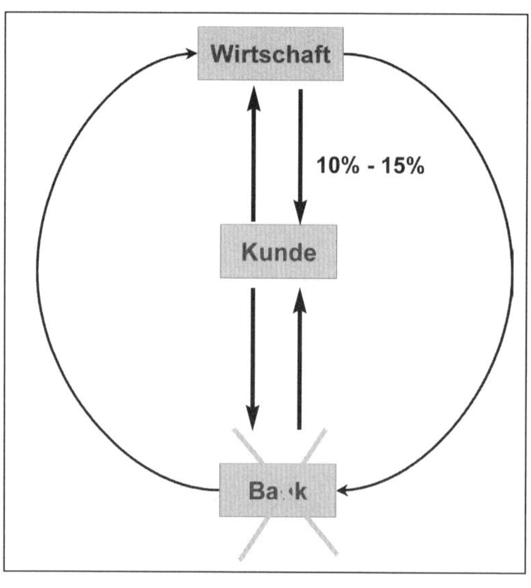

Grafik 34: Vom Geld- zum Wirtschaftskreislauf

Darlehenszins:	+ 6 %
Darlehenstilgung:	+ 10 %
Personalkosten:	+ ??
Gewinnkalkulation:	+ ??
Summe: = weit zweistellig!!	

An diesen Ertragspotenzialen können Sie sich beteiligen!

Mit Aktienfonds fließt Ihr Geld nicht über die Bank in die Wirtschaft. Sie lassen Ihre Bank außen vor und investieren direkt in die Wirtschaft. Sie beteiligen sich mit Aktienfonds an den lukrativsten Wirtschaftsunternehmen!

Wenn wir den Wirtschaftskreislauf hinterfragen, wird deutlich, warum wir an der Aktienfondsanlage nicht vorbeigehen dürfen. Durch die Beteiligung an den Unternehmen partizipieren wir an den überdurchschnittlichen Ergebnissen.

Selbstverständlich ist ein Ertragspotenzial über den Renditechancen alternativer Anlagen nicht garantiert, vor allem nicht in einem sekundären Bärenmarkt, schließlich unterliegen die Erträge den Schwankungen der Wirtschaft. Diese müssen Sie mit Unternehmensbeteiligungen akzeptieren. Für die Bereitschaft werden Sie langfristig jedoch – vor allem in Phasen sekundärer Bullenmärkte – reichlich belohnt.

8. 3. 2. 1 Investmentstrategien bei Aktienfonds

Für jeden Fonds gibt es eine festgelegte Anlagepolitik und für die Auswahl der Vermögenswerte weitere Gliederungs- und Analyseansätze.

8.3.2.1.1 *Große (Large Caps) und kleine Unternehmen (Small Caps)*

Coca-Cola, DaimlerChrysler, Siemens oder Sony – diese Namen sind weltweit bekannt. Fonds, die ihre Kundengelder in diese Blue Chips investieren, sind so angelegt, dass auch der Fondsneuling einen genauen Überblick hat. Er kennt die Produkte und deren Stellenwert am Markt.

Daneben gibt es aber zahlreiche kleine, teilweise nur regional tätige Unternehmen, die nicht jedem geläufig sind. In dem Zusammenhang spricht man von so genannten „Small Cap"-Fonds. Das Fondsmanagement investiert die von Ihnen zur Verfügung gestellten Gelder in Aktien dieser kleinen Unternehmen. Das Auswahlkriterium ist die geringe Börsenkapitalisierung. Wenn der Wert aller ausgegebenen Aktien sich bis auf zwei Milliarden Euro beläuft, spricht man an der Börse von Small Caps.

Small Caps, die heimlichen Favoriten!

Die Favoritenrolle liegt klar auf der Hand: Die Wachstumschancen kleinerer Unternehmen sind wesentlich höher als die der großen Konzerne. Eine Umsatzverdoppelung kann einem kleinen innovativen Unternehmen schneller gelingen als einem Unternehmensriesen. Mit dem Erwerb eines „Small Cap"-Fonds sind Sie an einer Vielzahl von aussichtsreichen Börsenzwergen beteiligt. Langfristig partizipieren Sie an deren überdurchschnittlichen Wachstumschancen.

Selbstverständlich stehen den außergewöhnlichen Ertragschancen auch entsprechende Risiken gegenüber. Die Anlage in kleineren und jüngeren Unternehmen birgt im Allgemeinen höhere Risiken als die in größeren, besser etablierten Unternehmen. Die kleineren Produktlinien können die Unternehmenserträge genauso erheblich beeinflussen wie Managementfehler und begrenzte Finanzquellen. Daher gibt es im Bereich der Small Caps keine bessere Lösung als die Investmentfondsanlage. Das Chance-Risiko-Verhältnis führt bei „Small Cap"-Fonds stets zu einer Einstufung in die Chance-Risiko-Klasse fünf.

Am Beispiel der amerikanischen Börse ergeben sich folgende Fakten: Vom Januar 1925 bis Dezember 1999 haben sich die Aktien großer Unternehmen in 57 Prozent der einzelnen Jahre besser entwickelt als die der kleineren Unternehmen. Allerdings haben die Aktien kleinerer Unternehmen in den Jahren, in denen sie besser waren, erheblich höhere Ergebnisse erzielt. So beträgt die durchschnittliche jährliche Rendite der Aktien kleiner Unternehmen 12,5 Prozent, während die Rendite der Aktien großer Unternehmen sich auf 11,1 Prozent über den gesamten Zeitraum beläuft (Quelle: IBBOTSON Associates, Werte in USD).

Aufgrund der teilweise konträren Entwicklung zu den normalen Märkten stellt der „Small Cap"-Fonds bei der Bildung einer stabilen Vermögensstruktur in jedem Fall ein wesentliches Element dar.

Die großen Vorteile des regelmäßigen Sparens (siehe Kapitel 11.2.1) kommen bei den Small Caps optimal zum Tragen, daher sollte jeder Anleger für seine Altersversorgung auch einen Teil des Vermögens in „Small Cap"-Fonds investieren.

Mit Fonds, die in Aktien kleinerer Unternehmen investieren, lassen sich die lukrativsten Ergebnisse erzielen. Entscheidend ist bei dieser Betrachtung der zeitliche Rahmen. Nur wer langfristig investiert und mit starken Schwankungen leben kann, wird am Ende auch die satten Gewinne einstreichen können. Um bei den hervorragenden Wachstumsperspektiven nicht ausgestoppt zu werden, sollten Sie sich ausschließlich auf „Small Cap"-Fonds konzentrieren, die keine Beschränkungen auf die Unternehmensgröße beinhalten. Nur dann kann das Fondsmanagement von einem Unternehmen, in welches es einmal als Small Cap investiert hat, weiter profitieren, auch wenn durch ein immenses Wachstum die „Small

Cap"-Grenzen schon lange überschritten sind. Sollten die Fondsbedingungen für alle Aktien eine Unternehmensgröße (z. B. 2 Mrd. Euro) vorsehen, ist das Festhalten nicht möglich. Das Fondsmanagement ist gezwungen, die Aktie zu verkaufen, selbst wenn es an weiteres Wachstum glaubt.

8.3.2.1.2 Analyseansatz „Top-down" oder „Bottom-up"

Wie sieht die Vorgehensweise bei Aktienfonds aus? Wie trifft das Fondsmanagement die Auswahl der richtigen Aktien? Für die Aktienanalyse gibt es zwei Methoden, die bei der Zusammensetzung eines Fonds angewendet werden.

Bei der „Top-down"-Analyse orientiert sich das Fondsmanagement an boomenden Regionen bzw. Ländern, von denen es glaubt, dass dort die höchsten Wertsteigerungen im Vergleich zu den globalen Alternativen zu erwarten sind. Erst im zweiten Schritt wird damit begonnen, die aussichtsreichsten Aktien aus diesen Ländern herauszusuchen. Dieser Ansatz findet auch bei Branchenfonds Anwendung. Man wählt zuerst die interessantesten Wirtschaftszweige aus und trifft anschließend die Aktienauswahl.

Die „Bottom-up"-Analyse ist auf die direkte Suche nach interessanten Aktien ausgerichtet. Findet man zu der analysierten Aktie keine besseren Alternativen, wird das Geld investiert. Eine Länder- oder Branchenverteilung ergibt sich daher eher zufällig. Die Unternehmensauswahl wird dann meist kombiniert mit einem Value- oder Growth-Ansatz.

8.3.2.1.3 Analyseansatz „Value" oder „Growth"

Im professionellen Fondsmanagement wird für jeden Fonds ein Investmentstil festgelegt. Grundsätzlich wird zwischen zwei Ansätzen unterschieden: der eine ist werteorientiert (Value), der andere wachstumsorientiert (Growth). Die Festlegung des Investmentstils kann eine Kombination aus beidem (Opportunistic oder auch Blend), bei eindeutigen Anlagerichtlinien eine klare Ausrichtung zu Value oder Growth sein.

Der valueorientierte Fondsmanager investiert die ihm anvertrauten Gelder ausschließlich unter kaufmännisch sinnvollen Gesichtspunkten. Die Unternehmen, in die investiert wird, müssen mit Zahlen belegen, dass ein entsprechender Ertrags-„Return" gesichert ist. Die Priorität liegt auf dem gegenwärtigen Preis der Aktie im Vergleich zum Gewinn oder dem Buchwert oder auch dem Cashflow. Daraus lassen sich Vergleichszahlen errechnen. Die geläufigste Maßeinheit hierfür ist das Kurs-Gewinn-Verhältnis. Je niedriger es ist, desto besser. Bei der Auswahl der Aktien sucht das Fondsmanagement Unternehmen, deren zukünftigen Gewinne konstant bis wachsend sind und bei denen der vorhandene Buchwert über dem aktuellen Aktienkurs liegt. Deshalb besteht ein Value-Portfolio immer aus unterbewerteten Aktien. In der Regel verhält sich der Value-Manager konträr zur Masse der Anleger. Die bekanntesten Value-Verfechter sind die Fondsmanager der Firmen Templeton und Pioneer.

Der alternative Investmentansatz wird durch growthorientierte Fonds umgesetzt. Hier sind es nicht die reinen Ertragszahlen, sondern ein überdurchschnittliches Wachstum, auf welches das Fondsmanagement setzt. Die Entwicklung in der Vergangenheit und vor allem die Perspektiven für die Zukunft müssen ein konstantes und nachhaltiges Wachstum voraussagen. Besonders die Umsatzzahlen und die Gewinnentwicklung müssen ein deutliches und stetiges Wachstum aufzeigen. Trifft dies zu, dann ist das Fondsmanagement bereit, hier ein Kurs-Gewinn-Verhältnis zu akzeptieren, das weit von einer kaufmännisch sinnvollen Bewertung entfernt ist. Schließlich geht man davon aus, dass die immensen Wachstumsraten aktuell überhöhte Kursnotierungen schnell durch die reale Unternehmensentwicklung einholen. Dies führt dazu, dass die klassische „Growth“-Managementlehre Kurs-Gewinn-Verhältnisse, welche die Wachstumsraten nicht überschreiten – vor allem in sekundären Bullenmärkten –, als kaufenswert einstuft. Wächst ein Unternehmen beispielsweise mit 60 Prozent pro Jahr, akzeptiert man, ohne es zu teuer zu nennen, Kurs-Gewinn-Verhältnisse von 60! Bei 100 Prozent jährlicher Wachstumsraten wäre ein KGV von 100 in Ordnung. Die Growth-Strategie setzt also sehr stark auf die zukünftige Entwicklung. An einem kleinen Zahlenbeispiel möchte ich mal aufzeigen, welche Risiken eine solche Strategie bergen kann.

Fall 6

NEHMEN WIR AN, die Fonds-Beispiel AG, ein Unternehmen, das sich auf den Vertrieb von Investmentfonds spezialisiert hat, wächst mit einer Rate von 100 Prozent pro Jahr. Der boomende Fondsmarkt, das Potenzial, welches auf der aktuellen Anlage des vorhandenen Volksvermögens basiert, prophezeit für die nächsten Jahre weiterhin ähnliche Wachstumsraten. Der Gewinn pro Aktie liegt aktuell bei zwei Euro. Bei den von den Börsenprofis akzeptierten „Growth“-Bewertungen wird das aktuelle Kursniveau von 200 Euro aufgrund der weiteren Wachstumsphantasie als kaufenswert eingestuft. Das aktuelle Kurs-Gewinn-Verhältnis entspricht also der jährlichen Wachstumsrate (Aktienkurs – 200 Euro – geteilt durch den aktuellen Gewinn pro Aktie – zwei Euro – ergibt ein Kurs-Gewinn-Verhältnis von 100).

Nun kommt die folgende Ad-hoc-Meldung:

Die bisherigen Zukunftsprognosen müssen revidiert werden. Die letzten Wochen haben gezeigt, dass nicht genügend erfahrene Investmentberater rekrutiert werden können. Die Meinung der Unternehmensführung, genügend Bankkaufleute von ihren vermeintlich sicheren Beratertätigkeiten bei den Banken abwerben zu können, hat sich leider als Fehleinschätzung herausgestellt. Die meisten Banker würden zwar ihre Unzufriedenheit über ihre sehr stark durch Verkaufsvorgaben geprägte Tätigkeit bekunden, konnten sich aber zu dem Schritt nicht entschließen. Aufgrund der geringeren Verpflichtungen wird das weitere Wachstum bei circa 50 Prozent pro Jahr liegen.

Für die Growth-Experten eine richtige Hammermeldung! Sie schlägt ein wie eine Bombe. Der Kurs der Aktie reagiert sofort. Er scheint ins Bodenlose stürzen zu wollen. Warum? Was ist passiert? Eigentlich nichts Schlimmes, oder? Unsere Fonds-Beispiel AG macht immer noch zwei Euro Gewinn pro Aktie. Sie hat weiterhin ein positives Wachstum. Es geht ihr also blendend. Und doch fällt der Kurs innerhalb kürzester Zeit von 200 auf 100 Euro. Die bisherigen Aktionäre haben in wenigen Minuten die Hälfte ihres bisherigen Vermögensstandes verloren. Dabei hat die Börse in dieser kurzen Zeit nichts anderes getan, als das Wachstumsunternehmen Fonds-Beispiel AG auf ein akzeptables „Growth"-Bewertungsniveau zu bringen: Sie hat ein Kurs-Gewinn-Verhältnis hergestellt, das den zukünftigen Wachstumsraten entspricht.

Vielleicht erklärt dieses Zahlenbeispiel dem bereits aktiven Einzelaktienkäufer, weshalb bei der einen oder anderen Wachstumsaktie scheinbar unerklärliche Kursrückschläge den Vermögensstand von Zeit zu Zeit dramatisch reduzieren.

Für die Fondsanlage gilt: Wenn Sie in einen Fonds mit einer klaren Value- oder Growth-Strategie investieren, hält das Management daran ohne Wenn und Aber fest! Die Fondsmanager haben einen klar definierten Investmentstil und bleiben ihren Prinzipien treu. Sie finden immer wieder Untersuchungen, die entweder dem „Value"- oder dem „Growth"-Ansatz den Vorzug geben. Meines Erachtens sollte man sich bei der Fondsauswahl nicht auf den einen oder anderen Ansatz versteifen.

Grafik 35 zeigt, dass es historisch immer wieder große Abweichungen zwischen Value- und Growth-Ansätzen gab. Gleichzeitig lässt sich sehr gut erkennen, dass extremes Auseinanderdriften über kurz oder lang immer ausgeglichen wurde. Dieser ständige Favoritenwechsel gilt auch für die Zukunft. Mal steht der Growth-, mal der Value-Ansatz im Vorder-

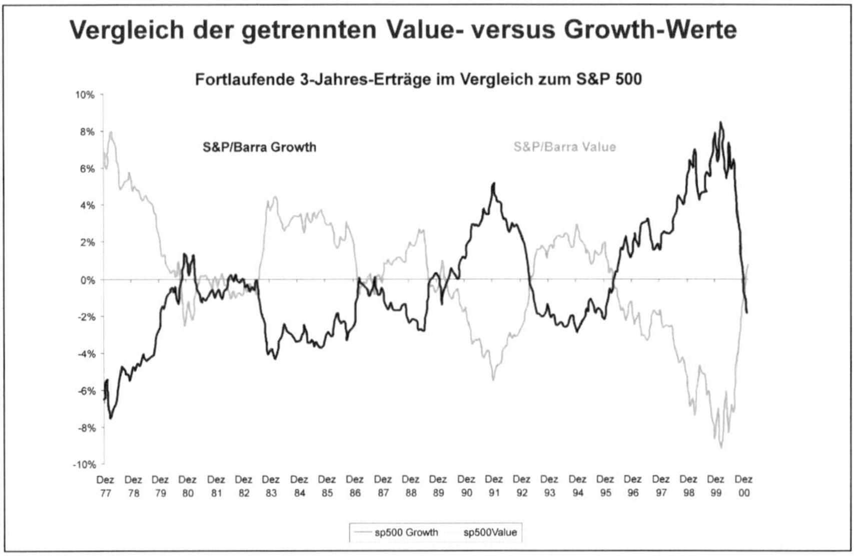

Grafik 35. Value/Growth-Vergleich

grund. Nutzen Sie diese Tatsache für den Aufbau einer soliden Vermögensstruktur. Setzen Sie nicht alles auf einen Fonds. Teilen Sie Ihr Vermögen auf. Investieren Sie in verschiedene Fonds, bei unterschiedlichen Fondsgesellschaften, die sowohl Growth- als auch Value-orientiert sind. Einen Überblick über die bekanntesten nach diesen Prinzipien ausgerichteten Fonds vermittelt die **Tabelle 7**.

Value-Fonds	Growth-Fonds
Davis Value Fund, Nordamerika, WKN 974260	ABN German Equity, WKN 973684
DIT Vermögensbildung Europa, WKN 848181	ACM Global Growth Trends, WKN 974264
DIT Vermögensbildung Global, WKN 848184	Alger American Asset, WKN 986333
Fiduka Universal, weltweit, WKN 848373	Alger Large Cap, Nordamerika, WKN 973603
Fleming European Strat.Value, WKN 933913	Baring German Growth, WKN 972849
Fleming American, WKN 971603	DAC Fonds UI, weltweit, WKN 978172
FranklinTempleton European, WKN 971659	DIT Wachstum Europa, WKN 848182
Nordea European Value, WKN 973347	Gartmore Continental Europe, WKN 974433
Nordea North Am.Value, WKN 973348	Metzler Euro Growth, WKN 987736
Morgan St. US Small Value, WKN 986747	Metzler Wachstum International, WKN 975225
Pioneer Fund, Nordamerika, WKN 970360	Threadneedle American Select, WKN 987653
Templeton Growth (Euro) Fund, WKN 941034	Threadneedle European Select, WKN 987663

Tabelle 7: Value- und Growth-Fonds

Alternativ kommen natürlich auch all die Fonds in Frage, die auf die Verbindung beider Ansätze angelegt sind.

8. 3. 2. 2 Die Welt der Aktien

In Deutschland können Sie heute zwischen ungefähr 5.000 registrierten und zum öffentlichen Vertrieb genehmigten Aktienfonds wählen. Die Grundlage, auf die diese Fonds zurückgreifen können, wird in der Summe der gesamten Aktienmarktkapitalisierung aufgezeigt.

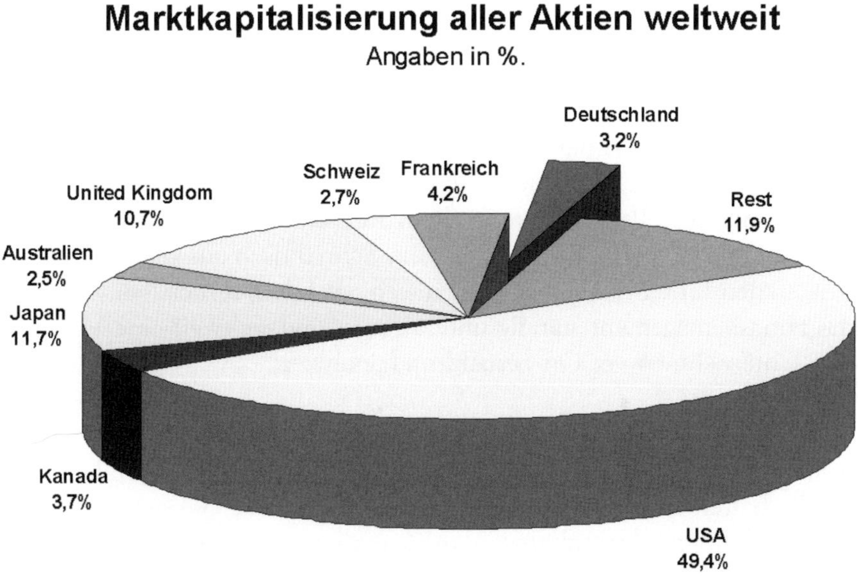

Grafik 36: Weltweite Aktienmarktkapitalisierung Quelle: Unico, Mai 2006

Die Marktkapitalisierung zeigt das mögliche Anlageuniversum. Die Grafik macht aber auch deutlich, dass ein Fonds, der beispielsweise nur deutsche Aktien kaufen darf, sich auf 3,2 Prozent des gesamten Angebotes beschränken muss. Für die Renditeoptimierung und Vermögensstreuung kann er 96,8 Prozent der weltweiten Möglichkeiten nicht nutzen. Je enger die Vorgaben hinsichtlich der Aktienauswahl sind, desto stärker sind die Einschränkungen. Da die historische Fondsidee auf einer Aktienauswahl ohne Einschränkung beruht, möchte ich die Zusammenstellung der Fondsarten nach ihren Vermögenswerten mit dem weltweit anlegenden Aktienfonds beginnen.

8.3.2.2.1 Internationaler Aktienfonds

CRK 4	9 - 12 %	+ 60 %	- 45 %	- 60 %	7 Jahre	25 Jahre

Der internationale Aktienfonds ist als eine Basisinvestition anzusehen und legt das zur Verfügung stehende Geld weltweit an.

Das Anlagerisiko wird also so weit wie möglich in viele verschiedene Länder, Branchen und Währungen verteilt. Aufgrund der großen Auswahlmöglichkeiten kann der Fondsmanager weltweit die besten Werte heraussuchen und nimmt dem Anleger jede Entscheidung ab.

Die große Freiheit hinsichtlich der Auswahlmöglichkeiten scheint allerdings den einen oder anderen Fondsmanager zu überfordern. Es ist also sehr wichtig, sich vor der Anlage genau zu informieren, ob das Fondsmanagement seiner Aufgabe gewachsen ist. Hier lassen sich teilweise erhebliche Unterschiede zwischen deutschen und ausländischen Kapitalanlagegesellschaften feststellen. Internationale Aktienfonds, die in Deutschland mehr oder weniger vom Schreibtisch aus gemanagt werden, stehen hinter den guten Ergebnissen der Fonds zurück, bei welchen das Fondsmanagement ständig unterwegs ist und weltweit eine Vielzahl von Unternehmen vor Ort besucht und analysiert.

In internationalen Marktvergleichen werden langfristig gesehen die weitaus besten Ergebnisse fast immer von unabhängigen Kapitalanlagegesellschaften aus dem Ausland erzielt – ein Ergebnis, das sicherlich mit der Tatsache zusammenhängt, dass vor allem die Engländer und die Amerikaner über eine viel längere Managementerfahrung verfügen.

Kurzfristig konnten die deutschen Kapitalanlagegesellschaften durch den Ausbau der Kapazität im Aktienfondsmanagement einige Punkte gutmachen. Solange jedoch erhebliche Investitionen für eigene weltweit angesiedelte Researchbüros ausbleiben, dürften sich kontinuierliche überdurchschnittliche Ergebnisse auf Dauer nicht einstellen. Schließlich werden nur gekaufte, also bereits verarbeitete Informationen verwendet, was langfristig lediglich zu durchschnittlichen Ergebnissen führt.

Der internationale Aktienfonds stellt eine Dauerinvestition dar! Er ist eine Basisinvestition und für die mittel- bis längerfristige Kapitalanlage für jeden Investor ein absolutes Muss!

8.3.2.2.2 Spielt die Fondswährung eine Rolle?

Viele gut verwaltete internationale Investmentfonds werden nicht in Euro, sondern häufig in US-Dollar bewertet. Was würden Sie vorziehen? Einen in Euro oder in US-Dollar notierten Fonds?

In der Praxis kann man immer wieder die folgende Geschichte erleben.

Fall 7

STELLEN SIE SICH VOR, Sie haben sich für eine Basisinvestition im Fondsbereich entschieden. Sie haben den Kontoeröffnungsantrag für den Templeton Growth Fund, Inc., einen in US-Dollar bewerteten internationalen Aktienfonds, unterschrieben und marschieren jetzt mit der Überweisung zu Ihrer Bank. Ihr Geld soll an die Fondsgesellschaft überwiesen werden, damit es arbeiten kann. Sie sind gerade nach Hause gekommen, da klingelt das Telefon. Es ist Ihr Bankberater, dem aufgefallen ist, dass Sie Geld anlegen wollen, dies aber nicht bei ihm machen. Er habe gesehen, dass das Geld in den Templeton Growth Fund, Inc. eingezahlt werden soll. Ein Fonds, der in Dollar notiert!? Da gehen Sie doch ein Währungsrisiko ein! Ist Ihnen das bewusst? Wäre es nicht besser, eine Alternative zu wählen, die in Euro notiert, um das Währungsrisiko auszuschließen? Die hauseigene Fondsgesellschaft bietet hier durchaus interessante Fonds in Euro mit gleicher Anlagepolitik an.

Hat der Berater etwa Recht hinsichtlich der Währung?

Können Sie das Währungsrisiko mit einem Euro-bewerteten Fonds ausschließen?

Schauen wir uns die Währungsbewegungen einmal an einem einzelnen Wert an, und zwar an Microsoft. Die Heimatbörse für die Aktie ist New York, Sie können sie aber auch über die Frankfurter Börse erwerben. Eine Aktienorder in New York wird in US-Dollar, in Frankfurt in Euro abgerechnet. Dem Argument des Bankers entsprechend, schließen Sie beim Kauf der Microsoft in Frankfurt das Währungsrisiko aus.

Dieser Schein trügt! Microsoft hat den Firmensitz in den USA, daher wird das Unternehmen auch dort bewertet. Der Euro-Aktienkurs in Frankfurt ist vom US-Dollarkurs nicht losgelöst! Er entspricht genau dem US-Dollar-Preis. Wenn der US-Dollar fällt, ergibt sich ein niedrigerer Umrechnungskurs, es ergibt sich also automatisch ein niedrigerer Euro-Aktienkurs. Durch die tägliche Bewertung und Währungsumrechnung trägt der Aktionär – egal, ob er die Microsoft in Frankfurt oder in New York erwirbt – in beiden Fällen das volle Wechselkursrisiko des US-Dollar.

Nach diesem Prinzip funktionieren auch die Investmentfonds. Schließlich bewertet die Fondsgesellschaft sämtliche Papiere im Fonds nach diesem System. Ob Sie mit dem Kauf Ihrer Fondsanteile ein Währungsrisiko eingehen, sehen Sie nicht an der Fondswährung. Sie ist nichts anderes als eine Einheit, mit welcher der Wert des Fondsvolumens bewertet und bekannt gemacht wird. Ob ein Währungsrisiko besteht, sehen Sie nur daran, in welche Aktien der Fonds investiert hat.

Die **Grafik 37** zeigt die Fondsstruktur des Merrill Lynch Opportunities zum 31.07.2001 auf. Er investiert ausschließlich in europäische Nebenwerte und wird in US-Dollar bewertet. Die Fondsgesellschaft Merrill Lynch berechnet täglich den Wert der einzelnen Aktienpositionen in den Heimatwährungen und rechnet die Summe dann in US-Dollar um. Sie dividieren diesen Wert dann wieder durch den Euro/Dollar-Kurs, damit Sie wissen, was Ihre Anlage in Euro wert ist.

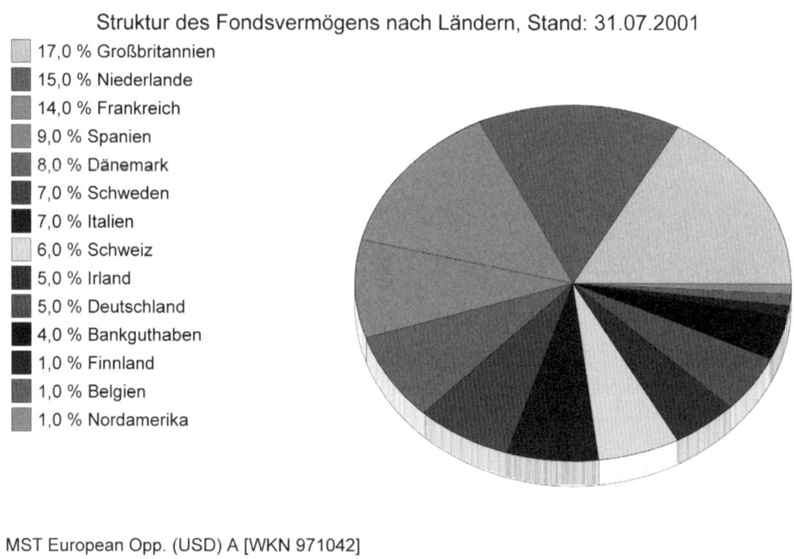

Grafik 37: Fondsstruktur des in US-Dollar bewerteten Merrill Lynch European Opp.
Quelle: FVBS

Wenn Sie die Struktur genau ansehen, erkennen Sie, dass hier Währungsrisiken eingegangen werden. Aber nicht ausgehend vom US-Dollar, sondern von den Positionen, die in englischen Pfund (17 Prozent des Fondsvolumens) und Schweizer Franken (sechs Prozent) gehalten werden.

Ein zweites Fondsbeispiel macht dies noch deutlicher. Ein Fonds wie der Fondamerika, der ausschließlich in amerikanische Aktien investiert, wird durch die Fondsgesellschaft in Euro bewertet.

Zu vermuten oder zu behaupten, man hätte hier kein Währungsrisiko, ist absoluter Unfug! Wenn der Euro steigt, muss die Fondsgesellschaft Adig den niedrigeren US-Dollar bei der täglichen Berechnung berücksichtigen. Es sinkt also auch automatisch der Euro-Kurs des Fondamerika.

Es ist also unerheblich, in welcher Währung ein Fonds bewertet wird. Dies gilt selbstverständlich auch für jeden internationalen Fonds. In dem Moment, in dem der Fonds in Euro bewertet ist, nimmt Ihnen die Fondsgesellschaft lediglich die Arbeit der Umrechnung ab. Die Bewertungseinheit eines international ausgerichteten Aktienfonds kann daher also nie ein Entscheidungskriterium für oder gegen den Fonds sein.

Ausschlaggebend bleibt nur die Leistung des Fondsmanagers!

8. 3. 2. 3 Regionenfonds

Regionenfonds gehören in die Gruppe der Spezialitätenfonds. Ihre vorgegebene Anlagepolitik führt dazu, dass sich der Anlagebereich auf eine Ländergruppe oder einen Kontinent erstreckt. Gegenüber weltweit investierenden Fonds hat das Fondsmanagement ein engeres Betätigungsfeld. Es darf nur in bestimmten Regionen investieren, kann sich jedoch auch auf diese spezialisieren. Dies führt dazu, dass die Fondsergebnisse einer größeren Schwankungsbreite unterliegen als bei einer international ausgerichteten Anlagepolitik. Hinzu kommt bei Regionen außerhalb Europas ein nicht zu unterschätzendes Währungsrisiko. In Phasen sekundärer Bärenmärkte bieten ausgewählte Regionenfonds mit die besten Chancen, sich von großen globalen Markttrends abkoppeln zu können.

Für die folgenden Regionen stehen entsprechende Fonds zur Verfügung:

Europa, große Unternehmen

CRK 4	9-12 %	+ 70 %	- 55 %	- 70 %	7 Jahre	25 Jahre

Europa, kleine Unternehmen

CRK 5	10-14 %	+ 170 %	- 65 %	- 80 %	10 Jahre	30 Jahre

Große Unternehmen in Europa stellen für europäische Anleger ebenfalls eine Basisinvestition dar. Seit der Einführung des Euro kann das Fondsmanagement auf sämtliche Aktien im Euroland zurückgreifen, ohne dass ein Währungsrisiko eingegangen wird. War dies vor der Einführung des Euro das Hauptargument für einen rein deutschen (Länder-)Fonds, sollte hier der Europafonds zwischenzeitlich immer den Vorzug bekommen. Die wesentlich höhere Auswahl- und Ausweichmöglichkeit bildet die Grundlage für ein attraktiveres Chance-Risiko-Verhältnis. „Small Cap"-Fonds stellen durch ihre teilweise konträre Entwicklung zum Gesamtmarkt eine sinnvolle Diversifikation im Vermögensaufbau dar. Aufgrund der höheren CRK sollte hier jedoch nie ein Schwerpunkt gesetzt werden.

Nordamerika, große Unternehmen

CRK 4	9-12 %	+ 70 %	- 55 %	- 70 %	7 Jahre	25 Jahre

Nordamerika, kleine Unternehmen

CRK 5	10-14 %	+ 170 %	- 65 %	- 80 %	10 Jahre	30 Jahre

Der amerikanische Aktienmarkt ist der größte der Welt. US-Fonds sollten daher in jedem Portfolio, welches mit Regionenfonds aufgebaut ist, berücksichtigt werden.

Osteuropa

CRK 6	> 15 %	+ 180 %	- 70 %	- 85%	10 Jahre	30 Jahre

An den großen Börsen dieser Welt befinden wir uns seit Anfang 2000 in einem sekundären Bärenmarkt. Wenn es überhaupt Regionen gibt, die sich davon abkoppeln können, müssen dort nachhaltige Wachstumszahlen, kombiniert mit günstigen Unternehmensbewertungen, gegeben sein. In Osteuropa sind diese Rahmenbedingungen – zum Ende des Jahres 2002 – vorhanden. Ergänzend kommt für Osteuropa dazu, dass die Region noch vor dem Eintritt in die europäische Gemeinschaft steht. Der Schritt vom Schwellenland zum EG-Staat verspricht ein sehr interessantes, äußerst selten anzutreffendes Chance-Risiko-Verhältnis.

Lateinamerika

CRK 6	> 15 %	+ 130 %	- 60 %	- 85%	10 Jahre	30 Jahre

Lateinamerika zeigt, wie nahe Chance und Risiko in Schwellenländern beieinander liegen. Überschuldete Staatsfinanzen haben 2002 in Argentinien zur ersten Staatspleite seit den Weltkriegen geführt. Die wirtschaftliche Verflechtung birgt die Gefahr, dass sich in Form eines

Flächenbrandes in den anderen lateinamerikanischen Ländern Ähnliches tut. Dies verhindert auf Jahre hinaus eine solide und gesunde Wachstumschance.

Südostasien

CRK 5	> 15 %	+ 150 %	- 60 %	- 80 %	10 Jahre	25 Jahre

Das starke Bevölkerungswachstum in Südostasien sorgt auf lange Sicht für eine hohe Nachfrage nach sämtlichen Wirtschaftsgütern. Dies führt zu überdurchschnittlichen Ertragschancen in den dort tätigen Unternehmen. Neben Osteuropa ist Südostasien die zweite Region, welche sich mit den gegebenen Rahmenbedingungen eventuell dem Sog der Bärenmärkte in Euroland und USA entziehen kann. Geringe politische Stabilität und wenig ausgereifte Finanzsysteme erhöhen jedoch die Risiken.

Emerging-Markets-Fonds

CRK 5	> 15 %	+ 125 %	- 60 %	- 80 %	10 Jahre	25 Jahre

Emerging-Markets-Fonds sind eine Mischung aus Regionen- und globalen Fonds. Die Regionen der Schwellenländer Osteuropa, Lateinamerika und Südostasien werden übergreifend durch ein Fondsmanagement abgedeckt.

Die Marktanalysten und Medien stellen aufgrund des großen Bevölkerungswachstums und der damit einhergehenden Verbrauchernachfragen seit Jahren die hohen Wachstumschancen heraus, die die Entwicklung vom Schwellenland zum Industriestaat mit sich bringt.

Die einfachste Lösung, daran zu partizipieren, sei der global anlegende Emerging-Markets-Fonds. Die praktischen Erfahrungswerte der letzten Jahre zeigen jedoch, dass ein Fondsmanagement, welches alle diese Regionen allein abdecken soll, keine optimalen Ergebnisse erzielt. Die Tatsache, dass es sich nicht um solide gewachsene Kapitalmärkte handelt, stellt eine immense Anforderung an das Fondsmanagement. Die Grundlage für die Aktienauswahl bilden sich allmählich entwickelnde Börsen mit all ihren Untugenden wie Währungsattacken, nicht vorhandene Kontrollbehörden, Kursmanipulationen, Korruption, politische Instabilität, Enteignungsgefahren und von Zeit zu Zeit kollabierende Finanzsysteme. Bei der Analyse von globalen Emerging-Markets-Fonds und Fonds, die direkt in die einzelnen Regionen Osteuropa, Lateinamerika und Südostasien investieren, ist festzustellen, dass sich Regionenspezialisten wesentlich besser auf die Probleme ihres Marktes einstellen können. Deshalb ist ein gleichmäßiges Verteilen der zu investierenden Gelder direkt in die einzelnen Regionenfonds einem globalen Emerging-Markets-Fonds vorzuziehen.

Fall 8

IN DEN JAHREN 1995/1996 wurde für die Emerging-Markets-Fonds eine weit überdurchschnittliche Ertragsentwicklung prognostiziert. Die besten Aussichten versprachen damals unter den globalen Emerging-Markets-Fonds, der Templeton Emerging Markets und unter den einzelnen Schwellenländerfonds der Merrill Lynch Emerging Europe (WKN 971801, dieser hieß damals noch Mercury Eastern Europe), der Fidelity Latin America (WKN 973662) und der Fleming Pacific Fund (WKN 971609). Die nachfolgende Grafik zeigt die Vermögensentwicklung, wenn Sie zum 01.01.1996 10.000 Euro in den Templeton Emerging Markets oder jeweils ein Drittel in die drei Regionenfonds (als Emerging Markets bezeichnet) investiert haben.

Die „Spezialisten"-Strategie erzielt einen deutlich höheren Vermögenszuwachs. Die Schere zwischen den beiden Alternativen wird kontinuierlich größer.

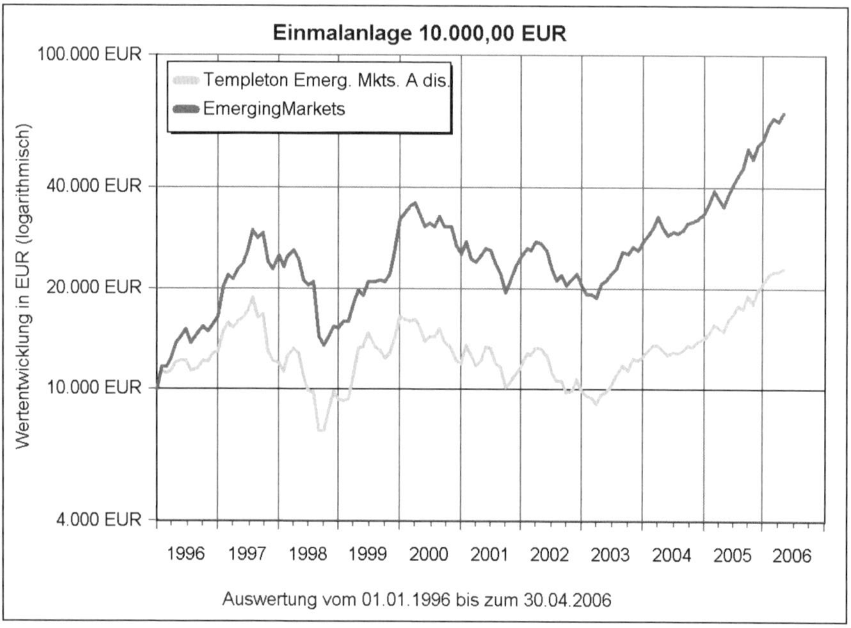

Grafik 38: Globaler Emerging-Markets-Fonds versus Regionenfonds Quelle: FVBS

8. 3. 2. 4 Länderfonds

Länderfonds können ebenfalls der Gruppe der Spezialitätenfonds zugeordnet werden. Es gibt sie für fast alle Börsenländer. Die einzelnen Börsenmärkte werden hierbei nicht länderübergreifend abgedeckt. Dadurch bietet sich dem Anteilsinhaber die Chance, an der Wertentwicklung eines ganz bestimmten, von ihm ausgewählten, Marktes zu partizipieren. Gleichzeitig verzichtet er allerdings auf viele Chancen, welche die restlichen Weltmärkte bieten.

Der Fondsmanager muss sich genau an seine Vorgaben halten, das heißt, er kann Umschichtungen nur innerhalb des Anlagelandes vornehmen. Durch diese spezielle Vorgabe muss er sein Sondervermögen selbst in Phasen, in welchen er keine positive Entwicklung für „seinen Teilmarkt" sieht, in diesen Markt investieren. Solche negativen Trendrichtungen können also nicht durch Ausweichen auf andere positive Märkte ausgeglichen werden. Der Länderfonds ist dadurch von der zyklischen Entwicklung seiner Wirtschaft sehr stark abhängig. Das Fondsmanagement kann lediglich versuchen, in negativen Phasen die liquiden Mittel innerhalb des Sondervermögens zu erhöhen, um diese dann auf niedrigerem Niveau wieder zu investieren. Aber selbst diese Strategie wird äußerst selten angewandt. Die Fondsgesellschaften vertreten hier die folgende Argumentationsweise: Derjenige, der sich für einen Länderfonds entscheidet, erwarte es, dass sein Geld auch in die besten Aktien dieses Landes investiert sei.

Deshalb sind Länderfonds, abgesehen von der gesetzlich vorgeschriebenen Liquiditätshaltung, fast immer nahezu voll investiert.

Aufgrund dieser Einschränkung liegt die langfristige durchschnittliche Performance der Länderfonds in der Regel unter der von weltweit investierenden Aktien(basis)fonds.

Neben den Kursrisiken der einzelnen Börsen besteht je nach Land auch ein nicht zu unterschätzendes Währungsrisiko. Diese beiden Faktoren führen beim Länderfonds letztlich zu größeren Kursschwankungen als bei Fonds, die überall auf der Welt investieren können. Für den Anleger gilt deshalb:

- Länderfonds müssen ständig beobachtet werden.
- Meist stellen sie keine Dauerinvestition dar, und
- sie sollten nur einen kleinen Teil im gesamten Depot ausmachen.

Die große Bandbreite von Chance und Risiko zeigen die Zahlen der folgenden Länder:

Deutschland

CRK 4	9-12 %	+ 100 %	- 55 %	- 70%	7 Jahre	25 Jahre

Thailand

CRK 6	>15 %	+ 285 %	- 90 %	- 90 %	10 Jahre	30 Jahre

8. 3. 2. 5 Branchenfonds

Branchenfonds sind eindeutig der Gruppe der Spezialitätenfonds zuzuordnen. Sie legen in Aktien einer klar definierten Branche an. Dem Fondsmanagement steht nur eine begrenzte Auswahl an Wertpapieren zur Verfügung. Die starke Konzentration auf eine ganz spezielle Branche erhöht, vor allem in Wachstumsbereichen, die Chancen, birgt jedoch auch höhere Risiken. Selbst die meist international ausgerichtete Anlagepolitik kann die Risiken durch die Abhängigkeit von einem einzigen Konjunkturzyklus nur in geringem Maße dämpfen.

Die bekanntesten Branchen sind:

Gesundheitswesen

CRK 5	9-13 %	+ 70 %	- 45 %	- 75%	7 Jahre	20 Jahre

Bank-/Versicherungs- und Fondsgesellschaften

CRK 5	9-13 %	+ 70 %	- 45 %	- 80 %	7 Jahre	20 Jahre

Das Gesundheits- und das Finanzwesen stellen unter den Branchenfonds noch verhältnismäßig breite Marktsegmente dar. In beiden Fällen ist die höhere Lebenserwartung die treibende Kraft für die zukünftigen Wachstumschancen. Die Menschen werden aufgrund der immer besseren medizinischen Versorgung und Behandlungsmöglichkeiten immer älter. Je älter sie werden, desto mehr muss die Medizin in Anspruch genommen werden. Auf der anderen Seite wird der Aufbau der privaten Altersversorgung immer wichtiger. Die Unternehmen aus der Finanzbranche sind hierfür die Produktgeber und unterliegen somit einem sicheren Wachstumsmarkt. Diese Entwicklung hält bereits seit Jahrzehnten an und stellt somit keine schnell hochgepushte Branche, sondern ein solides Marktsegment mit interessanten Wachstumschancen dar. Allerdings können sich auch diese Branchen den Kursentwicklungen eines sekundären Bärenmarktes nicht entziehen. Der durch die Anlagepolitik programmierte Stockpicking-Ansatz bietet jedoch die Chance, in einem Bärenzyklus erfolgreicher agieren zu können als mit anderen Branchenfonds.

Telekommunikation

CRK 6	> 15 %	+ 170 %	- 75 %	- 90 %	10 Jahre	30 Jahre

Technologie

CRK 6	> 15 %	+ 120 %	- 75 %	- 90 %	10 Jahre	30 Jahre

Gemeinsam mit dem Bereich der Biotechnologie erhofft man sich – vor allem aus der Nanotechnologie – in der Zukunft die bahnbrechenden Erfindungen, welche die Basis für den Beginn des fünften Kondratieff-Zyklus (siehe Kapitel 7.2) darstellen.

Ökologie

CRK 5	9-12 %	+ 90 %	- 55 %	- 70 %	10 Jahre	25 Jahre

Ökologiefonds, für die sich auch die Bezeichnung „Nachhaltige Investments" findet, investieren Ihre Gelder in Unternehmen, die mit den Ressourcen unserer Erde schonend umgehen oder aber in der Herstellung von Produkten und Diensten zur Entlastung unserer Umwelt tätig sind. Die Tatsache, dass einem umweltgerechten Leben ein immer größerer Stellenwert zukommt, lässt die Wachstumsraten dieser Unternehmen größer werden. Ökologiefonds sind damit schon lange aus der Phase herausgewachsen, als ihnen nachgesagt wurde, sie seien nur für die Anleger aufgelegt, die Ihr Geld mit gutem Gewissen investieren wollen.

Stand heute investieren Ökologiefonds ausschließlich in Aktien von umweltorientierten Unternehmen. Indirekt können Sie also an der Entwicklung und den Wachstumsperspektiven von Filteranlagen, Photovoltaik, Wind- und Wasserkraftwerken u. a. profitieren. Eine weitere ökologische Investition ist die Anlage in Wald bzw. Edelhölzer – eine von Großanlegern bereits seit vielen Jahren genutzte Anlageklasse. Hier investieren Sie direkt in die ökologisch sinnvollste Anlageform. Der naturgegebene Zins- und Zinseszins, die jährliche Produktion von größer werdenden Jahresringen der Bäume, resultierend aus der CO_2 senkenden Photosynthese, bieten überdurchschnittliche Ertragsperspektiven. Da das Ertragspotenzial völlig unabhängig vom Auf und Ab der Börsen gegeben ist, stellt die Holzinvestition eine optimale Anlageklasse zur Diversifikation Ihres Gesamtvermögens dar. Bis ins Frühjahr 2006 gab es allerdings noch keine Investmentfonds, sondern nur direkte Anlagemöglichkeiten. Die Fondsbranche und die Anbieter von Edelholzanlagen arbeiten aber an entsprechenden Lösungen. Achten Sie darauf, denn wenn die Konzeptionen stimmen, erhalten Sie eine herausragende Diversifikationsmöglichkeit, ohne gleich einen eigenen Wald kaufen zu müssen.

Wenn man sich den Verbrauch und den Umgang mit den globalen Ressourcen bewusst macht und gleichzeitig den schleichenden Kollaps unseres Ökosystems sowie die Vervielfachung der Energiepreise in den letzten Jahren beachtet, ergibt sich eine logische Schlussfolgerung. Es wird zusehends mehr Forschungskapital in die Entwicklung alternativer Energien gelenkt. Dies führt über kurz oder lang zu höherer Effektivität und höherer Effizienz der Nutzung der Energeiquellen. Mit hoher Wahrscheinlichkeit wird hier die Basis für den nächsten großen konjunkturellen Aufschwung, die 5. Kondratieff-Welle (siehe Kapitel 7), geschaffen.

Internet

CRK 6	> 15 %*	+ 240 %	- 70 %	- 90 %	10 Jahre	30 Jahre

Mit dem ersten Internetfonds, dem Nordinternet, wurde eine völlig neue Phase bei der Auflegung von Branchenfonds eingeleitet. Während Branchenfonds sich Anfang der 80er-Jahre noch auf breite Marktsegmente konzentrierten, wurden mit dem Aufkommen von engen, aber besonders interessanten Wachstumsmärkten (Internet, Neuer Markt, Biotechnologie) sehr stark spezialisierte Fonds ins Leben gerufen. Dieser Trend bringt Fondsarten auf den Markt, die immens hohe Ertragschancen aufweisen. Die Gefahren solch extrem spezialisierter Managementvorgaben werden meist übersehen oder viel zu spät erkannt. Im Kapitel 8.3.2.6.2 erläutere ich, wo dieser Trend mit aller Wahrscheinlichkeit hinführt.

Biotechnologie

CRK 6	> 15 %*	+ 180 %	- 65 %	- 80 %	10 Jahre*	30 Jahre

Dem Bereich Biotechnologie werden immense Wachstumsraten prognostiziert. Der Menschheitstraum, über 100 Jahre alt zu werden und stets gesund und fit zu bleiben, rückt immer näher. Die aktuellen Forschungen beinhalten gewaltige Ertragspotenziale. Allerdings gilt auch hier: eine sehr enge Anlagepolitik mit all ihren Chancen und Risiken (siehe auch Technologiefonds).

8.3.2.5.1 Gold und Rohstoffe

Für die Branchenthemen Gold und Rohstoffe investiere ich mit den folgenden Ausführungen bewusst mehr Zeit:

- Erstens handelt es sich um die Anlageklassen, in welche seit dem Wechsel der sekundären Börsenphasen (siehe Kapitel 7.5.3. **Grafik 26**) die großen Geldströme fließen.
- Zweitens wird die Bedeutung von Gold durch die sehr weit fortgeschrittenen Finanzsysteme weiter zunehmen. Schließlich hat es in der Geschichte noch kein Finanzsystem bzw. keine Währung dauerhaft gegeben, und auch unser aktuelles zeigt erste Signale für eine sich abzeichnende Krise.
- Drittens bieten die verschiedenen Investitionsmöglichkeiten von Gold und Rohstoffen sehr große Unterschiede in der Chance-Risiko-Klasse Einteilung – die den meisten Investoren und Beratern aber nicht bewusst sind.

Goldfonds

CRK 4	> 15 %*	+ 135 %	- 30 %	- 40 %	10 Jahre*	30 Jahre*

Goldminenfonds

CRK 6	> 15 %*	+ 135 %	- 60 %	- 80 %	10 Jahre*	30 Jahre*

Der Aufbau einer gesunden Vermögensstruktur – die Streuung der Vermögenswerte auf verschiedene Anlageformen, wie Aktien, Renten, Immobilien, Wald und Gold – resultiert auf den Erfahrungswerten, die im Lauf von Jahrhunderten bei der Vermögensbildung und -vernichtung gemacht wurden.

Aufgrund dieser Erfahrungen nutzen die wirklich erfolgreichen Vermögensverwalter dieser Welt stets sämtliche Anlageklassen. Die Mischung sorgt für eine optimale Risikostreuung, welche für einen Kapitalerhalt und nachhaltige Erträge notwendig ist. Auf unterschiedliche Wirtschafts- und Kapitalmarktzyklen wird mit einer flexiblen Gewichtung der einzelnen Anlageklassen reagiert. Dabei wird die Vermögensklasse Gold als strategische Position zu jeder Zeit berücksichtigt. Je nach Wirtschaftszyklus wird lediglich in den vielen Möglichkeiten der Goldinvestition variiert. Die Anlage in physisches Gold – also in Goldmünzen und -barren – wird jedoch immer berücksichtigt.

8.3.2.5.1.1 Goldminen

Die Beimischung von physischem Gold bzw. Goldminen-Aktien und entsprechenden Fonds wird in jeder verantwortungsvollen Vermögensverwaltung bzw. Publikation als strategische Anlageklasse verwendet bzw. empfohlen. Verantwortlich hierfür ist die Eigenschaft der langfristig nicht korrelierenden Entwicklung zu den Aktienmärkten.

Mit den Argumenten, physisches Gold sei totes Kapital, es verzinst sich nicht und Dividenden werden auch keine ausgeschüttet, wird für die strategische Positionierung in den meisten Fällen ausschließlich auf Goldminen gesetzt. Ergänzend zu regelmäßigen Dividendenzahlungen spiele vor allem die Hebelwirkung (siehe das nachfolgende Kapital) bei der Kursentwicklung eine entscheidende Rolle. Ob die o. g. Argumente ausreichend sind, an einer Goldmineninvestition dauerhaft festzuhalten, soll uns ein Blick in die Vergangenheit verraten.

Um ein Gefühl für das Chance-Risiko-Verhältnis in den unterschiedlichen Marktentwicklungen zu bekommen, analysiere ich mit Ihnen die Preisentwicklung von Gold in USD pro Unze und die des Financial Times Goldminenindex (old) in der Zeit von 1970 bis 1995. Insbesondere die Kursentwicklungen bei unterschiedlichen Wendepunkten zeigen, welche Chancen in der Anlage von Goldminen liegen bzw. wie hoch das Risikopotenzial sein kann.

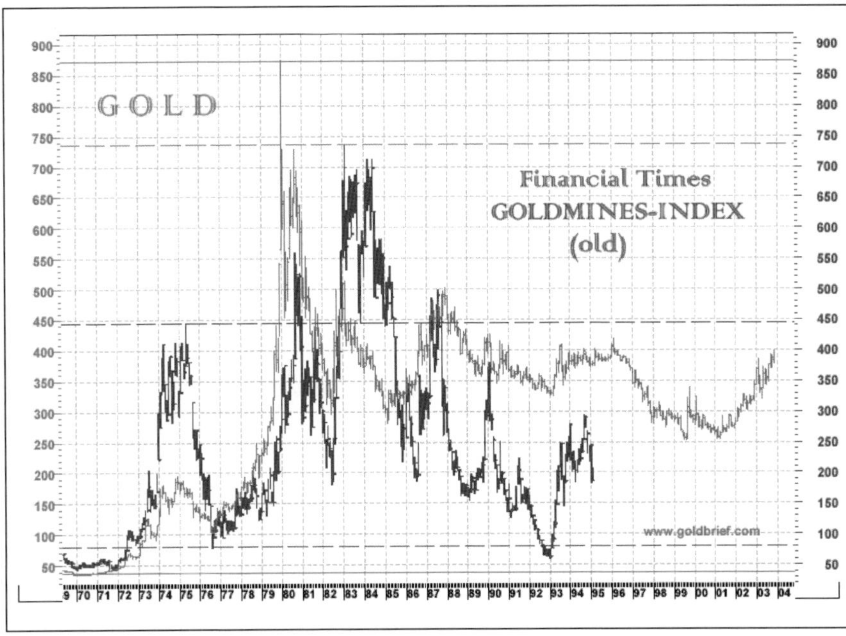

Grafik 39: Gold zu Financial Times Goldmines-Index (old) 1970 bis 1995

Ausgangspunkt des obigen Charts ist das Jahr 1970. Am Jahresanfang notierten der Goldpreis pro Unze bei 35 USD und der Goldminenindex bei 45 Indexpunkten. Ein Wechsel der sekundären Börsenphasen hatte gerade stattgefunden. Die Geldströme begannen sich in Richtung Gold zu konzentrieren. Diese Bewegung endete abrupt im Januar 1980 – der Goldpreis erreichte mit 850 USD seine bisherige Preisspitze. Der Goldminenindex erreichte zur gleichen Zeit einen Indexstand von 360.

Das physische Gold hatte sich also vom Tief bis zum absoluten Hoch mehr als verdreiundzwanzigfacht. Dagegen kam eine Investition in Goldminen, trotz der viel gepriesenen Hebelwirkung, „lediglich" auf eine Versiebenfachung.

Dieses Ergebnis ist umso erstaunlicher, wenn man die Entwicklung von Gold und Goldminen im ersten Haussezyklus nachrechnet. Dieser endete im Dezember 1974. Gold erreichte einen Kurs von 195 USD/Unze, und der Goldminenindex lag zum gleichen Zeitpunkt bei 415 Indexpunkten. In diesem ersten Haussezyklus funktionierte die Hebelwirkung bei den Goldminen hervorragend! Während sich Gold mit dem Faktor 4,6 vervielfachte, kamen die Goldminen auf das 8,2fache. In der darauf folgenden Zeit – von Dezember 1974 bis August 1976 – erlebte der Goldinvestor die erste große Korrektur der starken Kursanstiege. Der Goldpreis fiel von 195 auf 103 USD/Unze, was einem prozentualen Rückgang von 47,2 Prozent entsprach. Der Minenindex reduzierte sich in der gleichen Zeit von 415 auf 80 Indexpunkte! Das entsprach einem Kursrückgang von 80,7 Prozent! Beeindruckender kann meines Erachtens nicht dokumentiert werden, dass die Hebelwirkung der Goldminen in beide Richtungen funktioniert.

Wie schmerzlich solche Rückgänge sind, wird vor allem dann deutlich, wenn Sie sich bewusst machen, wie groß die Kurserholung sein muss, um die vorherigen Verluste wieder aufzuholen.

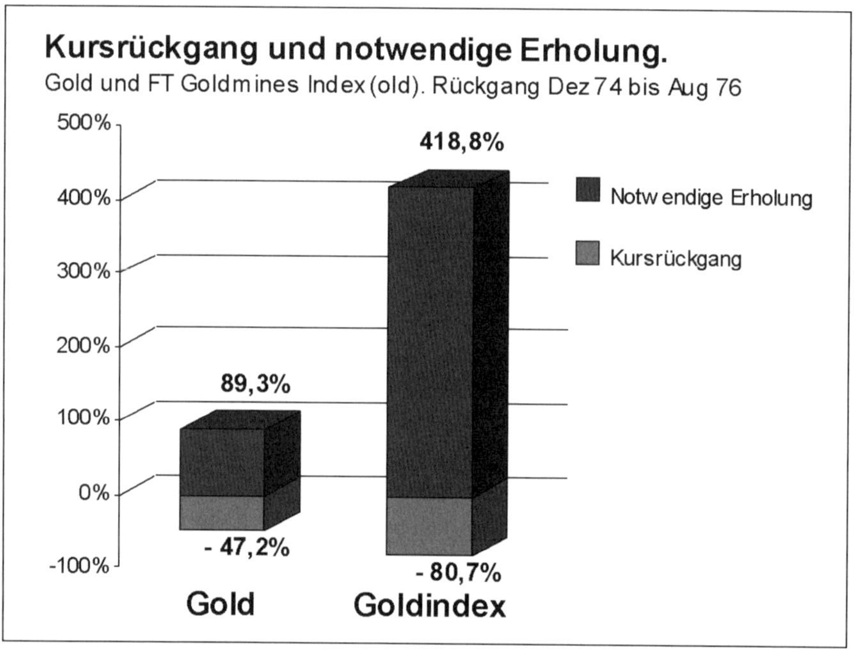

Grafik 40: Kursverluste und notwendige Erholungen Grafik: IFL® Rühl GmbH

Um das auf der Kursspitze gehaltene Vermögen wieder sein Eigen nennen zu können, reichte dem Goldbesitzer ein Anstieg von 89 Prozent. Der Eigentümer von Goldminen benötigte dafür einen Wertzuwachs von 419 Prozent!

Wie schwierig das ist, zeigt die Analyse des zweiten Haussezyklus, der von August 1976 bis Januar 1980 andauerte. Der Goldpreis setzte seinen über 2,5 Jahre unterbrochenen Kursanstieg fort und stieg von 103 auf insgesamt 850 USD/Unze!

Der Goldminenindex stieg von 80 auf 360 Indexpunkte. Die Anlage in physischem Gold erzielte zum Höchstpreis eine Vervielfachung mit dem Faktor 7,3. Die Anlage in Goldminen lag zum Zeitpunkt des Goldhochs sogar unter dem Höchstkurs der ersten Haussephase. Der Faktor lag jetzt lediglich bei 3,5.

Erläuterung zu den einzelnen Teilzyklen und Kursständen	Goldpreis USD/Unze	FT Goldmines Index (old)
Basis zu Beginn des sekundären Bullenmarktes, Jan 1970:	35	45
1) Höchstkurs am Ende des Gold-Haussezyklus, Jan 1980: Vervielfachungsfaktor über den gesamten Haussezyklus 1):	850 23,3	360 7,0
2) Höchstkurs am Ende des ersten Haussezyklus, Dez 1974: Vervielfachungsfaktor zum Ende des ersten Haussezyklus 2):	195 4,6	415 8,2
3) Tiefstkurs nach dem ersten Baissezyklus, Aug 1976: Prozentualer Rückgang des ersten Baissezyklus 3):	103 -47,2%	80 -80,7%
4) Welcher prozentuale Kursanstieg war nötig, um den Kursverlust des ersten Baissezyklus wieder aufzuholen? 4):	89,3%	418,8%
5) Höchstkurs am Ende des zweiten Haussezyklus, Jan 1980: Vervielfachungsfaktor zum Ende des zweiten Haussezyklus 5):	850 7,3	360 3,5

Tabelle 8: Gold zu Financial Times Goldmines-Index (old) 1970 bis 1980.

Beim genauen Betrachten der **Grafik 39** ist zu erkennen, dass die jeweiligen Hochpunkte von Gold und Goldminen auseinander driften. Die tatsächlichen Höchststände der Goldminen lagen zeitlich hinter den Tops, welches Gold ausgebildet hat. Die obige Analyse bezieht sich jedoch auf die Indexstände zum Zeitpunkt des jeweiligen Goldhochs. Würden wir die absoluten Höchststände miteinander vergleichen, ergäbe sich bei den Goldminen ein höherer Vervielfachungsfaktor wie oben dokumentiert. Allerdings ergibt sich bei den aufgezeigten Chance- Risiko Abhängigkeiten keine Änderung.

8.3.2.5.1.2 Der Hebel bei den Goldminen

„Wer von einem Goldanstieg richtig profitieren möchte, muss in Goldminen investieren! Wenn Gold um zehn Prozent steigt, steigen Goldminen um 30 Prozent!"

So oder so ähnlich wird Ihnen in Fachmagazinen oder von Anlageprofis die Hebelwirkung und der Kauf von Goldminen schmackhaft gemacht. Um zu verstehen, was sich hinter dem Hebel verbirgt, warum er funktioniert und welche Chancen, aber auch Risiken damit verbunden sind, werfen wir wieder einen Blick in die Vergangenheit (siehe **Tabelle 9**).

Hausse	Physisches Gold			Goldmine „Hebel AG"		
Kauf im	Kauf-preis	Gewinn seit Kauf	Gewinn in %	PK*	Gewinn/ Unze	Gewinn-anstieg
Jan 70	$35,00			$30,00	$ 5,00	
Mai 72	$50,00	$15,00	42,9%	$34,00	$16,00	220,0%
Aug 72	$65,00	$15,00	30,0%	$34,00	$31,00	93,8%
März 73	$80,00	$15,00	23,1%	$35,00	$45,00	45,2%

* PK = Produktionskosten. Sämtliche Kosten, die anfallen, bis aus dem Erz das Feingold gewonnen ist.

Tabelle 9: Goldminenhebel bei Kursanstiegen

Angenommen, Sie hätten im Januar 1970 Ihr liquides Vermögen in physisches Münzgold und in unsere Mustergoldmine Hebel AG investiert. Der Goldanstieg bis in den Mai 1972 bescherte Ihnen bei den Münzen ein Plus von 15 USD/Unze. Bei einem Einsatz von 35 USD entspricht das einem prozentualen Gewinn von 42,9 Prozent.

Die Goldmine Hebel AG hatte im Januar 1970 Produktionskosten (Spalte PK) in Höhe von 30 USD/Unze. Bei einem Marktpreis von 35 USD/Unze errechnete sich also ein Gewinn von 5 USD/Unze. Durch Lohnsteigerungen und einen aufwendiger werdenden Schürfeinsatz steigen die Produktionskosten bis Mai 1972 auf 34 USD/Unze. Da der Marktpreis auf 50 USD/Unze gestiegen ist, errechnet sich ein Gewinn/Unze von 16 USD. Im Vergleich zum Januar 1970 ergibt sich ein Gewinnanstieg von 5 auf 16 USD/Unze. Dies entspricht einer prozentualen Gewinnerhöhung von 220 Prozent! Erlauben Sie mir an dieser Stelle die Annahme, dass sich die Kurse unserer Goldmine-Hebel-Aktie genau an deren Gewinnentwicklung orientiert.

Beim direkten Vergleich Ihrer beiden Anlagen ergibt sich daraus folgendes Ergebnis: Gewinn beim physischen Gold + 42,9 Prozent, Gewinn bei der Aktie Goldmine Hebel AG + 220 Prozent. Das entspricht einem Hebel von 5,1!

Aufgrund der guten Entwicklung entschließen Sie sich im Mai 1972 für eine weitere Anlage in Münzgold und die Goldmine Hebel AG. Bereits im August ist der Goldpreis wieder um 15 USD/Unze gestiegen. Bei Ihrer Münzinvestition ergibt sich im Vergleich zum Einstiegspreis ein Plus von 30 Prozent.

Der Gewinn der Goldmine Hebel AG steigt von 16 auf 31 USD/Unze, was einer Gewinnerhöhung von 93,8 Prozent entspricht. Im direkten Vergleich errechnet sich jetzt ein Hebel von 3,1.

Ihre dritte Anlage tätigen Sie im August 1972. Bis im März 1973 ist der Goldpreis um weitere 15 USD/Unze gestiegen. Der prozentuale Gewinn bei Ihrem Münzgold beläuft sich jetzt auf 23,1 Prozent. Der Gewinnanstieg der Goldmine beträgt 45,2 Prozent. Der Hebel hat sich jetzt auf 2 reduziert.

Aus diesen Erfahrungen lässt sich Folgendes ableiten:

„Je höher der Goldpreis steigt, desto geringer wird die Hebelwirkung bei den Goldminen.“

Um die fundamentalen Auswirkungen bei Kursrückgängen zu erkennen, nehmen wir an, dass Ihr Nachbar, angesteckt von den seit vier Jahren steigenden Kursen, im Dezember 1974 einen ersten Kauf in Goldmünzen und in unsere Mustergoldmine tätigt.

Baisse	Physisches Gold			Goldmine „Hebel AG“		
Kauf im	Kauf-preis	Verlust seit Kauf	Verlust in %	PK*	Gewinn/ Unze	Gewinn-reduzierung
Dez 74	$195,00			$38,00	$157,00	
Sep 75	$149,00	-$46,00	-23,6%	$40,00	$109,00	-30,6%
Aug 76	$103,00	-$46,00	-30,9%	$42,00	$ 61,00	-44,0%

Tabelle 10: Goldminenhebel bei Kursrückgängen

Im September 1975 liegt der Goldpreis bei 149 USD/Unze. Auf seinen Kaufkurs von 195 USD/Unze bedeutet das einen Verlust von 46 USD/Unze. Dies entspricht einem Rückgang von 23,6 Prozent.

Bei der Goldmine reduziert sich der Gewinn pro Unze von 157 USD auf 109 USD. Das entspricht einer Reduzierung von 30,6 Prozent. Der Hebel ist also auch hier vorhanden. Bei fallenden Goldkursen ist er die Basis für überdurchschnittliche Verluste der Goldminen!

Im September 1975 entschließt sich Ihr Nachbar für einen Nachkauf von Goldmünzen und Aktien der Goldmine Hebel AG. Erst im August 1976 wird mit einem Kurs von 103 USD/Unze das Tief beim Gold erreicht. Der Verlust auf den letzten Kauf beläuft sich bei der Goldmünze auf 30,9 Prozent. Bei der Goldmine reduziert sich der Gewinn bereits um 44 Prozent.

Diese zweite Erfahrung sollte uns nie vergessen lassen:

„Bei fallenden Goldpreisen wird der Hebel zunehmend größer. Die Wahrscheinlichkeit, dass Sie mit Goldminen überproportional hohe Kursverluste erleiden, nimmt stark zu."

8.3.2.5.1.3 *Die Bezeichnung Goldminen-Aktie beinhaltet das Wort Aktie*

Der folgende Kursverlauf (**Grafik 41**) zeigt, dass Goldminen nicht nur von der fundamentalen Entwicklung der Unternehmen bzw. der Goldpreisentwicklung abhängig sind. Als eines von vielen Beispielen greife ich auf das Jahr 1987 zurück.

1987 war geprägt durch den Börsencrash an den weltweiten Aktienmärkten und einen kontinuierlichen Anstieg des Goldpreises von etwa 400 USD/Unze Anfang des Jahres auf knapp 500 USD/Unze am Ende. Diesem Verlauf entsprechend, hätten sich die Goldminen, sicher mit Schwankungen, tendenziell positiv entwickeln müssen. Der Kursanstieg hielt jedoch nur bis zum Börsencrash an.

Hier wird der Verlauf von Gold/Unze in USD, deutschen Aktien (DAX) und Goldminen (XAU) über das gesamte Jahr 1987 verglichen. Um einen optimalen Vergleich zu bekommen, wurde die Skalierung beim DAX und beim XAU auf den Goldpreis zum Jahresanfang umgerechnet.

Als die normalen Aktienmärkte zu „crashen" begannen, wurde alles, was irgendwie nach Aktie aussah, verkauft. Der psychologischen Macht von Panikverkäufen konnten sich auch die Goldminen nicht entziehen. Die Tiefstkurse wurden genau mit den Tiefstkursen der normalen Aktienmärkte erreicht. Einzelne Gold-Aktien verloren von der Spitze bis zum Tief über 70 Prozent ihres Wertes – obwohl der Goldpreis gestiegen ist.

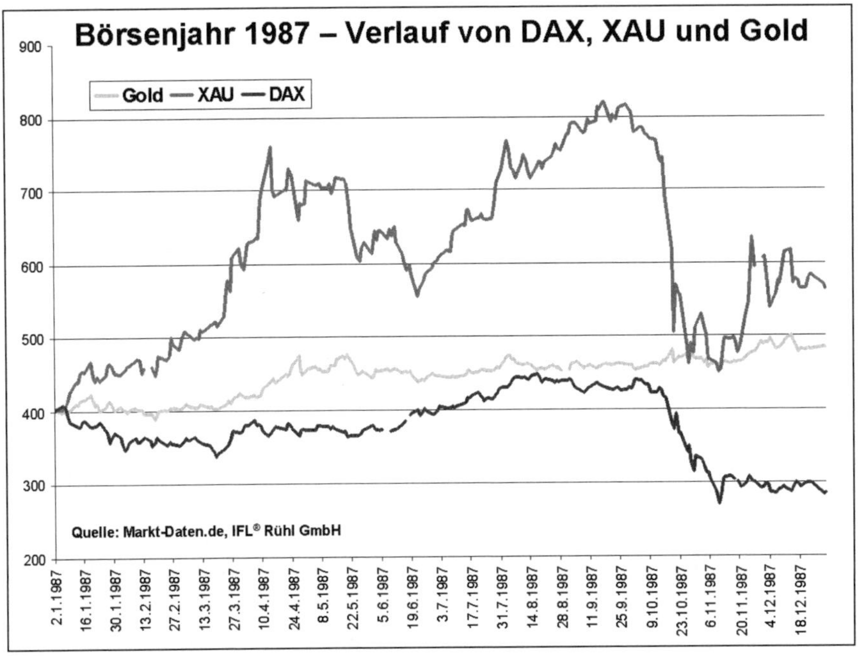

Grafik 41: Goldminen und Börsencrashs

Auf den Punkt gebracht:

Die Vergangenheit hat gezeigt, dass es in Extremphasen große Unterschiede zwischen den Preisentwicklungen beim physischen Gold und den Goldminen gibt. Bei der Anlage in Goldminen durchleben Sie – abhängig von der Kursentwicklung – eine extreme Verschiebung des Chance-Risiko-Verhältnisses. Vor allem nach starken Gewinnphasen steigen die Rückschlagsgefahren überdurchschnittlich.

➢ Physisches Gold sollten Sie aus strategischen Gründen immer halten.

Wenn Sie in einem sekundären Bullenmarkt an steigenden Goldpreisen partizipieren wollen,

➢ sollten Sie physisches Gold bzw. Anlageformen, die dessen Preis nachbilden, über den gesamten Hausse-Zyklus durchhalten.
➢ Machen Sie sich immer wieder die extreme Schwankungsbreite von Goldminen bewusst. Gerade nach sehr starken Kursanstiegen sollte man nicht zu gierig werden. Wenn sich ein neuer sekundärer Bullen-

markt herausbildet, werden in der ersten Aufwärtsbewegung die stärksten Kursanstiege erlebt. Wenn Sie an einer solchen Entwicklung partizipiert haben, nutzen Sie die Erfahrungen der Vergangenheit. Denken Sie spätestens ab einer Versechsfachung – von den Tiefstkursen gerechnet – an die Sicherung Ihres Kapitals.
Wenn Sie nicht der Timingfalle unterliegen wollen und weiter an einem intakten sekundären Gold-Bullenmarkt partizipieren möchten, ist es ratsam, den Erlös aus Ihren Goldminen in physisches Gold bzw. Anlagen, die den Goldpreis nachbilden, zu investieren. Der Verzicht auf den Hebel reduziert die Rückschlagsgefahren und lässt trotzdem genügend Potenzial für die zukünftigen Ertragschancen.

Interessanterweise gibt es trotz dieser oben beschriebenen Unterschiede und Abhängigkeiten unter den in Deutschland zum Vertrieb zugelassenen „Goldfonds" fast nur Goldminenfonds. Lediglich die Kapitalanlagegesellschaft DWS bietet einen „goldorientierten" Fonds. Sprich, hier werden die Anlegergelder so investiert, dass die Kursentwicklung des Fonds die Entwicklung des Goldpreises nachbildet. Dadurch ist dieser Fonds hervorragend geeignet, vom steigenden Goldpreis zu partizipieren, ohne die extremen Verlustpotenziale von Goldminenfonds einkaufen zu müssen.

8.3.2.5.1.4 Rohstoffe

Rohstofffonds

CRK 4	> 15 %	+ 80 %	- 30 %	- 40 %	10 Jahre*	25 Jahre*

Rohstoffaktienfonds

CRK 54	> 15 %	+ 115 %	- 55 %	- 70 %	10 Jahre*	25 Jahre*

Rohstoffe sind die Basis für sämtliche Güter, die weltweit produziert und konsumiert werden. Der fortgeschrittene Ressourcenverbrauch und die immense Weltbevölkerungsentwicklung – insbesondere in China und Indien – führen zu einem immer stärker werdenden Nachfrageüberhang. Aus diesem Grund geht man bei den Rohstoffen langfristig von kontinuierlichen Preissteigerungen aus. Das ist Grund genug, Rohstoffe in einem langfristig ausgerichteten Portfolio zu berücksichtigen. Professionelle Vermögensverwalter greifen allerdings genauso gerne auf Rohstoffe zurück, weil sie im direkten Vergleich zu den Aktien- und Rentenmärkten eine nicht korrelierende Preisentwicklung aufweisen. Dadurch wird mit der Beimischung von Rohstoffanlagen eine gesündere Vermögensstruktur geschaffen. Die Depotschwankungen sind geringer, ohne dass man reduzierte Wertentwicklungen akzeptieren muss.

Wie bei Gold kann man auch bei den Rohstoffen zwischen der direkten (Rohwaren) und der indirekten Investition (Rohstoff-Aktien) unterscheiden. Die Abhängigkeit von Rohstoff-Aktien von den normalen Aktienmärkten ist dabei allerdings noch ausgeprägter als bei Gold.

Damit bieten Rohstoffaktienfonds bei weitem nicht die Diversifikationsvorteile wie die Fonds, die durch ihre Investitionen die Preisentwicklung der Rohstoffe nachbilden.

Dies erkennen immer mehr Fondsgesellschaften und legen – leider erst seit dem Jahr 2005 – vermehrt Fonds auf, die die Entwicklung der Rohstoffpreise abbilden. Dabei werden die Rohstoffe nicht direkt gekauft, sondern über Finanzinstrumente (Futures) Lieferansprüche erworben. Deren Preisentwicklung orientiert sich an den Rohwaren.

Jeder Fonds orientiert sich dabei an einem Rohstoffindex, den er nachbildet. Vorteil: Sie kaufen sich kein Fondsmanagerrisiko ein und können auch in neu aufgelegte Fonds investieren. Damit Sie sich jedoch selbst ein Bild über die Investitionsschwerpunkte machen können, gehe ich nachfolgend auf die geläufigsten Rohstoffindizes und ihre Aufteilungen ein. Hierbei unterscheidet man die drei großen Bereiche: Energie-, Metall- und Agrarrohstoffe.

Der „..........“- Bereich		besteht aus folgenden Rohstoffen:
„Energie“		
		Rohöl, Heizöl, Benzin, Erdgas
„Metall“		
	Basismetalle	Aluminium, Blei, Kupfer, Nickel, Zink, Zinn
	Edelmetalle	Gold, Silber, Platin, Palladium
„Agrar“		
	Getreide	Weizen, Mais, Sojabohnen
	Soft	Kaffee, Kakao, Orangensaft, Zucker
	Vieh	Rinder, Schweine

Tabelle 11. Übersicht der Rohstoffbereiche

Je nach Index finden unterschiedliche Gewichtungen statt. Die **Grafik 42** zeigt die Schwerpunkte, welche indexbasiert in den einzelnen Fonds entstehen.

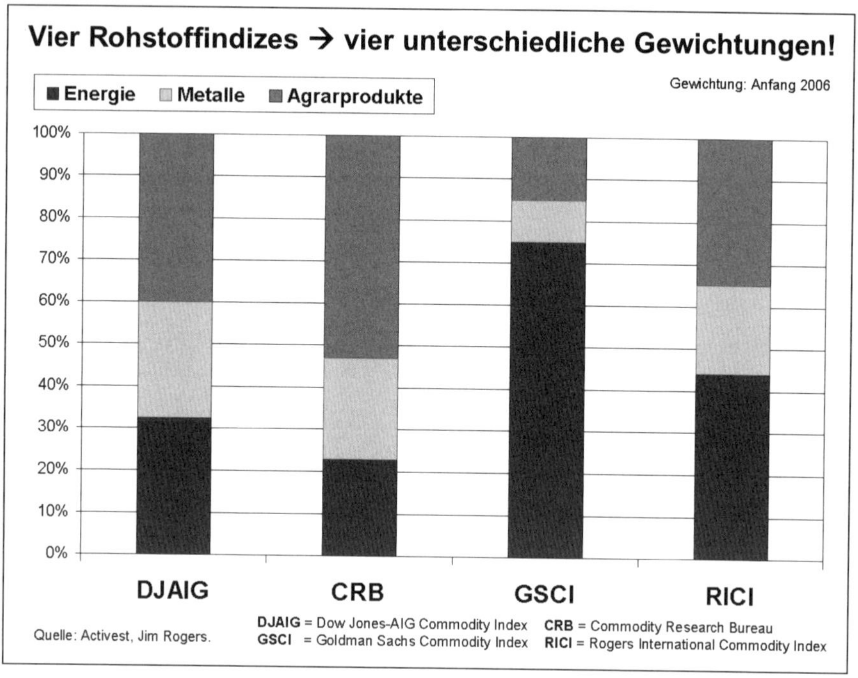

Grafik 42: Gewichtung der Rohstoffindizes

Je nach Rohstoffindex ist bereits eine Vorbestimmung zum Chance-Risiko-Verhältnis möglich. Die Geschichte zeigt, dass die Energie-Komponenten die höchste und die Agrar-Komponenten die niedrigste Schwankungsbreite haben.

Der CRB-Index hat seinen Schwerpunkt im Agrarbereich. Der Goldman Sachs Index (GSCI) konzentriert sich stark auf den Energiebereich. Dies gilt auch für den Index von Jim Rogers (RICI) – allerdings mit einer sehr viel kleineren Übergewichtung. Eine relativ ausgewogene Zusammensetzung weist der Dow Jones AIG Index (DJAIG) auf. Damit dies auch so bleibt, wurden bei dem DJAIG feste Gewichtungsgrenzen definiert. Wenn sich die einzelnen Rohstoffbereiche prozentual unterschiedlich entwickeln, wird ein so genanntes „Rebalancing" vorgenommen. In dem Bereich, der besonders gut gelaufen ist, werden Gewinne realisiert und in die Rohstoffkomponente investiert, die zurückgeblieben ist. Die ursprüngliche prozentuale Gewichtung wird damit regelmäßig wiederhergestellt. Für mich ein Grund, diesen Index bzw. die Fonds, die ihn nachbilden, als Basisinvestment im Rohstoffbereich zu favorisieren. Das heißt natürlich nicht, dass die Alternativen keine Daseinsberechtigung haben – im Gegenteil – wer überzeugt ist, dass die Energierohstoffe die Agrarrohstoffe dauerhaft „outperformen“ werden – was nicht unwahrscheinlich ist, schließlich werden die Energierohstoffe immer knapper und die Agrarrohstoffe können nachwachsen –, wird nicht in den konservativ ausgerichteten DJAIG investieren.

Mit den anderen Rohstoffindizes treffen Sie oder Ihr Berater bereits eine Vorentscheidung und sollten diese nur bevorzugen, wenn Sie exakt die abgebildeten Schwerpunkte favorisieren wollen. Machen Sie sich hierbei jedoch wieder bewusst, dass Sie automatisch ein wesentlich höheres Chance-Risiko-Verhältnis eingehen. Die **Grafik 43** zeigt deutlich: Je höher die einzelne Gewichtung, desto größer wird die Schwankungsbreite und damit das Risiko.

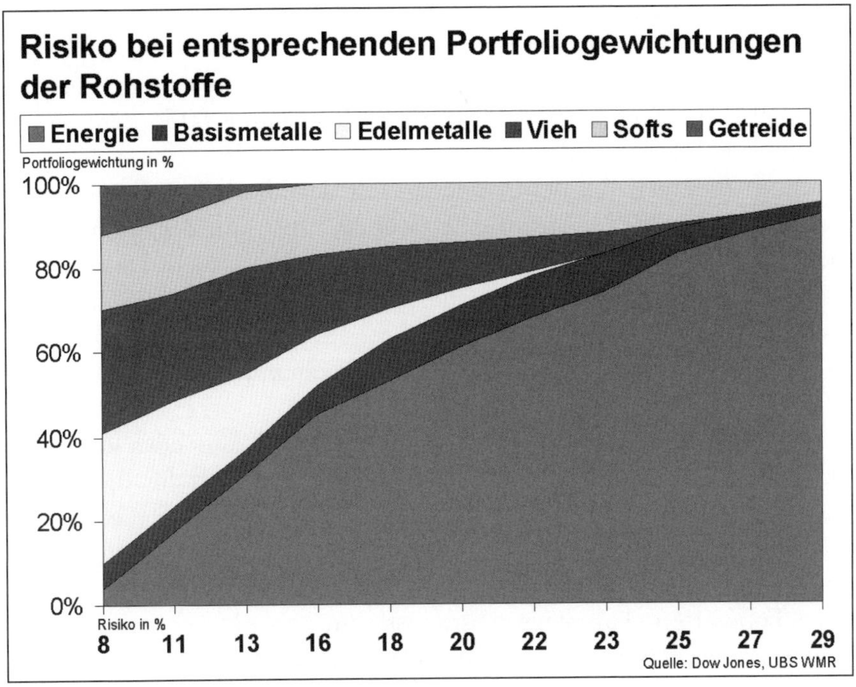

Grafik 43: Verteilung auf viele Rohstoffe reduziert die Risiken

Interessanterweise ist die Holzwirtschaft – immerhin drittgrößter Rohstoffmarkt der Welt (Rang 1: Öl und Rang 2: Gas) – in den Indizes nicht vertreten. Das ist eigentlich verwunderlich, schließlich gelten die Argumente welche für eine Rohstoffinvestition (Nachfrageüberhang, nicht korrelierende Preisentwicklung, optimale Depotdiversifikation) sprechen, beim Wald bzw. (Edel)Holz noch viel mehr und werden noch um die ökologischen Vorteile ergänzt. Aber anders als bei allen anderen Rohstoffen gibt es hier keine geregelte Börse, an der täglich die Preise veröffentlicht werden. Deshalb kann der Rohstoffmarkt (Edel)Holz nicht von den Rohstoffindizes genutzt werden. Wenn Sie es hier den professionellen Vermögensverwaltern und den Großanlegern gleichtun wollen, müssen Sie Ihren Rohstofffonds um eine Direktanlage in Wald bzw. bei einem spezialisierten Holzanbieter ergänzen.

8.3.2.5.2 *Eng, enger, am Ende*

An dieser Stelle möchte ich kritisch auf die Marketingpolitik der Fondsgesellschaften eingehen. Die Investmentjahre 2000 bis Frühjahr 2003 waren durch die schlechtesten Wertentwicklungszahlen der gesamten Fondsgeschichte geprägt. Schlechte Börsenjahre waren schon immer für negative Fondsergebnisse verantwortlich. Aber minus 80 Prozent, ja bis zu minus 90 Prozent waren neue dramatische Rekorde.

Diese extremen Resultate stimmen mit der klassischen Investmentidee nicht überein. Das historische Grundkonzept, mit der Fondsanlage die Risiken zu streuen, ist bei solchen Verlusten nicht mehr erkennbar.

Einige Anleger können sich sicherlich noch daran erinnern, dass während des letzten sekundären Bärenmarktes 1969 bis 1979 die maximalen Rückschläge bei der Fondsanlage im Bereich von minus 50 Prozent lagen. Was hat sich im Vergleich zu damals geändert?

1975 existierten knapp 80 Fonds, während heute etwa 6.000 in Deutschland registriert sind. Die Anzahl der Fonds ist für diese Entwicklung jedoch nicht allein verantwortlich, sondern eher die Art der neu aufgelegten Fonds. Die Ursache ist vielmehr bei den Marketingabteilungen der Fondsgesellschaften zu suchen. Sie kreieren ständig neue Fondsarten. Für die wachstumsstärksten Marktsegmente werden ganz spezielle Fonds aufgelegt. Je spektakulärer und profitabler die Erfolgsstory, desto enger werden die dazugehörigen Fonds positioniert. Diese Mikro-Spezialisierung führt in der Folge zwangsläufig zu verhältnismäßig engen Anlagemöglichkeiten. Derartige Fondskonstruktionen haben mit der klassischen Investmentidee allerdings wenig zu tun. Dabei werden die Grenzen zwischen Fonds und einem Direktinvestment immer mehr verwischt. Bei einigen Spezialitätenfonds sind sie kaum mehr vorhanden. So führt die Auflage neuer Fonds, die ausschließlich für enge Wachstumssegmente konzipiert sind, über kurz oder lang in die Krise.

Einem hohen Renditeanstieg folgen entsprechend den Chance-Risiko-Gesetzen größere Korrekturen. Durch die vorgegebene Anlagepolitik und Marktenge kann das Fondsmanagement in solchen Situationen jedoch keine Alternativen finden. Es muss in diesen Markt investieren. Ausweichmöglichkeiten wie bei einem klassisch konzipierten Fonds gibt es nicht! Extrem hohe Kursrückgänge – bis zum Jahr 2000 eigentlich nur von Einzelaktien bekannt – sind unvermeidbar.

Wenn Sie zu den Anlegern gehören, die mit den beschriebenen Spezialitätenfonds den Fonds-GAU erlebt haben, seien Sie realistisch. Durch die sehr stark eingeschränkten Anlagemöglichkeiten dürfte es eine sehr lange Zeit dauern, bis der Fonds seinen ursprünglichen Stand erreicht hat (siehe Kapitel 7.3.1.1, **Tabelle 5**)

Fall 9

INTERNETFONDS zeigen uns durch ihre enge Anlagepolitik in hervorragender Weise, wie sich Investmentfonds kaum mehr von der Direktinvestition unterscheiden können. Schauen wir uns dazu einzelne Aktien wie Siemens, DaimlerChrysler oder Deutsche Bank an. Nehmen wir an, Sie haben diese drei Werte vor dem 87er-Börsencrash gekauft. Wussten Sie damals, dass Sie über zehn Jahre hätten warten müssen, um Ihre ursprünglichen Höchststände wieder zu erreichen?! Wenn das sogar bei solchen Qualitätsaktien passieren kann, dann dürfte die Masse der maroden Internetunternehmen dies wohl nie schaffen. Da die Fonds aber nur auf diese Werte zurückgreifen dürfen, werden die alten Höchstkurse Wunschträume der Investoren bleiben. Die Wahrscheinlichkeit, dass es noch schlimmer kommt, ist sehr hoch! Nehmen wir an, dass von 100 Internetunternehmen auf lange Sicht fünf überleben werden. Der Rest wird billig übernommen oder geht Pleite. Bei einer guten Analyse wird der Fonds die fünf Unternehmen halten, die auf lange Sicht Überlebenschancen haben. Da die Anlageschutzgesetze jedoch eine Risikostreuung vorschreiben, muss das Fondsmanagement auch in Werte investieren, in die es aus Überzeugung nie Geld anlegen würde. War die eng vorgeschriebene Anlagepolitik vorher der Renditebringer, stellt sie sich jetzt leider als der Fondskiller heraus. Kursrückgänge und Kapitalabflüsse enttäuschter Anleger reduzieren das Fondsvolumen. Beim Unterschreiten der Zehn-Millionen-Euro-Grenze ist für die Fondsgesellschaften eine wirtschaftliche Arbeit nicht mehr möglich. Die Fixkosten (siehe Kapitel 9) belasten kleine Fondsvolumina überdurchschnittlich. Dies drückt zusätzlich auf die Rendite. Glaubt das Management nicht an eine rasche Kurserholung, folgt der Super-Fonds-GAU. Der Fonds wird geschlossen. Sie erhalten, meist auf dem tiefsten Kursniveau, Ihr investiertes Geld zurück oder ein Umtauschrecht in einen anderen Fonds der Kapitalanlagegesellschaft.

Erst in solchen Börsensituationen wird deutlich, welche Vorteile eine breite, am besten weltweit orientierte Anlagepolitik hat.

Gleichzeitig müssen sich die Fondsgesellschaften den Vorwurf gefallen lassen, dass sie diese „Super-Story"-Fonds nahezu ausnahmslos prozyklisch konzipieren. Der passende Fonds wird nicht im Tief aufgelegt und vermarktet, sondern meist dann, wenn sich der Branchenzug bereits in rasanter Fahrt befindet. Auf der Grundlage der Kapitalmarktgesetze, des Zusammenspiels zwischen Chance und Risiko, werden dem Umsatz zuliebe Schieflagen der Anleger billigend in Kauf genommen. Schließlich zahlt die Zeche ja nicht die Fondsgesellschaft, sondern Sie als Anleger! Ich denke nicht, dass ich die Fondsgesellschaften mit meinen Ausführungen bekehren und davon abbringen kann, solche eng gefassten „Verkaufsschlager" künftig aufzulegen. Sie als Anleger sollten diese Investitionen aber mit dem richtigen Bewusstsein und entsprechend den Kriterien einer Anlage der Chance-Risiko-Klasse 6 behandeln:

Je enger die Anlagepolitik, desto kleiner sollte Ihre Investition im Verhältnis zum liquiden Gesamtvermögen sein.

Wenn Sie ruhig schlafen wollen, streichen Sie Fonds mit zu engen Anlagevorgaben aus Ihrer Wunschliste. Bauen Sie auf das klassische Konzept der Fondsanlage. Fonds mit einer globalen Ausrichtung setzen die historische Idee der Risikostreuung optimal um und erzielen langfristig positive Renditen.

8. 3. 2. 6 Indexfonds

Da 80 bis 90 Prozent der aktiv gemanagten Fonds ihren Vergleichsindex – vor allem in sekundären Bullenmärkten – nicht schlagen können, werden Indexfonds immer beliebter. Sie orientieren sich an einem ganz bestimmten Marktbarometer. Als Basis gelten meist die großen Börsenindizes wie DAX, Euro Stoxx, Dow Jones, Nikkei und andere. Beispielsweise muss ein nach dem deutschen Aktienindex DAX ausgerichteter Fonds sein Sondervermögen lediglich dem Index entsprechend in die 30 einzelnen Aktien aufteilen. Jeder Wert geht nach seiner Marktkapitalisierung in die Berechnung ein. Der Fondsmanager muss sich an die gleiche prozentuale Zusammensetzung halten. Er wird lediglich bei Geldzuflüssen oder -abflüssen, Dividendenzahlungen oder bei Veränderungen der Indexzusammenstellung tätig. Eine teure Analyse von Unternehmen oder des wirtschaftlichen Umfeldes entfällt. Deshalb unterliegen Indexfonds in der Regel minimalen Kostensätzen. Trotzdem – aufgrund dieser, wenn auch geringen, internen Kosten und der gesetzlichen Vorlage der Liquiditätshaltung – kann der Fonds nie zu 100 Prozent investiert sein. Es ist ein Grund dafür, weshalb leichte Abweichungen zur tatsächlichen Marktentwicklung entstehen!

Positiv: Bei fallender Tendenz ist der Rückgang geringer.

Negativ: Bei steigender Tendenz geht dem Anteilsinhaber ein Teil des Anstieges verloren.

Falls Sie zu den Anlegern gehören, die sich mit der Wertentwicklung des Index zufrieden geben, kommt alternativ zum Fonds das Indexzertifikat in Frage. Da hierbei allerdings keine breit gestreuten Unternehmensbeteiligungen möglich sind, sondern lediglich ein Rückzahlungsversprechen des ausgebenden Instituts verbrieft ist, müssen Sie von einer dauerhaften Zahlungsfähigkeit des ausgebenden Instituts überzeugt sein. Eine ständige Überprüfung seiner Bonität ist ratsam. Dann dürfte sich das eine oder andere Indexzertifikat als die interessantere Indexvariante erweisen.

Kritiker von Indexprodukten sprechen von versteckten Risiken. Schließlich setzt sich langfristig an der Börse immer nur das kaufmännisch Sinnvolle durch. Erinnern Sie sich an Kostolanys Vergleich „Der Mann mit dem Hund", der für die Wirtschaft und die Börse steht? (Kapitel 7.1.2) Die Gefahr von Indexprodukten besteht in der simplen Nachbildung der Indizes. Hierbei wird nicht mehr nach den fundamentalen Ergebnissen eines Unternehmens gesucht. Hat es die entsprechende Marktkapitalisierung und Börsenumsätze, kommt es bzw. bleibt es im Index. Für den Börsenwert des Unternehmens spielen auf einmal nicht mehr die fundamentalen Daten die primäre Rolle, sondern die durch

Indexfonds getriebene Liquidität. Vor allem bei den bekannten, meist auf wenige Werte ausgerichteten Indizes findet eine immer stärkere Konzentration auf die Indexwerte statt. Wird ein Index neu gewichtet, werden die Aktien unabhängig vom Preis geordert. Diese Tatsache allein führt zu mehr oder weniger automatischen Überbewertungen. Bei den populären Indizes sprechen manche Untersuchungen von indexgetriebenen Überbewertungen, die mindestens 20 Prozent ausmachen. Die Gefahr einer Index-Blase wird latent.

Während eines sekundären Bärenmarktes entpuppen sich Indexfonds und/oder -zertifikate in jedem Fall als die schlechteste Anlagelösung. Braucht der Markt 15 oder gar 25 Jahre, bis der alte Indexhöchststand wieder erreicht wird, benötigt Ihr Indexprodukt genau gleich lang. Da die Anlagepolitik ein aktives Stockpicking nicht erlaubt, ist ein vorzeitiges Verlassen des „Tal der Tränen" nicht möglich.

Wollen Sie eine sinnvolle Investition tätigen, meiden Sie Indexprodukte und nehmen Sie sich die Zeit, um festzustellen, welche Fonds in der Lage sind, ihren Index kontinuierlich zu schlagen.

8. 3. 2. 7 Garantiefonds

CRK 3	0-8 %	+ 45 %	-10 %	- 20 %	5 Jahre	5 Jahre

Garantiefonds – ein Produkt, das extra für den deutschen Anleger geschaffen wurde!

Der Garantiefonds ist ein Aktienfonds, der mit einer Laufzeit ausgestattet ist. Gleichzeitig erhält der Anleger die Garantie, dass sein eingebrachtes Kapital, meist zu 100 Prozent, zum Fälligkeitstermin zurückbezahlt wird.

Na, das hört sich ja super an! Der Vorteil für Sie: Sie können an den Chancen der Aktienmärkte partizipieren und die Risiken ausschließen. Dieser scheinbare Vorteil hat Garantiefonds in Deutschland zu regelrechten Verkaufsrennern werden lassen.

Achtung! Garantien kosten Geld!
Garantiekosten trägt immer der Endverbraucher!

Um entscheiden zu können, wie interessant diese Fondsart tatsächlich ist, schauen wir uns an, wie das System Garantiefonds funktioniert.

Als Erstes muss die Garantie finanziert werden. Dabei wird eine Anlageform verwendet, die gewährleistet, dass am Ende der Laufzeit die Rückzahlung des eingesetzten Kapitals möglich ist. Wird hierfür beispielsweise eine abgezinste Anleihe verwendet, ist der größte Teil des Fondsguthabens für die Absicherung reserviert. Der Nachteil liegt auf der Hand: Da die Kursabsicherung Kapital bindet bzw. Kosten darstellt, kann bei einem Aufschwung nur zu einem Teil an den Kurssteigerungen partizipiert werden. Dieser Kostenfaktor schmälert die Renditechancen erheblich, sodass die eigentlichen Renditevorteile der Aktienanlage wieder verloren gehen. Die grundsätzliche Aussage lautet hierzu: Entweder Sie haben das System der Aktienanlage verstanden, dann können Sie auch auf den Garantiefonds verzichten. Oder Sie können die Schwankungen der Aktienmärkte mental nicht verkraften, dann dürfen Sie auch keinen Garantiefonds kaufen! Schließlich bezieht sich die Rückzahlungsgarantie nur auf den Ablauftermin! Da die Absicherung auf diesen festen Termin aufgebaut wird, können bei Verkäufen während der Laufzeit teilweise erhebliche Kursrisiken entstehen.

Die Praxis zeigt, dass Garantiefonds vor allem während Bärenmärkten vermehrt angeboten und nachgefragt werden. Im ersten Augenblick scheint dies auch sinnvoll. Sollte jedoch der Aktienmarkt – vor allem direkt nach Fondsauflage – nach unten tendieren, ist bei den meisten dieser Fondsangebote lediglich das Garantieergebnis, sprich die Rückzahlung Ihres eingezahlten Kapitals abzüglich des Ausgabeaufschlages zu erwarten. Da sind die folgenden Fondsarten als ertragreicher einzustufen.

8. 3. 3 Rentenfonds

Das Sondervermögen von Rentenfonds wird in festverzinsliche Wertpapiere investiert. Mit dem Kauf von festverzinslichen Wertpapieren leihen Sie dem Staat oder dem Unternehmen Ihr Geld. In einer festgelegten Frist erhalten Sie es zurück und bekommen während dieser Zeit eine feste und regelmäßige Zinszahlung. Man spricht in dem Zusammenhang von „Renten" und – weil Sie Ihr Geld verleihen – auch von Anleihen. Rentenfonds bestehen im Einzelnen aus (in Klammern sind die Schuldner, Emittenten genannt):

- Pfandbriefen (Hypothekenbanken),
- Kommunalobligationen (Kommunen),
- Banken-Inhaberschuldverschreibungen (Banken und Sparkassen),

➢ Bundesobligationen (Staat),
➢ Bundes-/Staatsanleihen (Staat),
➢ Länderanleihen (einzelne Bundesländer oder ausländische Staaten),
➢ Industrieanleihen (Industrieunternehmen).

Die einzelnen Emittenten geben auch Sonderformen aus. Dies sind:

➢ Anleihen mit variabler Verzinsung,
➢ Zerobonds (während der Laufzeit erfolgt keine Zinszahlung, die Zinsansprüche werden am Ende mit dem Kapital zurückbezahlt) und
➢ Geldmarktanlagen.

Als Anleger in festverzinslichen Wertpapieren sollten Sie wissen, wie zuverlässig Ihr Schuldner, der Emittent der Anleihe, ist. Sind die jährlichen Zinszahlungen und die Rückzahlung des Kapitals sicher? Oder muss hier mit Problemen gerechnet werden? Um dies besser beurteilen zu können, haben sich am Kapitalmarkt Bewertungsunternehmen etabliert. Die bekanntesten (Rating-)Agenturen sind Standard & Poor's und Moody's. Sie klassifizieren Qualität und Risiko in klar definierte Kategorien. Mit den Buchstabenkürzeln A bis D wird eine entsprechende Kennung vorgenommen. A steht für hohe Bonität und D für den möglichen Kapitalverlust. Die folgende Tabelle zeigt Ihnen die Feingliederung und ihre Erläuterung.

S&P	Moody's		Erläuterung
AAA	Aaa	Investmentgrade	**Beste Qualität.** Schuldner ist äußerst zuverlässig.
AA	Aa	Investmentgrade	**Hohe Qualität.** Zahlungsfähigkeit ist sehr gut.
A	A	Investmentgrade	**Gehobene mittlere Qualität.** Die Einlage ist angemessen gesichert.
BBB	Baa	Investmentgrade	**Mittlere Qualität.** Möglicherweise anfällig in Wirtschaftskrisen.
BB	Ba	Investmentgrade	**Moderate Qualität.** Möglicherweise anfällige Geschäftspolitik.
B	B	Investmentgrade	**Geringe Qualität.** Zahlungsfähigkeit langfristig sicher.
CCC	Caa	Junkbonds	**Niedrige Qualität.** Derzeit Gefahr des Zahlungsverzuges.
CC	Ca	Junkbonds	**Hoch spekulativ.** Oft in Zahlungsverzug.
C	C	Junkbonds	**Niedrigstes Rating.** Extrem geringe Aussicht auf Rückzahlung.
D		Junkbonds	**Ausfall.** Zahlungsunfähig oder in Konkurs.

Tabelle 12: Rating

Die nächste Tabelle zeigt Ihnen, wie hoch in der Zeit von 1982 bis 2001 die Wahrscheinlichkeit war, dass ein Anleihenemittent seinen Versprechungen nicht nachkam. Die Tabelle verdeutlicht das Risiko. Entscheiden

Sie sich beispielsweise für eine Anleihe mit der Schuldnerbonität „BB", liegt das Risiko, innerhalb der nächsten acht Jahre einen Totalausfall Ihres Kapitals zu erleben, bei 18,6 Prozent. Hierbei ist zu beachten, dass die Berechnungen während eines positiven Wirtschaftszyklus gemacht wurden. Wenn wir davon ausgehen, dass die folgenden 20 Jahre – nach Kondratieff – Abschwung und Flautenzyklen sind, müssen Sie sicher mit höheren Ausfallraten rechnen. Das wirklich sichere Anlageziel sollte sich auf Schuldnerqualitäten von AAA bis maximal BBB konzentrieren.

Rating	1 Jahr	4 Jahre	8 Jahre
AAA	0,0 %	0,1 %	0,5 %
AA	0,0 %	0,2 %	0,7 %
A	0,1 %	0,4 %	1,3 %
BBB	0,3 %	1,6 %	4,3 %
BB	1,3 %	9,4 %	18,6 %
B	6,7 %	25,5 %	36,8 %
CCC	28,8 %	48,8 %	57,1 %

Tabelle 13: Ausfallwahrscheinlichkeit bei den entsprechenden Ratings
Quelle: Standard & Poor's, kumulierte Ausfallraten von 1981 bis 2002

Je nach Schwerpunkt der Anlagepolitik kommt auch bei Rentenfonds das Grundprinzip der Investmentfondsidee zum Tragen: die Risikostreuung. Einige Beobachter des Kapitalmarktes sehen jedoch bei festverzinslichen Wertpapieren der höchsten Bonitätsstufen keinen Sinn, in Rentenfonds zu investieren. Sie argumentieren damit, dass die Direktanlage in diese Anleihen aufgrund der äußerst zuverlässigen Schuldnersituation den Rentenfonds vorgezogen werden sollte. Trotz dieses Argumentes ist etwa die Hälfte der deutschen Fondsanlagen in Rentenfonds investiert. Es dürften also andere Vorteile im Vordergrund stehen. Gute Fondsmanager nutzen Bewegungen am „Rentenmarkt" aus. Sie schichten die festverzinslichen Wertpapiere je nach Marktentwicklung um. Bei steigendem Zinsniveau wird die Durchschnittslaufzeit reduziert; wenn der Zinstrend fällt, werden lang laufende Anleihen gekauft. Hiermit sollen einerseits Kursverluste vermieden werden, und andererseits kommen zu den Zinserträgen noch Kursgewinne dazu (siehe Fall 10, Seite 117).

Der Fondsmanager nimmt dem Einzelanleger die Aufgabe ab, solche Marktschwankungen zu erkennen und dementsprechend zu disponieren. Allerdings sind dieser Aufgabe nicht alle aktiven Fondsmanager gewachsen. Deshalb sollte man auch bei Rentenfonds nicht jedes Angebot bedingungslos akzeptieren. Vertrauen Sie Ihr Geld nur Fondsmanagern an, die in der Vergangenheit bewiesen haben, dass sie ihr Geschäft verstehen!

Für den Rentenfonds sprechen weiterhin „die bequeme Anlageform" und die Möglichkeit der „regelmäßigen Entnahmepläne".

Anmerkung: Die größten Geldzuflüsse sind bei Rentenfonds fast immer in Zinstiefs zu beobachten. Alternative Zinsanlagen bieten zu diesem Zeitpunkt verhältnismäßig niedrige Zinserträge. Bei den Rentenfonds wird dann meist auf die durchschnittlich erzielten Renditen der Vergangenheit geschaut. Fälschlicherweise stellt sie dann die Basis für die zukünftige Renditeerwartung dar. Diese Erwartungshaltung wird dann fast immer enttäuscht. Schließlich ist die zu erwartende Rendite nur aus dem aktuellen Zinsniveau ableitbar.

8. 3. 3. 1 Internationale Rentenfonds (Basisinvestition)

CRK 2-3	5-10 %	+ 18 %	- 10 %	- 10 %	3 Jahre	3 Jahre

Wie der Aktienfonds stellt auch der internationale Rentenfonds eine Basisinvestition dar. Schließlich kann der Fondsmanager weltweit agieren. Zudem werden in vielen Ländern weitaus höhere Verzinsungen geboten als in Euroland. Da wir hier jedoch eine reine Geldwertanlage haben, kommen Währungsrisiken stärker zum Tragen. Anders als bei der Aktien-(Substanzwert)anlage können tendenziell fallende Währungen nicht durch sachwert(inflations)schützende Kurssteigerungen kompensiert werden! Wenn Sie Währungsrisiken gänzlich ausschließen wollen, sollten Sie in Rentenfonds investieren, die nur Anleihen in Euro berücksichtigen.

Beim internationalen Rentenfonds kommt dem Grundprinzip der Investmentfondsanlage, der Risikostreuung durch die Anlage in verschiedenen Währungen eine entscheidende Bedeutung zu. Ein erfolgreiches Fondsmanagement versteht es, nicht nur die Zinsdifferenzen zu Euroland, sondern auch die Währungsbewegungen zum Euro erfolgreich umzusetzen. Sie als Anleger profitieren dann von einer höheren Verzinsung und zusätzlichen Erträgen aus steuerfreien Währungsgewinnen.

8. 3. 3. 2 Rentenfonds in Euroland

CRK 2	4-8%	+ 15 %	- 5 %	- 5 %	3 Jahre	3 Jahre

Vor der Einführung des Euros zeigte der heimische Investmentsparer eine besondere Vorliebe für den deutsche Rentenfonds. Mit der Währungsunion entstand ein wesentlich größerer Anlagemarkt ohne Währungsrisiken. Anleger und Fondsmanager können bei der Suche nach einer „sicheren" Anlage auf zahlreiche Möglichkeiten zurückgreifen. Allerdings ist auch der auf Euroland begrenzte Rentenfonds bei kurzen Betrachtungszeiträumen nicht absolut sicher. Da er aus einer Vielzahl verschiedener festverzinslicher Wertpapiere besteht, gelten für ihn die gleichen Marktregeln wie für den Anleger einer einzelnen Anleihe. Für die Kurzfristrisiken lieferte das Jahr 1994 das extremste Beispiel seit über 50 Jahren!

Fall 10

IM JANUAR 1994 lag die durchschnittliche Umlaufrendite bei 5,5 Prozent. Ein rasanter Zinsanstieg in einem bis dahin noch nie da gewesenen Tempo führte zu einem Stand von 7,6 Prozent im Dezember 1994! Innerhalb von zwölf Monaten war das ein Zinsanstieg von 2,1 Prozent! Dies führte dazu, dass Anleihen mit sehr langen Laufzeiten von Januar bis Dezember bis zu 20 Prozent an Wert eingebüßt hatten. Das galt natürlich auch für alle Anleihen in einem Rentenfonds. Folglich konnten die angefallenen Zinserträge die Kursrückgänge der Anleihen nicht kompensieren, sodass der Preis der Fondsanteile sank.

Natürlich funktioniert es in die andere Richtung genauso. Anfang des Jahres 1995 sorgte die Wende am Zinsmarkt für tendenziell fallende Zinsen. Im Laufe des Jahres fiel die durchschnittliche Umlaufrendite von 7,6 wieder auf 5,5 Prozent. Entsprechend passten sich die Anleihenkurse wieder an. Käufer und Besitzer von Anleihen erzielten Zinserträge und hohe Kursgewinne.

Zum besseren Verständnis, warum Anleihen zum einen Verluste und zum anderen Gewinne einbringen können, sollen die obigen Zinsmarktentwicklungen anhand einer zehnjährigen Anleihe erläutert werden. Angenommen, Sie haben am 02.01.1994 eine zehnjährige Anleihe erworben, die neu auf den Markt kam. Bei einem damals aktuellen Marktzins von 5,5 Prozent war die Anleihe genau mit dem gleichen Nominalzins ausgestattet. Ein Anleihenkauf von 10.000 Euro Nennwert versprach Ihnen eine jährliche Zinsgutschrift von 550 Euro und nach zehn Jahren eine Rückzahlung des Nennwertes von 10.000 Euro. Der Nennwert und der

Kurswert waren zu diesem Zeitpunkt identisch. Der Anleihenkurs lag bei 100 Prozent.

Nominalwert	Zinskupon	Anleihenbezeichnung	Restlaufzeit	Anleihenkurs	Kurswert
10.000 €	5,5%	Anleihe 1994/2004	10 Jahre	100 %	10.000 €

Ein Jahr später, Sie hatten immer noch Ihre 5,5%ige Anleihe im Depot, mussten Sie Ende Dezember 1994 über dieses Geld verfügen. Über die Börse ist es leicht, einen Käufer zu finden. Nachdem der Marktzins jetzt bei 7,6 Prozent lag, könnte der Käufer allerdings auch eine Neuemission erwerben. Deren Nominalzins entspräche dann wieder dem Marktzins, wäre also mit einem Zinskupon von 7,6 Prozent ausgestattet. Jetzt argumentiert der Käufer Ihrer Anleihe wie folgt: Für die Bereitschaft, keine Neuemission (mit einem Zinskupon von 7,6 Prozent) zu kaufen, sondern Ihre 5,5-Prozent-Anleihe zu erwerben, verzichtet er auf einen jährlichen Mehrertrag von 2,1 Prozent (Differenz zwischen aktuellem Marktzins (7,6 Prozent) und Ihrem Zinskupon (5,5 Prozent)), und zwar über insgesamt neun Jahre Restlaufzeit. Hierfür möchte er einen Ausgleich haben. Da der Zinskupon fixiert ist, kann der Ausgleich nur über die Variable der Anleihe, den Anleihenkurs, stattfinden. Die Differenz zwischen dem Zinskupon Ihrer Anleihe und dem Marktzins berechnet über die gesamte Restlaufzeit beträgt 2,1 Prozent x 9 Jahre = 18,9 Prozent weniger Zinsertrag. Der Anleihenkurs steht also nicht mehr bei 100 Prozent, sondern (100 – 18,9) bei 81,1 Prozent!

Nominalwert	Zinskupon	Anleihenbezeichnung	Restlaufzeit	Anleihenkurs	Kurswert
10.000 €	5,5%	Anleihe 1994/2004	9 Jahre*	81,1%*	8.110 €

*Hinweis: Zu den realen Zahlen weisen meine Ausführungen leichte Abweichungen auf. Vor allem die Rentenprofis unter Ihnen mögen mir verzeihen, dass Faktoren, die meine Ausführungen komplizierter gestalten, als es für die Verdeutlichung der Kursrisiken und -chancen in der Welt der Rentenanlage notwendig ist, unberücksichtigt bleiben.

Fazit: Die vermeintlich sichere Rentenanlage erzielte auf Jahressicht einen Verlust von 13,4 Prozent (5,5 Prozent Zinsertrag minus 18,9 Prozent Kursrückgang).

Wo es Risiken gibt, gibt es aber auch Chancen. Sie erinnern sich? Bis zum Ende des Jahres 1995 fiel der Marktzins wieder auf 5,5 Prozent. Zinskupon und Marktzins hatten sich wieder angeglichen. Somit stieg der Anleihenkurs wieder auf 100 Prozent.

Nominalwert	Zinskupon	Anleihenbezeichnung	Restlaufzeit	Anleihenkurs	Kurswert
10.000 €	5,5%	Anleihe 1994/2004	8 Jahre*	100%	10.000 €

Auf Jahressicht setzt sich der Gesamtertrag jetzt aus der Verzinsung (5,5 Prozent) und einem Kursgewinn (18,9 Prozent*) zusammen.

Wenn man die Risikophase etwas genauer analysiert, lässt sich auch feststellen, in welchem Baustein bei der Rentenanlage die Chancen und die Risiken stecken. Die Differenz zwischen Zinskupon und Marktzins wird mit der Restlaufzeit multipliziert! Je länger die Restlaufzeit ist, desto größer sind der Multiplikator und die Chancen bzw. Risiken. Gute Rentenmanager optimieren die Fondserträge, indem sie Zinstrends mit dem Baustein Restlaufzeit berücksichtigen. Bei tendenziell fallenden Zinsen werden Anleihen mit langen Restlaufzeiten gekauft. Bei steigenden Zinsen wird auf Anleihen mit kurzen Laufzeiten gesetzt. So weit die Theorie – diese Flexibilität bzw. die Analysefähigkeit Zinstrend korrekt zu erkennen und die Restlaufzeiten der Anleihen entsprechend anzupassen ist extrem schwierig und wird von den meisten Rentenmanagern nicht erfolgreich praktiziert. Dazu kommt, dass die großen Zyklen der Zinstrends mit hoher Wahrscheinlichkeit in den Jahren 2005 bis 2007 eine langfristige Zinswende eingeleitet haben bzw. einleiten. Damit dürfte für die Rentenfondsmanager eine wesentlich schwierigere Phase angebrochen sein, schließlich hat der Zyklus tendenziell fallender Zinsen und damit, die Chancen der Rentenanlage zu optimieren – zu Zinserträgen auch Kursgewinne zu generieren –, über insgesamt 25 Jahre angehalten. Die Wahrscheinlichkeit eines längeren Zyklus mit steigenden Zinsen hat jedenfalls stark zugenommen. Wenn Sie die oben aufgezeigten Risiken ganz vermeiden wollen, sollten Sie sich auf Rentenfonds konzentrieren, die kurzlaufende Anleihen favorisieren.

8. 3. 3. 3 Rentenländerfonds

Bei dieser Fondsart wird das zur Verfügung stehende Kapital in festverzinsliche Wertpapiere eines bestimmten Landes bzw. dessen Währung investiert. Der Investmentsparer hat die Möglichkeit,

- eine höhere Verzinsung zu erzielen als in Euro, und akzeptiert dafür das Risiko der Währung,
- auf die gewünschte Währung zu setzen und gleichzeitig eine Verzinsung zu erhalten.

➢ Schließlich kann das Bonitätsrisiko eines Emittenten, welches beim Kauf einer einzelnen Währungsanleihe sehr hoch sein kann, durch das Fondsprinzip praktisch auf null gesetzt werden.

In guten Börsenjahren kommt zum Zinsertrag noch ein Währungsgewinn. Wenn das Fondsmanagement extreme Währungsrückschläge jedoch nicht erkennt, können Währungsverluste die Zinserträge bei weitem übersteigen. Chance und Risiko liegen wieder nah beieinander.

Bei weitsichtigeren Anlegern konnte man ab dem Frühjahr 1995 feststellen, dass die Höhe der Verzinsung zweitrangig war. Damals stellte vielmehr der näher rückende Zeitpunkt der europäischen Währung die Grundlage für eine Anlageentscheidung in Rentenländerfonds dar. Anleger, die den Zwangsumtausch der D-Mark in den Euro nicht wollten, suchten sich Alternativen zur D-Mark. Damals zog beispielsweise die Nachfrage nach Rentenländerfonds auf Basis von Schweizer Franken und US-Dollar an.

In den meisten Praxisfällen will man die Währungschancen mit der Sicherheit einer Fondsanlage kombinieren. Eine Dauerinvestition ist der Rentenländerfonds im Normalfall nicht.

8. 3. 3. 4 High-Yield-Fonds (Junkbond-Fonds)

CRK 3-4	7-10 %	+ 25 %	-25 %	- 30 %	7 Jahre	10 Jahre

High-Yield-Fonds investieren in Anleihen mit einer niedrigen Bonitätseinstufung. Prinzipiell sind die Hochzinsanleihen ein interessantes Anlagemedium. Aufgrund der erhöhten Zins- und Rückzahlungsrisiken (siehe **Tabelle 9**, Kapitel 8.3.3) müssen die Schuldner wesentlich höhere Zinsen bezahlen, als dies bei Anleihen mit höchster Bonität der Fall ist. Attraktive Zinschancen haben dazu geführt, dass die Nachfrage nach Hochzinsanleihen kontinuierlich steigt. Merken Sie sich: Wenn viele etwas tun, heißt es nicht unbedingt, dass sie richtig handeln! Im Bereich der Industrieanleihen wird es nach wie vor Unternehmen geben, die unter ihrer aufgetürmten Schuldenlast zusammenbrechen. Was die Staatsanleihen betrifft, so muss die gängige Meinung, dass es bei Anleihen, die der Privatanleger zeichnen konnte, noch nie einen Ausfall gegeben hat, seit der Staatspleite von Argentinien korrigiert werden. Der Bann ist gebrochen, und die expotentielle Entwicklung einzelner Staatsschulden legt die Vermutung nahe, dass Argentinien kein Einzelfall bleibt. Das Risiko, mit High-Yields Geld zu verlieren, ist klar erkennbar. Hier ist die Fondsanlage geradezu dafür prädestiniert, die Gefahren zu streuen und zu reduzieren. Überraschende Finanzkrisen in den Schwellenländern oder unsichere Zukunftsperspektiven für Unternehmen führen jedoch zu hohen Schwankungen bei den High-Yield-Fonds. Im Extremfall können zwischenzeitliche Rückschläge Ausmaße annehmen, die Sie sonst nur von Aktienfonds kennen. Stellen Sie sich mental darauf ein.

8. 3. 3. 5 Corporate-Bond-Fonds

CRK 3-4	6-9 %	+ 25 %	-20 %	- 25 %	7 Jahre	10 Jahre

Corporate-Bond-Fonds investieren in Anleihen von Industrieunternehmen. Die Renditeaufschläge (Spread), welche Unternehmen im Vergleich zu erstklassigen Staatsanleihen bezahlen müssen, lässt immer mehr Anleger die Anlage in Firmenanleihen überlegen. Sollte die Firma jedoch Pleite gehen, ereilt Sie das Risiko eines jeden Aktionärs. Trotz Besitz einer Anleihe droht der Totalverlust. Um die Chancen von Industrieanleihen – bei kalkulierbarem Risiko – nutzen zu können, empfiehlt es sich, in jedem Fall die Fondslösung dem Direktinvestment vorzuziehen.

8. 3. 3. 6 Rentenfonds für bestimmte Laufzeiten

Lang laufende Anleihen

CRK 3	5-8 %	+ 25 %	- 15 %	- 15 %	10 Jahre	10 Jahre

Kurz laufende Anleihen

CRK 2	3-5 %	+ 7 %	± 0 %	± 0 %	2 Jahre	2 Jahre

Hierbei handelt es sich um Rentenfonds, die in Anleihen bestimmter Laufzeiten investieren. Gemeint sind beispielsweise Restlaufzeiten von mindestens zehn oder mehr Jahren. Es ist wie bei allen Fondsspezialisierungen ein Produkt, das den ursprünglichen Fondsgedanken in Frage stellt. Die Aufgabe des Fondsmanagements, die Laufzeiten der Anleihen zu variieren, lang laufende Anleihen zu kaufen, bevor die Renditen sinken, und in Kurzläufer zu wechseln, wenn die Gefahr des Zinsanstiegs droht, sollen Sie hierbei selbst übernehmen und sich über den Zinstrend im Klaren sein.

Ein Fonds für „Besserwisser"! Wenn die eigene Einschätzung stimmt, dürfte die Direktanlage das bessere Ergebnis erzielen!

Da es ganz von Ihnen abhängig ist, ob Sie Fonds mit langen Laufzeiten oder mit der Schwerpunktanlage Anleihen mit kurzen Laufzeiten erwerben, können Sie sich gleich für Bundesanleihen mit der entsprechenden Restlaufzeit entscheiden. Durch die Verwahrung in Bad Homburg bei der Bundesschuldenverwaltung sparen Sie den Ausgabeaufschlag, die Depot- und Verwaltungsgebühren. Daher erscheinen Rentenfonds, die nur in Anleihen mit bestimmten Restlaufzeiten investieren, nicht sehr sinnvoll.

8. 3. 3. 7 Laufzeitfonds

Die normale Form der Rentenfonds hat keine Laufzeitbegrenzung. Bei Auflegung von Laufzeitfonds wird von den Kapitalanlagegesellschaften ein Fälligkeitstermin festgelegt. Die gesamten Anlagen, die der Fondsmanager dabei vornimmt, sind auf diesen Auslauftermin fixiert.

Die Zeichnung bzw. der Kauf von Anteilen ist jeweils nur über einen bestimmten Zeitraum (etwa acht bis zwölf Wochen) möglich. Die Erträge werden thesauriert, das heißt am Ende der Laufzeit werden Zins und Zinseszins ausbezahlt.

Die Restlaufzeit der in den Laufzeitfonds gekauften Wertpapiere ist mit dem Ablaufdatum identisch. Da die festverzinslichen Wertpapiere zum Ablauf zu 100 Prozent zurückbezahlt werden, gibt es nur sehr geringe Kursrisiken. Diese kommen nur zum Tragen, wenn während der Laufzeit Anteile zurückgegeben werden.

Hat der Anleger denselben Zeithorizont, der durch die Anlagedauer vorgeschrieben ist, muss er selbst keine passenden Alternativen suchen und sich nicht um die Wiederanlage der Erträge kümmern – also durchaus eine bequeme Alternative zur Einzelanlage! Dies ist allerdings der einzige Punkt, der für Laufzeitfonds spricht. Ansonsten gelten die Ausführungen zur Direktanlage im letzten Absatz von Kapitel 8.3.3.5.

8. 3. 3. 8 Rentenfonds, Wandelanleihen

CRK 2-3	6-9 %	+ 15 %	- 5 %	- 15 %	4 Jahre	10 Jahre

Wandelanleihenfonds bilden eine eher seltene Kategorie in der Fondsbranche. Vielleicht liegt dies an der etwas undurchsichtigen Grundlage. Die Bausteine, Wandel- und Optionsanleihen, mit denen die Erträge und Kapitalzuwächse erzielt werden, lassen sich nicht so einfach zuordnen; es ist eine Mischung aus Rente und Aktie. Sie besitzen die Sicherheit eines festverzinslichen Wertpapiers und partizipieren trotzdem an positiven Aktienmarkttendenzen.

Grundsätzlich handelt es sich um Industrieanleihen mit einem festen Zins. Am Ende der Laufzeit werden die Anleihen zu 100 Prozent zurückbezahlt. Das Besondere dabei ist das anhängende Wandelrecht, ein Recht, die Anleihe zu einem festgelegten Basispreis in Aktien des Unternehmens zu wandeln. Bei fallenden Aktienkursen begrenzt der Wert der Anleihe das Risiko nach unten. Steigt der Kurs der Aktie, erhöht sich der Wert des Wandelrechts. Der Kurs der Wandelanleihe zieht gleichfalls nach oben. Trotz eines interessanten Chance-Risiko-Verhältnisses in Hausse- und Baissephasen-bewährten Entwicklungen ist der große Durchbruch bei Wandelanleihefonds bisher ausgeblieben.

8. 3. 3. 9 Fonds mit Fokus inflationsgeschützte Anleihen

CRK 2	4-8 %	+ 15 %	- 5 %	- 10 %	3 Jahre	3 Jahre

Seit Jahrzehnten ist eine ständige Inflation festzustellen, das heißt die Kaufkraft einer jeden Währung nimmt im Zeitverlauf kontinuierlich ab. Ein Anleger, der sein Geld zu einem Prozent verzinst in Form eines Sparbuches angelegt hat, verliert demnach bei einer Inflation höher ein Prozent real Kaufkraft.

Eine inflationsgeschützte Anleihe, im Englischen spricht man von ‚Inflation-linked Bond' oder auch ‚Linker', bietet einem Investor Schutz gegenüber dem Inflationsrisiko. Typische Vertreter diesen Anleihentyps passen das Nominal oder den Zinssatz nach einer vordefinierten Periode einem Inflationsindex an. Ein Beispiel: Ein Zwei-Prozent-Kupon steigt bei zwei Prozent Inflation auf 2,04 Prozent, der Nominalwert von 100 auf 102. Der Rückgabepreis am Ende der Laufzeit hat sich also um die jährliche Inflation erhöht und entspricht somit der gleichen Kaufkraft wie der Ausgabepreis bei Emission der Anleihe. Bei fortschreitender Inflation steigt die Zinsausschüttung kontinuierlich an, wobei bei Deflation – also einer Phase steigender Kaufkraft – diese auch fallen kann. Staaten geben inflationsgeschützte Anleihen heraus, wenn sie mit langfristig niedrigen Inflationsraten rechnen und ihre internationale Bonität steigern oder erhalten wollen, um Zinskosten zu sparen. Nachdem England, die USA, Frankreich und andere Länder schon seit Jahren solche Anleihen emittieren, hat 2006 auch Deutschland die erste inflationsgeschützte Anleihe begeben. Auch Unternehmen folgen verstärkt diesem Beispiel.

Fonds mit dem Fokus auf inflationsgeschützte Anleihen investieren folglich in solche Anleihen und sind insbesondere dann interessant, wenn aufgrund starken Geldmengenwachstums durch hohes Kreditwachstums das Inflationspotenzial angeheizt wird. Die Hauptaufgabe des Fonds-Managements besteht darin, kommende Preissteigerungen korrekt einzuschätzen und frühzeitig in entsprechende Papiere zu investieren.

Auch wenn es sich bei dieser Fondsanlage grundsätzlich um ein defensives Investment handelt und sich Schwankungen in Grenzen halten sollten, ist es keineswegs eine risikolose Anlage. Im Falle steigender Zinsen können auch inflationsgeschützte Anleihen Kursabschläge erleiden, was entsprechend auch für den in sie investierten Fonds gilt. Ein Anleger sollte zudem prüfen, ob Währungsrisiken bestehen oder ob diese mittels Termingeschäften abgesichert werden. Fonds mit Fokus auf inflationsgeschützte Anleihen stellen jedoch einen sinnvollen Baustein zur Portfoliodiversifizierung dar – insbesondere, wie dargestellt, in Zeiten hoher Inflation.

8. 3. 3. 10 Geldmarktfonds

Die Alternative zu Sparbuch und Festgeld!

Das Sparbuch hat durch die Einführung des Geldmarktfonds an Bedeutung verloren. So wie dieses früher für den Notgroschen bzw. als eiserne Reserve benutzt wurde, gehört heute der Geldmarktfonds in jeden Haushalt!

CRK 1	abhängig vom Geldmarkt	+ 8 %	+ 2 %	+ 2 %	0 Jahre	0 Jahre

Das im Geldmarktfonds zur Verfügung stehende Kapital wird ausschließlich in kurzfristige Geldmarktanlagen investiert. Durch die Anlage in Tages- und kurzfristige Termingelder sowie festverzinsliche Wertpapiere mit sehr kurzen Restlaufzeiten entstehen keinerlei Kursrisiken. Das investierte Kapital bleibt also stets erhalten und erhöht sich täglich durch die Zinserträge, die sich an dem Drei-Monats-Geld-Satz Euribor orientieren.

Dadurch, dass innerhalb des Sondervermögens Millionenbeträge zur Verfügung stehen, erzielen die Fondsmanager die gleichen Renditen, wie sie im Handel unter Banken üblich sind. Die Gewinnspanne der Bank, die bei den Kundenrenditen auf die Erträge der Festgeld- und Sparbuchanlage drückt, steht innerhalb des Sondervermögens des Geldmarktfonds den einzelnen Anteilsinhabern zur Verfügung. Dieser erzielt daher trotz der Managementgebühr höhere Renditen als das Festgeld oder das Sparbuch.

Bei Geldmarktfonds, die in Euro anlegen, sind die Managementgebühren (Kapitel 10.2.1.1) zu beachten. Fondsmanager haben bei dieser Fondsart keinen Handlungsspielraum. Der Geldmarktsatz ist in ganz Euroland identisch. Interne Kosten drücken daher auf die erzielbare Rendite.

Einige ausländische Investmentgesellschaften bieten schon ab Anlagesummen von 1.000 Euro die Führung eines Geldmarktfondskontos, sodass die Mindestanlage kein Hinderungsgrund mehr für die Optimierung der Kurzfristanlagen darstellt.

8. 3. 4 Mischfonds

Klassische Mischfonds

CRK 3	8-10%	+ 45 %	- 30 %	- 50 %	5 Jahre	20 Jahre

Mischfonds investieren die Anlagegelder in Aktien und Rentenpapiere. Die klassische Mischfondskonzeption hat einen vermögensverwaltenden Charakter. Je nach Börsensituation variieren die Anlageschwerpunkte. Das Verhältnis zwischen Aktien und Renten wird frei gewählt und entsprechend der Markteinschätzung des Fondsmanagements gewichtet.

Im optimalen Fall gelingt es dem Fondsmanagement, gegen Ende einer Baissephase den Aktienanteil zu erhöhen, um an den folgenden Kursanstiegen überproportional zu profitieren und fast am Hochpunkt den Rentenanteil zu vergrößern, damit die Rückschläge geringer ausfallen als in einem reinen Aktienportfolio. Die Mischung kombiniert also die Sicherheit mit den Gewinnchancen. Aufgrund des Timing-Problems

(Kapitel 15) werden langfristig Erträge erzielt, die zwischen denen von Renten- und Aktienfonds liegen. Gleichzeitig sind die Wertschwankungen geringer als bei reinen Aktienfonds. Über den klassischen Mischfonds hinaus wurden in den letzten Jahren immer häufiger Portfoliofonds aufgelegt. Dabei wird nicht frei und völlig variabel zwischen Aktien und Renten gewählt, sondern eine klar definierte Aufteilung vorgenommen. Je nach Anlegermentalität gibt es verschiedene Strategien:

- Defensiv oder Income — je nach KAG, 25 % bis 30 % Aktien, Rest Renten
- Ausgewogen, o. a. Balanced — je nach KAG, 40 % bis 60 % Aktien, Rest Renten
- Aggressiv, o. a. Growth — je nach KAG, 75 % bis 90 % Aktien, Rest Renten

8. 3. 5 Dachfonds (Fund of Funds)

Die Kundengelder werden innerhalb eines Dachfonds ausschließlich in bereits bestehende Investmentfonds (Zielfonds) investiert. Daraus resultiert der Begriff „Fund of Funds".

Um eine gesunde Vermögensstruktur aufbauen zu können, ist die Investition in einen Fonds nicht ausreichend. Wenn aber nicht genügend Anlagemittel zur Verfügung stehen, um eine Streuung auf verschiedene Fonds vornehmen zu können, stellt der Dachfonds eine optimale Lösung dar. Das Geld muss auf mindestens sechs Zielfonds verteilt werden. Damit erreichen Sie bereits mit kleinen Anlagebeträgen eine optimale Risikostreuung. Als Käufer der Zielfonds verfügt der Dachfonds über einen institutionellen Charakter, gleichsam einen Bankencharakter. Und untereinander sind Banken bei der Gebührenberechnung zurückhaltend. Deshalb können die in Deutschland registrierten und zum Vertrieb zugelassenen Dachfonds in ihre Zielfonds ohne Ausgabeaufschlag investieren. Damit braucht ein Dachfondsmanager aus Kostengründen nie darauf zu verzichten, in einen erfolgreicheren Fonds zu wechseln. Auch aus steuerlicher Sicht muss auf einen sinnvollen Fondstausch nicht verzichtet werden. Die zwölfmonatige Veräußerungsfrist muss nämlich nur von Ihnen als Inhaber von Dachfondsanteilen eingehalten werden. Käufe und Verkäufe innerhalb des Dachfonds, gleich in welcher Frist, spielen steuerlich keine Rolle.

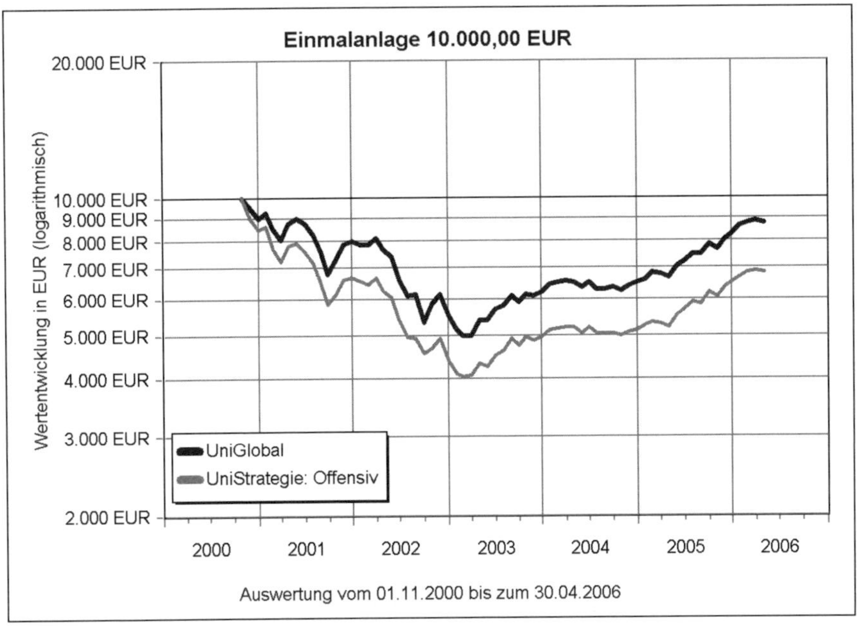

Grafik 44: Vergleich zwischen Dachfonds und internationalen Aktienfonds einer KAG

Quelle: FVBS

Eine ganze Reihe von Fondsgesellschaften hat Dachfonds aufgelegt, in denen nur die von ihnen selbst aufgelegten Zielfonds enthalten sind. Solche Dachfonds bieten keine Alternative zu international anlegenden Aktienfonds derselben Gesellschaft. Da in allen Zielfonds mit der gleichen Analysearbeit die Aktienauswahl getätigt wird, kann keine gesündere Vermögensstruktur als beim reinen internationalen Aktienfonds der gleichen Fondsgesellschaft entstehen. Die Tatsache der insgesamt höheren Kostenbelastung wird damit nicht gerechtfertigt!

Um die Vorteile eines Dachfonds optimal nutzen zu können, muss das Fondsmanagement auf alle Zielfonds, die in Deutschland registriert und zum Vertrieb zugelassen sind, zurückgreifen können. Nur das Zusammenfügen unterschiedlicher, mit jeweils anderen Strategien erfolgreicher Zielfonds führt zu einer Optimierung Ihrer Vermögensstruktur.

Kritiker der Dachfonds monieren vor allem die Kostenseite. Die Zielfonds werden ja bereits mit Managementgebühren (siehe Kapitel 10.2.1) belastet. Dasselbe wird im Dachfonds noch einmal berechnet! Deshalb investieren Sie nur in Dachfonds, die mit den Zielfondsgesellschaften vereinbart haben, dass ein Teil dieser Gebühren aus den Zielfonds in den

Dachfonds zurückfließt. Nur dann ist dieser Nachteil in Verbindung mit den folgenden Argumenten für Dachfonds akzeptabel:

- ein Fonds und trotzdem eine breite Streuung in exzellente Zielfonds,
- kleinere Spar- oder Entnahmepläne bei breiter Streuung möglich,
- beim Tausch von Zielfonds innerhalb der Veräußerungsfrist entsteht keine Steuerpflicht,
- ein Kontoeröffnungsantrag,
- ein Kontoauszug,
- ein Verkaufsprospekt,
- ein Rechenschaftsbericht,
- eine Kursnotierung und
- eine Steuermitteilung.

Die Streuung auf exzellente Zielfonds bezweckt primär eine gesündere Vermögensstruktur. Ein Dachfonds kann nie eine bessere Performance erreichen als die besten Zielfonds, in die er investiert hat.

8. 3. 6 Offene Immobilienfonds (Basisinvestition)

„Mit offenen Immobilienfonds hat der Gesetzgeber die Quadratur des Kreises zugelassen: Immobilien, die täglich verfügbar sind."

CRK 2	4-6 %	+ 11 %	+ 3 %	+ 1 %	5 Jahre	10 Jahre

Bei den offenen Immobilienfonds wird das zur Verfügung stehende Kapital in Immobilien investiert, und der Anleger kann trotz der illiquiden Sachwertanlage seine Fondsanteile täglich zum Nettoinventarwert zurückgeben.

Der täglich mögliche Verkauf einer Immobilieninvestition zu einem täglich veröffentlichten Verkaufspreis – die „Quadratur des Kreises". Bis zur 3. Auflage dieses Buches konnte ich lediglich auf die so genannten „Katastrophenschutzklauseln" (siehe Kapitel 8.3.6.1) hinweisen und die Tatsache erwähnen, dass seit Auflage des ersten offenen Immobilienfonds (1959) immer eine Rückgabe der Fondsanteile möglich war. Die schnelle Liquidierbarkeit und ihr kontinuierlicher Kursverlauf hat die offenen Immobilienfonds zu den Publikumslieblingen der deutschen Fonds werden lassen. Dies galt bis zum Dezember 2005. Damals teilte die Deutsche

Bank mit, dass der „grundbesitz-invest“ vor einer Neubewertung der Immobilien stehe und aufgrund der hohen Mittelabflüsse (Verkäufe von Fondsanteilen) geschlossen werde. Die Möglichkeit, Anteile zu verkaufen, wurde für drei Monate ausgesetzt. Damit hatte niemand in der Branche gerechnet, entsprechend groß war die Verunsicherung. Fast alle offenen Immobilienfonds hatten daraufhin hohe Mittelabflüsse. Kombiniert mit einer Verkaufsempfehlung der Ratingfirma Scope musste kurze Zeit später (Januar 2006) KanAm seine beiden Fonds „KanAm grundinvest“ und „KanAm US-Grundinvest“ wegen Liquiditätsproblemen schließen. KanAm konnte zwar durch ein gutes Krisenmanagement seine Fonds bereits vor Ablauf der Dreimonatsfrist wieder öffnen, aber die erstmalige Schließung von offenen Immobilienfonds hatte ihre Kritiker bestätigt. Sie stellten damit die Daseinsberechtigung der offenen Immobilienfonds in Frage und forderten, ganz auf Reits (siehe Kapitel 8.3.6.2) umzustellen. Wer die beiden Fondsarten miteinander vergleicht, wird allerdings schnell feststellen, dass es sich um zwei völlig unterschiedliche Anlage- und Chance-Risiko-Konzepte handelt. Beide haben ihre Daseinsberechtigung, und insbesondere offene Immobilienfonds stellen – nach wie vor – eine Basisinvestition in den Depots der Anleger dar.

Die Fondsmanager offener Immobilienfonds investieren schwerpunktmäßig in Büro- und Handelsimmobilien. Die kleinen Anteile an Wohnungen resultieren aus den Auflagen, die von den Behörden gemacht werden, denen die Standorte unterstehen. Gewerbeimmobilien werden bevorzugt, da sie ein wesentlich besseres Preis-Ertrags-Verhältnis bieten und weniger Verwaltungsaufwand mit sich bringen.

Ausgesucht werden nur die besten Lagen, sodass stets eine optimale Vermietung gewährleistet wird. Lediglich die Fonds, die sich nur auf deutsche Immobilien konzentrieren, hatten in den letzten Jahren mit der Vermietung zu kämpfen. Offene Immobilienfonds mit Anlageschwerpunkte in Europa bzw. weltweit weisen Vermietungsquoten von 90 bis 99 Prozent auf. Die geringen Leerstände resultieren meist aus Renovierungs- bzw. Modernisierungsarbeiten, die in diesen Zeiträumen eine Vermietung nicht zulassen.

Die Erträge werden aus Mieteinnahmen, Wertveränderungen der Bestandsimmobilien und Zinsen aus der in Renten- und Geldmarktanlagen gehaltenen Liquidität erzielt.

Die Vorteile eines offenen Immobilienfonds sind:

- Sie erwerben eine sehr bequeme Immobilienanlage.
- Sie haben keinerlei Verwaltungsaufwand.
- Sie haben keine Probleme mit Mietern oder Hausverwaltungen.
- Sie partizipieren an einer sicheren Sachwertanlage!
- Im Vergleich zu einer selbst vermieteten Wohnimmobilie erwerben Sie durch die indexierten Mietverträge auch tatsächlich einen Inflationsschutz!
- Die steuerlichen Vorteile eines direkten Immobilienkaufs kommen Ihnen durch einen insgesamt geringen steuerpflichtigen Anteil des Fondsertrages zugute.
- Sie haben trotz einer Immobilienanlage eine tägliche Verfügbarkeit.
- Sie gehen keinerlei Standortrisiken ein.
- Ihr Immobilienvermögen verteilt sich auf eine Vielzahl von Immobilien.

Damit die Fondsgesellschaften bei der Preisfeststellung des Inventarwertes für den Wert ihrer Immobilien nicht irgendwelche „Mondpreise" aus der Luft zaubern, muss die Bundesanstalt für Finanzdienstleistungsaufsicht einem Sachverständigenausschuss zustimmen. Dieser hat die Aufgabe, die Immobilienwerte nach dem Ertragswertverfahren zu ermitteln und damit bei der Wertermittlung des gesamten Fondsvolumens zu berücksichtigen.

Die Ausgabeaufschläge von offenen Immobilienfonds liegen in der Regel bei fünf Prozent. Um diese Kosten zu erwirtschaften, braucht es einige Zeit. Daher ist der Kauf von Immobilienfonds vor allem bei Anlagehorizonten von mindestens fünf Jahren interessant. Für den Aufbau einer gesunden Vermögensstruktur ist er ein wesentlicher Baustein.

Da es in der Praxis immer wieder zu Fragen im Zusammenhang mit geschlossenen Immobilienfonds kommt, geht **Tabelle 14** auf die wichtigsten Unterschiede ein.

Offene Immobilienfonds	Geschlossene Immobilienfonds
Jederzeitige Rückgabemöglichkeit	Keine Rücknahmeverpflichtung
Rückgabe zum Tagespreis	Keine verbindliche Rücknahmepreise, in der Regel sind Verkäufe nur möglich, wenn Sie selbst einen Käufer haben.
Wertzuwachs	Risiko des Veräußerungsverlustes durch hohe Einstandspreise
Viele Objekte, breite Standortstreuung	Ein Objekt bzw. wenige Objekte
Einkünfte aus Kapitalvermögen	Einkünfte aus Vermietung und Verpachtung
Steuervorteile durch hohe steuerfreie Anteile des Gesamtertrages	Steuervorteile durch direkte Verlustzuweisung
Gesetzlich geschützt und kontrolliert	Kein gesetzlicher Schutz. Ein Produkt des grauen Kapitalmarktes

Tabelle 14: Die wichtigsten Unterschiede zwischen offenen und geschlossenen Immobilienfonds.

8. 3. 6. 1 „Katastrophenschutzklauseln"

Bis zur 3. Buchausgabe hatte ich an dieser Stelle geschrieben:
„Kritiker des offenen Immobilienfonds behaupten, das Konzept der täglichen Liquidität könnte während einer Immobilienrezession zusammenbrechen. Die so genannten ‚Katastrophenklauseln' könnten zur Aussetzung der Rücknahmeverpflichtung führen."

Mit den drei Fondsschließungen – von 35 offenen Immobilienfonds – um den Jahreswechsel 2005/2006 wurden diese Kritiker nach 46 Jahren bestätigt. Die Fondsbranche hat daraus gelernt und neue Regeln aufgenommen, um weitere Fondsschließungen zu vermeiden. Da dieses „Liquiditätsrisiko" theoretisch aber erhalten bleibt, möchte ich die Klauseln „Rücknahmeaufschub" und „Kreditaufnahme" weiterhin dokumentieren.

Sollten in extremen Fällen die liquiden Mitteln wie Bankguthaben und die Erlöse aus Verkäufen von Geldmarktpapieren und Wertpapieren für die Rücknahme von Fondsanteilen nicht ausreichen, kann die Fondsgesellschaft die Rücknahme mit einer Frist von drei Monaten verweigern. Reichen nach Ablauf dieser drei Monate die liquiden Mittel für die Rücknahme nicht aus, so sind Liegenschaften (Grundstücke und Gebäude) des Sondervermögens zu veräußern.

Bis zum Verkauf der Liegenschaften zu angemessenen Bedingungen, längstens jedoch zwei Jahre nach Vorlage des Anteilsscheines zur Rücknahme, kann die Fondsgesellschaft die Rücknahme verweigern. Nach Ablauf dieser Zweijahresfrist kann die Fondsgesellschaft Liegenschaften beleihen, um die Mittel zur Rücknahme der Anteilscheine zu beschaffen.

Belastungen durch Kreditaufnahme dürfen insgesamt 50 Prozent des Verkehrswertes der im Sondervermögen befindlichen Liegenschaften nicht überschreiten.

Um das Risiko des Rücknahmeaufschubs zu vermeiden, schreibt das InvG den Grundstücksondervermögen vor, dass mindestens fünf Prozent in Guthaben mit einer Kündigungsfrist von längstens einem Jahr gehalten werden müssen. Bedingt durch die ersten Fondsschließungen um den Jahreswechsel 2005/2006 soll dies auf zehn Prozent des Sondervermögens erhöht werden. Gleichzeitig wird bei Neuanlagen eine Kündigungsfrist von zwölf Monaten für Anlagebeträge ab einer Million Euro eingeführt.

8. 3. 6. 2 Reits

CRK 3	8-10%	+ 35 %	- 25 %	- 35 %	5 Jahre	20 Jahre

Reits ist die Abkürzung für Real Estate Investment Trusts. Reits sind Aktiengesellschaften, die ihr Vermögen ausschließlich in den Bau, Erwerb und das Management von Immobilien stecken. Sie wurden in den 1960ern in den USA eingeführt. Heute gibt es Reits-Konstruktionen in Australien, Belgien, Frankreich, Holland, Japan, USA und ab 2007 auch in Deutschland. Im Zuge der Fondsschließungen von offenen Immobilienfonds wurde Reits immer öfter als die Alternative bei der Immobilienanlage genannt. Natürlich ist das grundlegende Geschäftsfeld das gleiche. Die Unterschiede – insbesondere bei der Preisfindung – sind allerdings so gravierend, dass Reits in keinem Fall einen Ersatz von offenen Immobilienfonds darstellen. Bei Reits ergibt sich der Kurs durch Angebot und Nachfrage an der Börse. Daraus können starke Abweichungen zum inneren Wert des Immobilienportfolios entstehen. Die Schwankungsbreite von Reitsfonds sollten Sie deshalb nicht unterschätzen. Außerdem muss bei ausländischen Reitsfonds das Währungsrisiko in vollem Maße mit kalkuliert werden. Die Volatilität von Reitsfonds ist also in keinem Fall mit offenen Immobilienfonds vergleichbar.

Der Fondsvergleich in der **Grafik 45** zeigt dies eindrucksvoll. Kritiker werden mir zwar vorwerfen, dass die beiden Fondsgattungen wegen der Währungskomponente bei den Reits nicht richtig vergleichbar sind. Das ist zwar richtig, aber für rein europäische Reits stehen noch keine längerfristigen Vergleiche zur Verfügung. Der Vergleich soll Sie lediglich sensibilisieren. Reits – unerheblich, ob aus USA oder Europa – besitzen eine Chance-Risiko-Abhängigkeit der Börsen. Als dritten Kursverlauf finden Sie die Entwicklung des MSCI Word Index, die Abhängigkeit der Reits, insbesondere in Phasen stark fallender Aktienkurse ist unverkennbar.

Für mich Grund genug, beide Fondsarten als Depotlösung zu akzeptieren und je nach Anlegermentalität eine Auswahl bzw. eine Schwerpunktbildung vorzunehmen.

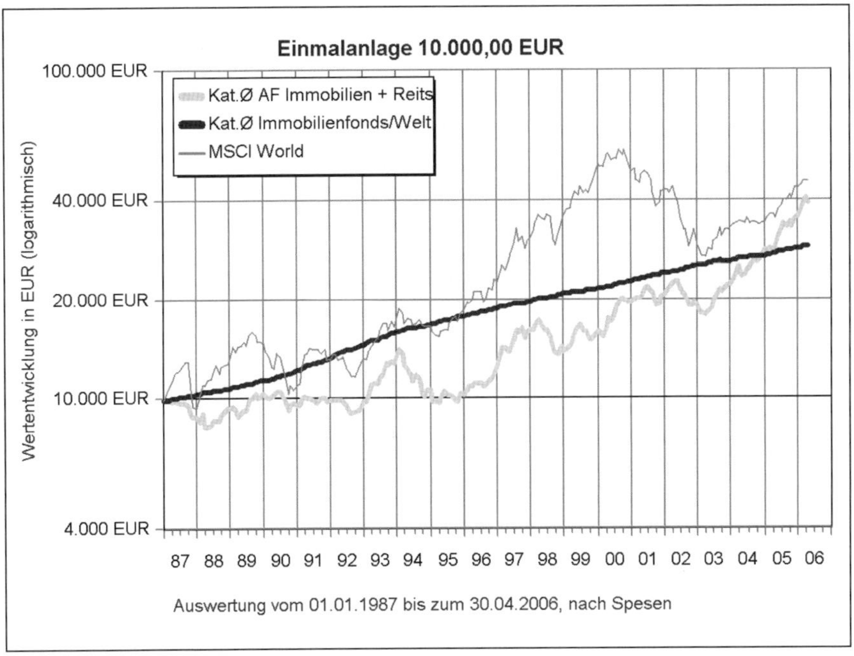

Grafik 45: Offene Immobilienfonds versus Reitsfonds Quelle: FVBS

8. 3. 7 AS-Fonds

Das Dritte Finanzmarktförderungsgesetz ist 1999 auf das dringende Anliegen der Investmentbranche eingegangen. Für die Altersvorsorge-Sondervermögen (AS) wurden zahlreiche Bedingungen festgelegt, mit denen der Gesetzgeber den Investmentfonds ein staatliches Gütesiegel bescheinigte.

Die private Altersversorgung, bisher dominiert durch Lebens- und Rentenversicherungen, bekam mit den AS-Fonds eine gesetzlich bestätigte Alternative. Wenn man die langen Zeiträume, in welchen die private Vorsorge aufgebaut wird, betrachtet und gleichzeitig sieht, wie selten die Deutschen vor allem Aktienfonds bisher für die Alterversorgung genutzt haben, war dies ein wichtiger Schritt für die Fondsbranche und diejenigen, die sich für die Fondsanlage entschieden haben.

Der Gesetzgeber hat ergänzend zu den Anlegerschutzgesetzen (siehe Kapitel 6) für die AS-Fonds

- Einschränkungen bei den Anlagemöglichkeiten und
- längerfristige Vertragsbedingungen geschaffen.

Die Einschränkungen sollen die Schwankungsrisiken im Vergleich zu reinen Aktienfonds reduzieren. Für die Anlagemöglichkeiten gelten folgende Vorgaben:

➢ Renten und Liquidität:	max. 49 %	mind. 51 %
➢ Immobilien:	max. 30 %	
➢ Aktien:	mind. 21 %, max. 75 %	

Die gesetzlichen Vorgaben verhindern eine einseitige Anlagepolitik. Das Ziel ist ein ausgewogenes, substanzwertorientiertes Portfolio.

Die ergänzenden Vertragsbedingungen sehen wie folgt aus:

- mindestens 18 Jahre Laufzeit oder
- bis zur Vollendung des 60. Lebensjahres,
- Sparrate mindestens 50 Euro pro Monat,
- dreimonatige Kündigungsfrist, keine Teilverfügungen,
- Sparplanaussetzung möglich, jedoch mindestens eine Einzahlung pro Jahr,
- im letzten Viertel der Laufzeit muss ein kostenloser Tausch, beispielsweise in weniger schwankende Fonds, möglich sein.

In diesen Bedingungen ist ein nicht zu unterschätzender Vorteil enthalten:

Psychologisch fördert eine vereinbarte Laufzeit die Vermögensbildung!

Das Unterzeichnen eines Vertrages, der eine lange Laufzeit vorsieht, sowie eine dreimonatige Kündigungsfrist, die keine Teilverfügungen zulässt, stellen eine wichtige Hemmschwelle dar, die die Vermögensbildung damit erheblich fördert. Trotzdem möchte ich einige kritische Anmerkungen dazu anfügen.

Dabei wollen wir uns die einzelnen Bausteine anschauen, aus denen sich AS-Fonds zusammensetzen. Es handelt sich um Immobilien-, Renten- und Aktienanlagen. Wir wollen diese Bausteine mit Laufzeiten betrachten, die beim Aufbau der privaten Altersvorsorge eher die Regel als die Ausnahme darstellen, und uns anschauen, welche Ertragsunterschiede bei den einzelnen Anlagesegmenten entstehen.

Grafik 46 zeigt die jeweils im Durchschnitt erzielten Ergebnisse! Bei Laufzeiten von 30 und mehr Jahren ist der Vorsprung der Aktienanlage – selbst mit Begleitung eines sekundären Bärenmarktes – unüberholbar!

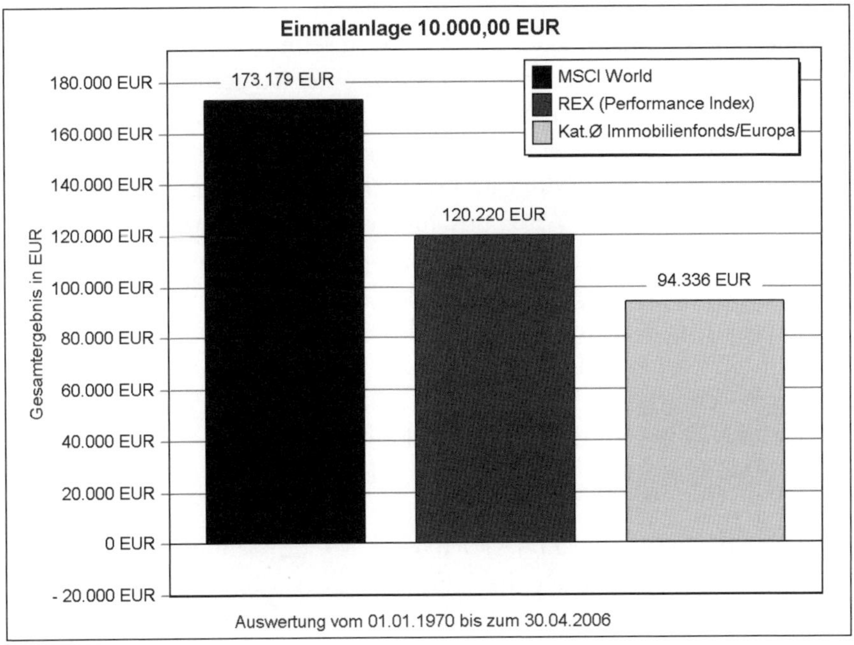

Grafik 46: AS-Fonds. Langfristige Entwicklung von Aktien, Renten und Immobilien

Bei genauerer Betrachtung sind die AS-Fonds jedoch nichts anderes als Mischfonds. Die vorgeschriebenen Anlagebedingungen ergeben eine Mischung aus diesen drei Komponenten. Langfristig gesehen muss sich rein rechnerisch je nach Gewichtung ein Wertzuwachs ergeben, der zwischen den drei Ergebnissen liegt. Die langfristige Vermögensbildung wird durch die Anlagebeschränkungen nicht optimiert.

Selbstverständlich führt die Einbeziehung von Renten und Immobilien zu einer geringeren Schwankungsbreite. Dies reduziert das „subjektive" Risiko, führt aber als weiterer Kritikpunkt dazu, dass der Cost-Average-Effect nicht optimal ausgenutzt werden kann (s. Kapitel 12.2.1).

Die AS-Fonds bieten den großen Vorteil der erfolgreichen Vermögensbildung, der in einer langen Ansparphase zu sehen ist, allerdings bindet die vertragliche Laufzeit sehr lange an eine bestimmte Gesellschaft und einen bestimmten Fonds.

Da sich der Gesetzgeber nicht dazu entscheiden konnte, AS-Fonds steuerlich zu fördern, gelten die normalen Steuerbedingungen. Im Vergleich zu reinen Aktienfonds generieren AS-Fonds aus ihren Immobilien- und vor allem Rentenanteilen steuerpflichtige Erträge. Sie kaufen sich somit zwangsweise ein Steuerproblem ein. Vor allem dann, wenn die Umschichtungsmöglichkeit im letzten Viertel der Laufzeit genutzt wird, um auf schwankungsärmere Rentenfonds zu setzen.

AS-Fonds wären erst mit Eintreten einer steuerlichen Förderung interessant. Nachdem die Vorgaben der „Riester"-Rente die AS-Fonds hierbei leider ausschließen, sollten Sie sich beim langfristigen Aufbau Ihrer privaten Altersvorsorge auf reine Aktienfonds konzentrieren.

Trotzdem kann der AS-Fonds für einige ein wichtiges Instrument beim Aufbau der Altersversorgung darstellen. Die vereinbarte Laufzeit bewirkt eine nicht zu unterschätzende Disziplinierung. Die Gefahr, Ihr Huhn, das Ihnen später einmal goldene Eier legen soll, vorschnell zu schlachten, wird erheblich reduziert.

Die Bedeutung der Disziplin wird unterschätzt. Das folgende Praxisbeispiel macht es sehr deutlich. Gleichzeitig wird Ihnen einer der ergänzenden Bausteine der Millionärsformel© klar.

Fall 11

FRANK IST HEUTE 55 JAHRE ALT. Seine Schulzeit hatte er in Amerika verbracht. Durch einen Freund seines Vaters ist er damals auf einen internationalen Aktienfonds aufmerksam gemacht worden, den Templeton Growth Fund, Inc. Mitte der sechziger Jahre kam er mit seinen Eltern nach Deutschland zurück und begann zu arbeiten.

Er wollte gleich einen Teil seines monatlichen Verdienstes anlegen und erinnerte sich an den Templeton-Fonds. Bereits seit Januar 1966 zahlte er regelmäßig in den Fonds ein, und zwar 100 Euro im Monat.

Die Zeit zwischen Weihnachten und Silvester 2001 nutzte er für seine persönliche Jahresplanung 2002. Dabei schaute er sich die Auszüge seines Templeton-Kontos etwas genauer an. Als Erstes bemerkte er, dass bereits 36 Jahre vergangen waren, seit er mit dem Sparplan begonnen hatte. Über die Entwicklung seines Kontos hält er sich von Zeit zu Zeit auf dem Laufenden. Deshalb stellte der Wert zum 31.12.2001 mit 768.301 Euro keine Überraschung dar. Überrascht war er dann doch, als er seine Sparraten addierte und feststellte, dass er über die gesamte Zeit in der Summe gerade mal 43 200 Euro einbezahlt hatte. Angesichts dessen war er unheimlich stolz auf sich. Schließlich hatte er ohne Unterbrechung auch in schwierigeren finanziellen Phasen immer seine Sparrate investiert. Diese Disziplin schenkt ihm heute seine finanzielle Freiheit.

Beim Addieren war ihm aufgefallen, dass er Ende 1970 einen Gegenwert von 3.000 Euro abgehoben hatte. Das hatte er fast schon vergessen. Aber jetzt erinnerte er sich daran. Damals hatte er sich von dem neuen Auto seines Nachbarn beeindrucken lassen und sich entschlossen, keinen gebrauchten, sondern einen neuen Wagen zu kaufen. Das fehlende Geld holte er sich von seinem Templeton-Konto. Diese Tatsache beschäftigt ihn jetzt intensiv. Wie hätte sich sein Konto denn entwickelt, wenn er damals den gebrauchten Wagen genommen hätte? Um es genau zu erfahren,wandte er sich an seinen Investmentberater, ob er ihm die Berechnung machen könnte. Dieser bestätigte ihm, dass die Berechnung mit einem professionellen EDV-Programm möglich sei. Auf Basis des FVBS-Programms errechnete er ihm den Vermögensstand zum 31.12.2001 ohne diese einmalige Kapitalentnahme. Nachdem ihm das Ergebnis durchgegeben wurde, ärgerte sich Frank über sein ehemaliges Verhalten. Er hätte nie gedacht, dass der Unterschied so groß sein kann wegen eines einmaligen Ausrutschers.

Schauen wir uns einmal die Zahlen und das Ergebnis an.

Sparzeit:	01.01.1966 bis 31.12.2001
Sparrate:	100 €
Einbezahlte Beträge insgesamt:	43.200 €
Einmalige Kapitalentnahme:	3.000 € (12.1970)
Vermögenswert zum 31.12.2001:	768.301 €

Frank ärgert sich umso mehr, da er ohne die Kapitalentnahme sein Sparziel, eine Million Euro, fast erreicht hätte. Schließlich würde der Vermögenswert zum 31.12.01 bei 948.605 Euro liegen!

Der Unterschied: 180.574 € !!!

Sorgen Sie sofort für eine strikte Trennung zwischen Ihrer privaten Altersversorgung und Ihrem Konsumsparen. Halten Sie Ihre Anlagekonten für die private Altersversorgung diszipliniert von Ihren Konsumwünschen fern!

„Ein Portfolio ohne Hedgefonds ist gefährlicher als ein Portfolio mit Hedgefonds"

Manfred Kastner, VPM

8. 3. 8 Hedgefonds (Alternative Investments)

Mit In-Kraft-Treten des Investmentmodernisierungsgesetzes zum 01.01.2004 gesellte sich für den deutschen Privatanleger zu den traditionellen Vermögensklassen Aktien, Renten und Immobilien die neue Gattung der Hedgefonds.

Korrekterweise darf man nicht von einer neuen Anlageklasse sprechen. Im Gegenteil, Hedgefonds gibt es bereits seit den Fünfzigern. Sie waren allerdings nur einem ausgewählten Kreis von Anlegern zugänglich. In diesem erlauchten Kreis gelten Hedgefonds als die Königsklasse der Fondswelt. Königlich, weil

- es die einzige Fondsart ist, die alle irgendwie möglichen Anlagestrategien umsetzen kann,
- sie sich als so genannte Allwetterfonds stets positiv entwickeln, egal ob die traditionellen Kapitalmärkte steigen oder fallen,
- weil sie Investorengruppen vorenthalten waren, die mindestens eine Million US-Dollar oder mehr investieren konnten
- sie langfristig nur von den besten Fondsmanager der Branche gemanagt werden können und diese für ihre herausragenden Managementleistungen die fürstlichsten Vergütungen der gesamten Fondswelt beziehen.
- eine Beimischung in ein traditionelles Vermögensportfolio die Renditechance steigen und das Risiko reduzieren lässt.

Allerdings unterlagen die Hedgefonds nie den deutschen Anlegerschutzgesetzen für Investmentfondsanlagen. Somit wurden sie den Produkten des „grauen Kapitalmarkt" zugeordnet. Seit dem In-Kraft-Treten der rechtlichen Rahmenbedingungen (Investmentmodernisierungsgesetz) gehören zugelassene Hedgefonds dem regulierten Kapitalmarkt an und gehören unter dem Gesichtspunkt einer gesunden Vermögensstruktur, sprich Streuung in die verschiedenen Vermögensklassen, in jedes Fondsdepot.

Auch wenn ich oben die Pflicht einer Berücksichtigung der Hedgefonds in einer gesunden Vermögensstruktur betone, die Widersprüche im Zuge der Hedgefondszulassung am regulierten Kapitalmarkt könnten kaum größer sein.

Die Strategien und die Werbung der Hedgefonds setzen auf eine absolute Gewinnmaximierung. Kapitalerhalt und positive Jahresergebnisse sind das Anlageziel. Im krassen Widerspruch dazu hat der Gesetzgeber die Hedgefondsbranche verpflichtet, folgenden Hinweis in die Verkaufsprospekte ihrer Fonds aufzunehmen.

Der Bundesminister der Finanzen warnt:

„Bei diesem Investmentfonds müssen Anleger bereit und in der Lage sein, Verluste des eingesetzten Kapitals bis hin zum Totalverlust hinzunehmen."

Wenn ich an die Wertentwicklung vieler Aktien und stark spezialisierter Aktienfonds vor allem in der Zeit von 2000 bis 2003 denke, muss sich der Gesetzgeber die Frage gefallen lassen, warum er bei diesen Anlageformen nicht den gleichen Warnhinweis verlangt.

Aber zurück zu den Hedgefonds. So wie der Warnhinweis nicht bei allen Aktienfonds angebracht wäre, gilt dies auch für die Gattung Hedgefonds. Die spektakuläre Pleite des LTCM Fonds (Long Term Capital Management – eines Hedgefonds, der von Nobelpreisträgern gemanagt wurde –) und der oben genannte Warnhinweis geben der Hedgefondswelt etwas Anrüchiges.

Meines Erachtens zu Unrecht. Natürlich führen die Unterschiede zu traditionellen Fonds:

- Aktien verkaufen zu dürfen, die man nicht hat („short" gehen), und
- Kredite aufzunehmen und damit die Rendite (aber auch das Risiko) zu hebeln,

zu einem höheren Risiko. Der LTCM-Fall hat jedoch zu einem sehr viel besseren Risikomanagement in der Hedgefondsbranche geführt. Gerade im Falle von Kreditaufnahmen ist eine sehr strenge Kontrolle durch das Fondsmanagement, am besten durch eine separate Risikoabteilung, notwendig.

Wenn Fondsmanager aber über fünf und mehr Jahre in den unterschiedlichsten Kapitalmarktsituation bewiesen haben, dass sie ihre große Anlagefreiheit in positive – von Aktien- und Rentenmärkten völlig unabhängige – Wertentwicklungen umsetzen können, dann ist es auch gerechtfertigt, ihnen Teile Ihres Vermögens anzuvertrauen.

Da viele Hedgefondsstrategien deutlich weniger Risiken aufweisen als ein traditioneller Aktienfonds, scheinen mir immer wieder veröffentlichte Portfoliogewichtungen von fünf bis 15 Prozent eher bauchgetrieben als wissenschaftlich belegt. Studien der Universität Havard empfehlen, in einem optimalen Portfolio 30 Prozent in Hedgefonds zu investieren.

Der erste Hedgefonds wurde 1949 in den USA gegründet. Ziel der Anlagestrategie war es, die im Fonds gehaltenen Aktien gegen Kursrückschläge abzusichern (to hedge). Dafür wurden verschiedene Finanzinstrumente eingesetzt.

Um die Funktion und die damit – mal geringere, mal höhere – verbundenen Risiken beurteilen zu können, müssen wir auch hier die einzelnen Hedgefondsarten und ihre Strategien analysieren.

8.3.8.1. Single-Hedgefonds

➢ Global Macro

Diese Strategie ist darauf ausgerichtet, globale Markttrends an den Finanzmärkten auszunutzen. Es werden alle Chancen der weltweit zur Verfügung stehenden Kapitalmärkte genutzt. Dabei werden Kassa- und Terminpositionen eingegangen. Die Marktanalyse erfolgt auf Grund persönlicher Entscheidungen des Fondsmanagements, meist in Verbindung mit computerunterstützten Handelssystemen.

➢ Wandelanleihen-Arbitrage (Convertible Arbitrage)

Hier nutzt das Management Änderungen bei der Preisabhängigkeit von Wandelanleihen und den dazugehörigen Aktien aus. Die höchsten Ertragschancen entstehen, wenn die Kurse stark schwanken. In der Regel steigen dann die Preisunterschiede bei den Wandelanleihen zu den bezogenen Aktien. Typischerweise werden eine Kaufposition in der Anleihe und eine Verkaufsposition bei der Aktie eingegangen. Die Wertentwicklung zeichnet sich oft durch einen sehr gleichmäßigen Verlauf aus.

Erhöhte Risiken finden sich im Zeitwertverfall des Wandelsrechts, der Bonität des jeweiligen Unternehmens, das die Anleihen ausgegeben hat, und von Fondsmanagementseite bei Inanspruchnahme von Krediten, um den Hebel zu erhöhen.

➢ Marktneutrale Strategien (Equity Market Neutral)
Aufbau weitgehend marktneutraler Portfolios – das Marktrisiko zum Aktienmarkt soll nahe null sein. Nutzung von Marktunterschieden durch korrespondierende Positionen auf der Kauf (Long)- und Verkaufs (Short)-Seite in unterschiedlichen Aktiensektoren.

➢ Long/Short Aktienstrategien (Long/Short Equity)
Sehr häufige anzutreffende Strategie, basierend auf gleichzeitigem Kauf und Verkauf von Aktien. Dabei wird versucht, unterbewertete Aktien zu kaufen (long) und gleichzeitig überbewertete leerzuverkaufen (short). Je nachdem, welche Seite überwiegt, wird das Marktrisiko reduziert.

➢ Managed Futures
Bei dieser Strategie werden Trends an den verschiedensten Märkten ausgereizt. Die Art des zugrunde liegenden Marktes spielt dabei keine Rolle, es ist lediglich wichtig, dass man mittel- und langfristige Trends in der Kursentwicklung (steigend oder fallend) erkennt. Die Märkte können sein: Aktien, Renten, Rohstoffe, Währungen oder Agrarprodukte.

Single-Hedgefonds dürfen in Deutschland nicht öffentlich vertrieben werden. Die Beratung und Abwicklung hat der Gesetzgeber auf zugelassene Finanzdienstleister – also der direkten Aufsicht des BAFin unterlegenen Unternehmen – beschränkt. Wenn Sie in solche Fonds investieren wollen, müssen Sie sich bei Ihrer Beraterwahl auf diese Unternehmen beschränken.

8.3.8.2. Dach-Hedgefonds

Das Investmentmodernisierungsgesetz unterscheidet zwischen den Single-Hedgefonds und den Dach-Hedgefonds. Wie im Bereich der traditionellen Dachfonds wird hier Ihr Kapital in viele unterschiedliche Single-Hedgefonds investiert. Einzelne Fonds dürfen maximal 20 Prozent des gesamten Fondsvolumens betragen. Von einem Fondsmanager dürfen nicht mehr als zwei Fonds im gesamten Fondsvermögen investiert sein. Die Streuung auf viele verschiedene Managementstile und Anlagestrategien schützt Sie vor den Risiken einzelner Single-Hedgefonds. Damit stellen Dach-Hedgefonds die risikoärmere Investition in dieser Vermögensklasse dar. Sie sind eine Art Versicherung gegen die Risikohinweise des Finanzministeriums. Schließlich schätze ich den Warnhinweis auf einen Totalverlust bei dieser Fondslösung dann doch als übertrieben und der Theorie zuzuordnend ein.

Allerdings dürfte uns die künftige Praxis zeigen, dass die Streuung in unterschiedliche Singe-Hedgefonds noch kein Garant für positive Jahreserträge ist. Selbst wenn uns dies die Verkaufsprospekte und die rückwärts gerechneten Anlagestrategien der jetzt an den Markt kommenden Dach-Hedgefonds versprechen. In dieser Vermögensklasse ist die Qualität des Fondsmanagements, die Erfahrung mit echtem Geld, noch viel bedeutender als bei den traditionellen Vermögensklassen.

Ein weiterer Unterschied zu den traditionellen Fondslösungen liegt bei den Hedgefonds in der Verfügbarkeit!

In vielen Fällen haben Hedgefonds Bindungsfristen, und selbst wenn diese ausgelaufen sind, ist der Verkauf nur zu festen Terminen quartals- oder monatsweise möglich.

8. 3. 9 Venture-Capital-Fonds

Venture-Capital (VC) oder auch Private Equity bietet die Möglichkeit, sich zu einem frühen Zeitpunkt, quasi in der Gründungsphase, an wachstumsstarken Unternehmen zu beteiligen. Wenn Sie diese extremen Chancen dieser Anlage nutzen wollen, sollten Sie genug Kapital haben, damit Sie es leichter verkraften können, einen Teil, im Extremfall sogar den ganzen Einsatz, zu verlieren. Deshalb sollten Sie nie mehr als zehn Prozent Ihres Vermögens dafür verwenden.

Aus steuerlicher Sicht gibt es zwei VC-Varianten. Die erste bezieht sich auf die Möglichkeit anfänglicher Verluste. Dabei sind die Erträge jedoch steuerpflichtig. Statt auf anfängliche Verluste zielt die zweite Variante auf steuerfreie Gewinne aus Beteiligungsverkäufen. Mit ersten

Verkäufen ist in der Regel nach drei bis fünf Jahren zu rechnen. Am Markt finden Sie Fonds, die direkt in Unternehmen investieren, oder Dachfonds, die statt in Unternehmen in Zielfonds investieren, die ihrerseits zehn bis 30 Unternehmen Geld geben.

Zum Zeitpunkt der Überweisung wissen Sie noch nicht, wohin Ihr Geld fließen wird (Blind Pool). Bei Investitionen außerhalb Eurolands tritt noch das Währungsrisiko hinzu.

Venture-Capital-Fonds unterliegen nicht den Anlegerschutzgesetzen für Investmentfondsanlagen.

8. 3. 10 Absolute Return Fonds (AR-Fonds)

Absolute Return, einen absoluten Ertrag erzielen, unabhängig von den Entwicklungen an den Aktien- oder Rentenmärkten. Nach dem Motto „Risiko ist eine Wahlmöglichkeit, kein Schicksal" steht bei dieser Fondsgattung die Optimierung der Ertragserzielung bei gleichzeitiger Kapitalsicherheit im Vordergrund. Wenn man weiß, was AR-Manager erreichen wollen, könnte man Immobilien- und Geldmarktfonds auch als so genannte AR-Fonds bezeichnen. Allerdings liegt hier das Ertragspotenzial unter den Erwartungen der richtigen AR-Manager. Diese versuchen beispielsweise mt dem Ausnutzen von Kursdifferenzen verschiedener Börsenplätze/-systeme oder marktneutraler Positionierungen des Fondsvolumens – indem die Hälfte auf steigende und die andere Hälfte auf fallende Kurse investiert wird –, attraktive Erträge zu erzielen. Wie bei den Hedgefonds hört sich die Theorie der einzelnen AR-Strategien hervorragend an, die praktische Umsetzung produziert dann aber doch in vielen Fällen negative Wertentwicklungen. Zeigt die Praxis, dass Theorie und Realität erfolgreich sind, werden Sie gleich mit dem nächsten Problem der AR-Fonds konfrontiert. Erfolgreiche Strategien sind nur mit einem begrenzten Anlagevolumen erzielbar. Diese AR-Manager gehen sehr verantwortungsvoll mit dem ihnen zur Verfügung gestellten Kapital um. Sollte ein zu hohes Fondsvolumen die Ertragschancen gefährden, wird der Fonds für Neuzeichnungen geschlossen. Bis praktische Ergebnisse die Qualität des Managements zeigen, ist der Zeitpunkt der Fondsschließung meist überschritten. AR-Fonds sind eine hervorragende Fondsart, um erfolgreich durch die Zeit eines sekundären Bärenmarktes zu kommen.

8. 3. 11 Mikrofinanz-Fonds

Unter die Kategorie „Ethisches Investment“ fallen Mikrofinanz-Fonds. Mikrofinanz ist die Bereitstellung von Finanzdienstleistungen für arme Menschen in Entwicklungsländern durch entsprechend vor Ort tätige Mikrofinanz-Institute. Die Menschen in armen Ländern bekommen aufgrund fehlender Sicherheiten von traditionellen Banken meist weder einen Kredit noch ein Bankkonto. Mikrofinanz-Institute sind auf Kredite an Klein- respektive Kleinstunternehmer spezialisiert. Das sind in der Regel sehr arme, aber wirtschaftlich aktive Leute, die bereits in irgendeiner Form unternehmerisch tätig sind und über einen Kredit die Chance wahrnehmen wollen, ihr Geschäft zu expandieren. Das führt letztlich zu mehr Einkommen für die Familien, aber auch für die Angestellten im jeweiligen Geschäftsumfeld. Mikrofinanz hat in den vergangenen Jahren immer mehr an Bedeutung gewonnen, weil hier Armut mit einem Erfolg versprechenden Ansatz bekämpft wird: Man versetzt die Menschen in die Lage, sich selbst aus ihrer Armut zu befreien und Erfolge zu erzielen. 2005 war das Uno-Jahr des Mikrokredites, was die Bedeutung dieser Konzeption unterstreicht.

Mikrofinanz-Fonds sammeln Anlegerkapital und stellen dieses den Mikrofinanz-Instituten zur Verfügung, welche wiederum Kleinstkredite an sehr arme, aber hoch motivierte geschäftstüchtige Unternehmer vergeben. Das Ausfallrisiko dieser Kredite ist deutlich geringer, als man es intuitiv erwarten würde, und durch die Vielzahl der Kredite – ein Kleinstkredit beträgt oft nur wenige hundert Euro – breit gestreut. Die Erträge für den Anleger werden über die Kreditzinsen erzielt.

Wenn Sie mit ihrem Kapital Gutes tun wollen und dafür bereit sind, kleinere Renditen in Kauf zu nehmen, haben Sie mit Mikrofinanz-Fonds die Möglichkeit, zur globalen Armutsbekämpfung beizutragen. Dies dürfte eine sehr zweckmäßige Alternative zur üblichen Spende sein. Gleichzeitig ist Ihr Kapital nicht von Hoch- und Tiefbewegungen der Rentenmärkte abhängig – bei tendenziell steigenden Marktzinsen müssen Sie also keine Kursverluste wie bei den herkömmlichen Rentenfonds fürchten.

8. 3. 12 Zertifikate-Fonds

„If you can't beat 'em, join 'em" lautet eine englische Redewendung: Kannst Du sie nicht besiegen, verbünde Dich mit ihnen. Dieses Motto macht sich die Finanzbranche zu eigen: Galten Zertifikate bislang als Alternative oder Konkurrenz zu Fonds et vice versa, so versuchen sie mittlerweile zunehmend, einander zu vereinnahmen.

So hat die Zertifikate-Branche „Best-of-Funds-Zertifikate" geschaffen, die Fonds-Branche wiederum Zertfikate-Fonds ins Leben gerufen. Die Idee dahinter ist, dass der Fonds die jeweils besten emittierten Zertifikate ermittelt und für die Anleger dort investiert. Hierbei ist ein durchaus plausibles Argument, dass die Vielzahl an Zertifikaten – die zudem weiter wächst – ohnehin nicht mehr von Einzelanlegern überblickt werden kann. Fondsmanager, die sich auf den Zertifikatemarkt spezialisiert haben, können durch aktives Zertifikate-Picking die Besonderheiten im Sinne der Anleger nutzen. Inwieweit wirklich interessante Anlagelösungen angeboten werden, wird die Zukunft zeigen. Da die Zertifikate-Fonds auf der Fonds- und der Zertifikate-Ebene Kosten produzieren, kann man die ersten drei Jahre dieser Fondsgattung in Ruhe analysieren. Wenn sich unter Echtgeldbedingungen zeigt, dass die Fondsmanager die Kosten bei weitem mit Ihrer Zertifikatespezialisierung wettmachen, wird eine Investition immer noch lohnenswert sein.

Ein wesentliches Argument für solche Fonds im Gegensatz zum Direktinvestment in Zertifikate ist der Status des Sondervermögens, durch die Streuung werden Sie als Anleger vor dem Emittentenrisiko geschützt, was bei Direktinvestitionen in Zertifikaten nicht der Fall ist (vgl. Kapitel 5.4.1).

9. Kapitel

Berechnung eines Investmentpreises

9. 1 Inventarwert/Rücknahmepreis

Sie können sich täglich über den Wert Ihrer Investmentfondsanteile informieren. Auskünfte erhalten Sie über:

- den Wirtschaftsteil Ihrer Tageszeitungen,
- den Finanzteil überregionaler Tageszeitungen,
- spezielle Fondspublikationen,
- die Telefon- und Faxdienste der Fondsgesellschaften,
- den Videotext im Fernsehen und
- im Internet.

Es werden stets die aktuellen Ausgabe- und Rücknahmepreise Ihrer Investmentfonds veröffentlicht. Um dies zu gewährleisten, ist die jeweilige Depotbank verpflichtet, börsentäglich alle Vermögenswerte eines Fonds zu bewerten und zu veröffentlichen. Bei Aktien-, Renten- und Geldmarktfonds findet die Preisveröffentlichung in der Regel börsentäglich statt. Immobilienfonds müssen ihren Wert nur dreimal im Monat bekannt geben.

Für die Berechnung wird eine Bestandsaufnahme, eine tägliche „Inventur", gemacht. Sämtliche festverzinsliche Wertpapiere, Immobilien, Aktien und Bankguthaben eines Sondervermögens werden zum aktuellen Tagespreis bewertet und addiert. Die sich daraus ergebende Gesamtsumme wird durch die ausgegebenen Anteile geteilt. Das Ergebnis entspricht dem Inventarwert bzw. dem Rücknahmepreis eines einzelnen Anteilscheines. Der Preis hängt also ausschließlich von der Wertentwicklung der im Sondervermögen gehaltenen Vermögenswerte ab. Erhöhte Nachfrage nach neuen Fondsanteilen oder große Verkäufe (Rückgabe von Anteilen) beeinflussen den Fondspreis nicht! Durch das hier beschriebene Bewertungsprinzip sind Mittelzuflüsse oder -abflüsse bei der Preisfeststellung wertneutral.

Bestand	**Kurswert**
+ Summe aller Aktien	€ 325.000.000
+ Summe aller festverzinsl. Wertpapiere	€ 1.050.000
+ Summe der liquiden Mittel	€ 15.250.000
+ Summe der sonstigen Forderungen	€ 456.000
- Summe der sonstigen Verbindlichkeiten	€ 156.000
Fondsvermögen insgesamt	**€ 341.600.000**

Zahl der ausgegebenen Anteilscheine: **4.000.000**

Der Anteilswert errechnet sich wie folgt:

Fondsvermögen geteilt durch **Anzahl der Anteile**	**€ 341.600.000** / 4.000.000	=	**€ 85,40**

€ 85,40 =
- Anteilswert oder
- Rücknahmepreis oder
- Nettoinventarwert oder
- Nettoanlagewert

Tabelle 15: Berechnung des Anteilswertes eines Investmentfonds

9. 2 Ausgabeaufschlag/Ausgabepreis

Wenn Sie Anteile eines Fonds erwerben, berechnet die Fondsgesellschaft den so genannten Ausgabeaufschlag. Beim Kauf eines Fondsanteils bezahlen Sie den Ausgabepreis. Dieser setzt sich zusammen aus dem Rücknahmepreis plus dem Ausgabeaufschlag. Hierbei ist es unerheblich, ob Sie die Fondsanteile über Ihre Bank, freie Investmentberater oder direkt über die Kapitalanlagegesellschaft erwerben, der Ausgabeaufschlag, Ihre Anlagekosten sind identisch. In der Praxis gibt es zwei Arten der Berechnung. Die deutschen Fondsgesellschaften benutzen meist die Nettomethode. Die ausländischen KAGs berechnen nach der Bruttomethode. Netto wird der Ausgabeaufschlag auf den Rücknahmepreis bzw. auf die Nettoanlagesumme berechnet. Brutto wird der Ausgabeaufschlag vom Ausgabepreis bzw. der von Ihnen überwiesenen Summe berechnet. Hier sind konkrete Zahlen bei einem Ausgabeaufschlag von fünf Prozent und einer investierten Summe von 10.000 Euro:

Nettomethode

	Fondspreis	%	Anlagesumme:
Rücknahmepreis	€ 85,40	100 %	€ 9.523,81
+ Ausgabeaufschlag	€ 4,27	5 %	€ 476,19
= Ausgabepreis	€ 89,67	105 %	€ 10.000,00

Bruttomethode

	Fondspreis	%	Anlagesumme:
Rücknahmepreis	€ 85,40	95 %	€ 9.500,00
+ Ausgabeaufschlag	€ 4,49	5 %	€ 500,00
= Ausgabepreis	€ 89,89	100 %	€ 10.000,00

Tabelle 16: Netto-/Bruttomethode beim Ausgabeaufschlag

Je nach Fondsart, Anlagesumme oder Bezugsquelle gelten für den Ausgabeaufschlag unterschiedliche Prozentwerte (siehe Kapitel 10.1.1). Beim gleichen Prozentsatz führt die Nettomethode immer zu einer geringeren Kostenbelastung.

9. 3 Ausschüttung

Investmentfonds erzielen laufende Erträge: Kursgewinne, Dividendenerträge, Erlöse aus Bezugsrechten, Zinseinnahmen sowie Mieterträge. Je nach Fondsart führen diese Erträge zu dauernden Wertsteigerungen (beim thesaurierenden/akkumulierenden Fonds) bzw. werden an die Anteilsinhaber ausbezahlt (Ausschüttungsfonds).

Aus der Praxis weiß ich, dass Anleger in dem Irrglauben leben, die Ausschüttung müsste bei den Anlageüberlegungen in jedem Fall mit einbezogen werden. Sie wollen beispielsweise beim Verkauf in jedem Fall noch die Ausschüttung mitnehmen, schließlich ist sie ja sonst verloren. Deshalb stellt sich die Frage, woher die Ausschüttung eines Fonds kommt.

Wenn Sie sich **Grafik 28** in Kapitel 8.2.2 anschauen, können Sie erkennen, dass der Anteilswert am Tag der Ausschüttung (= Ex-Tag) um den Betrag der Ausschüttung sinkt. In unserem Beispielfonds sind es

3,40 Euro. Zwischen zwei Ausschüttungsterminen fließen die Erträge kontinuierlich dem Fondsvermögen zu. Dies führt zu einem Anstieg des Anteilspreises. Zum nächsten Ausschüttungstermin sinkt dann der Anteilspreis wieder um den Ausschüttungsbetrag. In konkreten Zahlen:

Unser Beispielfonds schüttet pro Anteil	€ 3,40 aus.
Bei 4.000.000 ausgegebenen Anteilen ist das eine Gesamtsumme von	€ 13.600.000.
Wo kommt diese Summe her?	
Bestand	Kurswert
+ Summe aller **Aktien**	€ 325.000.000
+ Summe aller **festverzinsl. Wertpapiere**	€ 1.050.000
+ Summe der **liquiden Mittel**	**€ 1.650.000**
+ Summe der **sonstigen Forderungen**	€ 456.000
- Summe der **sonstigen Verbindlichkeiten**	€ 156.000
Fondsvermögen insgesamt	**€ 328.000.000**
Zahl der ausgegebenen Anteilscheine:	4.000.000
Der Anteilswert errechnet sich wie folgt:	

Fondsvermögen geteilt durch **Anzahl der Anteile**	**€ 328.000.000** ----------------- **4.000.000**	=	**€ 82,00**

Tabelle 17: Wo kommt die Ausschüttung her?

Ihr Fondsanteil ist durch die Ausschüttung auf 82,00 Euro zurückgegangen. Ausgleichend für den Kursrückgang haben Sie den Ausschüttungsbetrag 3,40 Euro auf Ihrem Girokonto gutgeschrieben bekommen. Es spielt also keine Rolle, ob Sie Fondsanteile vor oder nach einer Ausschüttung kaufen bzw. verkaufen. Es ist auch unerheblich, ob Ihr Fonds ausschüttet oder thesauriert. In beiden Fällen fließen Ihnen die Erträge in gesamter Höhe zu. Seit Einführung der Zwischengewinnberechnung (siehe Kapitel 14.1.2) ist es auch aus steuerlicher Sicht belanglos, ob die Anteile vor oder nach der Ausschüttung gekauft werden.

Werden die Investmentanteile im Anlagekonto gehalten, erfolgt beim Ausschüttungsfonds die automatische Wiederanlage der Erträge. Es werden sofort neue Anteile zum Rücknahmepreis erworben. Für diese Reinvestition fällt kein Ausgabeaufschlag an, der Anleger erhält den vollen Wiederanlagerabatt. Wünscht der Anlagekontoinhaber die Auszahlung der Ausschüttung, erhält er eine automatische Gutschrift auf seinem Girokonto, verzichtet dabei jedoch auf den Zinseszins-Effekt der automatischen Wiederanlage.

10. Kapitel

Kosten bei der Fondsanlage

Investmentfonds sind eine Finanzdienstleistung, die es – wie überall im Wirtschaftsleben – auch nicht umsonst gibt. Einmalig ist jedoch die Kostentransparenz der Fondsanlage. Im Vergleich zu anderen Anlageprodukten ist sie nahezu unschlagbar! Nirgendwo sonst finden Sie bei Finanzanlagen die Kosten so offen ausgewiesen. Und nirgendwo sonst finden Sie ein so günstiges Preis-Leistungs-Verhältnis.

Eine grobe Unterscheidung können wir in der Aufteilung der Kosten im Außen- und Innenverhältnis vornehmen. Die Kosten nach außen sind klar erkennbar, sie fallen auf der Ebene des Anlegers an und werden Ihnen direkt in Rechnung gestellt. Die „Innenkosten" fallen auf der Ebene des Fonds an und werden dem Fondsvermögen entnommen. Sie sind über die zweimal im Jahr erscheinenden Rechenschaftsberichte klar nachvollziehbar.

Kostenfaktoren im Überblick

10. 1 nach außen	10. 2 im Innenverhältnis
Ausgabeaufschlag	Verwaltungsgebühr / Management-Fee
Depotgebühr	Erfolgsbeteiligung / Performance-Fee
Einrichtungsgebühr bei Sparplänen	Depotbankgebühr
Verwässerungsgebühr	Zahlstellengebühr
Rücknahmegebühr	Veröffentlichungskosten
Switchgebühr	Wirtschaftsprüferhonorare
Wechselkurs	Druckkosten
	Auflegungskosten

Tabelle 18: Fondskosten im Überblick

10.1.1 Ausgabeaufschlag

Der Ausgabeaufschlag fällt jeweils mit dem Kauf von neuen Investmentanteilen an. Er stellt die Differenz zwischen Ausgabe- und Rücknahmepreis dar und wird in einem festen Prozentsatz berechnet. Die Höhe des Ausgabeaufschlags unterscheidet sich bei den verschiedenen Fondsarten. Je komplizierter die Fondsstrategie, desto aufwändiger müssen Beratungsleistungen und Zusatzfragen im Vorfeld der Kontoeröffnung kalkuliert werden, desto höher ist der Ausgabeaufschlag, der die Ausgabekosten von Fondsanteilen deckt. Die Fondsgesellschaft zieht den Ausgabeaufschlag von Ihrem überwiesenen Anlagebetrag ab und investiert den Nettoanlagebetrag. Mit dem einbehaltenen Ausgabeaufschlag vergütet sie den Vertrieb für seine Beratungs- und Vermittlungsbemühungen und deckt die Kosten für die Eröffnung und Verwaltung des Anlagekontos ab.

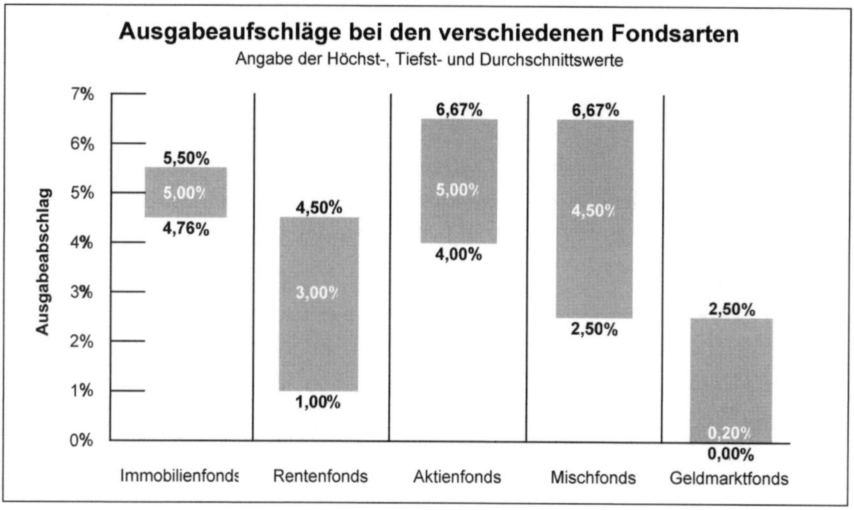

Grafik 47: Die verschiedenen Fondsarten und ihre Ausgabeaufschläge

Dieser Kostenfaktor muss durch Wertsteigerungen innerhalb des Fonds erst einmal „verdient" werden, damit Sie in die Gewinnzone kommen. Das ist ein Grund dafür, weshalb man bei der Fondsanlage von einem längeren Zeithorizont ausgeht. Da der Ausgabeaufschlag ein einmaliger Kostenfaktor ist, verteilt er sich über den gesamten Zeitraum der Anlage. Das nachfolgende Beispiel eines fünfprozentigen Ausgabeaufschlages (AA), einer zehnprozentigen jährlichen Rendite und verschiedener Anlagezeiträume macht dies deutlich.

Anlagezeitraum	p.a. Rendite nach 5 % AA
1 Jahr	4,76 %
5 Jahre	8,93 %
10 Jahre	9,46 %
20 Jahre	9,73 %
40 Jahre	9,87 %

Tabelle 19: Renditeauswirkung des Ausgabeaufschlages Quelle: FVBS

Normalerweise ist der Ausgabeaufschlag ein fester Prozentsatz auf jeden eingezahlten Anlagebetrag. Kundenorientierte Kapitalanlagegesellschaften und Finanzdienstleistungsinstitute staffeln den Ausgabeaufschlag. Je höher die Anlagesumme ist, desto niedriger ist der Kostensatz. Gleichzeitig besteht die Möglichkeit der so genannten Absichtserklärung.

Der Anleger gibt eine unverbindliche Erklärung ab, dass er mit mehreren Einzahlungen innerhalb einer Frist von 13 Monaten die Zielsumme erreicht, für welche die Kapitalanlagegesellschaft bzw. das Finanzdienstleistungsinstitut einen niedrigeren Ausgabeaufschlag verrechnet.

Durch die Absichtserklärung erhält der Anleger selbst für die niedrigen „Anlageraten" schon den günstigeren Ausgabeaufschlag. Sollte er jedoch die beabsichtigte Zielsumme innerhalb der 13 Monate nicht erreichen, muss er den eingeräumten „Rabatt" zurückerstatten.

10. 1. 1. 1 Wiederanlagerabatt

Wenn Sie Ihre Fondsanteile bei Ihrer Bank ins Depot legen, werden alle Ausschüttungen der Fonds Ihrem Girokonto gutgeschrieben. Mit der Ausschüttungsmitteilung erhalten Sie das Angebot, die Ausschüttung mit Wiederanlagerabatt in den Fonds zu reinvestieren. Anstelle des vollen Ausgabeaufschlages berechnet Ihnen die Bank für die neuen Anteile nur einen Satz von 40 bis 50 Prozent.

Achtung: Handelt es sich um einen konzernfremden Fonds, erhalten Sie in der Regel keinen Wiederanlagerabatt.

Die Verwahrung in einem Anlagekonto, direkt bei der Fondsgesellschaft bzw. bei einer auf Investmentfonds spezialisierten Fondsplattform, bringt hier einen erheblichen Vorteil. Die Ausschüttung wird nämlich automatisch, ohne Zeitaufwand Ihrerseits, zum Rücknahmepreis, also ohne irgendwelche Kosten, reinvestiert. Selbst Discountbanken haben hier im Vergleich zum Anlagekonto bzw. der Fondsplattform das Nachsehen.

10. 1. 1. 2 No-Load-Fonds

Immer mehr Gesellschaften bieten ihre Fonds sowohl mit Ausgabeaufschlag als auch ohne an. Die Null-Prozent-Variante, der so genannte No-Load-Fonds, wird mit erweiterten Fondsbezeichnungen im Namen kenntlich gemacht. Die geläufigsten Ergänzungen lauten: Typ O, AF, net oder B-Shares. Der wichtigste Unterschied für Sie als Fondszeichner bezieht sich allerdings auf die internen Kosten. Kosten, die in der Regel durch den Ausgabeaufschlag gedeckt werden, werden bei dieser Fondsgattung durch höhere Verwaltungsgebühren bezahlt. Sämtliche No-Load-Fonds werden mit einer erhöhten jährlichen Verwaltungsgebühr (zwischen 0,75 und 1 Prozent oder mehr p. a.) angeboten.

Wenn die Entscheidung für diesen Fonds mit dem richtigen Anlagehorizont – im Normalfall mindestens fünf Jahre – getroffen wird, stellt sich dieser vermeintliche Kostensparer als die teurere Variante heraus. Die nachfolgende Grafik zeigt den Zeitpunkt, zu welchem Sie kostenmäßig in die Verlustzone rutschen.

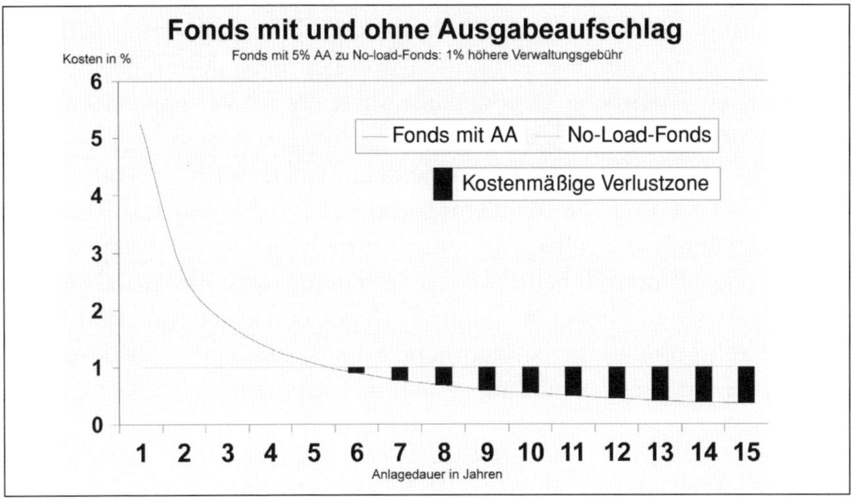

Grafik 48: Prozentuale Auswirkung der Kosten bei Fonds mit und ohne Ausgabeaufschlag Quelle: IFL® Rühl GmbH

Es gibt nichts umsonst –
auch bei der Fondsanlage nicht!

Bei den No-Load-Fonds beginnt Ihr Kapital sofort zu arbeiten. Die intern höheren Kosten belasten Ihre Rendite jedoch auf Dauer. Die Alternative mit Ausgabeaufschlag lässt anfangs zwar weniger Geld für Sie arbeiten, je länger es aber investiert bleibt, desto stärker tendiert die anfänglich hohe Belastung – prozentual auf die einzelnen Anlagejahre umgerechnet – gegen null.

No-Load-Fonds eignen sich nur für aktive Anleger.

10. 1. 2 Depotgebühr

Bis in das Jahr 2001 hatten Sie nur zwei Möglichkeiten, Ihre Fondsanteile zu verwahren. Entweder auf einem Anlagekonto direkt bei der Fondsgesellschaft oder in einem Depot bei Ihrer Bank. Dann kamen die ersten Fondsplattformen auf den Markt. Dabei handelt es sich um normale Banken, die sich auf die Verwahrung von Investmentfonds spezialisiert haben. Immer mehr Fondsgesellschaften konzentrieren sich seither auf ihr Kerngeschäft – das Managen der Fonds – und geben die Verwahrung der Fondsanteile in eigenen Anlagekonten auf. Es wird also immer seltener, dass Sie noch eine Fondsgesellschaft finden, die eine kostenfreie Verwahrung ihrer Fondsanteile anbietet. Damit übernehmen die Fondsplattformen den Part der kostengünstigen Verwahrung. Sie berechnen zwar eine jährliche Depotgebühr, diese ist jedoch nach oben – je nach Institut bei ca. 40 Euro – begrenzt.

Solche Maximalbegrenzungen sind beim Bankdepot nicht vorhanden. Da die Depot- und die Wiederanlagekosten (siehe Kapitel 10.1.1.1.) keine Gebühren darstellen, die eine werthaltige Dienstleistung finanzieren, zeigt Ihnen **Tabelle 20** einen Kostenvergleich zwischen der Anteilsverwahrung bei einer Bank im Depot und einer Fondsplattform. Mit der Zeit kommt eine beträchtliche Summe zusammen, die durch die Wahl der richtigen Verwahrung gespart werden kann.

Anlagebetrag:	100.000,00 €
Ausgabeaufschlag:	5,00 %
Jährliche Wertsteigerung:	8,00 %
Jährliche Ausschüttung:	6,00 %
Depotgebühren, Bank:	0,29 % inkl. MWSt.
Depotgebühren, Fondsplattform:	0,29 % inkl. MWSt.
Wiederanlagerabatt:	3,00 %

	Bank	Fondsplattform
Wert nach Erstanlage:	95.000,00 €	95.000,00 €
Wert am Ende des 1. Jahres:	102.600,00 €	102.600,00 €
Depotgebühr:	297,54 €	40,00 €

	Bank	Fondsplattform
Wiederanlagekosten:	123,12 €	0,00 €
Wert nach Kosten:	102.179,34 €	102.560,00 €
Wert am Ende des 2. Jahres:	110.353,69 €	110.764,80 €
Depotgebühr:	320,03 €	40,00 €
Wiederanlagekosten:	132,42 €	0,00 €
Wert nach Kosten:	109.901,24 €	110.724,80 €
Wert am Ende des 5. Jahres:	137.319,99 €	139.351,19 €
Depotgebühr:	398,20 €	40,00 €
Wiederanlagekosten:	164,77 €	0,00 €
Wert nach Kosten:	136.748,02 €	139.311,19 €
Wert am Ende des 10. Jahres:	197.652,70 €	204.499,18 €
Depotgebühr:	573,19 €	40,00 €
Wiederanlagekosten:	237,18 €	0,00 €
Wert nach Kosten:	196.842,32 €	204.459,18 €
Differenz nach 10 Jahren:		7.616,86 €

Tabelle 20: Verwahrung im Bankdepot versus Fondsplattform Anlagekonto

10. 1. 3 Einrichtungsgebühr bei Sparplänen

Aus Sicht des Vertriebes ist die Fondsanlage im Vergleich zu anderen Finanzprodukten, vor allem beim regelmäßigen Sparen, aufgrund der geringen Provisionserträge uninteressant. Selbst wenn der Investmentsparer beabsichtigt, seine Fondssparpläne für die Altersversorgung langfristig laufen zu lassen, erhält der Vertrieb die Vergütung lediglich aus dem monatlich anfallenden Ausgabeaufschlag. Und zwar nur so lange, wie gespart wird.

Andere Finanzprodukte sind hier wesentlich vertriebsorientierter kalkuliert. Es werden direkt beim Abschluss sehr hohe Provisionen bezahlt. Um dem provisionsorientierten Vertrieb das Geschäft mit den Fondssparplänen schmackhafter zu machen, haben einige Fondsgesellschaften Sparpläne mit einmaligen Gebühren oder Gebühren aus den ersten Sparraten eingeführt. Häufig wird bei den künftigen Sparraten auf die Berechnung eines Ausgabeaufschlages verzichtet.

Falls Sie sich für eine solche Variante entscheiden, sollten Sie den Sparplan auf jeden Fall wie geplant durchhalten. Schließlich verzichten Sie hier auf den Vorteil, jederzeit ohne Kostennachteile Ihren Sparplan einstellen zu können.

10. 1. 4 Verwässerungsgebühr

Für jeden Fonds wird täglich eine Inventur gemacht. Dabei wird errechnet, wie hoch die investierten und die liquiden Mittel sind. Daraus ergibt sich das vom Fondsmanagement gewünschte Verhältnis zwischen Aktien- und Cashanteil.

Fließt dem Fonds nun frisches Geld zu, wird der Cashanteil erhöht. Das ursprüngliche Verhältnis vom Aktien- zum Cashanteil wird also verändert. Es entsteht eine so genannte „Verwässerung". Damit diese „Verwässerung" ausgeglichen wird, ist der entsprechende Nachkauf von Aktien notwendig. Bei diesem Nachkauf entstehen Gebühren, man nennt sie „Verwässerungsgebühren". Obwohl diese Verwässerungsgebühren bei allen Fondsgesellschaften anfallen, werden sie nur von wenigen separat ausgewiesen und dem Verursacher, sprich dem Einzahler bzw. Verkäufer, angerechnet.

Die meisten Gesellschaften entnehmen die Verwässerungsgebühren dem gesamten Fondsvermögen, also dem Vermögen aller Anleger. Werden sie separat ausgewiesen, fließen sie nicht der Gesellschaft zu, sondern werden dem Gesamtfondsvermögen gutgeschrieben. Somit profitiert jeder einzelne Anleger davon; schließlich bleibt er als Teil aller Fondsanleger von der Verwässerungsgebühr weiterer Anleger verschont.

10. 1. 5 Rücknahmegebühr

Ausländische Fondsgesellschaften sehen bei ihren No-Load-Fonds (siehe Kapitel 10.1.1.2), den so genannten B-Shares, häufig eine Rücknahmegebühr vor. Die Gesellschaften berechnen bei einem Verkauf in den ersten vier bis sechs Jahren eine gestaffelte Gebühr. Beispielsweise im ersten Jahr 4, im zweiten 3, im dritten 2 und vierten Jahr 1 Prozent der ursprünglich angelegten Summe. Erst danach ist ein kostenfreier Verkauf möglich.

10. 1. 6 Switch-Gebühr

Wenn Sie einen Fonds gegen einen anderen tauschen (switchen), bezahlen Sie normalerweise den vollen Ausgabeaufschlag. Switchen Sie innerhalb derselben Fondsgesellschaft, wird Ihnen lediglich eine geringe Gebühr berechnet. Deshalb bezeichnet man die Switchgebühren auch als die einzige Kostenart, die Ihnen einen Vorteil bringt.

Die meisten ausländischen Fondsgesellschaften erlauben eine begrenzte Anzahl von Switches sogar ohne Gebühren.

Achtung: Diese Ausführungen gelten nur für das Anlagekonto innerhalb derselben Fondsgesellschaft. Wenn Sie die Verwahrung Ihrer Fondsanteile in einem Depot bei Ihrer Bank oder einem Discountbroker vornehmen, gelten beim Fondstausch die üblichen Kaufkonditionen.

10. 1. 7 Wechselkurskosten

Bei Fonds, deren Bewertungseinheiten nicht auf Euro lauten, muss Ihr Geld beim Kauf oder Verkauf in die fremde Währung umgerechnet werden. Bei der Abwicklung über die Bank werden neben dem Devisenkurs häufig weitere Kosten auf Sie zukommen wie Devisen-Courtage, fremde Spesen und Ähnliches. In der Summe sind die Devisenumrechnungskurse der Fondsgesellschaft günstiger als die Umrechnungskosten der Banken.

Allerdings gibt es bei den einzelnen Fondsgesellschaften kein einheitliches Handling, zu welcher Tageszeit die notwendigen Devisen getauscht werden. Bei starken Währungsschwankungen können daher hohe Abweichungen bei taggleichen Umrechnungskursen verschiedener Fondsgesellschaften entstehen.

10. 2. 1 Managementgebühren

Für ihre „Vermögensverwaltung“ berechnen die Kapitalanlagegesellschaften jedem Sondervermögen eine Managementgebühr. Sie stellt die Haupteinnahmequelle der Fondsgesellschaften dar und wird für die Fondsmanagementleistung vereinnahmt. Grundlage ist ein bestimmter Prozentsatz aus dem gesamten Fondsvermögen.

Je nach Fondsart werden zwischen 0,2 bis 1,5 Prozent p. a. durch die Depotbank verlangt. Gelegentlich kommen auch höhere Prozentsätze vor. Bei der täglichen Berechnung des Anteilspreises wird die Managementgebühr stets berücksichtigt. Sie wird dem Anleger also nicht direkt in Rechnung gestellt. Die Gesamtwertentwicklung des Fonds wird durch die interne Verrechnung jedoch negativ beeinflusst.

10. 2. 1. 1 Fondsvergleiche auf Basis der Managementgebühr

Die hohe Transparenz der Fondsanlage ermöglicht Vergleiche einzelner Fonds auf Basis der Managementgebühr. Dies wird vor allem durch spezielle Fondspublikationen verstärkt in den Vordergrund gestellt. Die Grundlage für die entsprechenden Vergleiche ist auch transparent. Je niedriger die Managementgebühr ist, desto leichter kann das Fondsmanagement die Konkurrenten auch ohne eine überdurchschnittliche Leistung beim Wertzuwachs übertrumpfen.

Aus meiner Sicht sind diese Vergleiche nur berechtigt für neue Fonds oder „Bestandsfonds" nach einem Managementwechsel, bei welchen nicht auf ein bewährtes Fondsmanagement zurückgegriffen wird. Schließlich sind sämtliche interne Kosten bei den täglichen Preisveröffentlichungen berücksichtigt. Wenn Sie einen Fonds haben, der bei einem internen Kostensatz von 0,6 Prozent eine jährliche Durchschnittsrendite von elf Prozent p. a. erzielt, stufen diese Fondsvergleiche Ihren Fonds bestimmt als besonders günstig ein. Sollte sich eine Alternative von einem internen Kostensatz von 1,8 Prozent bieten, wird sie in diesen Publikationen als nicht empfehlenswert bezeichnet (zu „teuer"). Ehrlich gesagt, ist der interne Kostensatz für mich kein Entscheidungskriterium. Neue Fonds sind nur empfehlenswert, wenn ich auf ein bewährtes Fondsmanagement zurückgreifen kann. Bei bestehenden Fonds habe ich mit einem Kostensatz von 1,8 Prozent kein Problem, wenn nach diesen Kosten, im Vergleich zu der vermeintlich billigeren Variante, keine Durchschnittsrendite von elf, sondern von beispielsweise 14 Prozent übrig bleibt. Letztlich hat die erste Fondsmanagementleistung dann auch keine höhere Vergütung verdient.

Interne Kostensätze sind kein Entscheidungskriterium! Ausschlaggebend ist die Leistung des Fondsmanagements nach Abzug der Kosten!

10. 2. 2 Erfolgsbeteiligung / Performance-Fee

Bei neu aufgelegten Fonds hat sich seit 1997 die Zahl der Fonds, die ergänzend zur Managementgebühr eine direkte Gewinnbeteiligung fordern, kontinuierlich erhöht. Diese Gewinnbeteiligung, auch Performance-Fee genannt, ist durchaus umstritten. Dem Argument, dass die zusätzliche Vergütung bei hohem Erfolg das Fondsmanagement zu noch besseren Leistungen motiviert, steht die Befürchtung entgegen, dass aus reinem Ertragsprofit zu hohe Risiken eingegangen werden. Daher ist es wichtig, die Details, unter welchen Bedingungen die Gewinnbeteiligung zum Tragen kommt, genau abzuwägen. Im Wesentlichen unterscheidet man zwischen einer anteiligen Ertragsbeteiligung für:

- eine Wertentwicklung oberhalb des entsprechenden Vergleichsindex. Dabei ist ein Überschreiten alter Höchstkurse meist nicht notwendig.

Oder:

- das Ergebnis, das eine bestimmte Mindestrendite, beispielsweise sechs Prozent, überschreitet. Diese Beteiligung fällt in der Regel nur an, wenn das Fondsmanagement neue historische Höchststände bei der Fondsentwicklung erzielt.

Die Gewinnbeteiligung liegt in einer Bandbreite von zehn bis 20 Prozent des Mehrertrages. Beispiel dafür ist der Mischfonds Abakus Fonds UI im Jahr 1998. Der damalige Fondsmanager Florian Homm erzielte nach der Gewinnbeteiligung für die Anteilsinhaber eine Wertentwicklung von 35,7 Prozent. Die Bedingungen für die Gewinnbeteiligung:

Mindestrendite:	6%	
Gewinnbeteiligung:	20%	aus allem, was die Mindestrendite überschreitet.
Wertentwicklung:	35,7%	inklusive sämtlicher interner Kosten in 1998. (Quelle: FVBS)
abzüglich	6,0%	Mindestrendite
es wurden	29,7%	Wertentwicklung erzielt, die durch eine Gewinnbeteiligung belastet waren, 29,7 = 80 %, 100 % = 37,1

Um eine für das Börsenjahr 1998 unbestritten fürstliche Kundenrendite von 35,7 Prozent zu erzielen, musste das Fondsmanagement insgesamt 43,1 Prozent erreichen. Mit 7,4 Prozent (37,1 minus 29,7) am Ertrag beteiligt zu sein, das lässt schon den einen oder anderen Fondsmanagementkollegen neidisch werden. Dies macht klar, dass die Performance-Fee im Geschäft mit neu aufgelegten Fonds auf dem Vormarsch ist.

Aus meiner Sicht sollten Sie Fonds mit Gewinnbeteiligungen nur akzeptieren, wenn sie an das Erreichen neuer Fondshöchststände gebunden sind. Die in Fachkreisen als „Highwater"-Marke bezeichnete Berechnungsgrenze stellt wenigstens indirekt eine Verlustbeteiligung durch das Fondsmanagement dar. Schließlich kommt die Berechnung einer erneuten Gewinnbeteiligung nur dann zum Tragen, wenn für den Kunden tatsächlich neue Höchststände erzielt werden.

10. 2. 3 Depotbankgebühren

Gelder, die Sie in einen Fonds einbezahlen, werden durch eine Depotbank treuhänderisch als Sondervermögen verwahrt. Damit ist Ihr Geld selbst bei einem Konkurs der Fondsgesellschaft sicher. Gleichzeitig übt die Depotbank eine Kontrollfunktion aus bei Wertpapierkäufen und

Kapitalbewegungen innerhalb des Sondervermögens. Für diese Aufgaben erhält sie eine Vergütung, die zwischen 0,01 und 0,5 Prozent liegt. Wie die Managementgebühr belastet auch sie das Fondsvermögen.

10. 2. 4 Weitere Kosten

Um die Sicherheit der Fondsanlagen zu gewährleisten, hat der Gesetzgeber notwendige Aufgabenbereiche nach dem Mehraugenprinzip vorgesehen. So übernimmt eine Bank als Zahlstelle die Aufgabe des korrekten Geldtransfers von Ihrem Girokonto in das Sondervermögen und zurück.

Wirtschaftsprüfer haben die Aufgabe, sämtliche Transaktionen auf ihre Richtigkeit zu überprüfen.

Preisveröffentlichungen in überregionalen Tageszeitungen oder im Videotext sind kostenpflichtig. Für weitere Publizitätspflichten wie Verkaufsprospekte und Rechenschaftsberichte entstehen Druckkosten.

In einigen Ländern ist es den Fonds erlaubt, die Kosten der Fondsgründung abzuschreiben. Dies geschieht in der Regel über einen Zeitraum von fünf Jahren. Vor allem bei Fonds mit einem anfänglich kleinen Anlagevolumen können die Gründungskosten die Wertentwicklung erheblich mindern.

Luxemburger Fonds werden zudem mit einer „Taxe d'abonnement", einer 0,06 Prozent hohen Steuer, belastet.

Sämtliche Kosten, die mit diesen Pflichten verbunden sind, belasten das jeweilige Sondervermögen. Einen Teil der Gebühren bilden Fixkosten. Da sie unabhängig von der Höhe des Fondsvolumens anfallen, können sie die Wertentwicklung von Fonds mit kleinen Volumen erheblich beeinträchtigen. Bei Fonds mit einem dauerhaften Volumen unter 10 Millionen Euro besteht daher immer die Gefahr, dass sie über kurz oder lang aufgelöst werden.

Einige Fondsgesellschaften begrenzen die Kosten nach oben. Sie berechnen nicht die tatsächlichen Ausgaben, sondern an Stelle der oben genannten Kosten eine Pauschalgebühr. Diese „All-in-Fee" erhöht zusätzlich die ohnehin hohe Transparenz der Fondsanlage.

10. 3 Bankdepotanlage und Fondsanlagekonto im Vergleich

Bei den verschiedenen Investitionsmöglichkeiten sind die häufigsten Formen:

- der Kauf der Investmentanteile über die Bank und die Verwahrung der Anteile im Wertpapierdepot oder
- direkter Kauf bei der Kapitalanlagegesellschaft, wo auch das Anlagekonto geführt wird.
- der Kauf über einen Investmentberater und die Abwicklung und Verwahrung der Anteile über eine Fondsplattform.

Kostenaspekte und die Möglichkeiten des Handlings sprechen in der Regel nicht für die Verwahrung der Anteile im Wertpapierdepot. An verschiedenen Stellen bin ich auf die diversen Vor- und Nachteile bereits eingegangen. Da es in der Praxis jedoch immer wieder anzutreffen ist, dass sich Banken den „Service", Ihnen konzernfremde Fonds zu besorgen, fürstlich bezahlen lassen, möchte ich Sie hier noch einmal sensibilisieren. Immer wieder berechnen die Banken ergänzend zum Ausgabepreis (dieser beinhaltet den Ausgabeaufschlag, aus dem die Banken bereits für ihre Beratungs- und Vermittlungsbemühungen bezahlt werden) weitere Gebühren. Fremde Spesen (?), Devisen-Courtage, Provision und Auslagen summieren sich schnell bis auf zwei Prozent (!) zusätzlicher Kosten.

Achtung: Wenn Sie Ihre Fondsanteile später wieder verkaufen möchten, werden Ihnen diese ergänzenden Kosten wieder in Rechnung gestellt.

Zu den Nachteilen auf der Kostenseite kommen zusätzlich die wesentlich schlechteren Verwendungsmöglichkeiten. Die Vorteile des Cost-Average-Effektes bzw. des Entnahmeplanes bietet nur das Anlagekonto.

Tipp: Haben Sie sich in der Vergangenheit bei Ihrem Bankberater durchgesetzt? Führen Sie „fremde" Fonds in Ihrem Bankdepot? Denken Sie daran, Fondsanteile sind jederzeit übertragbar. Eröffnen Sie ein Anlagekonto bei der entsprechenden Fondsgesellschaft oder entscheiden Sie sich für eine Fondsplattform und lassen Sie Ihre Fondsanteile übertragen. Ab sofort nutzen Sie die Vorteile des Anlagekontos.

Tabelle 21 zeigt Ihnen die Unterschiede zwischen den einzelnen Verwahrformen.

	Bankdepot	Fondsplattform	Anlagekonto
Ausgabeaufschlag:	Ja	Ja	Ja
Zusätzliche Kaufgebühren:	Teilweise ja	Nein	Nein
Zusätzliche Verkaufsgebühren:	Teilweise ja	Nein	Nein
Automatischer Rabatt bei höheren Anlagebeträgen:	Nein	Nein/Ja*	Ja
Absichtserklärung:	Nein	Nein/Ja*	Ja
Kostenfreier Switch:	Nein	Nein/Ja*	Ja
Depotgebühr:	Meist ja	Ja, mit Obergrenze	Meist nein, wenn ja, mit Obergrenze.
Automatische Reinvestition der Ausschüttung:	Nein	Ja	Ja
Wiederanlagerabatt:	Ja, circa die Hälfte bei eigenen Fonds Nein, bei konzern-fremden Fonds	Ja, voll	Ja, voll
Teilliquidation/kostenfreier Rückerwerb:	Nein	Nein/Ja*	Meist ja
Cost-Average-Effekt:	Nein	Ja	Ja
Entnahmepläne:	Nein	Ja	Ja
Genaue, insbesondere steuermindernd verrechenbare Dokumentation von steuerpflichtigen Erträgen:	Ja, bei den eigenen Fonds Meist nein, bei fremden Fonds	Ja	Ja

* Nur dann, wenn Ihr Berater die Bedingungen der Fondsgesellschaften auf der Fondsplattform übernimmt

Tabelle 21: Verwahrung im Bankdepot versus Fondplattform versus Anlagekonto

Wollen Sie nur einen Fonds kaufen, bevorzugen Sie das Anlagenkonto. Bei mehreren Fonds bevorzugen Sie die Anlageplattform!

11. Kapitel

Bezugsquellen von Investmentfonds

Sie haben sich entschieden, in Fonds zu investieren? Wie kommen Sie zu Ihren Fondsanteilen? Ihre erste Idee?

Die Hausbank. In Kapitel 3 wurden verschiedene Gründe für die deutsche Vermögensaufteilung erörtert. Die Hauptanlaufstelle des deutschen Kapitalanlegers spielt auch im Fondsvertrieb eine gewichtige Rolle. Die nachfolgende **Grafik 49** gibt hierüber einen ersten Überblick.

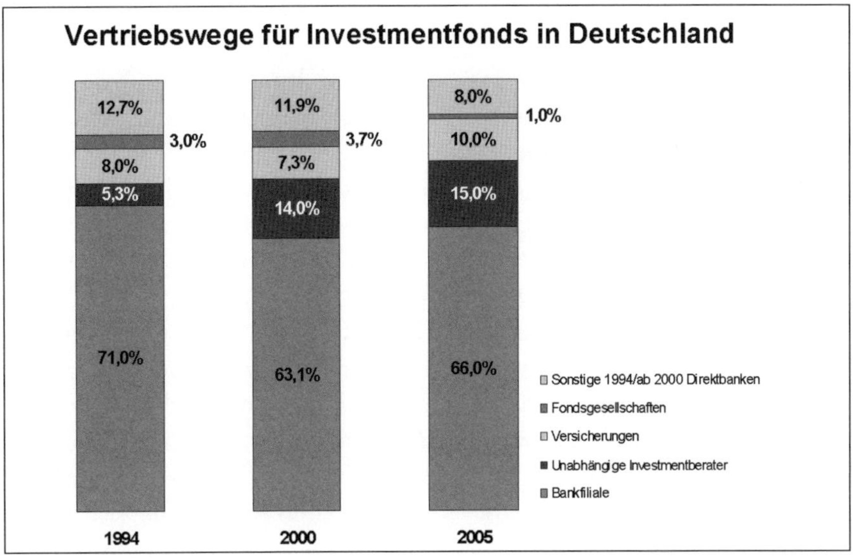

Grafik 49: Fondsbezugsquellen

11. 1 Banken und Sparkassen

Die größten Investmentumsätze werden nach wie vor bei Banken und Sparkassen getätigt. Die Hauptanlaufstelle des deutschen Kapitalanlegers, seine Hausbank, bringt den deutschen Kreditinstituten riesige Wettbewerbsvorteile!

Wenn der Anlageberater seine bilanzwirksamen Anlagen nicht an den Mann bringen kann, werden Investmentfonds empfohlen. Immer mehr Kunden sind mit den mageren Renditen der herkömmlichen Bankanlage nicht zufrieden, daher setzen die deutschen Banken und Sparkassen über 60 Prozent in der gesamten Investmentbranche um. Größtenteils handelt es sich jedoch um sehr einseitige Umsätze. Wenn Sie zum Kapitel 6.5.1 zurückblättern, finden Sie in der Tabelle „Wer gehört zu wem?" die wichtigsten Unternehmensabhängigkeiten. Gekoppelt an die gegenseitigen Unternehmensbeteiligungen hat jede Bankengruppe ein vordergründiges Interesse, welches sich bei den Empfehlungen durchsetzt. Testberatungen bei Banken, die sich werblich im Fondsgeschäft geöffnet haben, also auch andere Fonds als die der eigenen Investmentgesellschaft anbieten, sind recht ernüchternd. Wenn irgend möglich, stehen doch die „eigenen" Fonds in der ersten Reihe der Empfehlungen. Verdenken kann man ihnen diese Vorgehensweise jedoch nicht. Oder erwarten Sie von Ihrem BMW-Händler, dass er Ihnen einen Mercedes anbietet?

Der Anlageberater Ihrer Hausbank wird Ihnen mit großer Wahrscheinlichkeit die Fonds seines Hauses empfehlen. Vereinzelt handelt es sich hierbei um ausgezeichnete Fonds, häufiger dürften die Fondsempfehlungen jedoch als schlecht eingestuft werden. Schließlich bleiben alle weiteren Alternativen, die Fonds aller anderen Kapitalanlagegesellschaften, bei den gebotenen Anlagemöglichkeiten in der Schublade bzw. bei vielen Banken immer noch vor der Tür.

Versuchen Sie einmal, bei Ihrer Hausbank einen Fonds einer fremden Kapitalanlagegesellschaft zu ordern. Nahezu alle Versuche werden erst einmal mit allen zur Verfügung stehenden „Beratertricks" abgeblockt und umgebogen. Misslingt die Beeinflussung und der hauseigene Fonds kann nicht an den Kunden gebracht werden, reduziert sich die Auskunftsfreudigkeit Ihres Bankberaters meist auf ein absolutes Minimum.

Wenn Sie konsequent bleiben, wird Ihnen Ihr Bankberater den gewünschten Fonds besorgen. Jetzt aber Vorsicht! Lassen Sie sich vor dem

Kauf bestätigen, dass außer dem Ausgabeaufschlag (aus diesem wird die Bank für ihre Bemühungen bereits vergütet) keine weiteren Kosten, und zwar weder beim Kauf noch beim späteren Anteilsverkauf, in Rechnung gestellt werden. Dies ist zwar üblich, aber in der Praxis nicht überall selbstverständlich.

Deshalb gilt: Der Kauf der hauseigenen Fonds ist über Ihre Hausbank stets ohne Probleme möglich. Für die Fonds anderer Kapitalanlagegesellschaften ist es meist ratsam, eine der nachfolgenden Bezugsquellen zu nutzen.

11.2 Versicherungs- und Bausparkassenvertreter

Im Zuge des Allfinanzangebotes bietet heute jede Versicherungsgesellschaft über ihren Außendienst Investmentfonds an. Das eher stagnierende Versicherungsgeschäft führt zu einem starken Streben in Richtung Investmentfonds. Vereinbarungen mit Banken und Investmentgesellschaften oder die Gründung der eigenen Fondsgesellschaft stellen die Basis für die empfohlenen Fonds. Daher gilt dieselbe Einschränkung wie bei den Banken und Sparkassen.

Das Hauptanlagegeschäft resultiert aus den fälligen Lebensversicherungen. Obwohl hier inzwischen jedes Jahr astronomische Summen fällig werden, kommen die Versicherungen zusammen mit den Bausparkassen auf gerade mal zehn Prozent der Investmentumsätze. Der Hauptgrund hierfür ist – trotz teilweise erstklassiger Investmentfonds – im „noch intakten" deutschen Trend zu suchen: „Für die Kapitalanlage ist meine Hausbank bzw. mein Bankberater zuständig!"

11.3 Investmentberater/Fonds-Shops

Der Anteil der unabhängigen Spezialisten, sei es in Form des freien Investmentberaters oder eines unabhängigen Fonds-Shops, ist in den letzten Jahren extrem gewachsen. Am gesamten Fondsumsatz beträgt der Anteil heute 14 Prozent. Unabhängige Kapitalanlagegesellschaften wie Alger, Davis, Fidelity, Fleming, FranklinTempleton, Gartmore, Janus, Merrill Lynch, Pioneer und Threadneedle werden aufgrund der nur allmählichen Aufweichung der „geschlossenen Gesellschaft“ innerhalb der deutschen Bankengruppen zum großen Teil über die Gruppe der freien Investmentberater und Fonds-Shops angeboten.

Im Regelfall erhalten Sie dort die beste, das heißt unabhängigste Information. Vorausgesetzt wird der kompetente und seriöse Investmentberater, der aus einer Vielzahl von Kapitalanlagegesellschaften Fonds anbieten kann. Das immense Wachstum des Fondsmarktes und der nach wie vor fehlende Schutz des Gesetzgebers für den Berufsstand „Investmentberater“ haben hier in den letzten Jahren nicht nur Fondsspezialisten den Markt besetzen lassen. In einigen Fällen liegt die Vermutung nahe, dass die Bezeichnung Fonds-Shop als Deckmantel für einen Allfinanzbetrieb genutzt wird. Dies dürften Sie jedoch verhältnismäßig schnell feststellen können. Sollte man Ihnen nicht nur den besten Fonds, sondern auch die eine oder andere Versicherung, die richtige Finanzierung und die neueste Beteiligung an einem Steuersparmodell schmackhaft machen, dürfen Sie schwerlich wahre Fondsexperten erwarten. Um unabhängige Informationen, vor allem aber die Vielfalt des explosionsartigen Fondswachstums verarbeiten und in persönliche Empfehlungen umsetzen zu können, ist die Konzentration auf das Fondsgeschäft eine absolute Notwendigkeit. Deshalb gilt die Bevorzugung dieser Vertriebsquelle nur dann, wenn das Kerngeschäft Ihres Investmentberaters oder Fonds-Shops auf dem Investment liegt. Unter diesen Bedingungen dürfen Sie sicher sein, dass Sie sich auf einen Fondsspezialisten verlassen, der den Fondsmarkt heute und auch zukünftig für Ihre Interessen ausnutzt. Allein die Spezialisierung, der Aufbau der qualitativ höchsten Fondskenntnisse, gepaart mit der Unabhängigkeit und dem Streben, diese Marktstellung auch in Zukunft nicht zu verlieren, stellt bei dem extremen Fondswachstum die einzige Grundlage dar, die Ihnen die Sicherheit geben kann, dass auch zukünftig die besten Fondsinformationen bei Ihrer persönlichen Strategie umgesetzt werden können.

Neben den Vorteilen der Unabhängigkeit bieten die freien Berater weitaus kundenorientierteren Service und vor allem Beratungszeiten.

11. 4 Direktgeschäft und Discountbanken

Der Direktvertrieb durch die Kapitalanlagegesellschaften und das Fondsangebot der Discountbanken sprechen die Gruppe besonders erfahrener und professioneller Anleger an.

Haben Sie die nötigen Fachkenntnisse, können Sie auf praktische Erfahrungen in Hausse- und vor allem Baissephasen zurückgreifen?

Verfügen Sie über die notwendige Zeit, Ihre Vermögensverwaltung selbst in die Hand zu nehmen?

Dann sind die Fondsgesellschaften und vor allem die Discountbanken die richtige Bezugsquelle für Sie.

11.4.1 Investmentfondsgesellschaften

Beim Direktvertrieb wenden Sie sich unmittelbar an die Kapitalanlagegesellschaft, bei welcher Sie Ihren Fonds ausgesucht haben. Postalisch eröffnen Sie ein Konto und überweisen den Anlagebetrag auf das prospektierte Zahlstellenkonto. Telefonische Auskünfte beschränken sich auf Abwicklungsfragen. Eine beratende Tätigkeit wird nicht übernommen.

Dieser Direktvertrieb ist nicht bei allen Kapitalanlagegesellschaften möglich. Einige verweisen auf ihre freien Investmentberater bzw. Repräsentanzstellen vor Ort. Teilweise erhoffte Preisvorteile durch die Direktansprache erfüllen sich übrigens nicht. Wie beim Erwerb über den unabhängigen Vertrieb, verlangen die Kapitalanlagegesellschaften genauso den Ausgabeaufschlag.

11.4.2 Discountbanken

Einige Fonds, ausschließlich von amerikanischen Gesellschaften, sind hinsichtlich der Einstiegskosten (Ausgabeaufschlag) so konzipiert, dass bei höheren Anlagesummen eine kundenorientierte Rabattierung stattfindet. Je höher die Anlagesumme ist, desto niedriger werden die Einstiegskosten! Die erste Rabattstufe beginnt allerdings erst bei einem Gegenwert von 50.000 US-Dollar.

Da hört sich das Angebot der Discountbanken sehr verbraucherfreundlich an. Sie bieten dem Anleger lediglich die Konto- und Depotführung an. Der Anleger kann per Telefon, Fax oder Internet Investmentanteile, selbst bei kleinen Anlagesummen, teilweise mit erheblichen Rabatten ordern. Der Zwang, lediglich in Fonds eines bestimmten Hauses zu investieren, ist nicht gegeben. Der Kauf aller registrierten Fonds ist möglich, was allerdings nicht heißt, dass alle Fonds rabattiert gekauft werden können. Die Bedingungen der Discountbanken können die Fondskäufe ohne Rabatt genauso vorsehen wie unterschiedliche Rabattstufen. Der Kostennachlass bei den rabattierten Fonds beträgt zwischen 25 und 100 Prozent. Durchschnittlich ist eine Ersparnis von circa 50 Prozent des Ausgabeaufschlages möglich. Doch Vorsicht: In der Praxis sind einmal veröffentlichte Rabatthöhen nicht für immer fixiert. Scheinbar nutzen Kapitalanlagegesellschaften und die Discountbanken die Höhe des Kostennachlasses, um Anlagekapital in die gewünschten Fonds zu lenken. Wenn Sie stets die Gewissheit haben wollen, den besten Preis zu erzielen, bleibt Ihnen nichts anderes übrig, als vor jedem Kauf einen Vergleich zwischen den Discountbrokern vorzunehmen. Auch wenn Sie selbst entscheiden wollen, nehmen Sie an dieser Stelle meinen Rat an: Die Rabatthöhe sollte nie das Maß für eine Kaufentscheidung sein.

**Nicht die Rabatthöhe,
sondern ausschließlich die Qualität
des Fondsmanagements sollte
über die Fondsauswahl entscheiden!**

Wenn Sie in einen ganz bestimmten Fonds investieren möchten, bekommen Sie diesen bei den Discountbrokern unter Umständen gar nicht oder nur zum regulären Ausgabeaufschlag. Da die Wertentwicklung vieler gleich orientierter Fonds erhebliche Unterschiede aufweist, sollte der „schlaue Anleger" bedenken, dass es wesentlich wichtiger ist, in den richtigen Fonds zu investieren, als beim Einstieg ein paar Prozente zu sparen! Der vermeintliche Preisvorteil ist dann meist innerhalb kürzester Zeit verloren und wendet sich ins Gegenteil!

Dazu kommt, dass die Discountbanken ausschließlich die herkömmliche Depotführung anbieten. Viele Vorteile eines Anlagekontos oder einer Fondsplattform – wie etwa das kostengünstige/-freie Tauschen in einen anderen Fonds der gleichen Gesellschaft oder die Einrichtung eines automatischen Entnahmeplanes – gehen Ihnen verloren. Wie kurzfristig der Preisvorteil der Discountbanken sein kann, zeigt **Tabelle 22**.

Kauf 1: Aktienfondsanteile für		50.000 €	
		Kapitalanlage-gesellschaft	**Discount-bank**
Ausgabeaufschlag in %		5,25%	2,63%
Ausgabeaufschlag in €		2.625 €	1.313 €
Investierter Betrag 1		47.375 €	48.688 €
Angenommene Wertentwicklung:		20,00%	
Verkaufserlös:		56.850 €	58.425 €
Kosten beim Switch 1 / Neukauf:		0 €	1.534 €
Investierter Betrag 2		56.850 €	56.891 €
Angenommene Wertentwicklung:		25,00%	
Verkaufserlös:		71.063 €	71.114 €
Kosten beim Switch 2 / Neukauf:		0 €	1.867 €
Kapital nach dem 2. Switch:		**71.063 €**	**69.247 €**
Summe der Kaufspesen:		**2.625 €**	**4.713 €**

Tabelle 22: Scheinbarer Kostenvorteil der Discountbanken

Der größte Nachteil beim Kauf über die Discountbanken besteht darin, dass Sie gänzlich auf Beratung verzichten! Es wird von Ihnen erwartet, dass Sie ganz genau wissen, was Sie wollen. Als Vorteil ist anzusehen, dass die Kosten der Beratung nicht finanziert werden müssen, es sind hohe Rabatte auf die Ausgabeaufschläge möglich! Deshalb sollten Sie die Discounter nur nutzen, wenn Sie ganz genau wissen,

- welche Fonds Sie kaufen möchten und ob Sie diese auch zum Discount beziehen können.
- dass Ihr geplanter Anlagebetrag bei der gewünschten Fondsgesellschaft unter deren geforderten Mindestanlagesummen liegt, über die Discountbank aber möglich wäre.
- dass Ihre praktischen Erfahrungswerte Ihnen die Gewissheit geben, nur Fonds zu erwerben, die zu Ihrer persönlichen Anlagementalität passen.
- dass Fragen zur steuerlichen Handhabung durch Ihren fondserfahrenen Steuerberater geregelt werden.
- dass kein Tauschen zwischen den einzelnen Teilfonds einer Fondsgesellschaft geplant ist.
- dass Kenntnisse hinsichtlich Veränderungen im Fondsmanagement für Sie zweitrangig sind.

➢ dass Sie auch künftig genügend Zeit haben und diese auch investieren wollen, wenn es darum geht, Informationen zu Ihren Fonds zu sammeln.

Discountbank	Telefon	Internetadresse: www.	Fondsanzahl	
			gesamt	mit Rabatt
Advance Bank	01803 / 33 00 00	advance-bank.de	ca. 5.500	ca. 2.250
Maxblue	01803 / 81 28 12	maxblue.de	ca. 5.400	ca. 2.200
Citibank	01803 / 32 21 11	citibank.de	ca. 1.300	ca. 1.100
Comdirect Bank	01803 / 33 63 66	comdirect.de	ca. 4.200	ca. 2.600
Consors	01803 / 25 25 15	consors.de	ca. 6.000	ca. 3.500
Direkt Anlage Bank	01802 / 25 45 00	dab-bank.com	ca. 3.900	ca. 3.900
Entrium	0800 / 80 02 03 0	entrium.de	ca. 3.000	ca. 2.500
S-Broker	0800 / 20 80 90 0	sbroker.de	ca. 5.500	ca. 2.000
DiBa	01802 / 44 55 88	diba.com	ca. 1.300	ca. 950

Tabelle 23: Discountbanken im Überblick

Die obige Tabelle bietet Ihnen einen Überblick über die größten Discountbanken. Obwohl kleinere Anbieter inzwischen nicht mehr existieren, glauben Marktbeobachter, dass eine Bereinigung bei den Online-Brokern erst noch aussteht. In jedem Fall unterliegen die Konditionen und die Fondszahlen einem ständigen Wandel. Selbst Ankündigungen über radikale Reduzierungen der Fondsangebote mit Rabatt gehören zur Geschäftspolitik. Deshalb müssen die aktuellen Werte vor neuen Käufen stets abgefragt werden.

11. 5 Autarke Entscheidung oder Beratung?

Im Kapitel über die Discounter ist klar geworden, dass der größte Vorteil in der Kostenersparnis liegt. Dafür müssen Sie auf kompetente Beratung verzichten. Die Discounter unterstellen, dass Sie Ihre Entscheidungen selbst (autark) vornehmen. Leider wird das in der Werbung der Discountbanken nicht immer so deutlich.

Erinnern Sie sich noch an folgenden Fernsehspot? Es werden verschiedene Personen in unterschiedlichen Alltagssituationen gezeigt. Jede Person wird mit zwei Worten als entsprechender Aktienanleger eingestuft: „Er glaubt", „er denkt", „er hofft", „er weiß". Der Wissende wird als der richtige Kunde für die Discountbank herausgestellt.

Dies ist der einzige ehrliche Werbespot, der mir von den Discountbanken bekannt ist! Das soll aber nicht heißen, dass die anderen nicht gut sind. Im Gegenteil: Sie sind alle erstklassig gemacht, um Sie als Kunden zu gewinnen. Schließlich ist das Geschäft an der Börse ja gar nicht so schwierig. Das Geld wird praktisch auf die schnelle Tour verdient – wenn es ganz schnell gehen soll, sogar über das Handy aus dem Taxi. Dazu kommt noch, dass man jede Menge Kosten sparen kann.

Leider ist es nicht ganz so einfach, wie es Ihnen suggeriert wird. Ein Indiz ist die Statistik der Discounter. Sie weist eine durchschnittliche Rate von 70 Prozent ihrer Kunden auf, die über kurz oder lang, meist nach Baissephasen, den Rat eines Investmentberaters suchen. Wenn dies eintritt, ist der „Spartrip" in der Regel zu einem äußerst teuren Erfahrungswert geworden. Sicherlich wird Sie auch ein guter Berater in einer Baissephase nicht vor Verlusten schützen können, für Ihre zukünftige Vermögensbildung spielt es jedoch eine erhebliche Rolle, ob Sie 30 oder 70 Prozent im Verlust sind (siehe Kapitel 8.3.1.1 **Tabelle 5**).

Machen Sie sich bewusst, dass jeder seine eigenen Interessen hat. Versuchen Sie, in Wahrscheinlichkeiten zu denken. Primär müssen Ihre Anlageziele erreicht werden. Wo liegt bei Ihnen die höchste Wahrscheinlichkeit, dass Ihre Wünsche und Träume in Erfüllung gehen können?

Jede Institution, die eine Dienstleistung oder ein Produkt anbietet, stellt die Vorteile des eigenen Angebots in den Vordergrund. Die Discountbank macht Ihnen klar, wie viel Geld Sie sparen können. Der Investmentberater wird Ihnen die Qualität seiner Beratung verkaufen. Für Sie als Verbraucher gilt: Bezahle ich die Beratung? Ist sie den höheren Ausgabeaufschlag oder die Verwaltungsvergütung wert? Oder treffe ich autark die besten Entscheidungen? Dann wäre es ja dumm, das Angebot der Discounter nicht zu beanspruchen. Oder glauben Sie etwa, dass ein frühzeitiger Hinweis auf einen Wechsel in der Anlagephilosophie Ihres Fonds Ihnen eine höhere Gesamtrendite ermöglichen kann? Können Sie sich auch vorstellen, dass Ihnen in der Euphorie der Hausse durch die Empfehlung, gar nicht oder nur eine kleinere Summe in die nach oben schießenden Fonds der Chance-Risiko-Klasse 6 zu investieren, eine größere Vermögensvernichtung erspart bleibt?

In Bezug auf die Geschäftspartner hat es die Discountbank am einfachsten. Sie muss Ihnen gegenüber keinerlei Verantwortung übernehmen. Sie muss ausschließlich im Sinne ihrer Eigentümer kalkulieren. Die von Ihnen zu zahlenden Gebühren müssen sämtliche Personal- und Betriebsaufwendungen sowie die kalkulierten Gewinne finanzieren. Ob die von Ihnen abgewickelten Geschäfte von Erfolg gekrönt sind, ist zweitrangig. Mit scheinbar günstigen Angeboten sollen Sie dauerhaft als Kunde gehalten werden.

Wesentlich schwerer hat es da schon die beratende Zunft. Wenn sie gewissenhaft tätig ist, übernimmt sie in zwei Richtungen Verantwortung. Für das Unternehmen muss die kostenintensive Beratung berücksichtigt und kalkuliert werden. Ihnen als Kunde gegenüber muss die Verantwortung hinsichtlich Ihrer persönlichen Ziele und Vorstellungen übernommen werden. Die Empfehlungen müssen das Erreichen dieser Ziele gewährleisten, setzen also auf Dauer erfolgreiche Ergebnisse voraus.

Die dritte Partei sind Sie selbst. Es geht um Ihre Vermögensbildung, um die Finanzierung Ihrer Lebensziele. Sie müssen entscheiden, ob Sie Kosten sparen oder wichtige Entscheidungen den Profis überlassen.

Hierzu ein paar Gedanken aus dem 18. Jahrhundert:

> *„Es gibt kaum etwas auf dieser Welt, das nicht irgendjemand ein wenig schlechter machen und etwas billiger verkaufen könnte. Und die Menschen, die sich nur am Preis orientieren, werden die gerechte Beute solcher Machenschaften.*
> *Es ist unklug, zu viel zu bezahlen, aber es ist noch schlechter, zu wenig zu bezahlen. Wenn Sie zu viel bezahlen, verlieren Sie etwas Geld, das ist alles. Wenn Sie dagegen zu wenig bezahlen, verlieren Sie manchmal alles, da der gekaufte Gegenstand die ihm zugedachte Aufgabe nicht erfüllen kann.*
> *Das Gesetz der Wirtschaft verbietet es, für wenig Geld viel Wert zu erhalten. Nehmen Sie das niedrigste Angebot an, müssen Sie für das Risiko, das Sie eingehen, etwas hinzurechnen.*
> *Und wenn Sie das tun, dann haben Sie auch genug Geld, um etwas Besseres zu bezahlen."*
>
> *John Ruskin, 1819–1900*

Wenn es Ihnen gelingt, erfahrene und professionelle Investmentexperten für Sie arbeiten zu lassen, sind deren Vergütungen ein gut investiertes Geld.

11.6 Wie finde ich einen guten Investmentberater?

Über die Beratungsqualität der Banken fällt die Stiftung Warentest regelmäßig vernichtende Urteile. Außerhalb der Banken öffnen fehlende Qualitätssiegel und ungeschützte Berufsbezeichnungen dem Wildwuchs Tür und Tor.

Es ist also gar nicht so einfach, einen guten Berater zu finden. Am Markt tummeln sich Vermittler, Geldberater, Vermögensverwalter und Finanzprofis. Unter dieser Vielzahl von selbst ernannten Geldexperten einen professionellen und seriösen Investmentberater zu finden scheint fast unmöglich.

Trotzdem, wenn Sie klar definierte Regeln beachten, haben Sie eine gute Chance, einen seriösen Berater zu finden.

- Nehmen Sie sich Zeit!
- Prüfen Sie Ihren zukünftigen Berater auf Herz und Nieren.
- Stellen Sie ihm vor der Vereinbarung eines Beratungstermins Fragen (siehe unten).
- Die Antworten überzeugen Sie nicht? Vereinbaren Sie keinen Beratungstermin.
- Wenn Sie sich nicht sicher sind, führen Sie mit anderen Beratern Gespräche, und zwar vor Abschluss.
- Entscheiden Sie sich nicht für den Berater, der Ihnen die höchste Renditechance bietet. Sie müssen sich für den entscheiden, der gemeinsam mit Ihnen eine auf Sie zugeschnittene Lösung erarbeitet.

Ein professioneller Investmentberater ...

- ist spezialisiert. Er macht nie alles! Er hat das Anlagegeschäft von der Pike auf gelernt. Expertenwissen verlangt sehr tiefe Kenntnisse. Ihr Berater behauptet, er kenne die besten Lebens-, Kranken-, Sachversicherer, die günstigste Finanzierungsquelle, die interessanteste Bausparkasse sowie alle Fonds, die zu Ihnen passen, und die richtige Immobilie hat er auch noch. Dann bekommen Sie allenfalls einen guten Allrounder, für die einzelnen Bereiche aber nie einen wirklichen Profi.
- genießt einen guten Ruf!
- muss rechnen können!
- ist unabhängig.

Die Antworten auf die folgenden Fragen werden Ihnen das Gefühl vermitteln, ob Sie einen professionellen Investmentberater als Gesprächspartner haben oder sich besser auf die Suche nach einem anderen begeben sollten.

- Seit wann sind Sie im Investmentgeschäft tätig?
- Was haben Sie vorher gemacht? Wie ist Ihr beruflicher Werdegang?
- Wie hoch ist das Anlagevolumen, das Sie betreuen?
- Wie viele Kunden haben Sie? Gibt es Referenzkunden?
- Wie viele Mitarbeiter stehen für die Beratung und Betreuung der Kunden zur Verfügung?
- Welche Fondsgesellschaften vermitteln Sie?
- Können Sie sämtliche Vermögensklassen (Aktien-, Renten- und Immobilienfonds) abdecken?
- Wie sieht Ihre Honorierung aus?
- Arbeiten Sie mit einem Beratungsprotokoll?
- Kennen Sie die Kondratieffwellen?
- Sehen Ihre Empfehlungen in einem sekundären Bärenmarkt anders aus als in einem Bullenmarkt?
- Wann erhalte ich Verkaufsempfehlungen?
- Was passiert, wenn ich zu einem anderen Berater wechseln möchte?
- Welchen Informationsservice stellen Sie zur Verfügung?
- Wie werde ich über meine Vermögensentwicklung informiert?
- Was ist Ihre Investmentphilosophie?
- Was ist Ihre Spezialität?
- Gibt es steueroptimierte Investmentfonds?
- Wie werden steuerfreie Erträge erzielt?

Im Beratungsgespräch wird ein guter Berater den Spieß jetzt umdrehen. Um Sie richtig beraten zu können, muss er wissen, auf welcher Basis er seine Empfehlungen machen muss. Diese Grundlage muss er an erster Stelle erarbeiten. Wenn er es ernst meint, stellt er jetzt Fragen an Sie. Und zwar so lange, bis er die Bestandsaufnahme abgeschlossen hat. Wenn Sie es ernst meinen, müssen Sie die Bereitschaft mitbringen, offen über Ihre finanzielle Situation zu sprechen.

Der Ablauf des Gespräches mag von Berater zu Berater unterschiedlich verlaufen, die Basis, quasi die Grundlage für ein gutes Gespräch, muss jedoch immer dieselbe sein:

- Die Bestandsaufnahme Ihres vorhandenen Vermögens.

Zu einem umfassenden Bild gehören Ihre sämtlichen Vermögensgegenstände. Die Rückkaufswerte kapitalbildender Versicherungen, vermögenswirksame Leistungen und Immobilienwerte abzüglich Darlehen machen die Bestandsaufnahme komplett.

- Die Höhe der anzulegenden Summe sowie die Anlageziele und -horizonte. Von diesen persönlichen Vorgaben hängt es ab, wie die Empfehlung in Bezug auf Ihre Vermögensstruktur aussieht.
- Persönliche Erfahrungswerte und die eigene Risikobereitschaft.
  Die Praxis ist nach wie vor der beste Lehrmeister. Wenn Sie nicht nur theoretisch, sondern bereits praktisch, und zwar bewusst, erlebt haben, dass Ihr Vermögen zwischendurch Verluste erleidet, sind Ihre Anlegermentalität, Ihre Risikobereitschaft und die daraus resultierenden Empfehlungen wesentlich besser abschätzbar. Bei ausschließlich theoretischen Kenntnissen ist ein hoher Erfahrungswert des Beraters notwendig, um Ihre Schmerzgrenze zu erarbeiten und bei der Vermögensgewichtung zu berücksichtigen.
- Der Spielraum bei Ihrem Sparerfreibetrages.
  Wenn er bereits ausgenutzt ist, lassen Sie von Ihrem Berater eine Optimierung ausarbeiten. Hier können Sie die Qualität Ihres Investmentberaters testen! In Kapitel 14.3 gehe ich auf die Steueroase Deutschland ein. Die Kenntnisse, richtig eingesetzt, sind selbst mit einer gesunden Vermögensstruktur bis zu siebenstelligen Summen investierbar, ohne dass der Sparerfreibetrag überschritten wird.
- Ihre persönliche Situation und mögliche Notsituationen.
  Welche Situationen können einen planbaren oder einen plötzlichen Geldbedarf notwendig machen? Kinder, die in wenigen Jahren zu studieren beginnen? Arbeitslosigkeit oder ein Auto? Wenn Sie Hauseigentümer sind, sind es die notwendigen Reparaturen. Welcher Betrag wäre hierfür erforderlich?
- Absicherung Ihrer Finanzpläne.
  Wie sind Ihre Anlageziele abgesichert? Werden Sie Ihr Ziel auch bei einer Erwerbsminderung erreichen können?

Jetzt weiß Ihr Berater, wo er ansetzen soll, ob er Ihnen die Grundlage der Investmentfondsanlage noch erläutern muss oder er sich sogar das Aufzeigen der Entwicklungen bei den einzelnen Fondsarten sparen kann. Nun ist er in der Lage, die eigentlich wichtigste Arbeit für Sie umzusetzen, nämlich die richtige Gewichtung von Immobilien-, Renten-, Hedge-, Gold- und Aktienfonds Ihrer persönlichen Situation entsprechend vorzunehmen. Im zweiten Schritt kann er diese nun festgelegte

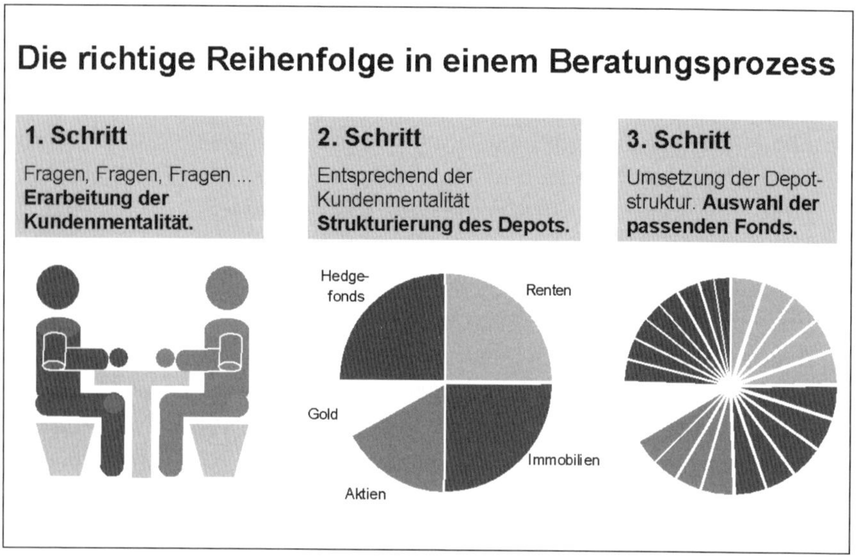

Grafik 50: Die richtige Reihenfolge eines Beratungsgesprächs Quelle: IFL® Rühl GmbH

Vermögensaufteilung (Asset Allocation) mit Fondsempfehlungen belegen, die zu Ihrer Mentalität passen.

Ein guter Berater kann und wird Ihnen die Kaufentscheidung nicht abnehmen. Aber er erarbeitet für Sie die richtigen Grundlagen und empfiehlt die zu Ihnen passenden Fonds.

12. Kapitel

Investitionsmöglichkeiten

Um an den Vorteilen der Investmentfondsanlage zu partizipieren, bietet sich eine Vielzahl von Anlagemöglichkeiten an.

12. 1 Einmalanlage

Als Alternative zu jeder herkömmlichen Anlageform kann in Investmentfonds jedes zur Verfügung stehende Kapital als Einzelbetrag investiert werden. Lediglich bei der Wahl eines ganz bestimmten Fonds kann die Freiheit der Einzelanlage durch die geforderte Mindestanlage eventuell eingeschränkt werden. Die vorgeschriebenen Mindestanlagebeträge liegen bei den Fondsgesellschaften zwischen 50 und 5.000 Euro. Ist der geforderte Erstbetrag investiert, sind jederzeit weitere Einzahlungen möglich. Diese Nachzahlungen unterliegen dann wesentlich geringeren Mindestanforderungen. Je nach Fonds sind Nachzahlungen mit Beträgen zwischen 25 und 1.000 Euro möglich.

12. 2 Regelmäßige Anlage

Die meisten Fondsgesellschaften räumen für ihre Fonds die Möglichkeit des regelmäßigen Sparens ein. Dabei legen Sie kleinere, stets gleich bleibende

Beträge in regelmäßigen Zeitabständen an. Die Sparraten werden von Ihrem Girokonto abgebucht (Einzugsermächtigung), bei einigen ausländischen Fondsgesellschaften muss noch mit regelmäßigen Überweisungen (Dauerauftrag) gearbeitet werden. Die Zeitabstände können monatlich, vierteljährlich und halbjährlich sein. Je nach Fonds liegt die Höhe der Sparplanrate bei 25 bis 300 Euro. Einige Gesellschaften gewähren für ihre Sparpläne eine Dynamisierung. Wie bei den Lebensversicherungen soll die Sparleistung den steigenden Einkommen angepasst werden.

Der große Vorteil für Sie als Investmentsparer besteht darin, dass Sie beim Fondssparplan keinerlei Verpflichtung eingehen. Sie können jederzeit die Höhe Ihrer Sparplanrate ändern (vorausgesetzt, die Mindesthöhe wird eingehalten), eine oder mehrere Raten auslassen oder den Sparplan ganz aufheben. Der Fondssparplan bietet Ihnen die höchstmögliche Flexibilität ohne irgendwelche Kostennachteile. Gleichzeitig erzielen Sie beim konstanten Durchhalten, vor allem bei Aktienfonds, Wertsteigerungen, die mit anderen Sparalternativen nicht möglich sind.

12. 2. 1 Sparplan/Cost-Average

Angenommen, Sie investieren in den folgenden Fonds regelmäßig 100 Euro, und zwar jeweils zum Zeitpunkt der gestrichelten Linien. Am Ende dieses Zeitraums haben Sie insgesamt (5 x € 100 =) € 500 investiert.

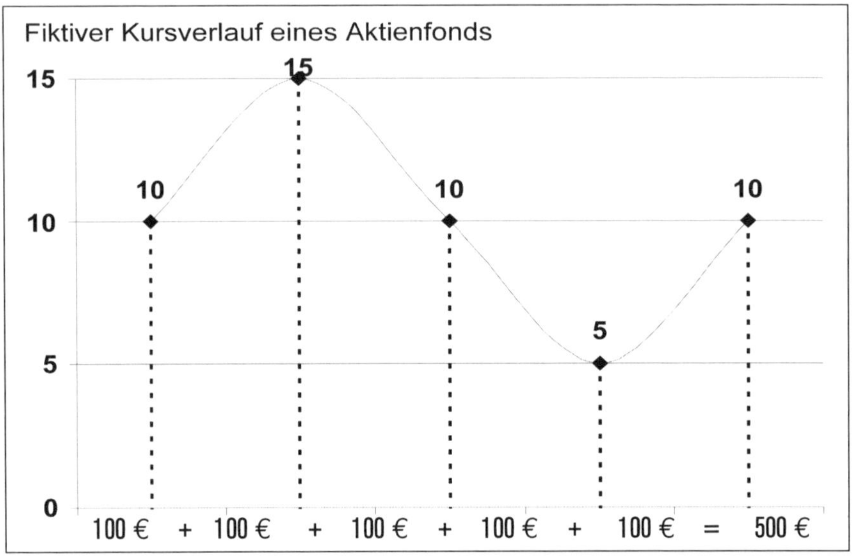

Grafik 51: Cost-Average

Wenn wir dem Kurvenverlauf folgen, stellen wir fest, dass Endkurs und Anfangssituation übereinstimmen. Außerdem ist die Abweichung zum Hoch identisch mit dem Rückgang ins Tief.

Sie haben zu den beschriebenen Zeitpunkten investiert und insgesamt 500 Euro einbezahlt. Der Kurs steht wieder bei zehn. Wie hoch ist nun der Wert Ihrer Anlage?

500 Euro, nicht wahr? Oder vielleicht ein anderer Betrag?

Bevor wir glauben oder schätzen, rechnen wir nach. Schauen wir uns einmal an, was uns die Fondsgesellschaft bei den einzelnen Sparraten an Anteilen gutschreibt.

1. Rate 100 € bei einem Kurs von 10. (100 € / 10) = 10,000 Anteile
2. Rate 100 € bei einem Kurs von 15. (100 € / 15) = 6,667 Anteile
3. Rate 100 € bei einem Kurs von 10. (100 € / 10) = 10,000 Anteile
4. Rate 100 € bei einem Kurs von 5. (100 € / 5) = 20,000 Anteile
5. Rate 100 € bei einem Kurs von 10. (100 € / 10) = 10,000 Anteile

Unser letzter Kontoauszug dokumentiert
eine Summe von: **56,667 Anteilen**

Da wir den tatsächlichen Wert unseres Anlagekontos erfahren wollen, multiplizieren wir den Anteilsbestand mit dem aktuellen Kurs:

56,667 Anteile x 10 = 566,67 €

Sie sind soeben Zeuge einer der interessantesten Nebenerscheinungen des regelmäßigen Sparens geworden: des Cost-Average-Effekts.

Wenn Sie stets den gleichen Betrag investieren, verhalten Sie sich automatisch wie der beste Börsenprofi. Sie kaufen Ihre Investmentanteile nämlich antizyklisch! Ob Sie 100 Euro vierteljährlich oder 5.000 Euro monatlich anlegen, ist nicht ausschlaggebend. Viel wichtiger ist eine gleich bleibende Rate. Damit verhalten Sie sich nämlich automatisch richtig, und das heißt in diesem Falle antizyklisch. Bei hohen Kursen werden verhältnismäßig wenig Anteile gekauft, und bei niedrigen kommen sehr viele dazu.

Dies führt auf besonders vorsichtige, aber sehr erfolgversprechende Art und Weise zum Aufbau eines Vermögens aus schwankenden Anlagefonds. Durch das antizyklische Ausnutzen der Schwankungen erreichen Sie eine optimale Durchschnittskursbildung (Cost-Average). Damit ist das regelmäßige Sparen die sicherste Form, in Aktienfonds zu investieren.

**Der Cost-Average ist so beeindruckend,
dass Sie an ihm nicht vorbeigehen dürfen.
Nutzen Sie ihn für die Optimierung Ihrer Vermögensbildung!**

Vorausgesetzt, Sie setzen auf den richtigen Fonds, sollten Sie sich schon fast wünschen, auf einem hohen Kursniveau mit einem Sparplan zu beginnen, erst einmal einen stärkeren Rückgang zu erleben und dann überdurchschnittlich davon zu profitieren, wenn die billig eingekauften Anteile an den hohen Kurssteigerungen teilnehmen.

Ablaufproblematik nicht unterschätzen.

Vorsicht! Je länger Ihr Sparplan dauert, desto größer wird das durch den regelmäßigen Zukauf angesammelte Kapital. Falls Sie eine ganz bestimmte Verwendung geplant haben, geht das meist mit einem genauen Zeitpunkt einher. Dann ist darauf zu achten, dass zur geplanten Endphase hin Ihr gesamtes Anlagekonto den starken Schwankungen unterliegt! Wenn über die gesamte Anlagesumme verfügt werden soll, ist es sehr wichtig, einen ausreichenden Puffer einzuplanen. Richtig eingesetzt, löst der Puffer diese nicht zu unterschätzende Ablaufproblematik. Die Lösung kann liegen in

- ➢ einer Pufferzeit oder
- ➢ einer Erhöhung der kalkulatorisch notwendigen Sparrate.

Detailliert gehe ich in Kapitel 16.5 darauf ein. Wenn Sie den richtigen Fonds haben und aus Ihrem Sparplan keine einmalige Gesamtverfügung, sondern eine Verrentung bzw. durch regelmäßige Entnahmen ein Zusatzeinkommen wählen, spielt diese Ablaufproblematik eine untergeordnete Rolle. Ihnen muss bewusst sein, dass die Regelmäßigkeit jetzt zu einem zyklischen Automatismus führt. Bei hohen Kursen verkaufen Sie wenige Anteile, bei niedrigen sehr viele.

12. 3 Wertpapierdepot

Die häufigste Form der Verwahrung ist der Kauf der Investmentanteile in ein Wertpapierdepot. Bei Käufen über die Hausbank wird meist die Verwahrung im Bankdepot empfohlen. Bei Käufen über die Discountbanken ist ausschließlich die Verwahrung im Wertpapierdepot möglich. Für den Anleger fallen jährliche Depotgebühren an. Viele Banken gewähren für die Wiederanlage der Erträge einen Wiederanlagerabatt, allerdings nicht in vollem Umfang wie die Kapitalanlagegesellschaften. Automatische Spar- und Entnahmepläne sind nicht möglich.

12. 4 Anlagekonto

Zu den beiden interessantesten Formen der Verwahrung gehört der Kauf der Anteile über die Kapitalanlagegesellschaft direkt in ein Anlagekonto.

Falls beim Anlagekonto von den Kapitalanlagegesellschaften überhaupt eine Depotgebühr verrechnet wird, ist sie wesentlich günstiger als bei der Verwahrung im Wertpapierdepot. Erträge werden automatisch reinvestiert, und zwar mit dem vollen Wiederanlagerabatt. Angebotene Absichtserklärungen, kostengünstige Reinvestitionen nach Teilliquidationen sowie Spar- und Entnahmepläne sind die großen Vorteile gegenüber dem Bankdepot. Allerdings stellen immer mehr Fondsgesellschaften auf die Verwahrung über Fondsplattformen um.

12. 5 Fondsplattform

Bei der zweiten empfehlenswerten Verwahrform handelt es sich um die Fondsplattform. Dahinter steht ein – ausschließlich auf die Investmentfondsverwahrung spezialisiertes – Bankdepot. Hierbei werden die Vorteile des Anlagekontos mit denen des Bankdepots verknüpft. Diese Form wird von den unabhängigen Investmentberatern und Fonds-Shops empfohlen. Die Depotgebühr ist mit einer Obergrenze ausgestattet (30 bis 50 Euro im Jahr) und fällt, egal wie viele Fonds Sie halten, nur einmal an. Automatische Reinvestition, Spar- und Entnahmepläne gehören ebenfalls zum Standard. Weitere Fonds können jederzeit – ohne weitere Kontoeröffnungsunterlagen – dazugekauft werden. Auf einem Übersichtsblatt sind alle Fonds, die von der Fondsplattform für Sie verwahrt werden, mit den aktuellen Werten ersichtlich. Für sämtliche Fonds ist nur ein Freistellungsauftrag notwendig. Die Steuerbescheinigung wird für alle Fonds automatisch zusammengefasst und auf einer Seite zur Verfügung gestellt. Hohe Mindestanlagen von Fondsgesellschaften können über die Fondsplattform umgangen werden. In der Regel sind alle Fonds bereits ab 50 Euro monatlich zu besparen und Entnahmepläne ab 5.000 Euro Fondsvolumen einrichtbar.

12. 6 Effektive Stücke

Der Kauf von Investmentanteilen ist auch als Tafelgeschäft in Form von effektiven Stücken möglich. Der Anleger erhält gegen sein Bargeld über den Bankschalter (Tafel) effektive Wertpapiere. Das effektive Wertpapier besteht aus dem Mantel, der die Miteigentumsrechte am Sondervermögen verbrieft, und dem Bogen, der mit seinen Kupons die jährlichen Ansprüche auf die Ausschüttungen verbrieft. Die Nachteile dieser Verwahrung liegen in den wesentlich höheren Aufbewahrungsrisiken. Werden die effektiven Investmentzertifikate zu Hause aufbewahrt, sind sie durch Diebstahl und Brand gefährdet. Die Ausschüttungen werden nicht automatisch gutgeschrieben, sondern erst nach Vorlage der jeweiligen Kupons ausbezahlt. Die Auszahlung kann mit einem Freistellungsauftrag nicht von der Zinsabschlagsteuer (bei effektiven Kupons 35 Prozent) freigestellt werden. Außerdem fallen für die Auslieferung bzw. Einlieferung der effektiven Stücke zusätzliche Bankgebühren an.

12. 7 Fondsgebundene Lebensversicherung

Eine weitere Form, in Investmentfonds zu investieren, ist die fondsgebundene Lebensversicherung, die auch Fondspolice genannt wird. Sie stellt eine Kombination zwischen Geldanlage (Investmentfonds) und Versicherung (Lebensversicherung) dar.

Die eingezahlten Beiträge teilen sich auf in:
1. die Abdeckung der Verwaltungskosten,
2. die Absicherung des Todesfallrisikos und
3. die Sparrate in die jeweils angebotenen Investmentfonds.

Bei den meisten Anbietern kann die Höhe der Todesfallabsicherung frei gewählt werden. Je höher die Todesfallabsicherung ist, desto höher ist der dafür notwendige Beitrag.

Daher wird sehr oft nur der Mindest-Todesfallschutz (60 Prozent der gesamten Beitragssummen) angeboten, um den Sparanteil, der in den bzw. die Investmentfonds fließt, so groß wie möglich zu halten.

Wie der Sparanteil verwendet wird, können Sie als Versicherungsnehmer frei wählen. Aus den angebotenen Investmentfonds können Sie einen oder auch mehrere auswählen, in die Ihre Sparrate fließen soll.

Der größte Vorteil, im Vergleich zur herkömmlichen Lebensversicherung, ist die hohe Transparenz dieser Sparform. Wählt der Anleger eine Gesellschaft, die in ihrem Angebot die so genannte Nulllinie dokumentiert – nur solche Gesellschaften kommen überhaupt in Frage –, ist für ihn genau ersichtlich, wie hoch die Kosten für die Versicherung sind und wie viel in seine Fondsanlage fließt. Die Nulllinie zeigt auf, wie hoch die Ablaufleistung ist, wenn die Fonds eine Wertentwicklung von null Prozent erzielen würden. Diese Ablaufleistung kann man der Summe der eingezahlten Beiträge gegenüberstellen. Die Differenz weist die Kosten für die Verwaltung und die Risikoabsicherung aus. Je nach Versicherungsgesellschaft und Versicherungsart schmälern diese Kosten die Renditen zwischen einem und zwei Prozent p. a. Die dokumentierte Ablaufleistung der Nulllinie fließt in die Investmentfonds, sie stellt also den Sparanteil dar. Über die Verwendung der Sparrate wird der Anleger mit regelmäßigen Kontoauszügen informiert. Transparenter geht es nicht. Der Versicherungsnehmer bestimmt selbst, was mit seinen Sparbeiträgen passiert. Geheime Mauscheleien wie bei der normalen Lebensversicherung sind nicht möglich.

Allerdings ist die Fondspolice nicht nur mit Vorteilen bedacht, sodass man genau überlegen sollte, ob sie für den Einzelnen die richtige Sparform ist. Im Vorfeld muss geprüft werden, ob

- eine Todesfallabsicherung benötigt wird.
- die steuerlichen Sparerfreibeträge ausgeschöpft sind.
- man sicherheitsorientiert oder spekulativ ans Ziel kommen will.
- man sich über einen längeren Zeitraum (mindestens zwölf Jahre) binden möchte.

Nur wenn diese Aspekte im Detail überprüft sind, kann die richtige Entscheidung getroffen werden. Bei den anstehenden Überlegungen zu den oben genannten Punkten ist immer zu überprüfen, ob sich für die Verwirklichung der persönlichen Ziele bzw. der eigenen Vorstellungen nicht andere Alternativen bieten.

Überlegungen für den sicherheitsorientierten Anleger:
Der größte Teil der normalen kapitalbildenden Lebensversicherungen wird für die Absicherung der Familie und die eigene Altersversorgung abgeschlossen. Im Vordergrund steht hier das hohe Sicherheitsbedürfnis des Kunden. Seine persönlichen Ziele möchte er meist auf eine lange Zeit abgesichert und zugesichert haben. Klassisch war hierfür die kapitalbildende Lebensversicherung absolut prädestiniert. Die Mitte des Jahres 2002 in Gang gekommene Diskussion über mögliche Unsicherheit zukünftiger Ergebnisse der deutschen Lebensversicherer hat für die Fondspolice, kombiniert mit der Auswahl sehr sicherer Renten- und Immobilienfonds, eine ganz neue Zielgruppe gefunden. Schließlich weiß der sicherheitsorientierte Anleger hierbei ganz genau, wo sein Kapital angespart wird.

Überlegungen für den spekulativ orientierten Anleger:
Solange der Sparerfreibetrag noch nicht ausgeschöpft ist, ist der Umweg über eine Fondspolice in jedem Fall zu teuer. Der Obolus, der für die Todesfallabsicherung und die Mehrgebühren des Versicherers zu bezahlen ist, schmälert die Rendite doch um einige Prozentpunkte. Wenn Sie bei der Direktanlage in Aktienfonds solche mit steuerpflichtigen Erträgen ausgewählt haben, resultiert die Steuerpflicht lediglich aus den Dividendenerträgen. Der auf lange Sicht wesentlich größere Ertragsanteil, die Kursgewinne, bleiben steuerfrei.

Die Steuer ist dann kein Argument mehr für die Fondspolice, wenn Sie Ihr direktes Fondsdepot aus steueroptimierten Aktienfonds zusammengesetzt haben. Den wenigsten Anlegern, leider auch deren Bank-, Investment- und Steuerberatern, ist nämlich bekannt, dass Sie bei der direkten Fondsanlage die Möglichkeit haben, jede beliebige Summe, also auch hohe Millionenbeträge, anzulegen, ohne dass ein Euro Steuerpflicht entsteht.

Wer keinen Wert auf den Versicherungsschutz legt, verzichtet aus diesen Gründen auf die Fondspolice.

Wer auf der Todesfallabsicherung besteht, kann seine Altersversorgung mit den Gewinnchancen der Börse über die Fondspolice wesentlich interessanter und bei langen Laufzeiten sicherlich auch mit höheren Erträgen als mit der herkömmlichen Lebensversicherung erreichen.

Grundsätzlich sind Fondspolicen nur sinnvoll, wenn Sie über einen längeren Zeitraum in Aktienfonds investieren wollen, die von ihrer Grundkonzeption auch steuerpflichtige Erträge erzielen. Außerdem muss Ihr Sparerfreibetrag (siehe Kapitel 14.1.3) schon ausgeschöpft sein. Der persönliche Durchschnittssteuersatz sollte bei mindestens 40 Prozent und mehr liegen. Nur dann relativieren sich die Mehrkosten der Fondspolice.

Ausnahmen:

- Wenn der Anleger in ganz bestimmte Fonds monatlich investieren will. Da für diese Fonds bei einem normalen Anlagekonto jedoch keine Sparpläne angeboten werden, kann dies nur mit der entsprechenden Fondspolice erreicht werden.
- Wenn mit der kleinen zur Verfügung stehenden Sparrate das Risiko stärker gestreut werden soll, das heißt, eine Verteilung auf verschiedene Fonds (Diversifikation) vorgenommen werden soll und dies mit Einzelsummen von 50 Euro bei der Direktanlage nicht möglich ist.
- Wenn die Fondspolice unter der Prämisse der bestmöglichen Vermögensbildung als Direktversicherung (betriebliche Altersversorgung) benutzt wird.

12. 7. 1 Gemanagte Fondspolice

Die gemanagte Fondspolice stellt bereits für kleine monatliche Beträge (ab 50 Euro) eine Vermögensverwaltung auf Fondsbasis dar. Experten verwalten die Vermögenswerte und übernehmen die Aufgabe der Fondsauswahl. Diese Policenart scheint die oben genannten Kostennachteile zu relativieren. Die Vermögensverwalter haben die Aufgabe, gute Ergebnisse mit geringen Schwankungsbreiten nach unten zu erzielen.

Wenn die Vermögensverwalter ihre Aufgabe optimal erfüllen, geht allerdings ein Großteil des Cost-Average-Effektes verloren. Schließlich fallen dann nur geringe Schwankungen an und entziehen damit dem Cost-Average-Effekt seine Grundlage.

Um dies zu verdeutlichen, habe ich in dem nachfolgenden Schaubild den Kursverlauf einer Fondspolice mit einem sehr stark schwankenden Fonds einer überaus erfolgreich gemanagten Police gegenübergestellt.

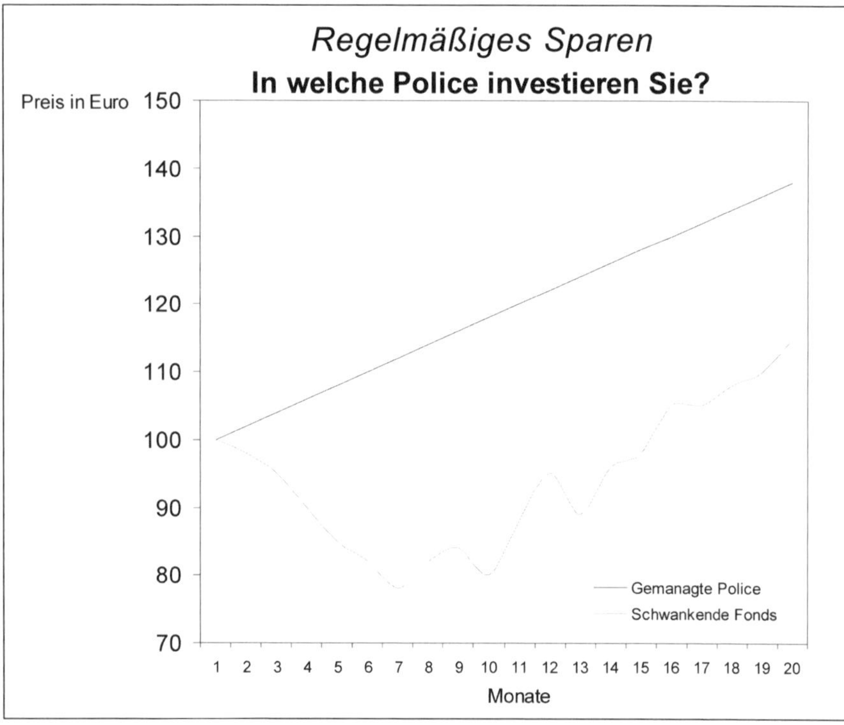

Grafik 52: Cost-Average, die Zweite Quelle: IFL® Rühl GmbH

Investition mtl.	Investition gesamt	Kursverlauf schwankende Fonds	Erworbene Anteile pro Monat	Anteile gesamt	Wert der Anteile	Kursverlauf gemanagte Police	Erworbene Anteile pro Monat	Anteile gesamt	Wert der Anteile
100	100,00	100	1,000	1,000	100,00	100	1,000	1,000	100,00
100	200,00	98	1,020	2,020	198,00	102	0,980	1,980	202,00
100	300,00	95	1,053	3,073	291,94	104	0,962	2,942	305,96
100	400,00	90	1,111	4,184	376,57	106	0,943	3,885	411,84
100	500,00	85	1,176	5,361	455,65	108	0,926	4,811	519,62
100	600,00	82	1,220	6,580	539,57	110	0,909	5,720	629,24
100	700,00	78	1,282	7,862	613,25	112	0,893	6,613	740,68
100	800,00	82	1,220	9,082	744,70	114	0,877	7,490	853,90
100	900,00	84	1,190	10,272	862,86	116	0,862	8,352	968,89
100	1.000,00	80	1,250	11,522	921,77	118	0,847	9,200	1.085,59
100	1.100,00	88	1,136	12,659	1.113,95	120	0,833	10,033	1.203,99
100	1.200,00	95	1,053	13,711	1.302,56	122	0,820	10,853	1.324,06
100	1.300,00	89	1,124	14,835	1.320,29	124	0,806	11,659	1.445,76
100	1.400,00	96	1,042	15,876	1.524,14	126	0,794	12,453	1.569,08
100	1.500,00	98	1,020	16,897	1.655,89	128	0,781	13,234	1.693,99
100	1.600,00	105	0,952	17,849	**1.874,17**	130	0,769	14,004	**1.820,46**
100	1.700,00	105	0,952	18,802	**1.974,17**	132	0,758	14,761	**1.948,46**
100	1.800,00	108	0,926	19,728	**2.130,57**	134	0,746	15,507	**2.077,99**
100	1.900,00	110	0,909	20,637	**2.270,03**	136	0,735	16,243	**2.209,00**
100	2.000,00	115	0,870	21,506	**2.473,21**	138	0,725	16,967	**2.341,49**

Tabelle 24: Cost-Average, die Zweite Quelle: IFL® Rühl GmbH

Die dazugehörige Tabelle zeigt die Kurse zu den einzelnen Einzahlungsterminen und den jeweiligen Gesamtwert der Anteile. **Grafik 52** und das Zahlenbeispiel in **Tabelle 24** zeigen, dass über einen Zeitraum von 20 Monaten eine Wertsteigerung bei hohen Schwankungen am Ende des Betrachtungszeitraumes von 15 Prozent und im gemanagten Fall, ohne Verluste stets nach oben tendierend, sogar von 32 Prozent erzielt wurde.

In der Spalte „Wert der Anteile" ist sehr gut zu erkennen, dass bei der schwankenden Police bereits eine Kurserholung auf 105 Euro ausreichend ist, um ein besseres Ergebnis (!!) als mit der gemanagten Police zu erzielen. Nach 20 Einzahlungen ist der Vorsprung durch das automatische antizyklische Verhalten noch größer geworden, das heißt, der größte Vorteil des monatlichen Sparens, das Ausnutzen größerer Kursschwankungen durch Cost-Averaging, verliert bei der erfolgreich gemanagten Police an Bedeutung.

Da die gemanagten Fondspolicen inzwischen mehrere Jahre am Markt angeboten werden und die Kapitalmärkte sowohl Hausse- als auch Baissephasen erlebt haben, können wir kontrollieren, ob die Vermögensverwalter so erfolgreich sind, wie es uns die Farbprospekte versprechen. Das

Versicherer	Manager	Depotklasse	Rendite p. a. zum 30.07.2002		
			1 Jahr	3 Jahre	5 Jahre
Aspecta	UBS	Ausgewogen	-23,4 %	-5,0 %	+0,2 %
Aspecta	UBS	Ausgewogen	-29,2 %	-7,7 %	-1,2 %
Deutscher Herold	Deutsche Bank	Wachstum	-27,8 %	-10,7 %	-3,7 %
GIP	GIP	International	-27,4 %	-2,6 %	+3,7 %
Nürnberger	Fugger Privatbank	Select Tarif A	-24,3 %	-6,8 %	-0,7 %
R + V	Union Institutional	Avantgarde	-20,3 %	-2,6 %	-
R + V	DEVIF	Exclusive	-31,4 %	-6,2 %	-
SALI	M&G Investment	Euro Dynamisch	-16,0 %	-2,3 %	+3,0 %
Skandia	Euroswitch	A3 (TIP)	-17,4 %	-3,4 %	-
Skandia	Euroswitch	A3 (TIP)	-25,3 %	-6,2 %	-
Skandia	UBS	Spekulativ (TIP)	-24,5 %	-6,7 %	+3,5 %
Tecis	Tecis Asset Man.	Team 1	-26,9 %	-12,5 %	-6,0 %
Aktienfonds					
ACM	Mike Baldwin	Global Growth Trends	-29,8 %	1,6 %	+5,0 %
DWS	Klaus Kaldemorgen	Intervest	-28,3 %	+1,6 %	+6,4 %
Templeton	Murdo Murchinson	Growth Fund, Inc.	-13,7 %	+4,9 %	+5,6 %

Tabelle 25: Gemanagte Fondspolicen (aktienorientiert)

Quelle: Versicherungsdaten: Finanzen, Fondsdaten: FVBS

Wirtschaftsmagazin „Finanzen“ veröffentlicht jeden Monat aktualisierte Ergebnisse der gemanagten Policen. Die nachfolgende Tabelle zeigt die Ergebnisse der Versicherer und wird ergänzt durch die Wertentwicklungen einiger internationaler Aktienfonds.

Bis heute konnte keine der gemanagten Fondspolicen überzeugen! Das Argument der geringeren Schwankungen ist nicht erkennbar. Der Cost-Average-Effekt bleibt erhalten. Die wohl wichtigere Erkenntnis ist: Mit dem gemanagten Ansatz, dem Versuch, den Markt zu „timen“ (siehe auch Kapitel 15), verlieren selbst die Profis wertvolle Prozentpunkte. Wählen Sie in Ihrer Fondspolice lieber ein oder zwei der aufgeführten internationalen Aktienfonds aus. Deren Kursschwankungen und langfristig ausgerichteten Anlagestrategien sind die besseren Garanten für überdurchschnittliche Ergebnisse.

13. Kapitel

Verkauf von Anteilscheinen

In der Regel gibt es bei Investmentfonds keine feste Laufzeitvereinbarung. Sie können Ihr Kapital beliebig lange im Fonds arbeiten lassen. Der Verkauf von Fondsanteilen ist ohne Einhaltung von Fristen oder Kündigungszeiten zu jeder Zeit möglich. Damit stellt die Investmentfondsanlage, auch in puncto Liquidität, eine sehr hohe Flexibilität sicher. Ihr Vermögen ist stets verfügbar angelegt.

13. 1 Teil-/Gesamtauflösung

Falls Sie über Teile oder auch den gesamten Gegenwert Ihres Fondskontos verfügen müssen, reicht ein formloser Brief an die Fondsgesellschaft mit folgendem Wortlaut:

„... verkaufen Sie aus meinem o. g. Fonds x (oder: sämtliche) Anteile und überweisen Sie den Gegenwert in Euro auf folgendes Girokonto: ...“

Professionelle Investmentberater und Fonds-Shops stellen Ihnen das notwendige Weisungsschreiben, zur Unterschrift vorbereitet, zur Verfügung. Haben Sie der Fondsgesellschaft bei der Kontoeröffnung eine Faxvollmacht erteilt, ist der Verkauf auch per Fax möglich. Bei einigen Gesellschaften werden allerdings auf Basis des Telefax lediglich die Anteile verkauft. Die Überweisung des Gegenwertes wird aus Sicherheitsgründen erst vorgenommen, wenn Ihr Verkaufsauftrag im Original vorliegt.

Die Gutschrift des Gegenwertes kann auf Ihrem Girokonto bzw. in Form eines Schecks erfolgen. Wenn es schnell gehen soll, ist die Überweisung immer die bessere Lösung. Vom Zeitpunkt des Versandes, Ihrer schriftlichen Verkaufsorder bis zum Eingang des Geldes vergehen erfahrungsgemäß vier, bei ausländischen Fondsgesellschaften bis zehn Arbeitstage.

13. 2 Teilliquidation/Rückkauf innerhalb kurzer Zeit

Bei der Teilliquidation können Sie Ihr Anlagekonto wegen eines vorübergehenden Liquiditätsengpasses meist bis auf zehn Prozent des Restwerts liquidieren. Wenn Sie bei der Verkaufsorder zu erkennen geben, dass Sie beabsichtigen, das Geld kurzfristig wieder einzuzahlen, werden Ihnen bei der Rücküberweisung die neuen Anteile von einigen Fondsgesellschaften zum Rücknahmepreis wieder gutgeschrieben. Die vorübergehende Bargeldbeschaffung kostet also keinen erneuten Ausgabeaufschlag. Die Frist für die Teilliquidation und den kostengünstigen Rückerwerb beträgt je nach Fondsgesellschaft sechs bis zwölf Monate. Teilweise verlangen die Fondsgesellschaften eine kleine Bearbeitungsgebühr.

13. 3 Automatischer Entnahmeplan

Die meisten Fondsgesellschaften bieten ab einer festgelegten Mindestanlagesumme einen automatischen Entnahmeplan. Dabei können Sie sich regelmäßig einen beliebig bestimmbaren Betrag aus Ihrem Anlagekonto auszahlen lassen. Der Entnahmeplan ist hervorragend als „Zusatzeinkommen“ geeignet. Wenn die gewählte Auszahlungshöhe die Wertzuwächse Ihres Fonds nicht überschreitet, wird von einer ewigen Rente bei vollem Kapitalerhalt gesprochen. Bei höheren Auszahlungsbeträgen wird das angelegte Kapital entsprechend aufgezehrt.

Die Installation eines automatischen Entnahmeplanes ist weder vom Zeitraum noch von der Höhe des Entnahmebetrages bindend. Er kann jederzeit unterbrochen, verändert oder ganz widerrufen werden. Allerdings ist das automatische Zusatzeinkommen nur möglich, wenn Ihre Investmentanteile auf einem Anlagekonto oder bei einer Fondsplattform liegen.

Fondsgesellschaften, die den automatischen Entnahmeplan anbieten, orientieren sich bei den Mindestanforderungen eher am oberen Rand und Fondsplattformen im unteren Bereich der nachfolgenden Bandbreiten:

- Das geforderte Mindestkapital liegt zwischen 5.000 und 50.000 Euro.
- Die Mindestentnahmerate zwischen 50 und 300 Euro.

Wenn Sie einen Entnahmeplan starten wollen und das vorhandene Guthaben zukünftig erhalten bleiben soll, ist es ratsam, die Entnahmerate nicht an den Werten der Vergangenheit auszurichten.

Vorsicht! Für eine sichere Zukunftsplanung ist es immens wichtig, Sicherheitsabschläge zu kalkulieren. Hierzu gilt: je höher die Schwankungsbreite, desto höher die Sicherheitsabschläge. Die Höhe der Entnahmerate muss auf Basis der realistischen Zukunftsperspektive festgelegt werden. Diese gilt es – abhängig vom aktuellen Marktniveau – mit Ihrem Berater zu erarbeiten.

14. Kapitel

Besteuerung der Investmentfonds

„Mit Investmentfonds die Steueroase Deutschland nutzen" – Ist Deutschland eine Steueroase? Kaum zu glauben, oder?

Zu Beginn sollte herausgestellt werden, dass die Steuerpflicht in herkömmlichen Einkunftsarten sehr schwer zu umgehen ist. Aber Einkünfte aus Kapitalvermögen und sonstige Einkünfte müssen bei der Wahl des richtigen Investment- und/oder Steuerberaters nun wahrlich nicht steuerpflichtig sein.

Meine Erläuterungen in diesem Kapitel gehen ausführlich auf die Prinzipien der Fondsbesteuerung und die Gestaltungsmöglichkeiten auf dem Weg zur Steueroase ein. Sie gelten für unbeschränkt steuerpflichtige Privatanleger in Deutschland. Allerdings sollen und können sie auch nicht das fachkundige Gespräch, insbesondere mit Ihrem Steuerberater, ersetzen.

14. 1 Zwei-Stufen-Besteuerung in Deutschland

In Deutschland werden die Steuern auf die verschiedenen Einkünfte in zwei Stufen erhoben. Im ersten Schritt findet die Steuererhebung auf dem „Abzugswege" statt. Sie kennen es, als Arbeitnehmer zieht Ihnen der Arbeitgeber Lohnsteuer, Solidaritätszuschlag und Kirchensteuer ab. Der Selbstständige muss entsprechende Vorauszahlungen an das Finanzamt leisten. Bei Einkünften aus Kapitalvermögen behalten die Banken den Zinsabschlag und den Solidaritätszuschlag ein.

Im zweiten Schritt ist nun jeder von uns gehalten, nach Ablauf des Kalenderjahres eine Einkommensteuererklärung abzugeben. Unerheblich ob bereits ein Steuerabzug stattgefunden hat oder nicht, müssen Sie in der Steuererklärung nunmehr alle Einkünfte aufführen. Aufgrund der dort gemachten Angaben stellt das Finanzamt fest, ob eine Steuerpflicht besteht. Wenn ja, wird jetzt die endgültige Steuerschuld ermittelt. Waren die Abzüge aus der ersten Steuererhebung zu hoch, erhalten Sie eine Erstattung. Waren sie nicht ausreichend, werden Sie per Steuerbescheid zur Nachzahlung aufgefordert. Erst jetzt ist die Steuererhebung abgeschlossen.

14. 1. 1 Zinsabschlag und Kapitalertrag

Wie oben bereits erwähnt gilt die zweistufige Besteuerung auch für Einkünfte aus Kapitalvermögen. Deutsche Fondsgesellschaften und Banken sind verpflichtet, den Zinsabschlag (ZASt) und die Kapitalertragsteuer (KapSt) als „Abschlag" einzubehalten. Folgende Erträge unterliegen dieser Abschlagsteuer:

➢ Zinsabschlagsteuer:
- Zinserträge
- Gewinne aus Termingeschäften mit einer Laufzeit von nicht mehr als einem Jahr.
- Zwischengewinne (Stückzinsen, siehe Kapitel 14.1.2)

  Die Abzugshöhe beträgt: 30 % zuzüglich des jeweils gültigen Solidaritätszuschlages

  bei Eigenverwahrung: 35 % zuzüglich des jeweils gültigen Solidaritätszuschlages

➢ Kapitalertragsteuer:
- Dividendeneinnahmen

  Die Abzugshöhe beträgt: 25 % zuzüglich des jeweils gültigen Solidaritätszuschlages

Im Zuge der täglichen Preisermittlung stellt die Fondsgesellschaft auch die Bemessungsgrundlage für die Abschlagsteuer fest. Sie addiert sämtliche Erträge und veröffentlicht sie täglich als Zwischengewinne. Findet bei Ihrem Fonds eine Ertragsausschüttung statt oder Sie verkaufen ihn, zieht das ausführende inländische Kreditinstitut den Zinsabschlag zuzüglich den Solidaritätszuschlag ab und leitet es an das Finanzamt weiter.

Bei thesaurierenden Fonds wird am Ende des Geschäftsjahres der Zinsabschlag zuzüglich dem Solidaritätszuschlag dem Fondsvermögen entnommen und an die Finanzbehörde abgeführt.

In beiden Fällen erhalten Sie eine Steuermitteilung, welche die Höhe der abgezogenen Steuern dokumentiert. Diese Beträge stellen letztlich ein persönliches Steuerguthaben dar. Dieses Guthaben wird mit der endgültigen Steuerschuld verrechnet.

Haben Sie sich für eine Verwahrung Ihrer Fondsanteile im Ausland entschieden? Dann stellen die obigen Erläuterungen hinsichtlich Steuerpflicht und die Angaben in Ihrer Steuererklärung die gleiche Grundlage dar. Die Ausführungen hinsichtlich Zinsabschlag und der Möglichkeit der Freistellung (siehe Kapitel 14.1.3) sind jedoch nicht relevant, da die Abzugspflicht als deutsches Gesetz auch nur deutsche Fondsgesellschaften und Banken verpflichten kann.

14. 1. 2 Zwischengewinn (ZwiGe)

Wenn Sie sich mit der Abrechnung Ihres Fondskaufs genauer beschäftigen, finden Sie häufig den Ausweis eines „Zwischengewinnes“!? Na, das hört sich ja nicht schlecht an. Gerade gekauft und schon die ersten Gewinne?!

Leider muss ich Sie enttäuschen, der „ZwiGe“ hat erst einmal nichts mit einem sofortigen Vermögenszuwachs zu tun. Es handelt sich um einen Betrag, der gewährleistet, dass Sie steuerlich nur den Ertrag zugerechnet bekommen, welcher der Haltedauer Ihrer Fondsanteile entspricht.

Nehmen wir an, Sie haben einen Rentenfonds, der jeweils zum Jahresende seine Erträge ausschüttet. Die Ausschüttung setzt sich aus den Zinsen zusammen, die im Laufe des Jahres erzielt wurden, und ist steuerpflichtig. Nehmen wir weiter an, Sie haben Ihre Fondsanteile erst Anfang November gekauft. Trotzdem erhalten Sie wie alle anderen Anteilsinhaber Ende Dezember die gesamte Ausschüttung ausbezahlt. Wenn es für solche Situationen keine Regelungen gäbe, müssten Sie nunmehr den Ertrag eines ganzen Jahres versteuern, obwohl Sie nur acht Wochen davon profitiert haben! Um dies zu vermeiden, wurde die Berechnung und Veröffentlichung der Zwischengewinne vereinbart.

Die Fondsgesellschaft errechnet täglich, wie viel steuerpflichtige Erträge seit der letzten Ausschüttung oder dem Geschäftsjahresendes (bei thesaurierenden Fonds) angefallen sind. Dies wird auf die ausgegebenen Anteile umgerechnet und stellt die Grundlage für jeden persönlichen Kauf oder Verkauf dar.

Grafik 53 zeigt die Bausteine, die für die Entwicklung des Preises bei einem Rentenfondsanteil verantwortlich sind. Die größte Position bilden im Normalfall die Zinserträge. Sie werden durch das Dreieck dokumentiert. Je weiter das Jahr fortschreitet, desto höher werden die aufgelaufenen Zinsen. Die schraffierte Fläche zeigt die mögliche Entwicklung von Kursgewinnen. Bei Rentenfonds sind sie abhängig von der Entwicklung der Kapitalmarktzinsen. Naturgemäß nehmen Kursgewinne bei Rentenfonds, wenn sie überhaupt anfallen, meist einen kleinen Rahmen ein.

Das kleinere Dreieck zeigt, welche Zinserträge seit dem Kauf der Anteile angefallen sind. Die restliche Fläche des großen Dreiecks dokumentiert, welcher Zinsanteil in die Zeit vor den Kauf fällt. Dieser Zinsanteil wird bei der Kaufabrechnung als „gekaufter Zwischengewinn" ausgewiesen und durch die Fondsgesellschaft in einen persönlichen „Stückzinstopf" gebucht. Steuerrechtlich handelt es sich dabei um negative Einkünfte aus Kapitalvermögen. Diese können bei der Ermittlung der

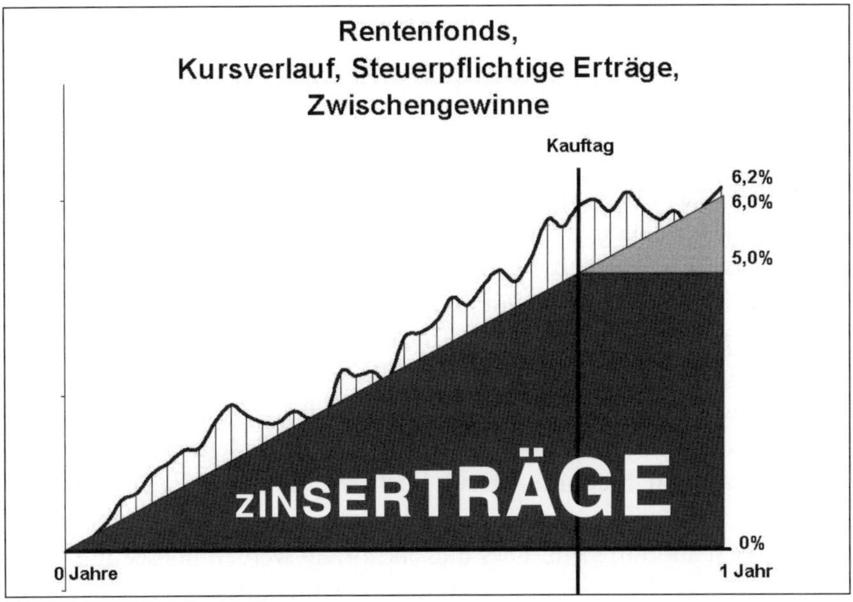

Grafik 53: Die Berechnung steuerpflichtiger Erträge Quelle: IFL® Rühl GmbH

gesamten Einkünfte mit anderen Einkünften aus Kapitalvermögen oder bis zur Höhe von 51.500 € (bei Ledigen) begrenzt, auch mit anderen Einkunftsarten verrechnet werden.

Ergänzend sei noch erwähnt, dass realisierte Zwischengewinne bei der Berechnung eines eventuell steuerpflichtigen Veräußerungserlöses (siehe Kapitel 14.3.4.1. **Tabelle 23**) herausgerechnet werden müssen. Der Zwischengewinn wird an anderer Stelle, nämlich unter den Einkünften aus Kapitalvermögen, steuerpflichtig.

14. 1. 3 Freistellungsauftrag

Bei Einkünften aus Kapitalvermögen gesteht Ihnen der Gesetzgeber einen Sparerfreibetrag in Höhe von 750 Euro (ab dem 01.01.2007) zu. Für Werbungskosten sieht er ohne Nachweis eine Pauschale von 51 Euro vor. In der Summe können Sie also 801 Euro Zinseinkünfte erzielen, ohne dass diese steuerlich belastet sind. Für Verheiratete gelten jeweils die doppelten Summen.

Um zu vermeiden, dass Ihnen der Zinsabschlag (siehe Kapitel 14.1.1.) auch von Einkünften abgezogen wird, die innerhalb dieser Freibeträge liegen, hat der Gesetzgeber die Möglichkeit des Freistellungsauftrages geschaffen.

Auf Ihrer Lohnsteuerkarte können Sie Freibeträge, die sich aus irgendwelchen steuerreduzierenden Investitionen ergeben, eintragen lassen. Damit dokumentieren Sie Ihrem Arbeitgeber, er braucht auf dem Weg der ersten Steuererhebung gar nicht so viel abziehen.

Nach demselben Prinzip funktioniert der Freistellungsauftrag. Sie können bis zur Höhe von 750 Euro (verheiratet 1.500 Euro) Freistellungsaufträge erteilen. Es ist möglich, diese Summe bei einem Kreditinstitut allein oder auch verteilt auf verschiedene zu beantragen. Sie dokumentieren dem kontoführenden Kreditinstitut, dass ein Zinsabschlag bis zu der beantragten Höhe nicht notwendig ist. Schließlich sorgt der vom Gesetzgeber festgelegte Betrag für eine Einnahme, die nicht steuerbelastet ist.

Sollten Sie die Freistellungssumme auf verschiedene Kreditinstitute verteilen, führen Sie bitte genau Buch. Achten Sie darauf, dass die Auflösung eines Kontos den dazugehörigen Freistellungsauftrag nicht automatisch auf null stellt. Dies muss beantragt werden und ist nur möglich, wenn der Freistellungsbetrag durch Ausschüttungen nicht aufgebraucht ist. Entweder sind durch den Verkauf steuerpflichtige Zwischengewinne angefallen, dann ist eine sofortige Nullstellung gar nicht möglich, oder es ist eine automatische Löschung des Freistellungsauftrages erst zum Jahresende vorgesehen. Sie müssen stets den Überblick haben, wo Sie welche Summen beantragt haben. Beachten Sie, dass die Finanzbehörde über einen Zentralcomputer sämtliche Freistellungsaufträge erfasst. Auf keinen Fall darf die Summe Ihrer Freistellungen den Sparerfreibetrag und die Werbungskostenpauschale überschreiten. Der Aufwand, der sich aus dieser Tatsache ergibt, ist nämlich immens. Ihr Finanzamt überprüft das Überschreiten und fordert Sie dann auf, Ihre Einkünfte aus Kapitalvermögen der meist letzten fünf Jahre noch einmal zu deklarieren. In dem Moment vermutet das Finanzamt, dass Sie bewusst mehr Freistellungen beantragt haben, um eine höhere Steuerschuld zu umgehen. Da es solch illegal agierende Steuerschuldner tatsächlich gibt, werden all diejenigen, die es eigentlich ehrlich meinen, aber versehentlich zu viel beantragt haben, mit den Steuerunehrlichen auf eine Ebene gestellt. Schade eigentlich, wenn man bedenkt, dass man mit der richtigen Fondsstruktur eine Steuerschuld doch legal umgehen kann!

Die Betonung liegt auf legal. Alle anderen Lösungen dürften Sie auf lange Sicht nicht glücklich machen. Wer sich damit in der Vergangenheit beschäftigt hat, sollte den Punkt 14.2. lesen und sorgfältig überdenken. Die anderen Leser können diesen Punkt überspringen und bei Kapitel 14.3. weiterlesen.

14. 2 Exkurs: „Schwarzgeld" wird aufgedeckt!

Wenn mir zu meiner Bankerzeit (vor 1992) jemand erzählt hätte, dass in Deutschland die Staatsanwaltschaft durch die Banken läuft und alles mitnimmt, was auch nur im Entferntesten mit Geldtransfers ins Ausland zu tun hat, wäre ich jede Wette eingegangen, dass dies nie möglich sein wird, dass dies das Bankgeheimnis nie zulassen wird.

Zum Glück gab es damals niemanden, der das geglaubt hat, sonst hätte ich die Wette wohl haushoch verloren.

In der Realität sieht es nämlich schlimm aus! Alles, was in irgendeiner Form nach einer Kontoführung im Ausland aussah, wurde festgehalten und in Form von Kontrollmitteilungen an die Sachbearbeiter der zuständigen Finanzämter weitergeleitet. Fündig wurde man vor allem in den Bankarchiven. Besonders ergiebig war die Untersuchung der Kontobewegungen in der Zeit von 1992 bis 1993. Die damalige Einführung der Zinsabschlagsteuer und das allgemeine Streben in Deutschland, diese zu umgehen, haben eine regelrechte Geldflut in die vermeintlichen Steueroasen ausgelöst.

Nachdem die sechsjährige Aufbewahrungsfrist auslief, hatten Banken, die noch nicht untersucht wurden, bereits den Champagner vorbereitet und sich auf große Vernichtungsaktionen in ihren Archiven eingestellt. Die Freude kam zu früh. Als die riesige Informationsflut in der gegebenen Zeit nicht zu bewältigen war, hat der Gesetzgeber die Aufbewahrungsfrist kurzerhand auf zehn Jahre verlängert. Es wird wohl keine Bank bleiben, die nicht entsprechende Untersuchungen melden kann.

Die Ergebnisse, die aus diesen Untersuchungen resultierten, sind aus Sicht des Gesetzgebers als äußerst erfolgreich einzustufen, aus Sicht des vermeintlichen Steuersparers vernichtend. Wer der Staatsanwaltschaft mit einer Selbstanzeige nicht zuvorkam, war mit folgenden Forderungen konfrontiert:

- Nachzahlung der nicht bezahlten Steuern.
- Zahlung eines Säumniszuschlages.
- Zahlung einer Strafe wegen Steuerhinterziehung.

Ergebnis dieser Forderungen: Ihr Geld ist weg!

Was viele heute noch nicht erkennen: Europa heißt nicht nur eine einheitliche Währung, das gemeinsame Europa heißt einheitliche Richtlinien und Gesetze. Europa wächst zusammen. Es fehlen immens hohe Summen, Europa in all seinen Bereichen zu finanzieren. Der kommende Informationsaustausch zwischen den Steuerbehörden wird dies jedoch erleichtern.

Heute bin ich überzeugt, es ist nur eine Frage der Zeit, wann eine europäische Staatsanwaltschaft durch die Banken der illegalen Steueroasen schnüffelt. Sie wird, wie bereits in Deutschland, alles mitnehmen, was auch nur annähernd nach Hinterziehung von europäischen Steuermitteln aussieht. Die EU hat es im Jahr 2000 bereits festgeschrieben, bis zum Jahr 2009 steht die Schließung sämtlicher Steuerschlupflöcher an. Selbst wer nach der Bekanntgabe dieser Regelung schnell reagiert und beispielsweise seine Schwarzkonten aufgelöst hat, lebt immer noch mit dem Risiko der zehnjährigen Aufbewahrungsfrist der Banken.

Also, wozu Schwarzgeld? Nicht nur, dass Sie es bereits seit Jahren nirgendwo mehr für größere Anschaffungen nutzen können, es ist auch nur eine Frage der Zeit, bis Sie es, so oder so, los sind!

14.3 Mit Investmentfonds die Steueroase Deutschland nutzen

Vor allem der steuerfreie Vermögenszuwachs nach Ablauf der Veräußerungsfrist (siehe Kapitel 14.3.4) im Privatmögen ist im internationalen Vergleich äußerst selten anzutreffen.

Leider scheint unser Gesetzgeber hier nun doch ernst zu machen. Über viele Jahre war die Streichung der steuerfreien Kursgewinne immer wieder ein Thema bei möglichen Steueränderungen und wurde immer wieder verworfen. Zum Redaktionsschluss dieser vierten Buchausgabe war noch nicht sicher, ob die neuerlich geplante Steuerpflicht von Kursgewinnen wieder verschoben wird oder ab dem Jahr 2007 doch noch seine Gültigkeit bekommen soll. Deshalb habe ich mir erlaubt, dieses Kapitel stehen zu lassen – auch auf die Gefahr hin, dass meine Ausführungen zu diesem Thema in der praktischen Anwendung andere Lösungsansätze braucht, um steuerliche Optimierungen zu schaffen.

Wenn Sie die Möglichkeit von steuerfreien Kursgewinnen konsequent nutzen, wird Ihre zukünftige Steuerpflicht aus liquiden Geldvermögen in Richtung null tendieren.

Da steuerpflichtige Einkünfte aus Kapitalvermögen stets mit Ihren anderen Einkünfte berechnet werden, sind Sie immer mit den hohen Grenzsteuersätzen belastet. Wenn Sie den Solidaritätszuschlag und die Kirchensteuer mit berücksichtigen, liegt die steuerliche Gesamtbelastung bereits bei zu versteuernden Einkommen von € 30.000 bei ca. 33 Prozent. Bei € 50.000 überschreiten Sie die 45-Prozent-Marke! Sobald der Sparerfreibetrag überschritten wird, lohnt es sich daher für alle steuerpflichtigen Personen, auf steueroptimierte Anlagen zu setzen.

Investmentfonds, richtig genutzt, bieten eine völlig legale Möglichkeit, selbst hohes Geldvermögen steueroptimiert anzulegen.

Um die Steueroase Deutschland in puncto Einkünfte aus Kapitalvermögen richtig nutzen zu können, müssen wir uns bewusst machen, welche Erträge überhaupt auf uns zukommen.

- Zinsen
- Dividenden
- Mieterträge

} sind steuerpflichtige Erträge

- Kursgewinne sind steuerfrei, wenn Sie Ihre Anlage länger als zwölf Monate halten.

Ergänzend ist noch wissenswert, was gegen diese Ertragsformen, steuerrechtlich reduzierend, verrechnet werden kann. Im Kapitel 10.2. haben wir uns sehr ausgiebig über Kosten unterhalten.

- Interne Fondskosten, werden quasi als Werbungskosten von den Fondsgesellschaften bei der Ermittlung der steuerrelevanten Daten verrechnet.

Je nach Fondsart und Managementansatz werden die obigen Erträge gemischt oder einseitig in Richtung steuerpflichtig bzw. steuerfrei bei den verschiedenen Fonds umgesetzt.

Tipp: Wenn Sie mit Ihrer Vermögensbildung, wie in diesem Buch dargestellt, anfangen, achten Sie von Anfang an auf steueroptimierte Erträge. Die Anlage in Fonds richtig umgesetzt und diszipliniert vorangetrieben, bringt Sie schneller in höhere Anlagevolumina, als Sie denken. Dann wären Sie allerdings nicht die Ersten, die aus steuerlichen Gründen einen Großteil ihres Vermögens kostenintensiv umwandeln. Die Tabelle zeigt, welche Anlagevolumen bei entsprechend steuerpflichtigen Anteilen maximal angelegt werden können, ohne dass sich der Fiskus an Ihren Erträgen beteiligt.

Je weniger Sie auf den steuerfreien Anteil bei Ihren Kapitalerträgen achten, desto schneller überschreiten Sie die vorhandenen Sparerfreibeträge. Bei der unterstellten Verzinsung von vier Prozent und voller Steuerpflicht dieses Ertrages, liegt der maximal anlegbare Betrag für Ledige bei 20.025 Euro. Alles, was darüber hinaus angelegt wird, ist steuerpflichtig. Sind Sie verheiratet und haben sich für eine Anlage entschieden, bei welcher 60 Prozent der Erträge steuerfrei generiert werden, können Sie bereits eine Summe von 100.125 Euro anlegen. Die letzte Zeile von **Tabelle 26** zeigt Ihnen den Weg zur Steueroase Deutschland. Wenn Sie die Möglichkeiten des deutschen Steuerrechts richtig ausnutzten, können Sie jede beliebige Summe anlegen, ohne dass ein Euro Steuer zu bezahlen ist.

Maximal anlegbare Geldvermögen, bevor eine Steuerpflicht entsteht.		
Angenommene Verzinsung	4,00% , sämtliche Angaben in Euro.	
Sparerfreibetrag, inkl. Werbungskostenpauschale:		
	801	1.602
steuerfreier Anteil am Gesamtertrag	**Ledig** max. anlegbares Geldvermögen	**Verheiratet** max. anlegbares Geldvermögen
0,00%	**20.025**	40.050
10,00%	22.250	44.500
20,00%	25.031	50.063
30,00%	28.607	57.214
40,00%	33.375	66.750
50,00%	40.050	80.100
60,00%	50.063	**100.125**
70,00%	66.750	133.500
80,00%	100.125	200.250
90,00%	200.250	400.500
100,00%	**ohne Beschränkung**	

Tabelle 26: Maximal anlegbare Geldvermögen, bevor eine Steuerpflicht entsteht

Ganz einfach: Wir müssen lediglich steuerpflichtige Erträge vermeiden, und der steuerbefreiten Vermögensbildung steht nichts mehr im Wege. Na ja, ganz so einfach, wie es sich anhört, ist es nun doch nicht. Lassen Sie uns die Arten von Erträgen, die es zu umgehen gilt, anschauen.

14. 3. 1 Einkünfte – steuerfrei und steuerpflichtig möglich

Das deutsche Steuerrecht sieht so genannte „Abzugsbeträge" vor. Erst wenn diese überschritten werden, entsteht eine Steuerpflicht. Grundsätzlich bleiben folgende Abzugsbeträge steuerfrei (Angaben gelten für Ledige und sind bei Verheirateten zu verdoppeln):

- Grundfreibetrag für alle Steuerpflichtigen im Jahr 2007: 7.664 Euro
- Sonderausgaben-Pauschbetrag: 36 Euro
- Altersentlastungsbetrag für Steuerpflichtige, die im Jahr 2007 65 Jahre alt werden. Er beträgt 36,8 Prozent der Einkünfte und ist maximiert auf 1.748 Euro

Bezogen auf Einkünfte aus Kapitalvermögen werden die Abzugsbeträge ergänzt durch:

- Sparerfreibetrag: 750 Euro
- Werbungskosten-Pauschbetrag: 51 Euro

Wenn Sie die Summe dieser Abzugsbeträge nicht überschreiten, entsteht keine Steuerpflicht.

Bezogen auf die Einkunftsart sonstige Einkünfte genehmigt uns das Steuerrecht noch eine Freigrenze:

- Veräußerungserlöse bis zu einem Betrag von 512 Euro pro Kalenderjahr bleiben steuerfrei.

14. 3. 1. 1 Nichtveranlagungs-Bescheinigung (NV-Bescheinigung)

Sind Ihre gesamten steuerpflichtigen Einkünfte so gering, dass sie die oben genannten Beträge nicht überschreiten? Das Finanzamt stellt über die Steuererklärung fest, dass Sie wegen zu geringer Einkünfte nicht zur Einkommensteuer veranlagt werden. Jetzt können Sie bei Ihrem Wohnsitz-Finanzamt eine NV-Bescheinigung beantragen. Jeder Bank bzw. Fondsgesellschaft müssen Sie eine separate NV-Bescheinigung vorlegen. Ab diesem Zeitpunkt wird das depotführende Kreditinstitut Ihnen keine Zinsabschlagsteuer mehr abziehen, selbst wenn die Ausschüttungen den bekannten Sparerfreibetrag überschreitet.

14. 3. 2 Erträge, die es zu meiden gilt!

Liegen Sie über den oben aufgeführten Freibeträgen? Dann heißt es, folgende steuerpflichtige Erträge zu meiden.

Je nach Fondsart werden verschiedene steuerpflichtige Erträge erzielt (die Schwerpunkterträge sind stets als Erstes genannt):

- Immobilienfonds: Mieterträge und Zinsen
- Rentenfonds: Zinserträge
- Aktienfonds: Dividenden und Zinsen
- Mischfonds: Zinserträge und Dividenden
- AS-Fonds: Zinsen, Mieterträge und Dividenden
- Für alle Fonds: Kursgewinne, die Sie als Anteilsinhaber innerhalb von zwölf Monaten erzielen

Im Laufe eines Geschäftsjahres fallen bei allen Fondsarten mehr oder weniger hohe steuerpflichtige Erträge an, die die Fondsgesellschaft über das gesamte Geschäftsjahr summiert. Davon werden die internen Fondskosten (siehe Kapitel 10.2) als Werbungskosten steuerreduzierend abgezogen. Der übrig bleibende Betrag wird durch die ausgegebenen Anteile geteilt. Das Ergebnis wird als steuerpflichtiger Ertrag pro Anteil den einzelnen Fondsanteilsinhabern über eine Steuerbescheinigung mitgeteilt.

Steueroptimierte Fonds verfolgen das Ziel, dieses zu veröffentlichende Ergebnis gegen null, im optimalen Fall sogar in den negativen Bereich zu drücken. Hierfür gibt es zwei Fondswege:

- Durch den Managementansatz sollen die steuerpflichtigen Erträge, so weit wie möglich, reduziert werden (bewusstes Managen einer Steueroptimierung).
- Durch die vorgegebene Anlagepolitik werden keine bzw. minimale steuerpflichtige Erträge erzielt (unbewusstes Ergebnis einer Steueroptimierung).

Im Kapitel 14.4 gehe ich bei den einzelnen Fondsarten detailliert auf die beiden Fondswege ein. Jetzt möchte ich Ihnen zeigen, wie wir die Ergebnisse der einzelnen Fonds unter Berücksichtigung der steuerpflichtigen Erträge vergleichen können.

Keine der aktuellen Veröffentlichungen über Fondsergebnisse lässt nämlich erkennen, ob das Ergebnis steueroptimiert erzielt wurde.

Das heißt nicht, dass Informationen zum Thema Steuer fehlen. Im Gegenteil: Die Fondsgesellschaften sowie die Medien stellen die Vorteile der Anlage in Aktienfonds auch aus steuerlicher Sicht gegenüber den anderen Fondsarten immer mehr heraus. Allerdings wird bei diesen Aussagen in nahezu allen Fällen die steuerliche Handhabung von Kursgewinnen der von Zinserträgen gegenübergestellt. Da verwundert die Überlegenheit nicht.

Ich möchte Ihnen aufzeigen, dass es selbst innerhalb der jeweiligen Fondsarten erhebliche Unterschiede gibt. Ob ich beispielsweise einen Aktienfonds habe, der mir eine durchschnittliche Rendite von 13 Prozent bescherte, und davon durchschnittlich circa 20 Prozent steuerpflichtig waren oder alternativ das gleiche Ergebnis völlig steuerfrei zufloss, macht auf lange Sicht ein Vermögen aus.

Am einfachsten wäre es also, wenn uns der steuerpflichtige Anteil dokumentiert wird. Aber in welcher Form? Eine Möglichkeit wäre, sich die langfristigen Durchschnittswerte geben zu lassen. Aber was machen wir, wenn wir bei einem neuen Fonds nur auf ein Jahr zurückgreifen können? Oder wie berücksichtigen wir die starken Schwankungen eines einzelnen Jahres an den Aktienmärkten? Hat der Fonds in einem besonders starken Börsenjahr 50 Prozent plus gemacht, liegt der steuerpflichtige Anteil dann auch bei 20 Prozent? Oder wie funktioniert das in einem Jahr mit minus 30 Prozent? Werden die steuerpflichtigen Erträge da negativ?

Grafik 54 zeigt den Kursverlauf eines Aktienfonds im Lauf eines Jahres. Gleichzeitig ist im unteren Teil der Grafik erkennbar, dass die Summe der auflaufenden Zins- und Dividendeneinnahmen bis zum Jahresende immer größer wird.

Die schraffierte Fläche zeigt die erzielten Kursgewinne. Beide Komponenten, also die Kursgewinne und die Zins- und Dividendeneinnahmen, ergeben die Kursentwicklung. Dies zu erkennen ist wichtig; nur dann ist nachvollziehbar, warum bei einem Aktienfonds, der sich über das gesamte Jahr hinweg negativ entwickelt hat, trotzdem steuerpflichtige Erträge anfallen können. **Grafik 55** mit dem Kursverlauf in einem negativen Jahr macht nämlich deutlich, dass Zinsen und Dividenden genauso anfallen.

Jetzt zeigt die schraffierte Fläche jedoch Kursverluste. Genau genommen sind die Kursverluste innerhalb des Fonds sogar noch größer, als es der Kursverlauf glauben macht, schließlich wird ein Teil der Kursverluste durch die Zins- und Dividendeneinnahmen kompensiert.

Um also eine Vergleichbarkeit zwischen den einzelnen Fonds herzustellen, ist es notwendig, eine Maßeinheit für die steuerrelevanten Daten zu erhalten. Hierfür nutze ich die Kennzahl „Verbrauch des Sparerfreibetrags"©.

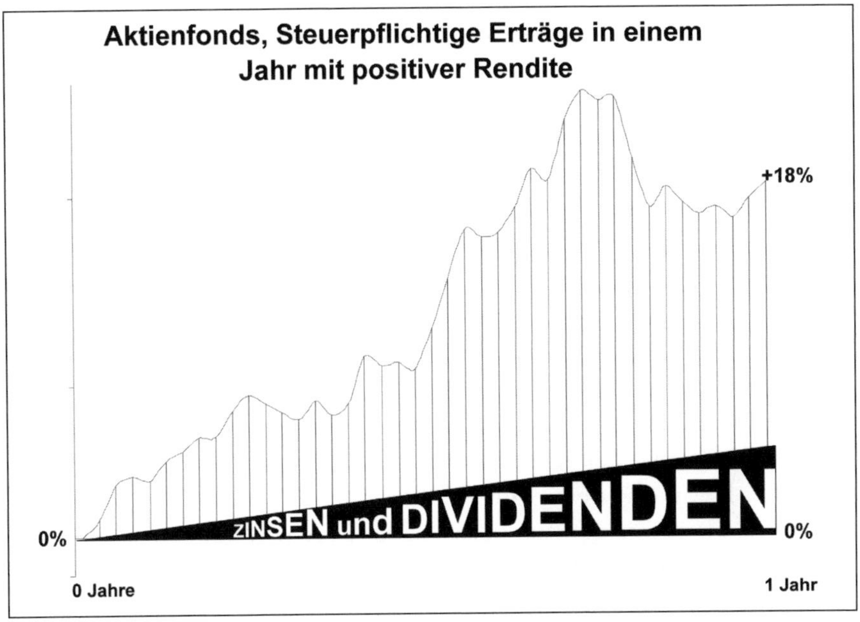

Grafik 54: Aktienfonds und die Zusammensetzung ihrer Erträge (1)

Quelle: IFL® Rühl GmbH

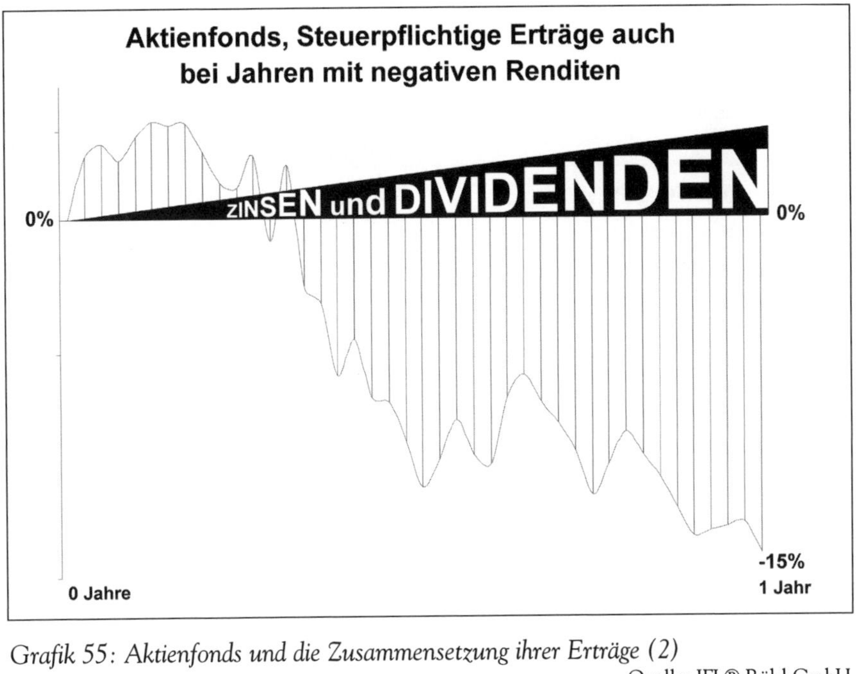

Grafik 55: Aktienfonds und die Zusammensetzung ihrer Erträge (2)

Quelle: IFL® Rühl GmbH

14. 3. 3 „Verbrauch des Sparerfreibetrags"© (VdSfb©)

Diese Kennzahl beruht auf der Tatsache, dass aufgelaufene Zinsen und Dividenden bei einem unveränderten Managementansatz von einem Jahr zum anderen keinen allzu großen Schwankungen unterliegen.

Für jeden einzelnen Fonds wird errechnet, wie viel des Sparerfreibetrages eines Ledigen verbraucht ist, wenn zum Anfang des Jahres Anteile für 100.000 Euro gehalten wurden.

Beispiel: Adig Convest 21 VL (Internationaler Aktienfonds)
Bei einem Kontoguthaben von 100.000 Euro zu Beginn des Jahres 2000 ist für das Jahr ein steuerpflichtiger Ertrag in Höhe von 836,34 Euro angefallen. Der für das Jahr 2000 noch gültige Freibetrag von 1.533,88 Euro (3.000 DM) war also bereits zu 54,5 Prozent verbraucht. (Wenn Sie verheiratet sind, ist dieser Prozentsatz zu halbieren.) Nunmehr haben wir eine Kennzahl, die Fonds auch unter steuerlicher Betrachtung vergleichbar macht. Je höher der Prozentsatz, desto stärker belastet der Fonds Ihren Sparerfreibetrag.

Am Beispiel des Jahres 2000 habe ich den VdSfb© auf Basis einer Auswahl internationaler Aktienfonds ausgerechnet.

Fondsname	WKN Ledig	VdSfb©
ACM Global Growth Trends	974264	- 66,0 %
Adig Convest 21VL	976963	54,5%
Akkumula	847402	31,1%
Allianz Aktien Intern.	847146	17,1%
Deka Spezial	847466	27,4%
DWS Vermögensbildungsfonds I	847652	112,2 %
Fidelity International Fund	986392	- 63,4 %
Gerling Dynamik	848104	41,2 %
Metzler Wachstum Intern.	975225	- 96,9 %
Templeton Growth Fund	971025	142,5 %
Top 50 Welt	976979	7,0 %
Uniglobal	849105	36,1 %

Tabelle 27: Internationale Aktienfonds und der Verbrauch des Sparerfreibetrages
Quelle: BVI, verschiedene Fondsgesellschaften, IFL® Rühl GmbH

Diese Kennzahl wird nie in jedem Jahr identisch sein, trotzdem gibt Sie Ihnen einen wichtigen und äußerst verlässlichen Hinweis, ob Ihre Fondsauswahl/-empfehlung steuerlich optimiert gemanagt wird.

14. 3. 4 Veräußerungsgewinne (Spekulationsgewinne)

Steuerrechtlich spricht man seit dem Jahr 2000 bei Spekulationsgewinnen von Veräußerungsgewinnen. Ob hierbei eine Steuerpflicht entsteht, hängt von der Höhe der Gewinne und der Haltedauer Ihrer Fondsanteile ab. Wenn zwischen Kauf- und Verkaufsdatum mehr als ein Jahr liegt, bleibt der realisierte Gewinn, unerheblich in welcher Höhe, steuerfrei. Liegt zwischen Kauf und Verkauf ein Zeitraum von weniger als einem Jahr und einem Tag, ist der Gewinn steuerpflichtig. Ausnahme wäre die Einhaltung einer Freigrenze. (siehe nächstes Kapitel)

Das zweistufige Besteuerungsmodell (siehe Kapitel 14.1) hat sich hier noch nicht durchgesetzt. Die Festlegung und das Einbehalten der Steuerschuld finden ausschließlich über die Steuererklärung statt.

Sobald Sie Veräußerungsgeschäfte tätigen, bei denen der Zeitraum zwischen dem Kauf und dem Verkauf bis zu einem Jahr beträgt, sind Sie verpflichtet, diese in Ihrer Einkommensteuererklärung mit der Anlage SO zu dokumentieren. Liegen Ihre kompensierten Veräußerungsgewinne und -verluste über der Freigrenze (€ 502/Person), ist der gesamte Gewinn steuerpflichtig. Die Tatsache, dass die Steuerzahlung nur zum Tragen kommt, wenn Sie Ihre Veräußerungsgeschäfte in der Steuererklärung angeben, führt zu einer erstaunlich hohen Vergesslichkeitsrate bei den deutschen Spekulanten. Deshalb gibt es seit dem Jahr 2000 der Erfassungsbogen „Anlage SO" für das Erklären der privaten Veräußerungsgeschäfte.

Ergänzend hat die Finanzverwaltung begonnen, einzelne Brokerhäuser zu untersuchen. Hierbei wurden Wertpapierkäufe und -verkäufe innerhalb der einjährigen Veräußerungsfrist erfasst und an die jeweiligen Wohnsitzfinanzämter der Brokerkunden gemeldet. Die Sachbearbeiter wurden aufgefordert zu überprüfen, ob alle steuerpflichtigen Kursgewinne auch gemeldet wurden.

Diese Aktion hat sich, aus Sicht der Finanzverwaltung, als äußerst erfolgreich herausgestellt. Daher ist zukünftig bundesweit mit ähnlichen Maßnahmen zu rechnen. Die Risiken der Aufklärung durch die Finanzverwaltung bestehen, wie im Kapitel 14.2.1. erläutert, über mehr als zehn Jahre, seit Erzielung des Kursgewinnes. Die Wahrscheinlichkeit der

Aufklärung ist bei der Geldknappheit der Staatskasse als hoch zu beurteilen. Falls Sie Inhaber von Online-Broker-Konten sind, sollten Sie sich auf besonders intensive Kontrollen einstellen. Die Finanzämter unterstellen, dass diese Konten nahezu ausschließlich dem kurzfristigen Kaufen und Verkaufen dienen. Dabei fallen überwiegend Veräußerungsgewinne innerhalb der Zwölf-Monats-Frist an.

Überprüfen Sie selbst, ob Sie steuerpflichtige Kursgewinne der Vergangenheit eventuell vergessen haben. Eine „Steuer-Berichtigung" Ihrerseits ist nicht so schlimm wie das amtliche Feststellen einer Steuerhinterziehung mit all seinen Folgen. (Meist übertrifft die Strafe den vorher kassierten Gewinn !).

14. 3. 4. 1 Freigrenze doppelt nutzen

Veräußerungsgewinne bleiben bis zu 502 Euro pro Person und Kalenderjahr steuerfrei. Zur Optimierung sollten Depots bei zusammenveranlagten Eheleuten auf beide gemeinsam lauten. Dann werden die Wertpapiergeschäfte jedem Ehepartner zur Hälfte zugerechnet. Damit bleiben Veräußerungsgewinne bis zu einer Freigrenze von 1.004 € steuerfrei.

Bei der Berechnung des Veräußerungsgewinnes müssen Sie eventuell angefallene Zwischengewinne berücksichtigen. Wenn Sie beim Kauf der Fondsanteile Zwischengewinne gezahlt und beim Verkauf vereinnahmt haben, ist der Kurssaldo um den Zwischengewinnsaldo zu kürzen. Sonst werden diese einkommensteuerlich doppelt erfasst.

Kauftag / -kurs	3. August	103 €
Anlagebetrag		10.000 €
Gekaufte Anteile	(10000/103=)	97,087
Im Kaufkurs enthaltener ZwiGe		2 €
Verkaufstag / -kurs	15. Dezember	115 €
Im Verkaufskurs enthaltener ZwiGe		4 €

Tabelle 28: Berücksichtigung des Zwischengewinns kann Steuerfreiheit bewirken.

Überprüfung der Steuerpflicht bei Veräußerungsgeschäften mit Investmentfonds:

1. Die Zeitdifferenz. Zwischen dem Verkaufs- (15.12.) und dem Kaufdatum (03.08) liegt ein Zeitraum von weniger als 12 Monaten plus 1 Tag.
2. Höhe des Kursgewinn. Die Differenz zwischen Verkaufs- und Kaufkurs liegt über der Freigrenze! 115 € – 103 € = 12 € x 97,087 Anteile = 1.165,04 €
3. Reduzierung durch ZwiGe möglich? Während der Haltedauer sind innerhalb des Fonds Zins- und Dividendenerträge (ZwiGe) angefallen. Diese sind steuerrechtlich nicht den Kursgewinnen zuzuordnen. Der Saldo zwischen den gekauften und den verkauften ZwiGe beträgt: 4 € – 2 € = 2 € x 97,087 Anteile = 194,17 €
4. Kurssaldo minus ZwiGe-Saldo. Liegt die Differenz inner- oder außerhalb der Freigrenze? 1.165,04 € – 194,17 € = 970,87 €. Durch die Berücksichtigung des ZwiGe liegt der Kursgewinn innerhalb der Freigrenze für Verheiratete, bleibt also steuerfrei.
5. Aber Achtung, den ZwiGe-Saldo bei der Steuererklärung Anlage KAP nicht vergessen!

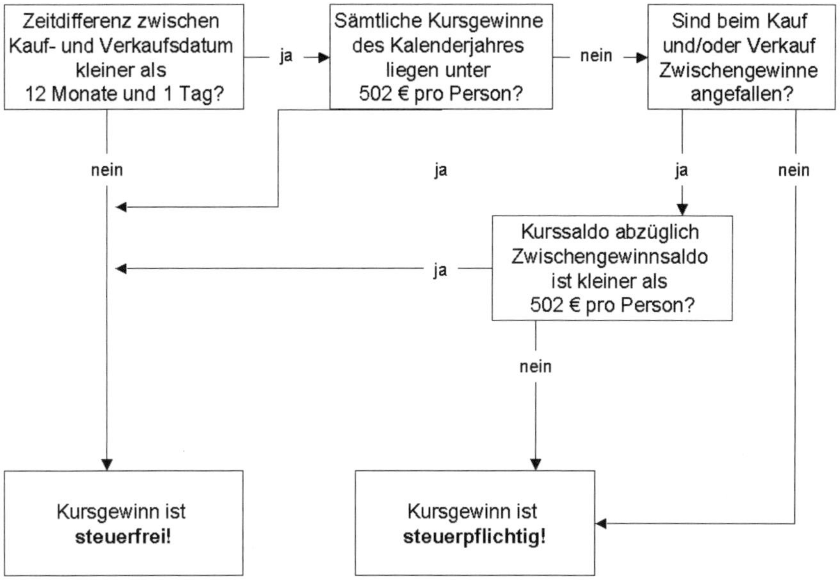

Grafik 56: Steuerliche Handhabung von Kursgewinnen Quelle: IFL® Rühl GmbH

Kaufdatum	Betrag	Kaufkurs	Anteile	Gesamt
01. Jan	1.000 €	11,71 €	85,397	85,397
01. Feb	1.000 €	12,66 €	78,989	164,386
01. Mrz	1.000 €	12,96 €	77,160	241,547
01. Apr	1.000 €	14,04 €	71,225	312,772
01. Mai	1.000 €	13,24 €	75,529	388,300
01. Jun	1.000 €	14,19 €	70,472	458,772
01. Jul	1.000 €	14,29 €	69,979	528,751
01. Aug	1.000 €	14,45 €	69,204	597,956
01. Sep	1.000 €	14,15 €	70,671	668,627
01. Okt	1.000 €	15,61 €	64,061	732,689
01. Nov	1.000 €	16,85 €	59,347	792,036
01. Dez	1.000 €	15,53 €	64,392	856,427
Beispielhafte Verkäufe				
15. Jun/Folgejahr	-7.500 €	16,72 €	-448,565	Verkauf 1.
15. Jun/Folgejahr	-13.000 €	16,72 €	-777,512	Verkauf 2.
15. Nov/Folgejahr	-13.000 €	16,72 €	-777,512	Verkauf 3.

Tabelle 29: Bei Spekulationsgewinnen First in/First out berücksichtigen

14. 3. 4. 2 First in – First out

Wenn Sie mehrere Käufe und Verkäufe in einem Fonds haben, wie etwa bei einem Spar- oder Entnahmeplan, muss die Haltedauer der einzelnen Fondsanteile berücksichtigt werden. Waren sich die Finanzbehörden hierbei früher nie einig, welche Anteile nun als zuerst verkauft galten, hat ein zwischenzeitlicher BFH-Entscheid Klarheit geschaffen. Wenn nicht mehr Anteile verkauft werden, als vor einem Jahr plus einem Tag im Anlagekonto gehalten wurden, entsteht kein steuerpflichtiger Veräußerungsgewinn. Steuerrechtlich gelten die Fondsanteile, die zuerst gekauft wurden, als zuerst wieder verkauft. Praktische Zahlenbeispiele verdeutlichen die steuerliche Handhabung (s. Tabelle 29).

Beispiel, Verkauf 1:

Der Anteilsverkauf (448,565) liegt unter dem Anteilsbestand vor einem Jahr und einem Tag (per 14. Juni des Vorjahres waren 458,772 Anteile im Bestand).

Es entsteht also keine Steuerpflicht.

Beispiel, Verkauf 2:

Der Anteilsverkauf (777,512) setzt sich aus Anteilen zusammen, die außer- und innerhalb der Veräußerungsfrist erworben wurden. Für die steuerlich relevanten Daten gilt jetzt folgende Vorgehensweise:

Anteilsverkauf, insgesamt:	777,512 Anteile	
abzüglich, außerhalb der Veräußerungsfrist:	458,772 Anteile	
innerhalb der Veräußerungsfrist verkauft:	318,740 Anteile	
abzüglich Anteile aus den einzelnen Käufen:		
vom 1. Juli (16,72 € - 14,29 € = +2,43 €)	69,979 Anteile =	170,05 €
vom 1. Aug. (16,72 € - 14,45 € = +2,27 €)	69,204 Anteile =	157,09 €
vom 1. Sep. (16,72 € - 14,15 € = +2,57 €)	70,671 Anteile =	181,62 €
vom 1. Okt. (16,72 € - 15,61 € = +1,11 €)	64,061 Anteile =	71,11 €
vom 1. Nov. (16,72 € - 16,85 € = - 0,13 €) Rest	44,285 Anteile =	- 5,76 €
Steuerpflichtiger Kursgewinn:		**574,11 €**

Beispiel, Verkauf 3:

Der Anteilsverkauf (777,512) entspricht der gleichen Anteilshöhe wie im Beispiel 2. Da der Verkauf jedoch fünf Monate später vorgenommen wird, liegt er unter dem Anteilsbestand vor einem Jahr und einem Tag (per 14. November des Vorjahres waren 792,063 Anteile im Bestand). Jetzt entsteht wiederum keine Steuerpflicht.

Bei Fondsanteilen, die in fremder Währung notiert sind, muss jede Transaktion mit dem Tageskurs in Euro umgerechnet werden, und die daraus resultierenden Eurobeträge müssen zur Berechnung des Gewinnes herangezogen werden.

14. 3. 4. 3 Buchverluste realisieren! Vorratsverluste anlegen

Steuerpflichtige Kursgewinne lassen sich mit Kursverlusten, die innerhalb der Veräußerungsfrist realisiert werden, verrechnen. Wenn Sie mit Ihren Fonds in den ersten zwölf Haltemonaten unterhalb des Kaufkurses rutschen, kann es sinnvoll sein, diesen Buchverlust innerhalb des ersten Jahres vorübergehend zu realisieren. Steuerrechtlich entsteht ein Veräußerungsverlust. Können Sie diesen in einem Kalenderjahr nicht mit Veräußerungsgewinnen verrechnen, ist der Verlust in das Vorjahr rücktragbar oder mit Gewinnen in den Folgejahren verrechenbar.

Nicht verrechnete Veräußerungsverluste sind zeitlich unbegrenzt vortragbar.

Deshalb sollte man die Möglichkeit, Vorratsverluste anzulegen, in Anspruch nehmen.

14.4 Die steuerlichen Auswirkungen bei den einzelnen Fondsarten

Die oben beschriebenen Steuerbelastungen und -freiheiten wirken sich bei den einzelnen Fondsarten sehr unterschiedlich aus. Steuerliche Optimierungen entstehen auf unterschiedliche Art und Weise.

14.4.1 Aktienfonds

Die durchschnittliche Preisentwicklung eines Aktienfonds setzt sich zum größten Teil aus steuerfreien Kursgewinnen zusammen. Nur ein kleiner Teil des Ertrages sind steuerpflichtige Dividenden- und Zinseinnahmen.

In der Regel werden Steueroptimierungen nicht bewusst gemanagt. Die Ertragszusammensetzung bei Aktienfonds führt eher automatisch zu den hohen Nachsteuerrenditen. Deshalb spielen Aktienfonds bei steueroptimierten Portfolios eine immer größere Rolle. Viele Anleger akzeptieren, vor allem bei längeren Anlagezeiträumen, die Schwankungen der Aktienfonds und bevorzugen diese steuergünstige Anlageform.

Eine beabsichtigte Steueroptimierung entsteht, wenn das Fondsmanagement aktiv Dividendenzahlungen vermeidet. Hierbei trennt es sich vor dem Dividendentermin vorübergehend von der Aktienposition, um die Vereinnahmung des steuerpflichtigen Ertrages zu umgehen. Ist die Aktie weiterhin interessant, wird nach der Dividendenzahlung wieder gekauft.

Eine unbewusste Steueroptimierung entsteht bei Aktienfonds, die

- prinzipiell ganz in Aktien investiert sind. Dividendenzahlungen und die Zinserträge aus den Anlagewerten der liquiden Mittel sind so klein, dass sie durch die internen Fondskosten aufgerechnet werden. Damit fallen, auf den einzelnen Fondsanteil umgerechnet, keine steuerpflichtigen Erträge an.
- ausschließlich in kleine Unternehmen und/oder klassische Wachstumsaktien investieren. Diese Unternehmen wollen wachsen. Um dieses Wachstum finanzieren zu können, werden keine Erträge in Form von Dividenden ausgeschüttet. Das vorhandene Kapital wird in den Unternehmen direkt reinvestiert. Auf Fondsebene fallen lediglich aus den liquiden Mitteln steuerpflichtige Zinserträge an. Denen können jetzt wiederum die internen Fondskosten gegengerechnet werden, so dass bei diesen Aktienfonds steuerlich sogar negative Einkünfte möglich sind.

14. 4. 1. 1 Aktienfonds mit Sitz in den USA

Neben den deutschen Steuergesetzen spielen bei ausländischen Fondsgesellschaften die national gültigen Vorschriften eine Rolle. Zum Teil wird auf die steuerpflichtigen Erträge eine Quellensteuer einbehalten. Entsprechende Abkommen zwischen den Staaten sollen eine Doppelbesteuerung vermeiden. Deshalb ist der ausländische Quellensteuerabzug in der Regel auf Ihre persönliche Steuerschuld in Deutschland anrechenbar.

Bei den in den USA verwahrten Fonds von Alger, Pioneer und Templeton wird der deutsche Anleger mit einer 15%igen Quellensteuer belastet. Steuerrechtlich sind die Dividendenerträge in Deutschland und den USA einheitlich geregelt. Abweichend vom deutschen Steuerrecht unterscheiden die USA, ob auf Fondsebene, also durch den Fondsmanager, Kursgewinne innerhalb kurzer (bis zwölf Monate) oder langer Frist realisiert werden. Die kurzfristigen Kursgewinne auf Fondsebene sind, wie Zins- und Dividendenerträge, in den USA steuerpflichtig und werden beim Devisenausländer mit der 15%igen Quellensteuer belastet. Achtung: Voraussetzung für diesen „niedrigen" Steuerabzug ist, dass den Fondsgesellschaften eine gültige Erklärung über die Devisenausländereigenschaft (W8-BEN-Erklärung) vorliegt. Ansonsten sind die amerikanischen Fondsgesellschaften verpflichtet, bei Ausschüttungen und Verkäufen einen Reservesteuerabzug in Höhe von 30,5 Prozent einzubehalten.

Grundsätzlich ist die amerikanische Quellensteuer durch das bestehende Doppelbesteuerungsabkommen (DBA) als vorausbezahlte Steuer auf die deutsche Steuerschuld anrechenbar. Da kurzfristige Kursgewinne, realisiert auf der Fondsebene, in Deutschland jedoch nicht steuerpflichtig sind, kommt das DBA hier nicht zum Tragen. Der amerikanische Quellensteuerabzug geht dem deutschen Anleger in diesem Punkt unangerechnet, quasi als Kostenfaktor, verloren.

Gleichzeitig ist zu beachten, dass das DBA und die Anrechenbarkeit von Quellensteuerabzügen nur wirksam werden, wenn Sie mit Ihren Einkünften aus Kapitalvermögen steuerpflichtig sind. Ihre gesamten Zins- und Dividendeneinkünfte müssen also über Ihren persönlichen Sparerfreibeträgen liegen. Wenn dies nicht der Fall ist, dann sind beide Quellensteuerabzüge, auf die kurzfristigen Kursgewinne und auf die Dividenden, Kostenfaktoren. Die Quellensteuer auf Dividenden können Sie in Ihrer Steuererklärung dann nur als Werbungskosten geltend machen.

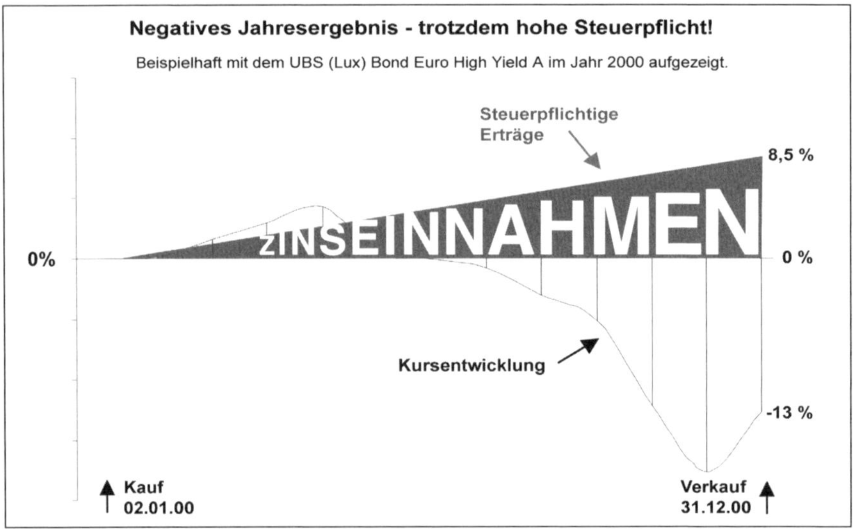

Grafik 57: Spezielle Rentenfonds und ihre Steuerrisiken

Quelle: FVBS; UBS und IFL® Rühl GmbH

14. 4. 2 Rentenfonds

Die Erträge eines Rentenfonds setzen sich zum größten Teil aus steuerpflichtigen Zinseinnahmen zusammen. Daher sind die meisten Rentenfonds aus steuerlicher Sicht nur empfehlenswert, wenn der Sparerfreibetrag nicht ausgeschöpft ist. Spezielle Rentenfondsarten bergen aus steuerlicher Sicht Gefahren, die den meisten Anlegern, aber auch vielen Beratern, nicht bewusst sind. Beispielsweise reine Rentenländerfonds oder High-Yield-Bond-Fonds oder Corporate-Bond-Fonds erzielen vordergründig hohe steuerpflichtige Zinserträge. In den Jahren, in denen die speziellen Fondsrisiken zum Tragen kommen, sprich

- stark fallende Währungen oder
- Abstufungen der Schuldnerbonität (siehe Kapitel 8.3.3, **Tab. 8** und **9**)

zu hohen Kursverlusten führen, hat der Anleger doppeltes Pech. Erstens führt der Risikofall zu einem negativen Jahresergebnis. Zweitens können Sie die Kursverluste (steuerrechtlich: „sonstige Einkünfte“) nicht gegen die Zinserträge (steuerrechtlich: „Einkünfte aus Kapitalvermögen“) gegenrechnen. Im schlimmsten Fall weist Ihr Rentenfonds ein negatives Jahresergebnis aus und Sie müssen trotzdem einen hohen Zinsertrag versteuern. **Grafik 57** zeigt dies an einem High-Yield-Fonds der UBS. Auf Jahressicht realisiert der Anleger einen Verlust von knapp 13 Prozent und muss trotzdem 8,5 Prozent des ursprünglich investierten Kapitals versteuern.

Steuerliche Optimierungen sind bei Rentenfonds schwerer umsetzbar als im Aktienbereich. Das Fondsmanagement generiert bei tendenziell fallenden Zinsen, eher unbewusst, steuerfreie Kursgewinne (siehe Kapitel 8.3.3, Praxisfall 10). Im langfristigen Durchschnitt führt das aber zu maximal zehn Prozent steuerfreien Anteilen am Gesamtertrag. Im Rentenfondsbereich bewusst steueroptimiert zu managen heißt:

- durch das aktive Ausnutzen der Zinsbewegungen, bei internationalen Rentenfonds noch ergänzt durch die Währungsbewegungen, durch den Kauf von niederverzinslichen Wertpapieren und Wandelanleihen steuerfreie Kursgewinne zu erzielen. Wird dies systematisch verfolgt, kann der steuerpflichtige Anteil auf circa 30 bis 40 Prozent des Durchschnittsertrages reduziert werden.
- Fondshäuser wie etwa DWS oder MAT verstehen es, das Ganze noch mit dem Ausnutzen von Zinsdifferenzen zwischen einzelnen Ländern und komplizierten Absicherungsverfahren so zu optimieren, dass trotz Rentenfondsanlage quasi keine steuerpflichtigen Erträge entstehen.

Die Vermögensstrukturierung mit einer Optimierungen der Nachsteuerrendite lässt in vielen Portfolios, meist aus Unkenntnis des steuerlich Machbaren, die Rentenanlage außen vor. Damit kann nicht mehr von einer gesunden Vermögensstruktur gesprochen werden. Schade eigentlich! Durch ihr Spezialwissen haben die erwähnten Fondsgesellschaften es stets geschafft, ihre steueroptimierten Rentenfondskonzepte den diversen Steuerreformen der Bundesregierung so anzupassen, dass der steuerpflichtige Anteil immer nahe null lag.

Solche Lösungen sind nur mit der Fondsanlage möglich!

Überlassen Sie den Fondshäusern mit ihren hoch spezialisierten Steuerexperten die steuerliche Optimierung Ihrer Rentenanlage. Arbeiten Sie mit Investment- und Steuerberatern zusammen, die über das entsprechende Wissen verfügen und es für Sie in der „Steueroase Deutschland“ auch umsetzen.

14. 4. 3 Immobilienfonds

Die Preisentwicklung eines Immobilienfonds setzt sich aus Miet- und Zinserträgen sowie Wertveränderungen der Immobilien zusammen.

Bei den Mieterträgen werden sämtliche Kosten für Verwaltung und Instandhaltung abgezogen. Übrig bleibt der Nettomietertrag. Die steuerlichen Vorteile eines direkten Immobilienbesitzes kommen dem Anteilsinhaber des Immobilienfonds dadurch zugute, dass die Abschreibungen auf die Gebäude von Nettomiet- und Zinserträgen abgezogen werden. Übrig bleibt der tatsächlich steuerpflichtige Ertrag. Durch die Abschreibungen bleiben also Teile des Nettoertrages steuerfrei. Dazu kommen die Wertsteigerungen der Immobilien, die ebenfalls steuerfrei bleiben.

Die hohen Nachsteuerrenditen bei Immobilienfonds entstehen durch die steuerliche Handhabung der Immobilien und weniger durch bewusstes Managen von Steuervorteilen. Trotzdem können Sie die Erträge innerhalb der Immobilienfondsgruppe steuerlich optimieren. Immobilienfonds mit einem höheren Auslandsanteil sind gegenüber denen mit einem hohen Immobilienbestand in Deutschland im Vorteil. Zwischen den Staaten, in welchen der Immobilienbestand ist, bestehen Doppelbesteuerungsabkommen (DBA). Häufig werden die Mietererträge direkt im Heimatstaat versteuert. In diesen Fällen fließt der ausländische Nachsteuererlös dem Immobilienfonds zu, ohne dass er hier in Deutschland noch einmal versteuert wird. Da die Steuersätze in diesen Fällen niedriger sind als in Deutschland, entsteht ein zusätzlicher Steuervorteil.

14. 5 Besteuerung von ausländischen Fonds

Wenn ausländische Fonds die Vorgaben des Investmentsteuergesetzes hinsichtlich Form und Aussagekraft nicht erfüllen, unterliegen sie der Kategorie ausländische Fonds mit fehlender Bekanntmachung.

In diesem Fall entstehen erhebliche Steuernachteile:

- ➢ die gesamte Ausschüttung, plus 70 Prozent des Wertzuwachses der innerhalb des Kalenderjahres angefallen ist,
- ➢ mindestens sechs Prozent des Inventarwertes

sind als steuerpflichtiger Ertrag anzusetzen.

Fazit: Beschränken Sie Ihre Fondsauswahl auf die Auslandsfonds, die ihrer steuerlichen Bekanntmachungspflicht nachkommen.

Preisentwicklung in deutschen Großstädten
1965 bis 2001 betrug die durchschnittliche Inflationsrate 3,0%

Bisher hat Ihr Einkommen Schritt gehalten... **... kann Ihre Rente auch noch mithalten?**

	1965	2001	Inflationsrate pro Jahr:	2001	2026*
Porto für Normalbrief:	0,10€	0,56€	**4,9%**	0,56€	1,85€
Kännchen Kaffee im Cafe:	0,50€	3,50€	**5,6%**	3,50€	13,67€
Hotel Ü/F 1.Klasse:	27,00€	170,00€	**5,2%**	170,00€	603,73€
Daimler Benz E200:	4.346,00€	31.300,00€	**5,6%**	31.300,00€	122.220,00€
Bild Zeitung	0,05€	0,41€	**6,0%**	0,41€	1,76€
Herren Haarschnitt	1,80€	19,50€	**6,8%**	19,50€	101,00€
Miete 3-Zimmer Neubau:	150,00€	750,00€	**4,6%**	750,00€	2.308,62€

Taschenrechner, Fernseher und Computer sind billiger geworden. Wie viele verbrauchen Sie täglich?
*Hochrechnung unterstellt gleiche Inflationsrate wie in der Zeit 1965 bis 2001.

Tabelle 30: Inflation in der Praxis

14. 6 Steuerliche Überlegungen bei der Anlageentscheidung

Im Kapitel 3.1 bin ich auf die Diebe der deutschen Finanzwelt eingegangen. Erinnern Sie sich? Die Inflation und die Steuer. Laut statistischem Bundesamt beträgt die durchschnittliche Inflationsrate seit 1965 3,0 Prozent p. a. Die Berechnung der Inflationsrate ist abhängig von der Zusammensetzung des Warenkorbes. Wenn Sie sich die Preisentwicklung in **Tabelle 30** anschauen, scheint die Inflation sogar stärker in unsere Taschen zu greifen, als uns die Statistik glauben macht.

Nehmen wir an, Sie wollen in 15 Jahren aufhören zu arbeiten. Für Ihre Finanz- und Lebensplanung stellen Sie sich einen monatlichen Betrag von 3.000 Euro vor. Die Inflation sei 3,5 Prozent. Um den Lebensstandard der heutigen Kaufkraft erhalten zu können, muss Ihr Finanzplan einen Kapitalstand erarbeiten, der einen monatlichen Betrag von 5.025 Euro möglich macht!

Für eine Rente von heute **1.000 €** monatlich brauchen Sie …

	bei einer Inflation von	
	3,5 %	**4,0 %**
in 10 Jahren	1 411 €	1 480 €
in 15 Jahren	1 675 €	1 801 €
in 20 Jahren	1 990 €	2191 €
in 25 Jahren	2 363 €	2 666 €
in 30 Jahren	2 807 €	3 243 €

… monatliches Einkommen, um sich das Gleiche leisten zu können wie heute!

Tabelle 31: Wir unterschätzen die Inflation

Da alle die gleichen Grundbedürfnisse haben, lässt sich der Kaufkraftschwund unseres Vermögens nicht vermeiden. Deshalb gelingt es uns nicht, den Gelddieb Inflation zu beeinflussen. **Tabelle 32** zeigt uns, weshalb es umso wichtiger ist, dem Gelddieb Steuer so wenig wie möglich zu schenken.

	Inflation	
Steuer	**bei 3,5 %**	**bei 4,0 %**
30 %	**5,00 %**	5,71 %
35 %	5,38 %	6,15 %
40 %	5,83 %	6,67 %
45 %	6,36 %	7,37 %
50 %	7,00 %	**8,00 %**

Tabelle 32: Vermögen muss um folgende Sätze (in Prozent) steigen, damit das Kapital erhalten bleibt

Herausragende Fondsempfehlungen erzielen nicht nur überdurchschnittliche Wertentwicklungen, sondern nutzen auch die steuerlichen Möglichkeiten aus. Die steuerpflichtigen Erträge werden so gering wie möglich gehalten.

Sobald die persönlichen Steuerfreibeträge aufgebraucht sind bzw. in den Folgejahren durch Wertzuwächse überschritten werden, muss bei der Anlageentscheidung die Nachsteuerrendite in den Vordergrund gestellt werden. Diese Vorgehensweise führt dazu, dass nicht unbedingt der Fonds gekauft werden darf, der in der reinen Wertentwicklung an der Spitze steht.

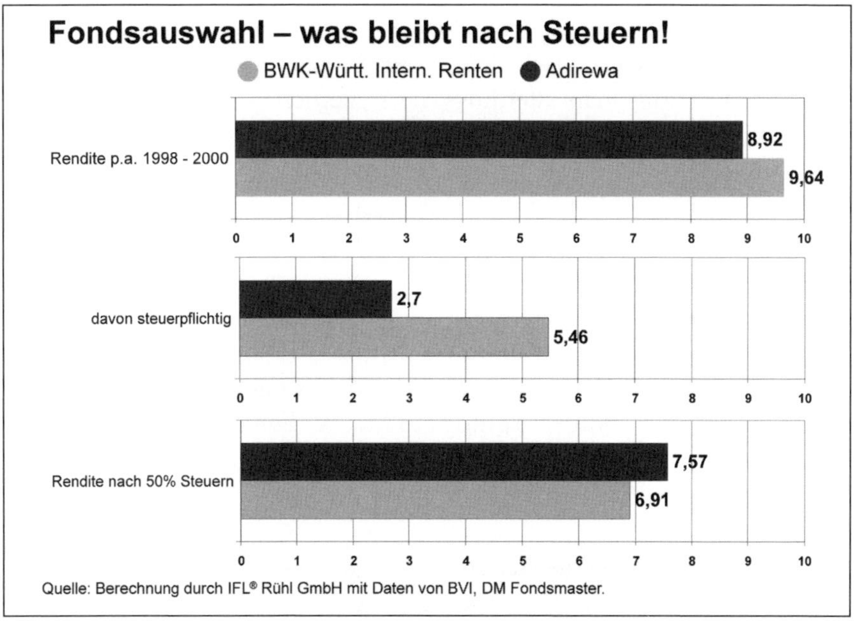

Grafik 58: Fondsauswahl unter Berücksichtigung der Steuer (1)

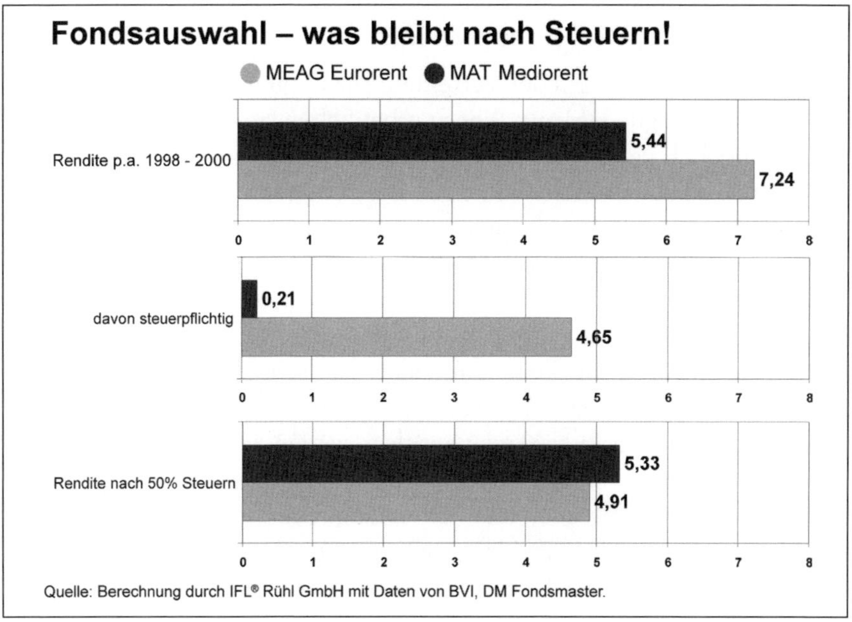

Grafik 59: Fondsauswahl unter Berücksichtigung der Steuer (2)

Die **Grafiken 58** und **59** machen es deutlich: Der Vergleich, jeweils nach der reinen Wertentwicklung vorgenommen, zeigt klare Gewinner auf. Berücksichtigt man allerdings die steuerlichen Daten, wendet sich das Blatt. Bei meinem ausgesuchten Beispiel zu internationalen Rentenfonds verspricht der BWK Württ. Internationale Renten pro Jahr eine 0,72 Prozent höhere Rendite. Nach Steuern hat jedoch der Adirewa mit 0,66 Prozent höheren Ertrag pro Jahr die Nase vorn.

Noch drastischer fällt es aus beim Vergleich zweier Rentenfonds, die ihr Ertragspotenzial aus europäischen Renditechancen schöpfen: in einem Fall lediglich renditeoptimiert (MEAG Eurorent), im anderen Fall ergänzt um eine bestmögliche Steueroptimierung (MAT Mediorent). Selbst bei einem Renditevorsprung des MEAG Eurorent von 1,8 Prozent p. a., das heißt einem um 33 Prozent höheren Ergebnis, kehrt sich das Ganze nach Steuern in einen Mehrertrag des MAT Mediorent um.

Wenn Sie die steuerlichen Überlegungen mit einbeziehen, zeigen die Rankinglisten der diversen Anlagepublikationen in der Regel die falschen Favoriten und Kaufempfehlungen.

14. 6. 1 Freibeträge Ihrer Kinder – ein Steuersparmodell?

Die in Kapitel 14.3.1 aufgezeigten Abzugsbeträge stehen jeder Rechtsperson zur Verfügung. Bei der Verteilung der Kapitaleinkünfte auf sämtliche Familienmitglieder kann dies zu erheblichen Steuerersparnissen führen. Schließlich kann jedes Ihrer Kinder oder auch Enkelkinder Kapitaleinkünfte bis zu einer Höhe von 8 501 Euro (Betrag gilt für das Jahr 2007) pro Jahr erzielen, bevor eine Steuerpflicht einsetzt.

Als Steuersparmodell wird immer wieder empfohlen, die Freibeträge der Kinder für das Familienvermögen zu nutzen. Genießen Sie diese Empfehlung mit Vorsicht! Wenn Sie dieses System nicht richtig und tatsächlich gewollt nutzen, wird Ihr Steuersparmodell ganz schnell zum Bumerang!

Damit die Freibeträge Ihrer Kinder genutzt werden können, muss das Geld auf den Namen Ihrer Kinder angelegt werden. Hierzu ist eine Vermögensübertragung notwendig. Steuerrechtlich unterliegt diese Vermögensübertragung dem Erbschafts- und Schenkungsrecht. Pro Elternteil können Sie bis zu 205.000 Euro an jedes Kind verschenken, bevor eine Steuerpflicht einsetzt. Dieser Schenkungsfreibetrag kann alle zehn Jahre erneut in Anspruch genommen werden. Das Kapital wird also steuerfrei übertragen und erzielt beim Kind bis zur Höhe der Abzugsbeträge steuerfreie Einkünfte.

Eigentlich wollen Sie (noch) nicht schenken? Sie planen, das Geld später zurückzuholen? Sie wollen lediglich die Freibeträge Ihrer Kinder nutzen? Dann sollten Sie die Empfehlungen dieses Steuersparmodells eher nicht nutzen.

Sollten Sie später das Kapital, welches auf Ihre minderjährigen Kinder angelegt wurde, wieder zurückholen, muss bei einer Verfügung von 75 Prozent und mehr aus dem Kindesvermögen heraus das Vormundschaftsgericht zustimmen. Wird diese Zustimmung nicht eingeholt, machen Sie sich strafbar. Weil von den Banken und Fondsgesellschaften keine Kontrollmitteilungen an das Vormundschaftsgericht oder das Finanzamt gemacht werden, gilt für diese Ausführungen: „Wo kein Kläger, da kein Richter". Aber im schlimmsten Fall könnte Ihr Kind Sie verklagen und die verfügten Gelder zurückfordern.

Steuerrechtlich handelt es sich bei einer Kapitalrückholung um eine Schenkung. Vom Kind zu den Eltern beläuft sich der Schenkungsfreibetrag jedoch nur auf 10.300 Euro. Wird dieser Freibetrag überschritten und nicht erklärt, handelt es sich um eine strafbare Steuerhinterziehung. Ergänzend kommt hinzu: Wenn Sie so eine Rückholung umsetzen, unterstellt das Finanzamt den Tatbestand der aktiven Steuerumgehung. In diesem Fall müssten Sie die Steuer nachzahlen, welche durch das Ausnutzen der Abzugsbeträge Ihrer Kinder gespart wurde.

Fazit: Wenn Sie wirklich schenken wollen, nutzen Sie dieses „Familiensteuer-Sparmodell"!

Wenn Sie weiterhin selbst über Vermögen verfügen wollen, nutzen Sie steueroptimierte Investmentfonds!

14. 7 So gehen Sie bei Ihrer Steuererklärung vor

Ob Sie Ihre Fondsanteile bei Ihrer Bank im Depot, direkt bei der Fondsgesellschaft mit Sitz in Deutschland oder aber im Ausland verwahren – Sie müssen die steuerpflichtigen Erträge in Ihrer Steuererklärung berücksichtigen. Die verschiedenen Steuerbescheinigungen der Fondsgesellschaften und die diversen Formulare der Einkommensteuererklärung machen diese Pflicht nicht einfach. Anhand der unterschiedlichen Anlagen zur Einkommensteuererklärung möchte ich einige Antworten auf Fragen geben, die im Zusammenhang mit der Formularhandhabung bei Fonds immer wieder auftreten. Diese Ausführungen sind jedoch allgemein gültig. Ihre individuelle steuerliche Situation und deren Auswirkungen sollten Sie in jedem Fall mit Ihrem Steuerberater klären. So, wie Sie nicht auf einen guten Investmentberater verzichten sollten, sollten Sie das Wissen Ihres Steuerberaters nutzen.

Im Normalfall erhalten Sie die Formulare für Ihre Steuererklärung automatisch per Post zugesandt. Damit Sie vollständige Angaben zu den Einkünften aus Ihrem Kapitalvermögen machen können, benötigen Sie in jedem Fall die Anlage KAP. Ergänzend kommen hinzu die Anlagen AUS, SO und VA. Bevor Sie sich jedoch mit diesen verschiedenen Anlage beschäftigen, zählen Sie als Erstes Ihre Einnahmen aus Kapitalvermögen zusammen. Liegen Sie innerhalb der Sparerfreibeträge? In diesem Fall müssen Sie nämlich lediglich auf dem Hauptvordruck Ihrer Steuererklärung, dem so genannten Mantelbogen tätig werden. Dort finden sich auf der zweiten Seite in der Zeile 30 zwei Kästchen. Wenn Sie dort das zweite Kästchen ankreuzen, ist die Sache bereits erledigt. Liegen Ihre Einnahmen über dem Sparerfreibetrag oder sind Ihnen bei Ausschüttungen bereits Steuern abgezogen worden, kreuzen Sie das erste Kästchen an und verweisen damit auf die Anlage KAP.

Die Zeile 32 betrifft die sonstigen Einkünfte. Hier klären Sie vorab, ob Sie „private Veräußerungsgeschäfte" getätigt haben. Wenn die Gewinne daraus unter 502 Euro liegen, reicht wiederum im zweiten Kästchen ein Kreuz. Liegen sie drüber? Dann weisen Sie mit einem Kreuz im ersten Kästchen auf die Anlage SO hin. Sollten Sie anstelle von Veräußerungsgewinnen Spekulationsverluste realisiert haben, ist das Ankreuzen des ersten Kästchens ebenfalls sinnvoll. Für das Vor- oder Rücktragen dieses Verlustes, das Verrechnen mit Gewinnen, ist die Anlage SO erforderlich.

Die Steuerformulare sehen für nahezu alle Einkünfte jeweils nur eine Zeile vor. Um mehrere Anlagen und ihre verschiedenen Erträge richtig dokumentieren zu können, empfiehlt sich, ein ergänzendes Blatt beizulegen.

In der Anlage KAP werden die Erträge aus Ihrem Kapitalvermögen, unterteilt nach in- oder ausländischer Herkunft, erfasst. Bei Investmentfonds sind dies im Einzelnen:

- realisierte Zwischengewinne bei Käufen, Verkäufen oder Anteilsübertragungen,
- der steuerpflichtige Anteil aus Ausschüttungen
- sowie die ausschüttungsgleichen Erträge.

Die Addition der einzelnen Beträge wird als Gesamtsumme in die Zeile 6 (Summe der Erträge aller inländischen Fondsgesellschaften) bzw. 20 (Summe der Erträge aller ausländischen Fondsgesellschaften) eingetragen. Die Spalten 2 und 3 sehen die Zuordnung der Erträge zum Ehemann oder zur Ehefrau vor. Die Spalte 4 hat für das Finanzamt eher einen Informationscharakter. Hier sind die Erträge festzuhalten, die aufgrund von Freistellungsaufträgen keinem Vorababzug unterlagen. In der Spalte 5 und 6 sind die von den Fondsgesellschaften einbehaltenen Kapitalertrag-, Zinsabschlags- und Körperschaftsteuern einzutragen.

In der Zeile 20 sind ausländische Zins- und Dividendeneinnahmen festzuhalten. Hierzu gehören auch die Fondserträge von deutschen Fondsgesellschaften, wenn sie aus deren Tochterunternehmen mit Sitz in Luxemburg stammen. Eine im Ausland einbehaltene Quellensteuer ist mit Hilfe der Anlage AUS auf Ihre deutsche Steuerschuld als bereits bezahlte Steuer anrechenbar. Sollten Ihre Einkünfte aus Kapitalvermögen jedoch unter dem Sparerfreibetrag liegen, ist die ausländische Quellensteuer nur als Werbungskosten anrechenbar. Dies ist dann in der Zeile 28 der Anlage KAP einzutragen. Weitere Werbungskosten sind:

- Depotkontoführungsgebühren,
- Vermögensverwaltungskosten,
- PC-Programme,
- Fachliteratur,
- Fachseminargebühren,
- Reisekosten zu Hauptversammlungen und Infoveranstaltungen,
- Telefon-, Fax- und Portokosten.

Wenn Sie Käufe und Verkäufe innerhalb der Veräußerungsfrist realisiert haben, müssen Sie die Daten dieser Transaktion in der Anlage SO, Zeile 41 bis 43 festhalten. Kommt bei der Addition sämtlicher Veräußerungsgeschäfte eine negative Summe heraus, wird dieser Verlust automatisch mit den Gewinnen des Vorjahres verrechnet. Falls Sie diesen Verlust auf verschiedene Jahre verteilen wollen, müssen Sie in der Zeile 60 ein Kreuz setzen und die Anlage VA ausfüllen.

Meine Ausführungen über das gesamte Kapitel Steuer stellen keine steuerliche Beratung dar. Sehen Sie sie eher als Kontrollmöglichkeit an. Kontrollieren Sie, ob Ihre Berater steuerliches Know-how haben und dieses auch in Ihrem Sinne umsetzen. Wenn Sie seit vielen Jahren hohe steuerpflichtige Erträge im Bereich Einkünfte aus Kapitalvermögen erzielen und hier noch nie auf steuerliche Optimierungsmöglichkeiten hingewiesen wurden, sollten Sie Ihren Steuerberater wenigstens einmal fragen, warum. Wenn Sie keine zufrieden stellende Antwort bekommen, dürfte es sich eher um einen teuren Buchhalter als um einen Steuerberater handeln.

15. Kapitel

Fonds-Picker (Timing) im Vergleich zur Daueranlage

Im Vorwort der zweiten Ausgabe von „Investmentfonds verstehen und richtig nutzen“ (Redaktionsschluss August 2002) hatte ich geschrieben, dass sich Wirtschaft und Börse zum Teil radikal verändert haben und ich in den zwölf Monaten seit Redaktionsschluss zur ersten Ausgabe selbst sehr vieles hinzugelernt habe. Eine der wichtigsten Erkenntnisse waren die langen Wirtschafts(Kondratieff)zyklen und ihre sekundären Börsentrends (siehe Kapitel 7). Das folgende Kapitel zeigt eine Problematik auf, welche ihre Gültigkeit ausschließich in einem sekundären Bullenmarkt findet. Wer rechtzeitig erkennt, dass ein Wandel hin zu einem sekundären Bärenmarkt stattgefunden hat, tut gut daran, seine Buy & Hold-Strategie lange Zeit ohne Aktienfonds umzusetzen. Da es für den nächsten Bullenmarkt jedoch nur eine Frage der Zeit ist, habe ich mich dazu entschlossen, dieses Kapitel nicht zu streichen, sondern genau für diese Zeit stehen zu lassen.

Die Anzahl der Fondsangebote wird von Woche zu Woche größer. Für den einzelnen Anleger wird es immer schwieriger, den Überblick zu behalten. Diese Fondsvielfalt machen sich die Medien und Vermögensverwalter zunutze. Eine immer größer werdende Zahl von regelmäßigen Wirtschafts- und Finanzdienstpublikationen, die sich ausschließlich auf Fondsveröffentlichungen konzentrieren, steht zur Verfügung.

Gehen Sie zu einem Kiosk, und kaufen Sie sich alle Zeitschriften und Magazine, die sich auf das Thema Geld spezialisieren. Ich verspreche Ihnen, Sie nehmen mindestens 20 verschiedene Publikationen mit nach Hause. Wenn Sie diese studiert haben, werden Sie feststellen, dass bei den Fonds mindestens 15 verschiedene Spitzenreiter aktuell kaufenswert sind. Sollten Sie auf diese Publikationen vier Wochen später zurückgreifen, wird sich dasselbe Bild ergeben, nur dass die Spitzenreiter schon wieder aus anderen Branchen, Ländern und Fondsgesellschaften stammen. Eigentlich ja auch klar! Oder würden Sie regelmäßig Zeitungen kaufen oder gar abonnieren, wenn immer die gleichen Empfehlungen drin stehen würden? Deshalb konzentrieren sich die Publikationen häufig auf Fondsvergleiche der letzten Woche, des letzten Monats oder Jahres. Mittel- oder langfristige Vergleiche über fünf, sieben oder mehr Jahre sind eher die Ausnahme. Die Tendenz, die Marktentwicklung kurzfristig richtig einzuschätzen, den richtigen Branchenfonds zum richtigen Zeitpunkt zu kaufen und sich rechtzeitig aus einem speziellen Länderfonds wieder zu verabschieden, steht im Vordergrund.

Aber nicht nur die Finanzpublikationen, sondern auch die Anzahl der Vermögensverwalter auf Fondsbasis nimmt ständig zu. Hierbei wird zwischen zwei verschiedenen Strategien unterschieden. Die klassische Vermögensverwaltung analysiert die langfristigen Wirtschaftszyklen und die sekundären Börsentrends. Diese Erkenntnis setzt sie mit den dazu passenden langfristigen Strategien und überdurchschnittlich gemanagten Fonds um. Die klassische Vermögensverwaltung setzt auf eine langfristige Strategie mit überdurchschnittlich gemanagten Fonds. Die Auswahlkriterien, meist Faktoren, die für die guten Ergebnisse aus der Vergangenheit verantwortlich waren, werden kontrolliert und als Grundlage für zukünftigen Handlungsbedarf bzw. eventuelle Fondswechsel herangenommen. Dabei wird die Anlageentscheidung zum großen Teil den Fondsmanagern überlassen.

Die andere Strategie wird durch die aktive Vermögensverwaltung umgesetzt. Sie arbeitet mit Einzelaktien und spezialisierten Fonds. Die zu verwaltenden Gelder werden schwerpunktmäßig in Länder- und Branchenfonds investiert. Gleichzeitig versucht man, die richtigen Ein- und Ausstiegszeitpunkte zu finden. Somit wird die Anlageentscheidung hinsichtlich der Gewichtung in den einzelnen Anlageregionen und -branchen durch den Vermögensverwalter getroffen. Die kritische Betrachtung unter dem Stichwort „Fonds-Picker“ in diesem Kapitel bezieht sich bei den Vermögensverwaltern vor allem auf die „aktiven“ Entscheider.

Die Medien und die „aktiven“ Vermögensverwalter zeigen ihren Kunden, dass die richtigen Kauf- und Verkaufszeitpunkte einen erheblichen Mehrwert schaffen. Wenn Sie beispielsweise in Einzelaktien, dem DAX 30 entsprechend, investiert waren, konnten Sie in der Zeit von 1980 bis Ende 1999 eine durchschnittliche Rendite von 14,1 Prozent p. a. erzielen. Angenommen, es ist Ihnen gelungen, in den schlechtesten Monaten nicht investiert zu sein, waren die in **Grafik 60** dargestellten Renditeerhöhungen möglich.

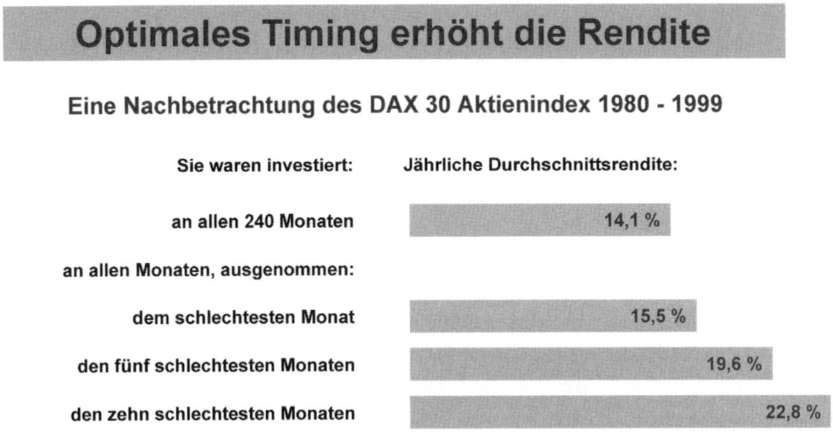

Grafik 60: Optimales Timing schafft Mehrwert Quelle: Allianz

Anstatt 14,1 Prozent 22,8 Prozent Rendite p. a. – Ihr aktiver Vermögensverwalter bzw. die richtige Finanzpublikation wäre Ihr Geld wert. Die richtige Timingentscheidung, kombiniert mit der optimalen Fondsauswahl, schafft den versprochenen Mehrwert.

Ein Beispiel aus der Welt der Finanzpublikationen zeigt: Wenn Sie von 1975 bis Ende 1999 jedes Jahr auf den richtigen Fonds gesetzt hätten, konnten Sie mit einem ursprünglichen Einsatz von 5.000 Euro in diesem Zeitraum Euromillionär werden. Das hört sich natürlich phantastisch an, schließlich handelt es sich um eine durchschnittliche Rendite von knapp 24 Prozent p. a., und das über 25 Jahre lang. Da lohnen sich Markttiming und das aktive Fondspicking doch! Einen Haken haben die Berechnungen aber doch. Es war einfach, im Jahr 2000 die Fonds auszuwählen, die seit 1975 ein solches Ergebnis ermöglicht haben, oder die Monate herauszurechnen, die seit 1980 die größten Verluste gebracht hätten. Schließlich standen da die Kapitalmarktbewegungen und die Entwicklung der einzelnen Fonds ja fest!

Ob die Finanzpublikationen mit ihren zukünftigen Empfehlungen Recht behalten bzw. die Fondsauswahl der aktiven Vermögensverwalter in jedem Jahr den richtigen Fonds herauspickt, mag bezweifelt werden. Trotz meiner kritischen Ausführungen wird allein die Aussicht, durch geschicktes Auswählen von spezialisierten Fonds – verbunden mit den richtigen Kauf- und Verkaufszeitpunkten – eine höhere Rendite erzielen zu können, den aktiven Vermögensverwaltern weiteren Zulauf garantieren und den Finanzpublikationen zukünftig noch höhere Auflagen ermöglichen.

15. 1 Langfristig funktioniert Timing nur in der Theorie

„Prognosen sind schwierig, besonders,
wenn sie die Zukunft betreffen."
Winston Churchill

Immer dann, wenn mir Menschen begegnen, die mir weismachen wollen, sie beherrschten das Timing, erinnere ich mich an die Worte des Altmeisters der Börse: André Kostolany. Auf die Frage, „Was soll man von Spekulanten halten, die von sich behaupten, stets beim tiefsten Kurs zu kaufen und beim höchsten zu verkaufen?", gab er folgende Antwort, „Ganz einfach, dass sie Lügner sind."

Wenn ich ganz genau wüsste, wie sich die Börsen und Kapitalmärkte in den nächsten 100 Tagen entwickeln, wäre ich in der Lage, das größte Vermögen dieser Erde zu schaffen. Also, wenn Sie so einen immer richtig liegenden „Markt-Timer" kennen lernen, treten Sie ihm bitte ehrfurchtsvoll gegenüber, schließlich muss er unvorstellbar reich sein!

Die wichtigste Grundlage des „Fonds-Pickers" ist die Behauptung, mit dem richtigen Timing den Markt zu schlagen.

Das richtige Timing gibt es nicht!

Mir ist keine praktische Timing-Strategie bekannt, die über den sekundären Bullenmarkt 1980 bis 2000 durch aktives Kaufen und Verkaufen den Markt geschlagen hat.

Wenn Sie von 1987 bis 2000 ununterbrochen in DAX-Werte investiert haben, erzielten Sie eine durchschnittliche Rendite von 15,4 Prozent p. a. Haben Sie aus Timinggründen lediglich die besten zehn Tage verpasst, reduziert sich Ihre jährliche Rendite bereits auf 10,3 Prozent. Waren Sie an den 40 besten von insgesamt 3.284 Börsentagen nicht dabei, hätten Sie sich viel Zeit und Nerven sparen und Ihr Geld auf ein Sparbuch mit einer Verzinsung von 1,6 Prozent legen können. Das Verschieben von Zeitachsen oder das Heranziehen anderer Aktienmärkte bewirkt im Übrigen keine anderen Ergebnisse. Wenn Sie beispielsweise von 1983 bis 1992 ohne Unterbrechung im S&P 500 investiert waren, lag Ihre durchschnittliche Rendite bei 16,2 Prozent p. a. Die Rendite reduzierte sich beim Verpassen der besten zehn Tage auf 11,6 Prozent, 20 Tage auf 8,6 Prozent, 30 Tage auf 6,0 Prozent und ohne die besten 40 Tage auf 3,6 Prozent p. a.!!

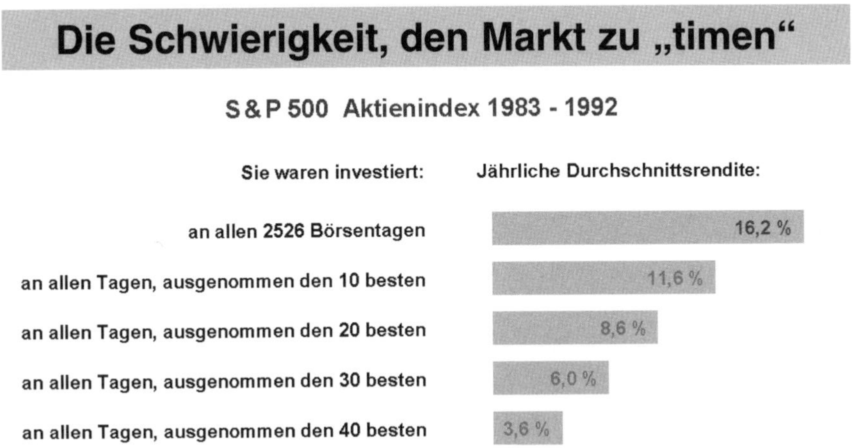

Grafik 61: Die Schwierigkeit, den Markt zu timen

Quelle: Nicholas-Applegate Capital Management

Angenommen, Sie würden seit 20 Jahren in Ihre Fondsanlage zum absoluten Jahreshöchstkurs investieren. Das wäre, unseren aktiven Vermögensverwaltern entsprechend, der Super-GAU des Investitionszeitpunktes! Welches Ergebnis würde man da erhalten, wenn schon das Fehlen von wenigen Tagen die Renditen auf Sparbuchniveau drückt?

Grafik 62 zeigt, wie sich eine jährliche Investition von 5.000 US-Dollar entsprechend der obigen „Worst-Case“-Annahme von 1980 bis 1999 in einem internationalen Aktienfonds entwickelt hätte.

Die obere Linie zeigt, wie sich das Vermögen entwickelt hätte, wenn man jedes Jahr den optimalen Einstiegszeitpunkt, sprich den Jahrestiefststand erwischt hätte. Selbstverständlich erzielen Sie mit der Worst-Case-Anlage eine geringere Rendite. Aber, hätten Sie vermutet, dass der Renditeunterschied nur 1,7 Prozent p. a. ausmacht? Trotz des jeweils schlechtesten Einstiegszeitpunktes ist aus Ihrem insgesamt eingezahlten Betrag von 100.000 US-Dollar ein Vermögen von 464.547 US-Dollar geworden. Das entspricht einer jährlichen Rendite von 13,8 Prozent. Ist da Timing noch wichtig?

Um langfristig eine gute Rendite zu erzielen, spielt Timing keine Rolle! Es ist nur wichtig, investiert zu sein!

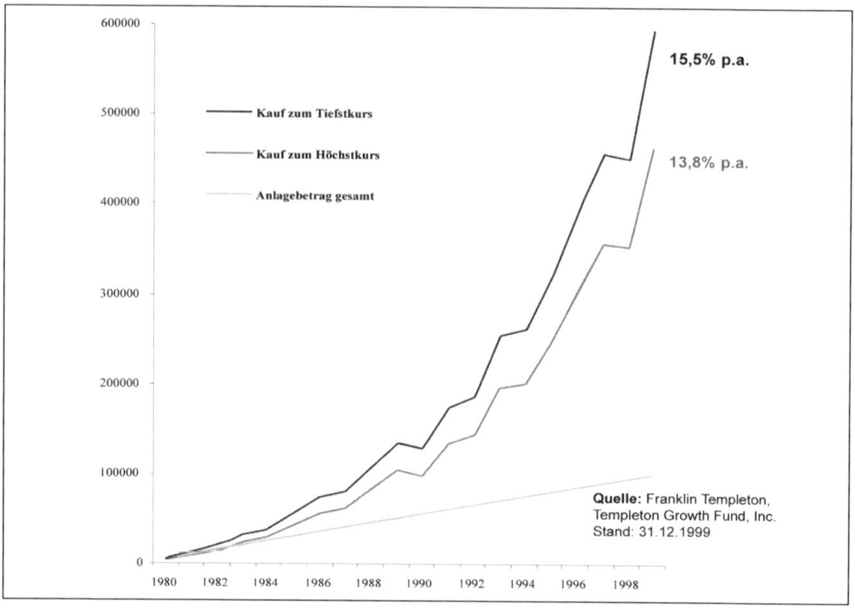

Grafik 62: Spielt Timing eine Rolle?

> *„Anleger haben bei der Vorbereitung auf Kurskorrekturen und den Maßnahmen zu ihrer Vermeidung schon sehr viel mehr Geld verloren als durch die Korrekturen selbst."*
> *Peter Lynch, ehemaliger Fidelity-Fondsmanager*

Erinnern Sie sich an die Anleger des Fidelity-Magellan-Fonds-? Im Vorwort hatte ich die Tatsache angesprochen, dass die Hälfte aller Anleger, die den Fonds in der Zeit von 1977 bis 1990 gekauft hatten, ihre Fondsanlage im Minus abgeschlossen hat! Und das, obwohl der Fonds in der gleichen Zeit eine durchschnittliche Rendite von fast 30 Prozent p. a. erzielte!

Tabelle 33 zeigt Ihnen die abwechselnden Hoch- und Tiefphasen der globalen Börsen. Hausse- und Baissephasen wechseln sich ab. Die durchschnittliche Baissephase dauert 14 Monate. In der Regel baut sie Übertreibungen der letzten Hausse ab. In dem von Kostolany benutzten Bild kommt dies deutlich zum Ausdruck: Der Hund (Börse) kommt zurück zu seinem Besitzer (Wirtschaft). Wenn Sie bisher noch keine fallenden Kurse erlebt haben, jetzt aber vorhaben, Ihren ersten Aktienfonds zu kaufen, stellen Sie sich mental gleich auf die nächste Baisse ein. Haben Sie die eine oder andere Phase der rückläufigen Börsen bereits bewusst erlebt? Erinnern Sie sich an die Ursachen des Einbruchs? Schlechte Unterneh-

MSCI Welt Index. Baisse-Phasen sind deutlich kürzer als Hausse-Phasen.

Hausse/Baisse	Dauer von bis	Dauer in Monaten	Wertentwicklung
Hausse	Jul 70 bis Dez 72	30	+ 58,8%
Baisse	Jan 73 bis Sep 74	21	- 45,1%
Hausse	Okt 74 bis Jul 81	82	+108,7%
Baisse	Aug 81 bis Jul 82	12	- 20,1%
Hausse	Aug 82 bis Aug 87	61	+252,2%
Baisse	Sep 87 bis Nov 87	3	- 25,7%
Hausse	Dez 87 bis Dez 89	25	+ 54,2%
Baisse	Jan 90 bis Sep 90	9	- 28,5%
Hausse	Okt 90 bis Jul 98	94	+175,3%
Baisse	Aug 98 bis Sep 98	2	- 23,1%
Hausse	Okt 98 bis Mär 00	18	+ 64,7%
Baisse	Apr 00 bis Mär 03	36	- 50,9%
Hausse	Apr 03 bis Mai 06*	37*	+ 97,8%

Durchschnittliche Werte:

Hausse: 50 Monate +116% Wertzuwachs
Baisse: 14 Monate - 32% Wertverlust

Tabelle 33: Hausse und Baisse. MSCI Welt Index 1970 bis 2006

mensnachrichten, rückläufige Wachstumsprognosen, fehlende Güternachfrage und drohende Rezession. Die Medien haben Hochkonjunktur. Eine schlechte Nachricht jagt die andere. Die Weltwirtschaftskrise zeichnet sich angeblich langsam ab. Unter diesen Bedingungen wünscht man sich, dass Markttiming funktioniere. Das Motto lautet: Jetzt so schnell wie möglich den Markt verlassen, bevor sich die Situation noch mehr verschärft, nach der Beruhigung kann man erneut investieren. Auf Dauer bringt diese Strategie jedoch keine Vorteile, da es dann schwierig ist, den optimalen Einstiegszeitpunkt zu erwischen.

Des Weiteren zeigt die Tabelle, dass Haussephasen wesentlich ausgeprägter sind, und zwar sowohl in der Wertentwicklungschance als auch im zeitlichen Rahmen. Mit dem Versuch, den Markt zu timen, geht die Gefahr einher, dass man in diesen Phasen gar nicht oder zu kurz dabei ist. Damit berauben Sie sich der Chance, an den Wertentwicklungen eines auf Ertrag ausgerichteten Wirtschaftssystems beteiligt zu sein.

Fazit: Timing-Entscheidungen, zur richtigen Zeit umgesetzt, führen zu einer hohen Renditeoptimierung. Wenn Sie am langfristigen Aufwärtstrend der Aktienmärkte partizipieren wollen, investieren Sie Ihr Geld, wenn es Ihnen zur Verfügung steht. Nutzen Sie für den Großteil Ihrer langfristig disponierten Gelder eine Auswahl guter internationaler

Aktienfonds. Verinnerlichen Sie den Grundsatz für aktienorientierte Anlagen: Bringen Sie einen Anlagehorizont von mindestens sieben Jahren mit. Streuen Sie Ihr Aktienvermögen so breit und global wie möglich. Sehen Sie Ihre internationalen Aktienfonds als Basisinvestition und Daueranlage. Bleiben Sie stets investiert.

Dass die Wahrscheinlichkeit, durch die theoretischen Vorteile des Fondspickings höhere Renditen zu erzielen, in der Praxis gegen null tendiert, möchte ich Ihnen zum Abschluss dieses Kapitels anhand zweier Beispiele zeigen.

In Kapitel 12.6.1 haben wir uns dem Thema gemanagte Fondspolicen gewidmet. Hierbei versuchen viele Fonds-Picker seit vielen Jahren, geringere Risiken und höhere Ertragschancen durch Auswahl der richtigen Fonds zum richtigen Zeitpunkt umzusetzen. Die Spalte „Manager" der Tabelle 20 liest sich wie das Who's who der Vermögensverwalter. Im Ganzen betrachtet zeigt die Tabelle, dass nicht einer dieser anerkannten Geldprofis die Ergebnisse einer Daueranlage in internationalen Aktienfonds schlagen kann.

Das zweite Beispiel liefert die Welt der Finanzpublikationen. 1993 wollten kompetente Fachjournalisten beweisen, dass ihre theoretische Vergangenheitsdokumentation mit den erstklassigen Informationen ihrer

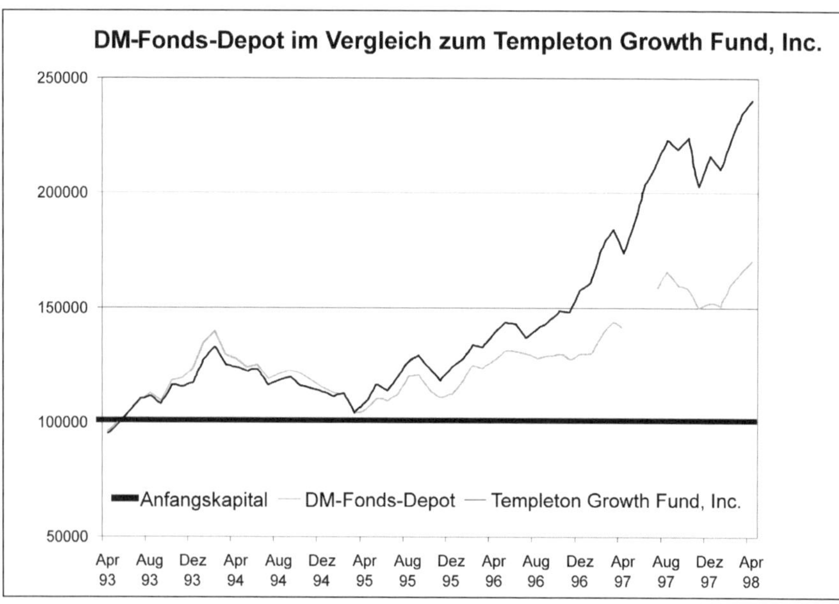

Grafik 63: Fondspicking im Vergleich zur Daueranlage

Finanzpublikation zukünftig in die Praxis umgesetzt werden kann. Diese Journalisten verfügen über exzellente Marktkenntnisse und ein Know-how, welches weit über den Wissensstand der meisten Investmentberater hinausgeht. Die theoretische Vergangenheitsdokumentation zeigte auf, dass man mit dem richtigen Fondspicking in den letzten 19 Jahren aus 5.113 Euro (10.000 DM) ein Vermögen von 511.292 Euro (eine Million DM) machen konnte. (Das entspricht einer durchschnittlichen Rendite von 27,4 Prozent p. a!) So weit die Theorie. Mit dem Musterdepot begann die Praxis. Es wurde im April 1993 mit einem Kapital von 51.129 Euro (100.000 DM) eröffnet. In jeder Ausgabe wurde dieses detailliert besprochen. Jede Depotveränderung war nachvollziehbar und als Reaktion auf die diversen Marktentwicklungen logisch umgesetzt.

Bereits damals war ich nicht vom aktiven Fondspicking und den Chancen des Markttimings überzeugt. In den von mir geführten Seminaren hatte ich aus diesem Grund einen guten internationalen Aktienfonds dem Musterdepot gegenübergestellt.

Nach einem Jahr war ich kurz davor, meine Dokumentation einzustellen und mich eines Besseren belehren zu lassen. Immerhin war bereits ein Mehrertrag von sechs Prozent erzielt worden. Allerdings hat sich der aufgebaute Vorsprung in der danach einsetzenden Baissephase deutlich verringert. Im Lauf der Zeit öffnete sich die Schere immer stärker zu Gunsten des Daueranlegers. Im Mai 1997 wurde die Veröffentlichung für zwei Monate ausgesetzt. Im April 1998 wurde das Musterdepot eingestellt. Der abschließende Bericht erläuterte, dass man mit dem Erreichen eines Gegenwertes von 87.250 Euro eine Vielzahl der am Markt angebotenen Aktienfonds übertroffen hat, die Ergebnisse der besten Fonds allerdings nicht erzielen konnte. So einfach ist die Praxis mit ihren Markteinflüssen, die auf uns einwirken, wohl doch nicht. Die durchschnittliche Rendite des Musterdepots betrug übrigens 11,3 Prozent p. a. Das Ergebnis des Daueranlegers bestätigt meine gesamten Ausführungen über dieses Kapitel. Sein Gegenwert belief sich ohne Aufwand, ohne permanente Marktbeobachtung und Informationsbeschaffung, ohne die Ungewissheit, zum richtigen Zeitpunkt gekauft oder verkauft zu haben, und ohne nervenaufreibendes Tagesgeschehen auf 122.910 Euro. Dies entspricht einer jährlichen Rendite von 19,2 Prozent.

Im Nachhinein habe ich – wie in **Tabelle 34** zu sehen ist – für diese fünf Jahre die Fonds herausgesucht, in welche, entsprechend der ursprünglichen Vergangenheitsdokumentation, beim optimalen Fonds-Picking die Gelder hätten angelegt werden müssen.

Der richtige Fonds	Datum	Depotstand
Fidelity Thailand	April 1994	87 229 €
Indocam GIF Euro Reserve	April 1995	92 554 €
Vontobel Eastern Europe	April 1996	158 771 €
Mercury Eastern Europe	April 1997	371 516 €
Fidelity Italy	April 1998	777 417 €
Sämtliche Ausgabeaufschläge berücksichtigt.		

Tabelle 34: Der Traum – Timing würde funktionieren!
Quelle: Berechnung durch IFL® Rühl GmbH mit Daten von FVBS

Wenn man in der Lage gewesen wäre, jedes Jahr den besten Fonds herauszupicken, hätte man nach fünf Jahren aus dem Anfangskapital von 51.129 Euro einen Vermögenswert von 777.417 Euro geschaffen. Das entspricht einer durchschnittlichen Rendite von 72,3 Prozent p. a! Leider zu schön, um wahr zu werden.

Das richtige Timing und die beste Fondsauswahl bleiben der Vergangenheitsbetrachtung und unseren Wunschträumen überlassen.

Die Gefahr, dem Markttiming zu unterliegen und damit die Renditechancen Ihrer aktienorientierten Fondsanlage auf Sparbuchniveau oder gar in den negativen Bereich zu bringen, ist immens. Nachfolgend habe ich einige Tipps von erfahrenen Daueranlegern zusammengestellt. Merken Sie sich diese Ausführungen.

- Lassen Sie sich nicht von kurzfristigen Stimmen und Stimmungen leiten.
- Fällen Sie keine Entscheidungen auf Basis von Emotionen.
- Trennen Sie Ihr Geld von Ihren Emotionen, bevor Ihre Emotionen Sie von Ihrem Geld trennen.
- Folgen Sie Ihrem eigenen Anlageplan, nicht der Mehrheitsmeinung.
- Nutzen Sie pessimistische Phasen zum Investieren, nicht zum Verkaufen.
- Meiden Sie populäre Trends!
- Seien Sie nicht zu negativ! Gesunde Skepsis ist gut. Pessimismus lässt Sie die Chancen nicht erkennen.
- Spekulieren Sie nicht. Der Oberbegriff Investmentfonds resultiert aus seiner ursprünglichen Absicht, das Geld in gute Firmen zu investieren.
- Wer auf kurzfristige Trends, Tipps und Prognosen achtet, wird keine Gewinne erzielen.

- Lassen Sie sich von den eher kurzfristig orientierten Informationen im Fernsehen, im Internet, aber auch in den Finanzmagazinen nicht irritieren.
- Investieren Sie neue Gelder, wenn Sie unsicher sind, in Raten. Das regelmäßige Investieren senkt das Anlagerisiko.
- Stoppen Sie in schlechten Börsenphasen auf keinen Fall Ihre Sparpläne!
- Meiden Sie die Spitzenreiter des letzten Jahres.
- Verfolgen Sie auf keinen Fall ununterbrochen die Kurse, und ziehen Sie nicht permanent Bilanz, um festzustellen, ob Sie einen Gewinn oder Verlust erzielt haben.
- Streuen Sie Ihr Vermögen! Auch ein Fondsdepot sollte gut gemischt sein.
- Bleiben Sie hartnäckig, zäh und geduldig. Kaufen Sie aktienorientierte Fonds nur mit einem Anlagehorizont von mindestens sieben Jahren. Bleiben Sie Ihrem Anlagehorizont treu.
- Seien Sie großzügig! Überlassen Sie den heißen Tipp den anderen.
- Kaufen Sie nur Fonds, deren Management seine Qualitäten durch Hausse- und Baissephasen hindurch bewiesen hat.
- Werden Sie nie zu gierig: Gier frisst Hirn!

Meine in diesem Kapitel gemachten Ausführungen bergen die Gefahr, dass man in der Umbruchphase von einem sekundären Bullen- in einen sekundären Bärenmarkt zu lange an der aktienorientierten Buy & Hold-Strategie festhält. Wer genügend Zeit mitbringt (siehe Kapitel 16.1, **Grafik 64**), kann dies tun. Ansonsten ist es ratsam, die Buy & Hold-Strategie lieber etwas früher auf die Renten- und Immobilienfondsanlage zu verlagern.

16. Kapitel

Verwendungsmöglichkeiten der Investmentfonds

Aufgrund der vielen Investmentfonds bieten sich unterschiedliche Möglichkeiten, das Kapital optimal zu investieren. Die folgenden Punkte beleuchten verschiedene Anlageziele und zeigen hierzu die richtigen Fondsstrategien.

16. 1 Vermögensaufbau

Durch Sparpläne und Einmalzahlungen steht für jedes Ziel und jeden Zeitraum der richtige Fonds zur Verfügung.

Für den kurzfristigen Kapitalaufbau bzw. das Parken von Kapital bietet die Rubrik Geldmarktfonds die besten Möglichkeiten. Wer sein Kapital sicherheitsorientiert aufbauen möchte, konzentriert sich auf Renten- und Immobilienfonds. Wer auf lange Sicht überdurchschnittliche Erträge erzielen möchte und dafür Schwankungen akzeptiert, findet sicherlich den richtigen Aktienfonds.

Die drei Zeitstrahlen in **Grafik 64** zeigen, dass die auszuwählende Fondsart stark von dem möglichen Anlagehorizont und der Phase des sekundären Börsentrends abhängig ist. Wenn Sie sich an diese Zeitvorgaben halten, steht dem erfolgreichen Vermögensaufbau nichts mehr im Wege. Der darunter liegende Chance-Risiko-Strahl macht deutlich, dass Fonds mit größeren Schwankungsbreiten nur in Frage kommen, wenn zum Erreichen Ihres Anlageziels genügend Zeit zur Verfügung steht.

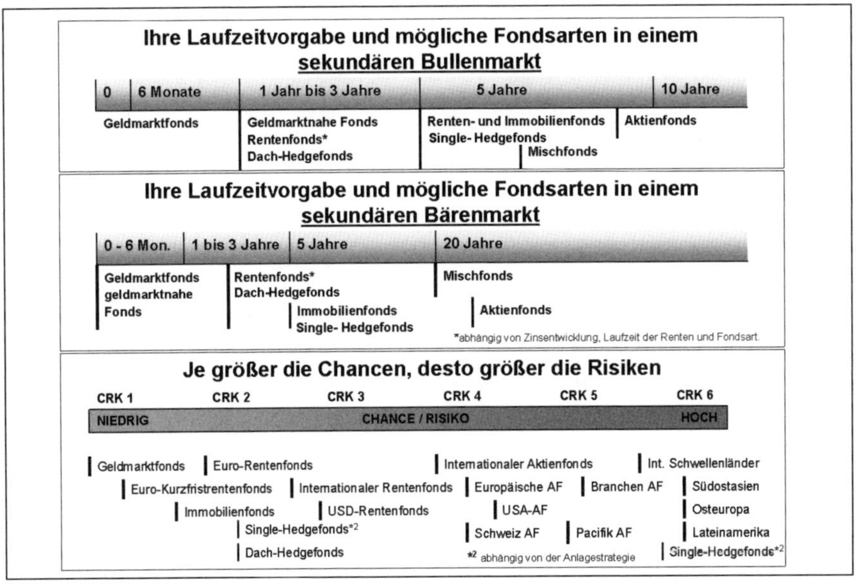

Grafik 64: Anlagehorizonte und die dazu passenden Investmentfonds

Quelle: IFL® Rühl GmbH

16. 1. 1 Reich werden – für jeden möglich!

Vermögensaufbau dient prinzipiell einem Ziel: Man will reich werden! Erinnern Sie sich an meine einleitenden Worte? Bei einem klappt es, bei anderem nicht!

Ich habe Singles kennen gelernt, die ein Jahresgehalt von 180.000 Euro beziehen, eigentlich keine großen Verpflichtungen haben, aber meinen, dass ihnen davon nichts übrig bleibt. Das andere Extrem sind Familienväter, die es schaffen, bei 35.000 Euro Jahresgehalt noch 30 Prozent der Nettobezüge in Investmentfonds zu sparen.

Wieso schafft es also der eine und der andere nicht?

Wenn

- Ihnen bisher noch nie richtig aufgezeigt wurde, was der Faktor Zeit bewirkt,
- Ihnen noch nie bewusst gemacht wurde, welches Vermögen innerhalb eines Jahres aufgebaut werden kann oder
- welcher immenser Kapitalaufwand notwendig wird, wenn man zehn oder gar 20 Jahre nicht gespart hat,
- Ihnen die Wirkung einer jahrzehntelangen Disziplin verborgen bleibt,

dann sind die Argumente für eine nahezu vermögenslose Situation verständlich: „Ich bin noch jung." – „Ich lebe jetzt." – „Ich habe noch viel Zeit." – „Wer weiß, ob es mich in 20 Jahren überhaupt noch gibt?" Alles Argumente, die den Versuch, Vermögensbildung zu starten, im Keim ersticken lassen.

Ändern Sie diese Situation! Fangen Sie klein an, setzen Sie sich anfangs kleine Ziele, und feiern Sie das Erreichen dieser Ziele als Erfolg. Es wird Sie motivieren, weiterzumachen.

**Reich werden Sie nicht, weil Sie viel verdienen!
Reich können Sie nur mit dem Geld werden, das Sie nicht ausgeben, sondern anlegen!**

Der Erwerb der eigenen Immobilie stellt meist die größte Investition des Lebens dar. In der Regel sind bei allen anderen Sparformen die monatlichen Raten wesentlich niedriger. Es fällt einfach schwerer, für ein abstraktes Fondskonto den gleichen Konsumverzicht zu akzeptieren wie für das seh-, fühl- und anfassbare Eigenheim. Trotz der Tatsache, dass das eigene Haus unter Renditeaspekten in keinem Fall als kaufmännisch sinnvolles Sparen bezeichnet werden kann, verfügt der 60-jährige Immobilienbesitzer im Schnitt über ein zehnmal höheres Vermögen als der gleich verdienende Mieter! Der Kauf der Immobilie beinhaltet die Bereitschaft, jahrzehntelang zu sparen. Die Disziplin, über 20 bis 30 Jahre lang maßvoll zu konsumieren, führt selbst mit schlechten rentierlichen Anlagen zur Erzielung hoher Vermögenswerte. Die höhere Renditechance führt also nicht automatisch zu großem Vermögen.

Der Zwang, zu sparen, führt zum Reichtum!

Testen Sie Ihre monatliche Belastbarkeit, im Extremfall gehen Sie an die gleichen Monatsraten, die Sie für eine Immobilie aufbringen würden. Wenn Sie jetzt mit der gleichen Disziplin durchhalten, erzielen Sie ein wesentlich höheres Vermögen durch die Fondsanlage. Wenn Sie bisher noch nichts getan haben, versuchen Sie es im nächsten Monat mit einem kleinen Betrag. Lassen Sie sich diesen per Einzugsermächtigung vom Girokonto, und zwar jeweils am Monatsanfang bzw. am Tag Ihrer Gehaltszahlung, abbuchen. Spätestens nach drei Monaten werden Sie feststellen, dass Sie finanziell gut zurechtkommen. Das erste kleine Ziel ist erreicht. Jetzt ist es wichtig, sich weitere Ziele zu setzen. Versuchen Sie in jeweils drei Monatsschritten herauszufinden, wie weit Sie Ihre Sparrate erhöhen können, ohne dass Ihr Girokonto ins Minus gerät. Sehen Sie das

Sparen nicht als Zwang an. Machen Sie sich klar, dass Sie sich damit etwas schenken. Sie schaffen sich die Basis für ein Vermögen. Sie schenken sich Ihre finanzielle Freiheit. Wenn Sie merken, dass die letzte Erhöhung zu hoch war, sollten Sie auf keinen Fall die gesamte Rate stornieren, sondern nur die letzte Erhöhung zurücknehmen. Wie wichtig der sofortige Beginn ist, zeigt Ihnen die nächste Tabelle. Glauben Sie mir, wenn nicht heute, dann vielleicht in zehn Jahren müssen auch Sie etwas für Ihre Vermögensbildung/Altersversorgung tun. Wie schwer das wird, können Zahlen am besten klarmachen. Damit Sie mit 65 eine monatliche Zinsrate von 2.500 Euro erhalten, ist der Aufbau eines Kapitals von 500.000 Euro erforderlich.

Um mit 65 über ein Vermögen von 500.000 € zu verfügen, müssen Sie bei einer angenommenen Durchschnittsrendite von …

	9 % p. a.	**6 % p. a.**
ab dem **50.** Lebensjahr	1 353 €	1 734 €
ab dem **45.** Lebensjahr	777 €	1 097 €
ab dem **40.** Lebensjahr	469 €	736 €
ab dem **35.** Lebensjahr	291 €	511 €
ab dem **25.** Lebensjahr	118 €	261 €
ab dem **20.** Lebensjahr	76 €	190 €

… monatliche Sparrate aufbringen

Tabelle 35: Notwendige Sparrate bei unterschiedlicher Spardauer

Sie entscheiden sich mit 35, auf das Vermögensziel hinzusparen. Wir nehmen an, dass Aktienfonds und Versicherungen zukünftig ähnliche Rendite wie in der Vergangenheit erzielen. In Aktienfonds müssen Sie eine monatliche Rate von 291 Euro investieren. Bei einer Versicherungslösung erhöht sich Ihr Aufwand renditebedingt auf sage und schreibe 511 Euro monatlich.

Wenn Sie Ihr Leben nach den „Ich lebe jetzt"-Argumenten ausrichten und mit 35 noch nicht angefangen haben zu sparen, werden die nächsten 15 Jahre auch nicht langsamer vergehen als die letzten! Sollte die Erkenntnis des Sparens jedoch erst mit dem Überschreiten des 50. Lebensjahres einsetzen, katapultiert das Ihren monatlichen Kapitaleinsatz auf 1.353 Euro! Je mehr Kapital, desto weniger Zeit ist notwendig. Am beeindruckendsten finde ich allerdings die Rate ab dem 20. Lebensjahr. Das gleiche Ziel wird nämlich mit gerade mal 76 Euro im Monat erreicht.

Fall 12

WIE ENG KAPITAL UND ZEIT zueinander stehen, zeigt das Beispiel Ihrer Eltern.

Wir nehmen an, Ihre Eltern hätten vor 35 Jahren begonnen, monatlich 150 Euro in einen Aktienfonds anzulegen. Bei einer neunprozentigen Rendite würden sie heute über ein Vermögen von 407.208 Euro verfügen.

Nehmen wir weiter an, Ihre Eltern hätten vor 35 Jahren nicht sofort angefangen zu sparen, schließlich waren sie noch jung. Aber ein Jahr später hätten sie dieses Buch gelesen. Da ihnen nunmehr die Kräfte des Faktors Zeit bewusst wurden, fingen sie sofort mit der monatlichen Sparrate von 150 Euro an. Die gesamte Sparzeit betrug jetzt 34 Jahre. Im Vermögensvergleich fehlen jetzt lediglich die Sparraten aus dem ersten Jahr. Insgesamt 1.800 Euro. Nicht viel, oder?

Wie viel Geld Zeit tatsächlich ist, können Sie beim Vergleich der Vermögenswerte erkennen. Im zweiten Fall liegt dieser Wert bei „nur" noch 371.853 Euro.

Ein Jahr Wartezeit hätte Ihre Eltern letztlich 35.355 Euro gekostet!

Fazit: Reich werden ist für jeden möglich. Sie müssen nur anfangen!

16. 2 Altersversorgung

„In 25 Jahren leben achtmal so viele 80-Jährige wie heute."

An dieser Stelle möchte ich die vielen Berichte ergänzen, die Sie seit geraumer Zeit fast täglich in den Zeitungen zum Thema gesetzliche Rentenversicherung lesen können. Sie sollen sich ein realistisches Bild davon machen können, welche Katastrophe hierbei wirklich auf uns zukommt.

Wenn Ihnen meine Ausführungen hierzu klar sind, ist es für Sie eine Bestätigung dafür, dass es richtig war, mit dem Aufbau der privaten Versorgung anzufangen. Gleichzeitig sollten Sie an Ihre Kinder, andere, vor allem junge Verwandte und Ihre Freunde denken. Sprechen Sie mit ihnen, machen Sie aus der Altersversorgung kein Tabuthema. Machen Sie sich mit dem Zahlenwerk, welches über das Jahr 2030 hinausgeht, gemeinsam diese Notwendigkeit bewusst.

Die Politik der letzten 30 Jahre hat in puncto Weichenstellung für eine ausreichende Altersversorgung versagt!

Durch den bestehenden Generationenvertrag sollen die aktuellen Beitragszahlungen die heutigen Renten finanzieren. In der Öffentlichkeit werden dabei die Finanzierungsschwierigkeiten der Zukunft diskutiert. Dass bereits die heutigen Beitragssätze nicht mehr ausreichen, um die aktuellen Rentenverpflichtungen zu finanzieren, ist nur in wenig bekannten Veröffentlichungen nachzulesen. Würden nicht erhebliche Steuermittel zugeführt, sondern die Rentenzahlungen gänzlich durch Umlagen gedeckt, müsste der Beitragssatz bereits heute um 45 Prozent höher liegen!

Diese Tatsache, die Entwicklung des Verhältnisses zwischen Beitragszahlern und Rentenempfängern wird die Tendenz der seit vielen Jahren anhaltenden Kürzungsmaßnahmen im deutschen Rentensystem fortsetzten.

Die Dramatik der nachfolgenden Grafik soll kurz erläutert werden. 1960 lag der Anteil älterer Menschen als Prozentsatz der erwerbsfähigen Bevölkerung bei 16 Prozent, 2000 bei 23,8 Prozent, für das Jahr 2030 rechnet man bereits mit 49,2 Prozent!! Dramatischer sieht es noch aus, wenn man zu denjenigen, die über 65 alt sind, noch jene hinzunimmt,

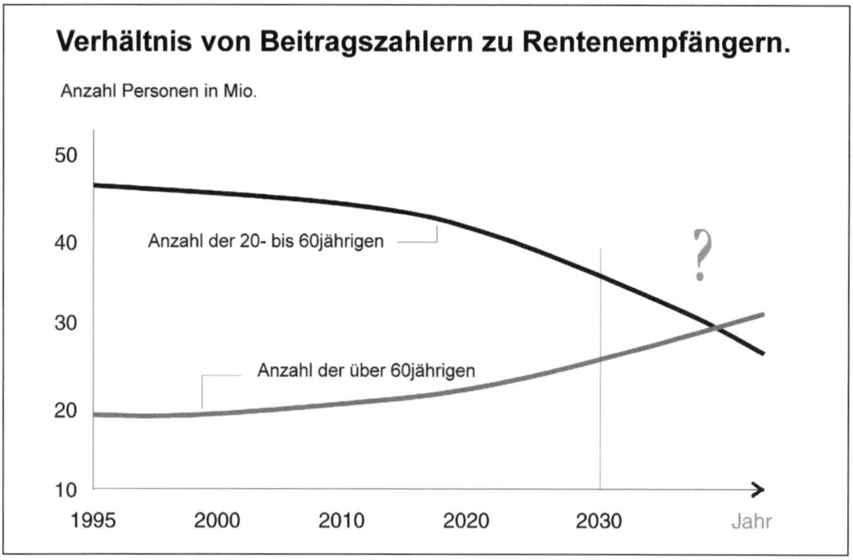

Grafik 65: Verhältnis von Beitragszahlern zu Rentenempfängern. Ein System ist zum Scheitern verurteilt! Quelle: Statistisches Bundesamt

deren Alter zwischen 0 und 14 Jahren liegt (Abhängigkeitsquotient insgesamt). Waren 1960 47,4 Prozent abhängig, sind es 2000 46,7 Prozent. Im Jahr 2030 werden es 75,1 Prozent (!) sein.

Das Rentenniveau wird stark zurückgehen!

Die Probleme werden verstärkt durch:

- längere Schul-/Studien-/Ausbildungszeiten
- massenweise Frührentnerregelungen
- längere Lebenserwartung

(längere Schul-/Studien-/Ausbildungszeiten, massenweise Frührentnerregelungen:) weniger Beitragszahlungsjahre

(massenweise Frührentnerregelungen, längere Lebenserwartung:) Verdoppelung der Rentenbezugsdauer

Die gesamte Bevölkerungs- und Beschäftigungsentwicklung in Deutschland wird die Rentenansprüche dramatisch reduzieren. Die Entwicklungen der Medizin, der beginnende Erfolg der Biotechnologie werden die Lebenserwartung noch einmal nach oben schrauben. Die, die heute unter 40 sind, werden sich mit 70 – sie werden systembedingt noch arbeiten – daran erinnern, dass es schon einmal Zeiten gab, wo man bereits fünf Jahre Rente bezogen hat.

Immer mehr Rentenspezialisten gehen von einer späteren und vor allem von einer Einheitsrente aus. Statt einer Altersversorgung, wie Sie Ihnen heute hochgerechnet wird, dürfte es 2030 nur noch eine Grundabsicherung für alle geben. Für die Zeit bis dahin dürften Übergangsregelungen durch Ansprüche aus dem bisherigen Rentensystem die Bevölkerung einigermaßen ruhig stellen. Wer im Alter nicht am Hungertuch nagen will, muss privat vorsorgen.

In den Auflagen eins bis drei hatte ich noch geschrieben, dass Ihnen Hochrechnungen aus dem heutigen System zum 65. Lebensjahr Ihre

Tätigkeitsstatus:	monatliche Rente	voraussichtliche Grundabsicherung
Angestellte:	1 480 €	675 €
Angestellte im öff. Dienst:	1 995 €	675 €
Beamter:	2 505 €	675 €
Selbstständiger Handwerker:	970 €	675 €
Freiberuflich Tätige:	3 990 €	???

Tabelle 36: Rentenansprüche heute und ab dem Jahr 2030

ersten Rentenansprüche versprechen. Wenn Sie heute 40 Jahre und jünger sind, sollten Sie vor dem 70. Lebensjahr keine Rentenansprüche erwarten. Wenn die Rentenzahlungen dann fließen, wird es nicht über eine Grundabsicherung hinausgehen. Der erste Schritt mit dem 67. Lebensjahr ist bereits getan.

Die letzte Spalte der Tabelle zeigt Ihnen die voraussichtliche Grundabsicherung nach heutiger Kaufkraft. Bei solch drastischen Einschnitten wird der Staat auch an seinen Bediensteten nicht Halt machen können!

Die freiberuflich Tätigen, die eigene Versorgungswerke bilden, müssen ebenfalls mit unglaublichen Entwicklungen rechnen. Wenn man den Rentenspezialisten glauben darf, gibt es bereits Pläne, die verschiedenen Versorgungswerke wieder einzuverleiben, um die sozialen Aufgaben hinsichtlich Rentenzahlungen auch nur annähernd finanzieren zu können.

Heute nicht zu glauben? Oder?

Wenn Sie es noch nicht tun:

Sie müssen anfangen zu sparen!

Prüfen Sie bestehende Sparbeiträge in Bezug auf die Zielergebnisse. Bleiben Sie realistisch! Unabhängig davon, was gute Aktienfonds in haussierenden Börsenphasen wie beispielsweise 1996 bis Anfang 2000 erzielt haben, mehr als neun Prozent sollten Sie für Ihre langfristige Hochrechnung nicht unterstellen. Sollte dies Ihr Berater tun, wechseln Sie ihn, meines Erachtens ist ihm nicht klar, welche hohe Verantwortung er für Ihren dritten Lebensabschnitt übernommen hat.

Eventuell müssen Sie bestehende Sparbeiträge erhöhen; nur dann haben Sie ausreichend Kapital zur Verfügung, um die hohen fehlenden Beträge ausgleichen zu können, die beim Schritt von Ihrem aktiven Arbeitsleben in Ihr Rentnerdasein entstehen. An der Tatsache, dass Sie sparen müssen, kommen Sie nicht vorbei. Ob für die Finanzierung Ihres Lebensabends ein Betrag von einer Million ausreichend ist, ob weniger genügt oder ob Sie mehr benötigen – das hängt stark von Ihrer persönlichen Situation ab. Eines ist klar, egal welche Instrumente Sie zur Vermögensbildung verwenden, ohne Sparen geht es nicht. Wenn Sie an unsere Millionärsformel© denken und sich anhand der obigen Zahlen den Zwang des Sparens noch einmal bewusst gemacht haben, möchte ich Ihnen am folgenden Fall ein weiteres Beispiel für den Faktor Zeit erläutern.

16. 2. 1 Die Macht des Zinseszinses. Albert Einsteins achtes Weltwunder!

Die 20-jährige Martina beginnt während ihrer Ausbildung, monatlich 150 Euro in drei international anlegende Aktienfonds einzuzahlen. Nach genau zehn Jahren – sie hat genau 18.000 Euro einbezahlt – beendet sie ihre Sparraten. Ihre Freundin Elke lässt sich anfangs etwas Zeit. Sie investierte das Geld lieber in ein, zwei Kleidungsstücke mehr. Mit 30 Jahren sieht sie dann aber doch die Notwendigkeit ein, für die Zukunft zu sparen. Sie fängt an und investiert ebenfalls 150 Euro in die gleichen Fonds. Nach 30 Jahren kommt sie so auf eine investierte Summe von insgesamt 54.000 Euro. Bei einer angenommenen Renditen von neun Prozent p. a. verfügt die 60-jährige Elke über einen Betrag von 257.314 Euro.

Martina		Elke
mtl. 150 €	Vom 21. bis 30. Lj.	mtl. 0 €
mtl. 0 €	Vom 31. bis 40. Lj.	mtl. 150 €
mtl. 0 €	Vom 41. bis 50. Lj.	mtl. 150 €
mtl. 0 €	Vom 51. bis 60. Lj.	mtl. 150 €
18000 €	Gesamtinvestition	54.000 €
? €	Angenommene Rendite 9 % p. a.	257.314 €

Tabelle 37: Die Macht des Zinseszinses

Was glauben Sie? Kann Martina, die ganze 36.000 Euro weniger investiert hat, den Vermögensstand von Elke erreichen?

Schätzen Sie mal. Schreiben Sie Ihre Schätzung auf, bevor Sie umblättern.

Martina hat die Kräfte des Zinses und Zinseszinses voll ausgenutzt! Sie hat mit einem Drittel des Kapitaleinsatzes von Elke 1,5-mal so viel Kapital aufgebaut. Ihr Vermögen beträgt 380.523 Euro.

Sie wissen jetzt, dass Sie sparen müssen. Wenn Sie nach diesem Beispiel nicht sofort anfangen, dann war der Kaufpreis dieses Buches falsch investiert. Bitte verschenken Sie es in diesem Fall weiter. Damit besteht die Chance, dass es Ihrer Freundin, Ihrem Freund, Ihrem Nachbarn, Ihren Arbeitskollegen oder Ihrem Lieblingsneffen die Basis für die erste Million vermittelt.

16. 2. 2 „Riester-Rente"

Mit der Rentenreform 2001 ist es dem Gesetzgeber gelungen, den ersten Schritt weg vom Generationenvertrag hin zur kapitalgedeckten Altersversorgung ins Leben zu rufen: laut Regierung ein großer Wurf, „die beste Rentenreform in der Geschichte Deutschlands".

Marketingmäßig war die Regierung tatsächlich so gut beraten wie nie. Die Tatsache, dass für die private Altervorsorge eine staatliche Förderung eingeführt wurde, hat bei der Bevölkerung einen so positiven Eindruck hinterlassen, dass ein gleichzeitiges Absenken der Rentenansprüche öffentlich kaum Beachtung fand.

Seltsamerweise hören die gleichzeitig publizierten Hochrechnungen 2030 auf. In den Kapiteln zuvor konnten Sie aber bereits lesen, dass die tatsächliche Dramatik der demografischen Zeitbombe erst in den Jahren ab 2030 beginnt.

Wie groß das Finanzierungsproblem sein wird, lässt schon die Tatsache erahnen, dass der Gesetzgeber die Bevölkerung mit allen Mitteln dazu bringen möchte, privat vorzusorgen. Wenn hier nicht ein immenser Handlungsbedarf wäre, würde er wohl kaum zweistellige Milliardenbeträge für die staatliche Förderung bereitstellen.

Private Vorsorge hat höchste Priorität erhalten!

Die staatliche Förderung erhalten Sie nur, wenn Sie Beiträge in die gesetzliche Rentenversicherung bezahlen und privat „Riester-fähige" Verträge abschließen. Das Bundesamt für das Versicherungswesen (BAV) prüft, ob die erforderlichen Kriterien erfüllt werden, und gibt dann ein Zertifikat aus. Diese Zertifizierung sagt jedoch nichts über die Wirtschaftlichkeit oder sonstige Qualitäten des Vertrages aus. Dies zu überprüfen und dann auszuwählen bleibt einzig und allein Ihre Entscheidung. Die wesentlichen Kriterien sind:

- Die Sparzeit läuft bis mindestens zum 60. Lebensjahr.
- Die insgesamt eingezahlten Beträge müssen garantiert sein.
- Die Auszahlung darf nur in Form einer lebenslänglichen Rente, nicht als einmalige Kapitalzahlung vorgenommen werden.
- Während der Sparzeit entsteht keine Steuerpflicht. Allerdings ist die Rentenzahlung voll steuerpflichtig.
- Die Anlage ist vor Abtretung und Pfändung geschützt.
- Die Abschluss- und Vertriebskosten müssen über zehn Jahre verteilt werden.

In den Jahren	Eigenbeitrag[1] inklusive Zulagen vom Bruttogehalt	Grundzulage[2]	Kinderzulage[2]	Sonderausgaben-abzug[3]
2002 / 2003	1 %	38 €	46 €	525 €
2004 / 2005	2 %	76 €	92 €	1 050 €
2006 / 2007	3 %	114 €	138 €	1 575 €
Ab 2008	4 %	154 €	185 €	2100 €

[1] zum vollen Ausschöpfen der Zulagen, [2] maximale Summen pro Jahr, [3] maximal steuerlich abzugsfähig; Zulage und Steuervorteil werden gegengerechnet. Steuervorteile kommen nur mit dem Betrag zum Tragen, mit dem Sie die Zulage übersteigen.

Tabelle 38: So fördert der Staat die private Altersvorsorge

Wenn Sie sich die Bedingungen der staatlichen Förderung genau anschauen und sie in Kombination mit den möglichen Anlageprodukten hinterfragen, erscheint der erste Eindruck recht attraktiv. Beim genauen Betrachten stellen Sie jedoch ganz schnell fest, dass es sich nicht für jeden rechnen wird, die staatliche Förderung in Anspruch zu nehmen. Bei der Gegenüberstellung von möglichen Riester-Verträgen zählt letztlich nur eines:

„Was Sie selbst aufgewendet haben und was Sie dafür erhalten!"

Beim Vergleich der verschiedenen Angebote gehen wir von einer – dem Thema Altersversorgung gerecht werdenden – Laufzeit von 35 Jahren aus. Der Cost-Average-Effekt erlaubt es, selbst mit einem sekundären Bärenmarkt, die in der Vergangenheit erzielten Renditen von Versicherungen und Investmentfonds gegenüberzustellen. Mit den folgenden Daten zeige ich Ihnen, dass eine große Anzahl von Sparern mehr davon hat, wenn sie einmal auf ein Geschenk (die Förderung) verzichtet. Für die Hochrechnungen unterstelle ich, dass

- eine versicherungsorientierte Riester-Rente die gleichen Erträge erzielen wird wie eine vor 35 Jahren abgeschlossene Leibrentenversicherung.
- ein ungeförderter Aktienfonds, beispielsweise der DWS Investa, zukünftig die gleichen Durchschnittsrenditen erzielen wird wie in den letzten 35 Jahren und
- eine aktienfondsorientierte Riester-Rente, aufgrund der Kosten für die Kapitalgarantie, pro Jahr eine um zwei Prozent geringere Ertragsperspektive ausweist.

Eine Familie mit zwei Kindern und einem Bruttoeinkommen von 40.000 Euro ist sich der Bedeutung der privaten Vorsorge und der Kraft des Zinses und Zinseszinses bewusst und spart, obwohl anfangs nur zum Teil gefördert, von Anfang an den ab 2008 maximal geförderten Betrag. Dieser entspricht vier Prozent des Bruttogehalts (1.600 €/Jahr = 133,33 €/Monat). Die Sparzeit beträgt 35 Jahre.

Grundsätzlich ist die Förderung der richtige Weg. Viele werden dem Zwang des Sparens und Konsumverzichts nur standhalten, weil sie auf keinen Fall auf die Förderung verzichten wollen. Diesem Personenkreis

	Versicherungsorientierte Riester-Rente*[1]	Aktienfondsorientierte Rieser-Rente*[2]	Aktienfonds bei Verzicht auf die Förderzulage*[3]
1) Beiträge gesamt: 133,33€*12Monate*35 Jahre	56.000 €	56.000 €	56.000 €
Staatliche Förderzulage in den einzelnen Jahren*[4] 2002/2003	2 * 38 + 2 * 46 = 168€	2 * 38 + 2 * 46 = 168€	0 €
2004/2005	2 * 76 + 2 * 92 = 336€	2 * 76 + 2 * 92 = 336€	0 €
2006/2007	2*114 + 2*138 = 504€	2*114 + 2*138 = 504€	0 €
ab 2008	2*154 + 2*185 = 678€	2*154 + 2*185 = 678€	0 €
ab 2022	2*154 = 308€	2*154 = 308€	0 €
2) Förderzulage gesamt:	16.128 €	16.128 €	0 €
3) plus Steuerersparnis	0 €	0 €	0 €
Gesamtaufwand +1)-2)-3):	39.872 €	39.872 €	56.000 €
Zum 65. Lebensjahr aufgebautes Kapital	191.668 €	251.099 €	397.478 €
Verhältnis erreichtes Kapital zu Aufwand:	4,8	6,3	7,1
Verwendung des aufgebauten Kapitals:	**Auszahlung nur als Rente möglich**	**Auszahlung nur als Rente möglich**	**Kapital frei verwendbar**
Rentenhöhe:	995 €	1.300 €	2.060 €
Steuerliche Handhabung:	Rente ist **voll steuerpflichtig**	Rente ist **voll steuerpflichtig**	Entnahmerate unterliegt **keiner Steuerpflicht**.
Vererbares Kapitel bei Tod zum 85. Lebensjahr:	0 €	0 €	180.000 € bis 1.280.000 €

Tabelle 39: Mögliche Verträge im Vergleich Quelle: FVBS, * 1 entspricht der Ablaufleistung einer Rentenversicherung über die letzten 35 Jahre. * 2 entspricht der Wertentwicklung eines DWS Investa über die letzten 35 Jahre zum 31.08.2002, abzüglich der Kosten (ca. 2% p.a. bedingt durch die geforderten Riestersicherheiten). * 3 am Beispiel des DWS Investa über die letzten 35 Jahre zum 31.08.2002 nach Ausgabeaufschlag. * 4 die Kinderzulage fällt nach 20 Jahren weg.

konnte eigentlich nichts Besseres passieren. Die langen Vertragslaufzeiten und die Auszahlung ausschließlich auf Rentenbasis sorgen für die nötige Disziplin, um am Aufbau der Altersversorgung festzuhalten. Ist dies für die meisten Sparer ein großer Vorteil, dürfte sich der disziplinierte Anleger aufgrund der Nachteile der steuerpflichtigen Rentenzahlung und der Tatsache, dass letztlich ein Kapitalverbrauch stattfindet, für den reinen Aktienfonds entscheiden.

Arbeitnehmer mit geringeren Einkommen und vor allem Familien mit vielen Kindern werden überdurchschnittlich von der staatlichen Förderung profitieren. Das Zahlenwerk in der obigen Tabelle zeigt jedoch sehr deutlich, dass es wichtig ist, die verschiedenen Vertragsformen mit und ohne Förderung gegenüberzustellen und Ihre individuelle Situation genau zu prüfen. Erst dann können Sie entscheiden, welche Vertragsform für Sie optimal ist. Nicht selten dürfte der Verzicht auf die staatliche Förderung die bessere Lösung sein.

16. 2. 3 Altersversorgung im Vergleich

Eine Umfrage, welche Anlageformen man für den Aufbau der Altersversorgung bevorzuge, ergab Ende 2000 folgende Antworten:

Grafik 66: Die Altersversorgung der Deutschen

Auf den ersten Blick zeigen die Mehrfachnennungen, dass die Deutschen mit ihrer Altersversorgung verantwortungsvoll umgehen. Die Tatsache, dass die Vermögensbildung auf eine Zeit von 30 oder gar 40, 50 und 60 Jahren in der Zukunft zielt, muss mit allen Eventualitäten von Geld- und Wirtschaftseinflüssen berücksichtigt werden. Das ist nur mit dem Aufbau einer gesunden Vermögensstruktur möglich. Sie beinhaltet eine breitestmögliche Streuung des vorhandenen Kapitals.

Beim zweiten Blick fällt allerdings auf, dass größere Schwerpunkte auf den kapitalbildenden Versicherungslösungen liegen. Die Lebens-, aber auch die Rentenversicherung gehören nach wie vor zu den am häufigsten abgeschlossenen Versorgungsverträgen. Die steuerliche Schlechterstellung für Versicherungsverträge, die seit dem 31.12.2004 abgeschlossen werden, hat zwischenzeitlich eine Verschiebung bei der Wahl der Vorsorgeprodukte bewirkt. Trotzdem dürfte die sehr einseitige Vermögensstruktur in Sachen Altersversorgung in vielen deutschen Haushalten noch lange Zeit Bestand haben. Deshalb sei die folgende Frage erlaubt:

Welches Ziel müssen Sie beim Aufbau Ihrer privaten Vorsorge verfolgen? Logische Antwort: einzig und allein den Kapital- und Vermögensaufbau.

Altersvorsorge ist kein Versicherungs-, sondern ein Kapitalanlageproblem!

Um den möglichen Erfolg von kapitalbildenden Versicherungen besser abschätzen zu können, ist es sinnvoll, die Verwendung der monatlichen Beiträge genauer zu betrachten. Laut Versicherungsaufsichtsgesetz müssen deutsche Lebensversicherungen mindestens 70 Prozent des Sparkapitals in mündelsichere festverzinsliche Wertpapiere anlegen. Der Rest darf in Immobilien, Aktien und direkte Beteiligungen investiert werden.

Durch die Mischung von Versicherungsleistungen und Kapitalanlagen fehlt der kapitalbildenden Versicherung eindeutig die Transparenz. Die versicherungstechnische Kostenkalkulation erstreckt sich über die Versicherungsleistung und die Kapitalanlage. Sie lässt von 100 Euro Beitrag, je nach Versicherungsgesellschaft, maximal 75 bis 85 Euro in den Spartopf fließen. In welchen festverzinslichen Papieren und Aktien die Gelder angelegt und welche tatsächlichen Erträge erzielt werden, bleibt das Geheimnis der Versicherungsgesellschaften. Wenn Verträge fällig werden und zur Auszahlung anstehen, müssen Sie die ausgezahlten Beträge, ohne Kontrollmöglichkeiten, einfach hinnehmen.

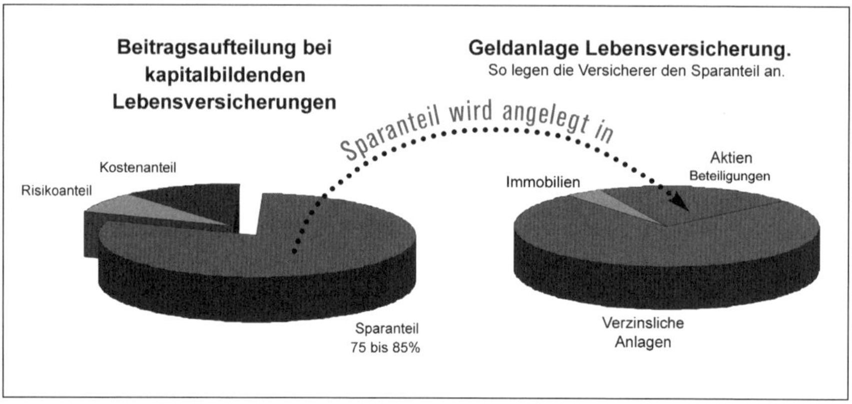

Grafik 67: In welcher Höhe und in welcher Anlageart arbeitet Ihr Versicherungsbeitrag? Quelle: IFL® Rühl GmbH

Diese fehlende Transparenz und die Tatsache, dass die Versicherer maximal 30 Prozent der Spargelder in Aktien investieren dürfen, führen bei den meist sehr langen Laufzeiten zu einer äußerst unflexiblen Anlageform. Unter der Prämisse einer gesunden Vermögensstruktur hat die kapitalbildende Versicherung sicherlich ihre Daseinsberechtigung. Da aus heutiger Sicht jedoch niemand abschätzen kann, was uns die nächsten Jahre in Bezug auf Zinsen, Inflation und Aktienmarktentwicklung bringen werden, ist der hohe Anteil kapitalbildender Versicherungen im Sinne einer gesunden Vermögensstruktur keine gute Empfehlung.

Die Tatsache, dass im Sommer 2002 die erste deutsche Lebensversicherung unter die Zwangsverwaltung der Bundesanstalt für Finanzdienstleistungen gestellt wurde, zeigt, wie gefährlich die Kombination, eine versicherte Summe bezahlen und kalkulieren zu müssen, in Verbindung mit der Anlage von Geldern – unter Hinzunahme von Aktien – sein kann.

Wenn die Optimierung der Vermögensbildung im Vordergrund steht, sollten Sie die Chancen der langen Laufzeiten nutzen. Je länger die Laufzeiten, desto sicherer werden Aktienfonds. Die hohe Schwankungsbreite wird durch die langfristige Wachstumsperspektive bei weitem wettgemacht. Es sind die Gründe, die dafür sprechen, Absicherung und Vermögensbildung zu trennen. So, wie in der Anlage- oder Steuerberatung nur Experten für Sie arbeiten sollten, sollten Sie auch Ihre Absicherung und Vermögensbildung jeweils den Spezialisten überlassen. Wählen Sie die Versicherungsgesellschaften für Ihren Familien- und Erwerbsminderungsschutz und geben Sie Ihre Vermögensbildung in die Hände der Fondsgesellschaften.

Bei dieser Strategie werden reine Risikoversicherungen verwendet. Das sind Versicherungsverträge, die nicht an eine Kapitalbildung gekoppelt sind. Im optimalen Fall sehen Sie aus solchen Verträgen nie Geld. Ansonsten ist nämlich das abzusichernde Risiko eingetreten. Leider gibt es in der Praxis eine wesentlich höhere Bereitschaft, kapitalbildende Verträge abzuschließen als einen solchen Risikotarif. Psychologisch ist dies auch nachvollziehbar: „Ich zahl doch lieber in was rein, wo – komme was wolle – auch wieder was rauskommt." Dabei wird vergessen, dass die reinen Risikotarife natürlich wesentlich geringere Beiträge haben. Die Differenz zu einem Beitrag in eine kapitalbildende Versicherung steht jetzt für die Anlage in Fonds zur Verfügung.

Der folgende Vergleich soll Ihnen die hohen Ertragsperspektiven durch die Trennung von Risikoabsicherung und Vermögensbildung verdeutlichen.

Vertragsart	Todesfall-leistung	BU-Rente	Aktueller Rückkaufswert	Monats-beitrag	Ablaufleistung zum Vertragsende bei Beitrags-zahlung	Beitrags-freistellung
Kapitalbildende LV *1	**126.000 €**	1.260 €	**19.921 €**	**313 €**	**289.048 €**	**69.434 €**
		313 €	+ Beitragsbefreiung bei BU			
		1.573 €	= Summe der BU-Rente			
Alternative:						
Todesfall Risiko LV*2	**126.000 €**			**- 32 €**		
BU-Risikoversicherung*3		1.470 €		**- 103 €**		
		103 €	+ Beitragsbefreiung bei BU			
Summe Risikoabsicherung	**126.000 €**	**1.573 €**				
Für die Fondsanlage bleiben:			**19.921 €**	**= 178 €**		
Der Einmalbetrag (Rückkaufswert) und die monatlich freigewordene Summe ergeben bei einer pessimistischen Hochrechnung in Aktienfonds*4:					**344.980 €**	
Höherer Vermögenswert in Prozent:					**19,4%**	
Höherer Vermögenswert in Euro:					**55.932 €**	

Vergleich über die ursprünglich vereinbarte Laufzeit der kapitalbildenden Lebensversicherung von 33 Jahren. Kündigung nach 9 Jahren Laufzeit: Versicherte Person: männlich, 40 Jahre alt. Angaben der Versicherer: *1 Debeka. *2 Cosmos. *3 Gerling. *4 Am Beispiel des DWS Akkumula, Hochrechnung basiert auf FVBS-EDV und der Fondsentwicklung der letzten 24 Jahre per 30.09.2002. Hierzu ergänzende Fondsdaten: erwartetes Ergebnis 373.000 Euro, optimistische Hochrechnung 401.000 Euro.

Tabelle 40: Kapitalbildende LV zu Risikoversicherung plus Aktienfonds

Die Hochrechnung basiert auf der Fondsentwicklung der letzten 24 Jahre. Die obere und untere Linie des Zeitschweifs dokumentieren die Schwankungsbreite und damit die optimistische und pessimistische Erwartung. Für den Vergleich zur kapitalbildenden Versicherung wurde die pessimistische Hochrechnung herangezogen. Aber Achtung! Es gibt einige Vertriebsstruk-

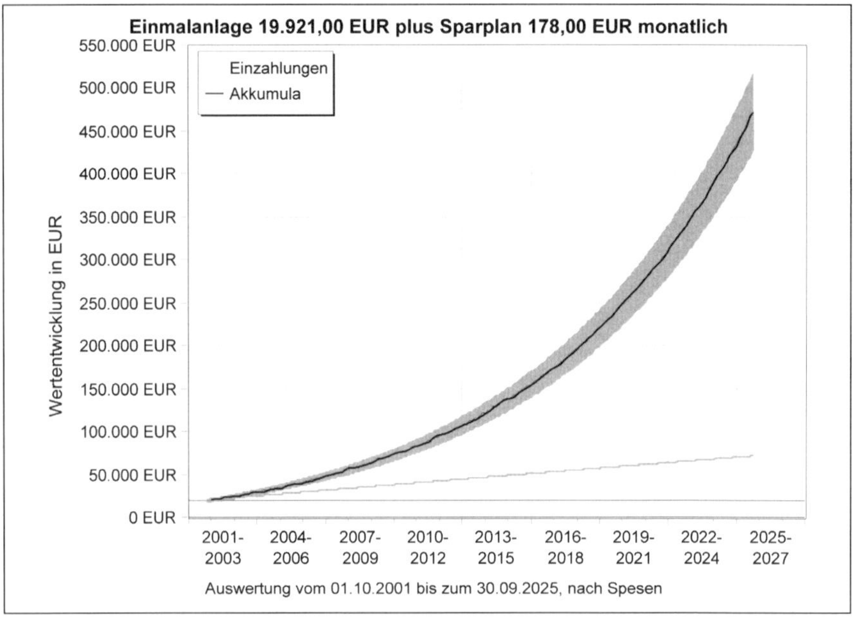

Grafik 68: Hochrechnung einer zukünftig möglichen Aktienfondsentwicklung

Quelle: FVBS.

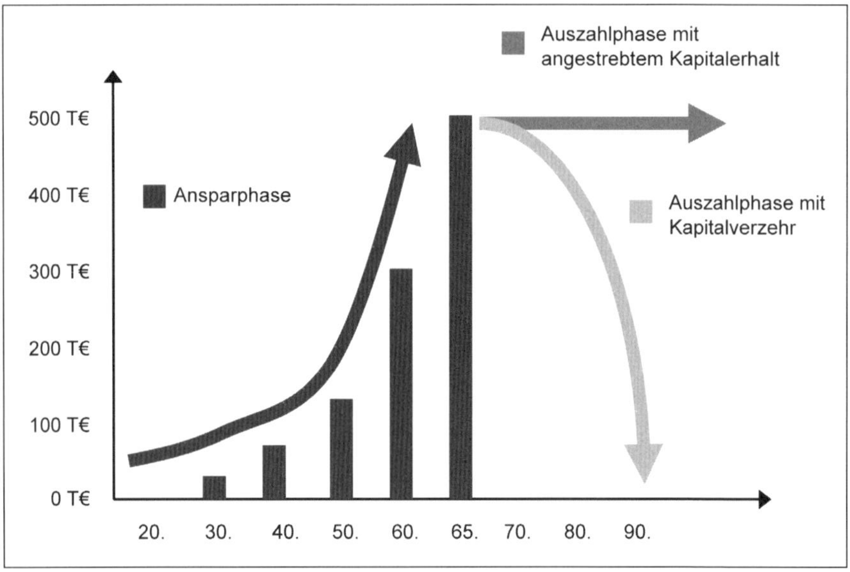

Grafik 69: Die Fondsanlage. Ihr finanzieller Lebensbegleiter vom Vermögensaufbau bis zur Vermögensverwendung

Quelle: Fidelity

turen, die aufgrund der oben geschilderten Optimierungsmöglichkeit empfehlen, jede Versicherung zu kündigen. Diese Empfehlung ist mit Vorsicht zu genießen. Sie ist immer in Abhängigkeit von der sekundären Börsenphase (siehe Kapitel 7) zu sehen, und selbst in einem sekundären Bullenmarkt sollte die Restlaufzeit nie unter zehn Jahren liegen. Durch ihre spezielle Vertragskonzeption versprechen kapitalbildende Versicherungen vor allem in den letzten Jahren ihrer Laufzeit so genannte Schlussgewinnanteile. Wenn Sie die Differenz des Rückkaufwertes und der Ablaufleistung in den letzten Jahren einer langen Vertragslaufzeit hochrechnen, ergeben sich zweistellige Renditen! Und das nahezu risikolos. Lassen Sie sich in jedem Fall vor einer Kündigung die genauen Zahlen geben und diese von einem Fachmann analysieren. Sollten sich dabei, bezogen auf den Rückkaufswert, Renditezahlen nahe zehn Prozent p. a. ergeben, empfiehlt sich eher eine Beitragsfreistellung als eine Kündigung. Sollten Sie sich nach einer ausführlichen Analyse für eine Kündigung entscheiden, führen Sie diese erst aus, wenn notwendige Absicherungen durch einen Risikoversicherer bestätigt sind. Sonst sind eventuell existentielle Risiken aufgrund sich verschlechterter Gesundheitszustände nicht mehr versicherbar.

Im Übrigen sollten Sie an eine Kündigung bestehender Lebensversicherungen nur dann denken, wenn Sie felsenfest davon überzeugt sind, dass Sie über die notwendige Disziplin verfügen. Die errechneten Vorteile können noch so hoch sein – wenn Sie aufgrund der nicht mehr festgelegten Laufzeit Ihren Sparplan unterbrechen oder gar aus Ihrem Fondskonto Konsumwünsche finanzieren, bleibt der Vorteil Theorie. Ohne Disziplin ist die Altersversorgung sogar im Ganzen gefährdet (siehe auch Kapitel 8.3.7).

Gehen wir zurück in die Welt der Fonds. Für den Aufbau der Altersversorgung und für die Verwendung des Kapitals im Rentenalter ist die Fondsanlage hervorragend geeignet. Wenn sich eine ursprünglich festgelegte Anlagestrategie als richtig herausstellt, begleiten Sie Ihre Fonds von der Phase des Vermögensaufbaus über die Phase des Vermögensverzehrs bis zum Lebensende.

16.3 Altersrente (Entnahmeplan)

Wenn Sie früh genug mit der Vermögensbildung begonnen haben, entscheiden Sie selbst, wann Sie aufhören zu arbeiten. Wenn Sie wollen, können Sie vielleicht schon mit 50 Ihr Geschenk einlösen, das Sie sich über viele Jahre selbst gemacht haben. Durch frühes und diszipliniertes Sparen haben sich durchaus größere Beträge in Ihren Fonds angesammelt. Damit verfügen Sie über die höchstmögliche Flexibilität. Für die Finanzierung Ihres dritten Lebensabschnittes gilt es jetzt, eine regelmäßige Zahlung einzurichten. Dabei legen Sie Ihren Rentenbeginn mit der Einrichtung eines Entnahmeplanes selbst fest. Eine einmal getroffene Entscheidung ist jedoch nicht bindend. Der Entnahmeplan kann jederzeit erhöht, vermindert oder ganz gestrichen werden. Wenn Not am Mann ist, bleibt selbst die Möglichkeit, über einen Teil oder das gesamte Kapital zu verfügen, gewahrt.

Wie in jeder Lebensphase sollten Sie auch jetzt auf eine zu Ihrer Person passende Vermögens- und Risikostreuung achten. Wenn es Ihre Mentalität erlaubt, verteilen Sie das vorhandene Kapital bzw. die auslaufende Lebensversicherung auf alle drei Fondsarten. Sie haben richtig gelesen: alle drei! Renten-, Immobilien- und Aktienfonds. Schließlich soll-

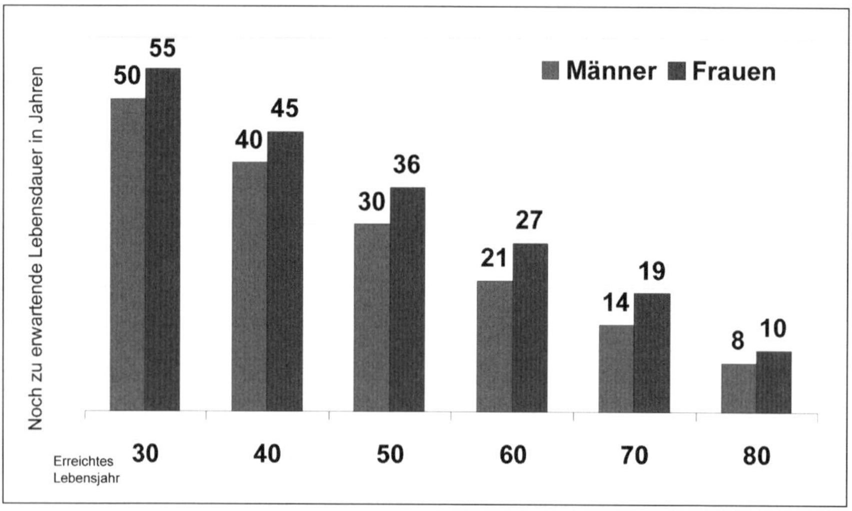

Grafik 70: Statistische Lebensdauer, wenn das x-te Lebensjahr erreicht ist

Quelle: Verband der privaten Krankenversicherer

ten Sie auch in dieser Phase an einer gesunden Vermögensstruktur festhalten. **Grafik 70** macht hierzu deutlich, dass die noch zu erwartende Lebensdauer eines 60- bis 70-Jährigen noch sehr viel Zeit, je nach sekundärer Börsenphase auch ausreichend Zeit für eine erfolgreiche Aktienfondsanlage, zur Verfügung stellt.

Aber Achtung! Falls es Ihre Kapitaldecke erfordert, dass Sie aus dem aktienorientierten Teil Ihres Vermögens auch einen regelmäßigen Ertrag – für die Finanzierung Ihres täglichen Bedarfs – kalkulieren müssen, ist eine völlige Überzeugung notwendig, dass Sie dies in der langen Phase eines sekundären Bullenmarktes tun. Befinden wir uns in einem sekundären Bärenmarkt – wie aus meiner Sicht im Jahr 2000 einer eingeläutet wurde –, ist es für die nächsten zehn bis fünfzehn Jahre eher ratsam, mit Entnahmeplänen auf Aktienfonds zu verzichten.

Mit den **Grafiken 71** und **72** zeige ich Ihnen anhand der im Durchschnitt erzielten Erträge, welche Entnahmeraten möglich waren, ohne dass man mit einem Kapitalverzehr rechnen musste. Wie oben erläutert, darf der Aktienfonds nur in einem sekundären Bullenmarkt für einen Entnahmeplan Verwendung finden. Da es in der Praxis sehr schwer sein wird, genau die Wendepunkte zwischen sekundärem Bullen- und Bärenmarkt zu finden, auch um der hohen Verantwortung Ihres dritten Lebensabschnittes gerecht zu werden, beginne ich die Dokumentationen jeweils im Sommer 1986. Der Bullenmarkt befand sich bereits im siebten Jahr, trotzdem hat sich dieser Einstiegszeitpunkt für alle Fondsarten später als nicht optimal herausgestellt. Die Inflation hatte gerade ihren niedrigsten Stand seit dem Krieg erreicht. Für Immobilienfonds resultierte daraus eine der geringsten Ertragszeiten ihrer Geschichte. Die Zinsen hatten ebenfalls das niedrigste Niveau seit dem Krieg erreicht. Rentenfonds hatten in den Folgejahren mit einem immensen Zinsanstieg zu kämpfen. Und an den Aktienmärkten war gerade die Boomphase 1982 bis 1986 im Auslaufen. Aktienfonds unterlagen kurze Zeit später dem großen Börsencrash von 1987 und verzeichneten ganz erhebliche Rückschläge, außerdem endet der Betrachtungszeitraum in einer der größten Baissephasen in der Geschichte der Aktienmärkte.

Langfristig erzielten Immobilienfonds eine durchschnittliche Rendite von circa 5 bis 6 Prozent p. a. Der Verlauf von **Grafik 71** zeigt, wie sich Ihr Kapital bei einem monatlichen Entnahmeplan in Höhe von 5,5% p. a. entwickelt hätte. Sind Sie, bedingt durch eine sehr niedrige Ertragszeit, in den ersten Jahren mit Ihrem Kapital in Minus gerutscht, konnten gute Ertragsjahre später einen Puffer aufbauen.

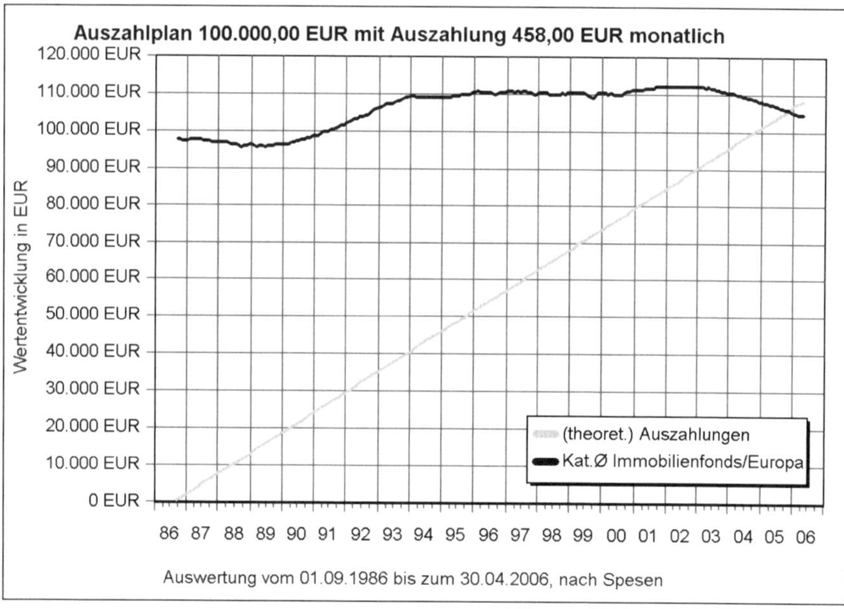

Grafik 71: Durchschnitt der Immobilienfonds bei einer Entnahmerate von 5,5 % p. a.

Quelle: FVBS

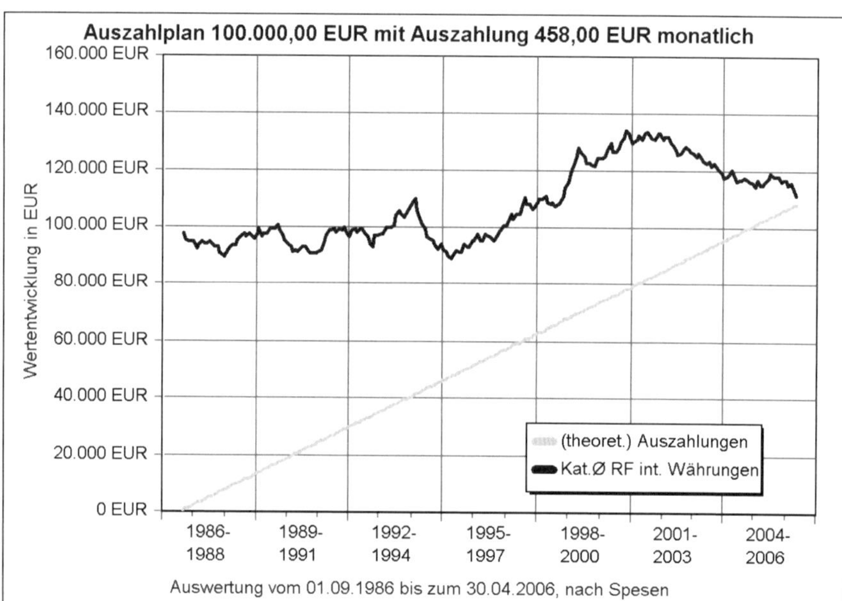

Grafik 72: Durchschnitt der internationalen Rentenfonds bei einer Entnahmerate von 5,5 Prozent p. a.

Quelle: FVBS

Langfristig erzielten gute internationale Rentenfonds eine durchschnittliche Rendite von 7 bis 8 Prozent p. a. Der von mir ausgewählte Einstiegszeitpunkt zeigt allerdings, dass bei unglücklichen Einstiegszeiten nur entsprechende Sicherheitsabschläge vor dem allmählichen Kapitalverzehr schützen. Die dokumentierte Entnahmerate von 5,5% p. a. zeigt, dass durchaus ein langer Atem dazugehört und aufgeholtes Terrain durch Phasen wie den 94er „Rentencrash" schnell wieder der Vergangenheit angehört. Vielleicht treten sogar Zweifel an der Strategie auf. Bei der richtigen Fondswahl können Sie eine höhere Entnahmerate finanzieren, als es der Durchschnitt aller internationalen Rentenfonds erreicht. Aber selbst bei diesen Fonds empfiehlt es sich – um die Sicherheit des dauerhaften Kapitalerhaltes zu gewährleisten –, die Höhe der Entnahmeraten maximal bei der internen Durchschnittsrendite Ihres Rentenfonds zu Beginn der Entnahmephase anzusetzen. Die Höhe der Fondsdurchschnittsrendite errechnet sich aus dem Durchschnitt der aktuellen Renditen aller im Fonds gehaltenen festverzinslichen Wertpapiere. Sie kann Ihnen die Fondsgesellschaft bzw. Ihr Berater jederzeit nennen.

Die besten Aktienfonds erzielten langfristig eine durchschnittliche Rendite von circa zwölf Prozent p. a. Auf lange Sicht eine Ertragschance, die in Phasen sekundärer Bullenmärkte auch in der Zukunft realistisch ist. Aufgrund dieser hohen Renditeerwartungen werben die Fondsanbieter zum Teil mit Entnahmeplänen von zehn Prozent und mehr p. a. Im ersten Zahlenvergleich ein funktionierendes System. Wenn man zwölf Prozent im Schnitt erzielt, sind zehn Prozent Entnahme doch möglich, oder? Bei diesem Zahlenvergleich wird jedoch nur die durchschnittliche Wertentwicklung herangezogen. Beim Entnahmeplan aus Aktienfonds darf aber die Schwankungsbreite der Fonds nicht außer Acht gelassen werden. Wenn Sie unterstellen, dass eine bestimmte Durchschnittsrendite jedes Jahr in gleicher Höhe erzielt wird, werden Sie sehr bald mit unbefriedigenden Ergebnissen konfrontiert. In vorangehenden Kapiteln hatte ich bereits darauf hingewiesen: Setzen Sie Ihre Entnahmerate nicht zu hoch an. Bitte nehmen Sie diesen Hinweis ernst! In der Entnahmephase kehrt sich der in der Ansparphase so erfreuliche Cost-Average-Effekt ins Gegenteil um. Auf hohem Kursniveau werden für Ihre Entnahmerate wenig Anteile, bei niedrigen Kursen sehr viel Anteile verkauft. Beginnt Ihr Entnahmeplan mit einer Phase negativer Wertentwicklungen, verkaufen Sie anfangs bereits sehr viele Fondsanteile, um die monatlichen Entnahmeraten zu finanzieren. Bei zu hoch angesetzten Entnahmeraten gehen Sie Ihrem Fonds zu stark an die Substanz. Spätere positive Wertentwicklungen wirken sich nur noch auf die wenigen übrig gebliebenen Fondsanteile aus und können die Anfangsverluste nicht mehr kompensieren. Um das Risiko des negativen Cost-Average-Effekts einzugrenzen, müssen Sie Sicherheitspolster schaffen. Im Einzelnen können Sie das Risiko reduzieren, wenn Sie

- ein zeitliches Sicherheitspolster einbauen. Optimal wäre, mit der ersten Entnahme frühestens nach zwölf Monaten zu beginnen. Der angenehme Nebeneffekt: Der erste Teilverkauf findet nach der Veräußerungsfrist statt. Somit entstehen auch steuerlich keine Probleme.
- die Entnahmerate mit einem Sicherheitsabschlag von mindestens 5 Prozent, am besten 7 Prozent von der durchschnittlichen Rendite der letzten 30 Jahre, festlegen.
- keinen festen Entnahmebetrag, sondern monatlich eine gleiche Anteilshöhe festlegen. Nachteil dieser Variante: Ihre monatliche Gutschrift unterliegt den Schwankungen. Sie erhalten einen Monat mehr, den anderen weniger, ganz abhängig von der Börsenentwicklung.
- in extremen Börsensituationen in der Lage sind, Ihren Entnahmeplan auch einmal auszusetzen.
- in einem sekundären Bärenmarkt auf die Entnahme aus Aktienfonds ganz verzichten.

Beim Durchschnitt aller internationalen Aktienfonds zeigt eine Entnahmerate von sechs Prozent, dass schon ein hoher Glaube an das System dazugehört. Schließlich entspricht das einem Sicherheitsabschlag von fünf Prozent auf die langfristige Durchschnittsrendite, und trotzdem rutscht Ihr Kapital über lange Zeiträume weit unter Ihren eingezahlten Betrag. Das Risiko eines verfrühten Kapitalverzehrs wird nur durch eine nicht zu hoch angesetzte Entnahmerate abgewendet.

Der Kapitalverlauf in **Grafik 73** macht deutlich, wie wichtig es ist, nur auf die besten Fonds zu setzen. Lassen Sie sich für jeden Fonds, der Ihnen für Ihre Entnahmephase empfohlen wird, aufzeigen, wie sich Ihr Kapital bei der empfohlenen Entnahmerate in der Vergangenheit entwickelt hat. Am besten durch mehrere Hausse- und Baissephasen. Gleichzeitig lassen Sie sich bestätigen, dass Fondsmanagement und Anlagephilosophie seither unverändert sind. Wechselt die sekundäre Börsenphase (Kapitel 7.3) während Ihres dritten Lebensabschnitts, müssen Sie einen Umtausch in schwankungsärmere Fondsarten einplanen.

Wie wichtig es ist, bei Entnahmeplänen aus Aktienfonds Gewissheit über die Zeit, in welcher sekundären Börsenphase Sie sich befinden, zu haben, zeigt **Grafik 74**. Ein Entnahmeplan in Höhe von sechs Prozent,

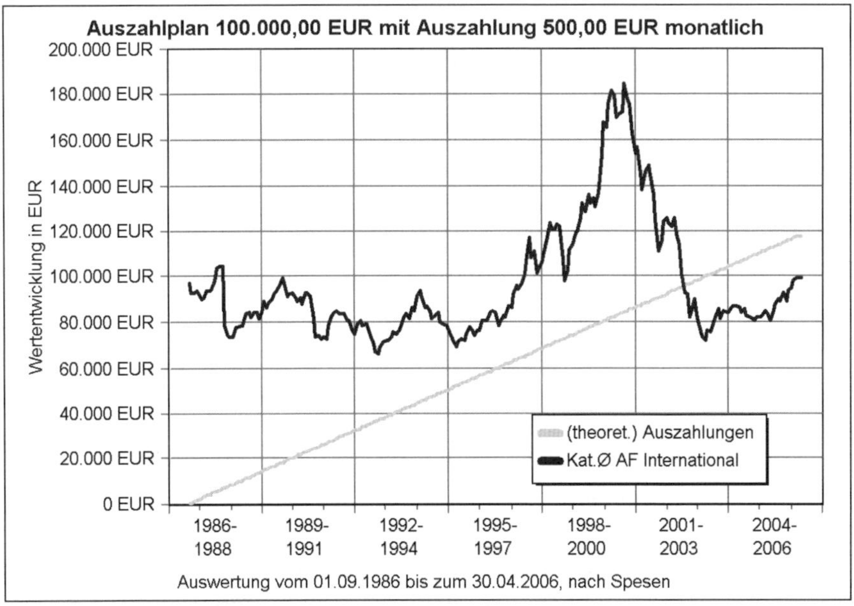

Grafik 73: Durchschnitt der internationalen Aktienfonds bei einer Entnahmerate von sechs Prozent p. a. Quelle: FVBS

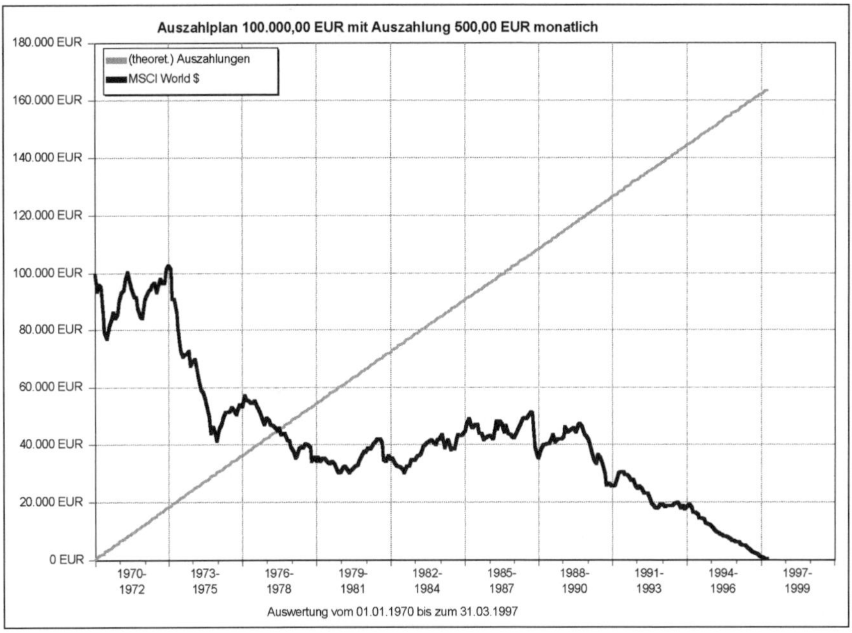

Grafik 74: Internationaler Aktienindex MSCI World bei einer Entnahmerate von sechs Prozent p. a.; Beginn in einem sekundären Bärenmarkt Quelle: IFL® Rühl GmbH

begonnen während der Anfangsphase des sekundären Bärenmarktes 1969 bis 1979, führt über kurz oder lang zu einer Lücke, wenn es um die Finanzierung Ihres Lebensabends geht.

Die beste Strategie für Entnahmepläne ist, rechtzeitig – also in sehr jungen Jahren – für ein ausreichendes Vermögen zu sorgen. Sind sie dann in Ihrem dritten Lebensabschnitt an einem Kapitalerhalt interessiert, setzen Sie Ihre Entnahmeraten so niedrig wie möglich an. Überprüfen Sie lieber von Jahr zu Jahr Ihren Kapitalstand. Wenn sich dieser trotz Entnahme erhöht hat, gleichen Sie Ihre prozentuale Entnahmerate dem neuen Kapitalstand an. Verzichten Sie in einem sekundären Bärenmarkt auf Entnahmepläne aus einem Aktienfonds. Da niemand die Höhe und Zeiträume der Rückschläge solcher Börsenphasen voraussehen kann, ist die Gefahr eines vorzeitigen Kapitalverbrauchs zu groß, um aus dieser Quelle die Finanzierung des Lebensabends vorzunehmen.

Die obigen Ausführungen machen deutlich, wie wichtig Ihre Vermögensstreuung auf alle drei Fondsarten ist. Aktienfonds alleine machen in der richtigen Börsenphase viel Spaß, im sekundären Bärenmarkt den dritten Lebensabschnitt über kurz oder lang zum Sozialfall.

Wenn Sie Ihre Vermögensstruktur Ihrer Mentalität und Ihrer persönlichen Lebenssituation entsprechend aufgeteilt haben, legen Sie einmal die Entnahmeraten und den Beginn der Auszahlungen fest. Wenn Sie jetzt noch die Überwachung einem professionellen Investmentberater überlassen, der prüft, ob bedingt durch Fondsmanagement-, Anlagephilosophie- oder sekundäre Börsenphasewechsel, ein Fondstausch notwendig ist, dann können Sie anfangen, sich um die schönen Dinge des Lebens zu kümmern.

Das Ziel der bisher besprochenen Entnahmestrategie ist, das ursprünglich eingezahlte Kapital zu erhalten. Die regelmäßigen Entnahmen werden lediglich in der Höhe der zu erwartenden Fondszuwächse vorgenommen. Damit finanzieren Sie eine „ewige Rente“. Später steht Ihr Kapital den Nachkommen oder einer sozialen Stiftung zur Verfügung. Falls Sie weder das eine noch das andere wollen, müssten die Entnahmeraten so festglegt werden, dass ein Kapitalverzehr geplant wird. Dann werden sowohl die Fondserträge als auch das Kapital über einen bestimmten Zeitraum verbraucht. Sie müssen im Vorfeld planen, über welchen Zeitraum das Kapital verbraucht werden soll. Je länger das Kapital halten soll, desto geringer wird die Erhöhung im Vergleich zur Entnahmerate bei Kapitalerhalt. Bevor Sie Ihre Entnahmerate festlegen, sollten Sie diese mit der Betragshöhe bei geplantem Kapitalerhalt vergleichen. Erstaunlicherweise ist der Mehrbetrag in vielen Fällen gar nicht so hoch, wie der erste Augenschein vermuten lässt.

16. 3. 1 Verrentungsmöglichkeiten im Vergleich

Sie kommen oder sind in der dritten Lebensphase? Sie halten Kapital, welches Sie hierfür aufgebaut haben? Welche Verrentungsform ist nun die richtige?

Das Bankguthaben und die Immobilie sind zwar für die Erreichung einer gesunden Vermögensstruktur geeignet, erzielen jedoch, vor allem bei der Immobilie, im Verhältnis zum gebundenen Kapital einen zu geringen Ertrag. Die Versicherungsrente (private Leibrentenversicherung) verspricht lebenslange Sicherheit, sieht jedoch keine Liquidierbarkeit vor. Die Aktienfondsrente ist steuerlich attraktiv, das Kapital unterliegt jedoch großen Schwankungen. Die hohe Transparenz bei Aktienfonds, die Möglichkeit, zu sehen, wie sich täglich das Kapital entwickelt, kann zu einer hohen psychischen Belastung führen. Die Freude am dritten Lebensabschnitt kann gefährdet sein. Bei diesem Punkt zeigt mir die Praxis immer wieder, dass die hohe Transparenz mental oft das größte Problem darstellt. In Extremsitua-

Rentenform	Eigentums-wohnung	Bankanlage	Versicherung	Rentenfonds steueroptimiert	Immobilien fonds	Aktienfonds Steueroptimiert
Rentenzins	4%[1]	5%	7%	6%	5,5%	6%
Rente p.a.	8.000 €	10.000 €	14.000 €	12.000 €	11.000 €	12.000 €
davon steuer-pflichtig	4.000 €[2]	10.000 €	4.480 €	3.600 €	3.850 €	0 €
Steuerschuld[3]	1.200 €	3.000 €	1.344 €	1.080 €	1.155 €	0 €
Rente zum verleben[4]	6.800 €	7.000 €	12.656 €	10.920 €	9.845 €	12.000 €
Kapitalrückzahlung in ? Jahrer	29,4 Jahre	28,6 Jahre	15,8 Jahre	18,3 Jahre	20,3 Jahre	16,7 Jahre
Schwankung des Kapitals	Ja hoch	Nein	Kapital-verbrauch	Ja mittel	Ja sehr gering	Ja sehr hoch
Extremwert nach unten	ca. 140 T€[7]	200 T€	0 €	ca. 160 T€[8]	ca. 190 T€[8]	ca. 120 T€[8]
Verfügbarkeit	bedingt	Ja	Nein	Ja	Ja	Ja
Inflationsschutz	bedingt[5]	Nein	Nein	Nein	Ja	Ja
Vererbbarkeit	Ja	Ja	Nein[6]	Ja	Ja	Ja
Kapital nach 20 Jahren,	zw. 200 T€ bis 280 T€[7]	200 T€	0 €	ca. 200 T€ bis 260 T€[8]	ca. 200 T€ bis 220 T€[8]	zw. 140 T€ bis 520 T€[8]
Steuerpflicht	mittel	hoch	mittel	nahe Null	mittel	Null

[1] Diese Mietrendite ist in der Regel nur mit Altimmobilien erzielbar. [2] Steuervorteile aufgrund der Altbauabschreibung. [3] Steuerprogression 30%. [4] Nach Steuern. [5] Hohe Inflationsraten sind in Deutschland durch die Mietgesetze nicht in entsprechenden Mieterhöhungen umsetzbar. [6] Nur während der Rentengarantiezeit (in der Regel fünf Jahre seit Abschluss) oder bei evtl. vereinbarten Witwenübergang. [7] Eigentumswohnung Stuttgart mittlerer und guter Wohnwert, Quelle FVBS. Instandhaltungs- und Renovierungskosten sind weder bei Mieteinnahmen, noch beim Kapitalwert berücksichtigt. [8] Auf Basis der durchschnittlichen Fondsergebnisse. In sekundären Bullenmärken siehe auch Kapitel 16.3. Quelle: FVBS

Tabelle 41: 200.000 Euro, Verrentungsmöglichkeiten im Vergleich Quelle: FVBS.

tionen unterliegt beispielsweise der Immobilienmarkt Wertrückgängen, die den Auswirkungen eines Crashs an den Aktienmärkten gleichen. Nur wird hier keine tägliche Preisfeststellung vorgenommen. Sie erhalten keine Depot(Immobilien)auszüge, die den Wertverlust bewusst machen. Solange kein Verkaufszwang da ist, lässt diese Tatsache jeden Immobilienbesitzer ruhig schlafen. Selbst bei jahrelangen Baissephasen bei Immobilien entsteht nie Verkaufspanik.

Für alle Möglichkeiten können wir Vor- und Nachteile erarbeiten. Um Ihre Meinungsbildung zu erleichtern, finden Sie nachfolgend die verschiedenen Möglichkeiten mit praxisorientierten Zahlen und Erläuterungen. Für die zukünftige Betrachtungsweise unterstelle ich einen 60-jährigen Mann, der statistisch gesehen noch eine Lebenserwartung von 20 Jahren hat und heute 200.000 Euro für die Finanzierung seines Lebensabends investieren muss. Die unterschiedlichen Vor- und Nachteile müssen Sie und Ihr Berater erarbeiten. Entsprechend einer gesunden Vermögensstruktur sollten Sie sich nie ausschließlich für eine Anlage-/Verrentungsform entscheiden. Ihre Mentalität bestimmt die Gewichtung zwischen den ausgewählten Möglichkeiten.

16.4 Sachwertanlage mit kleinen Anlagebeträgen

Die älteren Sparer haben in den zwanziger und vierziger Jahren mit ihren Kapitalanlagen äußerst schmerzliche Erfahrungen gemacht. Sie haben mindestens einmal, zum Teil zweimal, miterlebt, wie ihr mühsam erspartes Geld in zwei Hyperinflationen und den anschließenden Währungsreformen wertlos wurde. Lediglich die Anleger, die ihr Vermögen auf Sachwerte aufbauten, erzielten einen Vermögenserhalt. Die Sachwertanlage, sei es in Form von eigengenutzten Immobilien, Gold-/Silbermünzen und -barren, Wäldern/Edelhölzer oder von Unternehmensbeteiligungen, war schon von jeher der beste Inflationsschutz. Zu Zeiten der Währungsreformen mangelte es leider an alternativen Sparformen, welche auch mit kleineren Summen eine inflationsschützende Anlage ermöglicht hätten. Heute sind Aktien- und Immobilienfonds eine bequeme und gut rentierliche Sachwertanlage. Beide Fondsarten bieten, auch für kleine Sparraten, langfristig den besten Inflationsschutz.

Wenn Sie sich Gedanken über die Anlage in Immobilienfonds machen, halten Sie sich den Kuchen einer gesunden Vermögensstruktur vor Augen (siehe Kapitel 18.1). Überlegungen einer gesunden Vermögensmischung müssen nämlich das gesamte Privatvermögen berücksichtigen! Hierzu zählen nicht nur die liquiden Vermögenswerte, sondern auch sämtliche Immobilien, die Sie im Direktbesitz halten. Ich erlebe immer wieder, dass die eigene Immobilie gar nicht als Immobilien-Investment wahrgenommen wird und in den meisten Fällen bei den Überlegungen zur Vermögensaufteilung unberücksichtigt bleibt. Obwohl der Immobilienwert abzüglich der Hypothekenschulden in Deutschland einen durchschnittlichen Anteil von 76 Prozent des gesamten Privatvermögens ausmacht. Wenn Sie jetzt noch zusätzlich Immobilienfondsanteile erwerben, wird Ihre Vermögensstruktur noch ungesünder. Sollte diese Immobilienlastigkeit bei Ihnen zutreffen und Ihre Anlagementalität es zulassen, bevorzugen Sie für Ihre Sachwertbildung eher physische Edelmetalle, Edelhölzer und in der Fondswelt werthaltige Aktienfonds.

16. 5 Tilgungsersatz für Darlehensrückzahlung

Eine erst Mitte der 1990er stärker in den Vordergrund getretene Form der Verwendung stellt der Tilgungsersatz für Darlehensrückzahlungen dar. Vorher wurde für den Tilgungsersatz von den Banken ausschließlich die kapitalbildende Lebensversicherung akzeptiert. Ein allmählicher Umdenkungsprozess führt dazu, dass die Banken immer öfters bereit sind, als Tilgungsersatz ein Fondskonto bzw. einen Fondssparplan zu akzeptieren. Zur Sicherheit lassen sich die Banken das Fondskonto abtreten.

Bei dieser Variante der Darlehenstilgung dürfen Sie jedoch nie auf die Laufzeit der Zinsfestschreibung fixiert sein! Die Fondsanlage unterliegt den Schwankungen der Kapitalmärkte. Dies kann vor allem in einem genau geplanten und fixierten Ablaufjahr zu ganz erheblichen Abweichungen von den Planzahlen führen. Deshalb ist es äußerst wichtig, in die Tilgungsplanung entsprechende Puffer einzubauen. Diese Sicherheitspuffer sind:

- Abschläge bei den Vergangenheitsrenditen. Rechnen Sie nie mit den in der Vergangenheit erzielten Renditen. Je kürzer die geplante Finanzierungszeit, desto höher müssen die Sicherheitsabschläge bei den Hochrechnungen werden. Setzen Sie auch bei langen Laufzeiten maximal zehn Prozent p. a. an.
- Höhere Sparbeiträge, als es die Hochrechnungen erfordern.

➢ Einplanung von Pufferzeiten. Eine Zukunftsrechnung kann mit einer angenommenen Rendite nur linear hochgerechnet werden. Die praktischen Abweichungen sind immens. Planen Sie die Vorgehensweise bei vorzeitiger Zielerreichung und bringen Sie die Bereitschaft für eine Überschreitung des Zeitziels mit.
➢ Endet die geplante Laufzeit in der Phase eines sekundären Bärenmarktes (sehr schwer, eigentlich nur mit einem erfahrenen Berater zu analysieren), lieber auf diese Tilgungsform verzichten.

Angenommen, es tritt Verlauf 1 ein (siehe **Grafik 75**). Bedingt durch gute Börsenphasen wäre das notwendige Tilgungskapital bereits vier Jahre vor der Darlehenslaufzeit erreicht. Spekulieren Sie jetzt nicht auf noch höhere Vermögenszuwächse! Sichern Sie das erreichte Vermögen. Verlagern Sie das angesammelte Kapital in einen weniger volatilen Fonds. Damit verzichtet man zwar in den letzten Jahren auf weitere Kurssteigerungen in der Haussephase, hat die Vorteile der Aktienfondsanlage jedoch gänzlich ausgenutzt und geht kein Risiko ein, wenn in den letzten Jahren eines Sparplanes eine Baissephase eintritt. Für den Fall, dass Verlauf 2 eintritt, muss Ihre persönliche Situation ein Überschreiten des Zeitziels, den Einbau eines Zeitpuffers in Verbindung mit einer längeren Sparplandauer möglich machen.

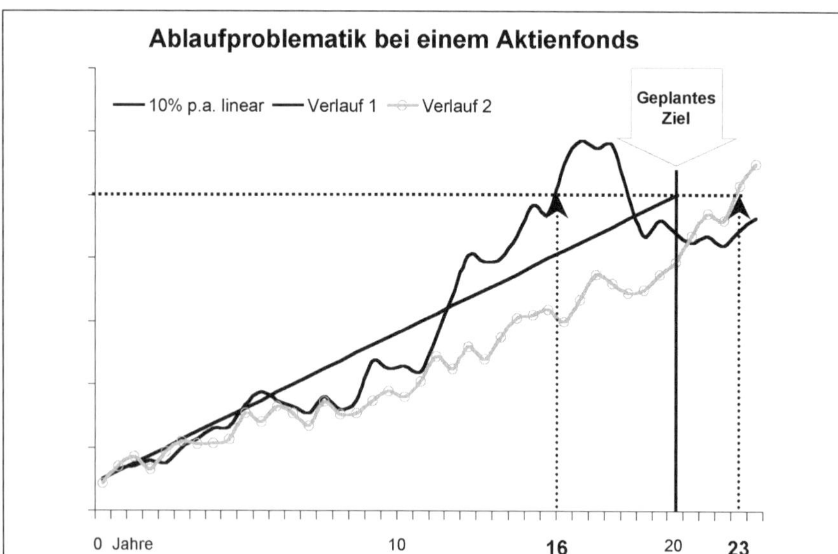

Grafik 75: Planung von Pufferzeiten Quelle: IFL® Rühl GmbH

16.6 Vermögenswirksame Leistungen

Wenn Sie Arbeitnehmer sind, zahlt Ihnen Ihr Arbeitgeber in der Regel zusätzlich zu Ihrem Gehalt die so genannten vermögenswirksamen Leistungen (VL). Die VL erhalten Sie nicht ausbezahlt, sondern sie werden von Ihrem Arbeitgeber auf einen Sparvertrag überwiesen, den Sie extra hierfür abschließen müssen.

Die vier Hauptanlagemöglichkeiten sind:

- ein Kontensparvertrag bei einer Bank,
- ein Bausparvertrag,
- eine kapitalbildende Lebensversicherung oder
- eine Investmentfondsanlage.

Der Gesetzgeber will die private Vermögensbildung fördern. Deshalb haben Arbeitnehmer die mit ihrem zu versteuernden Einkommen die Grenzen von 17.900 Euro (ledig) bzw. 35.800 Euro (verheiratet) p. a. nicht überschreiten, Anspruch auf eine staatliche Förderung. Von den vier Anlagemöglichkeiten werden das Bausparen und die Aktienfondsanlage mit der Arbeitnehmersparzulage gefördert. Bis zu 74 Euro können

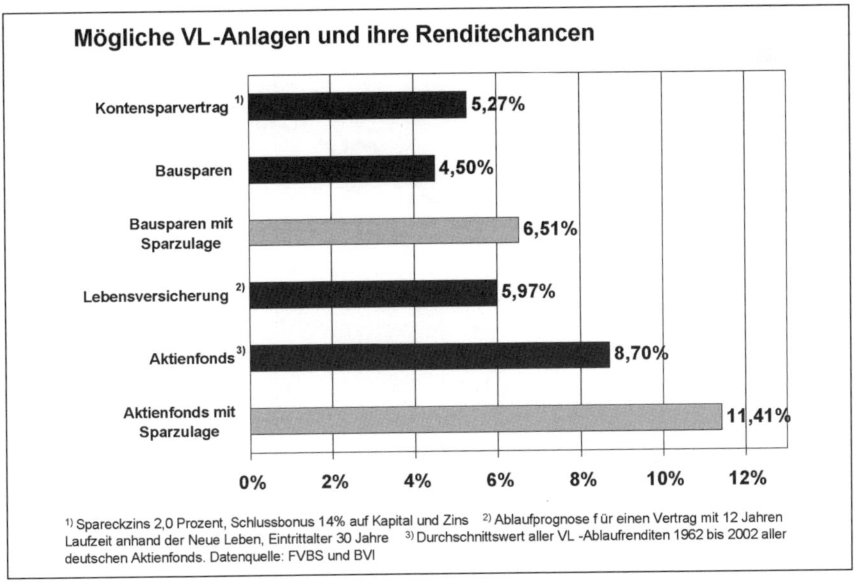

Grafik 76: In welcher Form kann man die VL am besten anlegen?

insgesamt monatlich vermögenswirksam gespart werden. Dabei werden das Bausparen bei Beiträgen bis zu 40 Euro mtl. mit 10% und das Aktienfondssparen bis zu 34 Euro mtl. mit 18 Prozent gefördert. Ergänzend zu den Einkommensgrenzen werden die VL-Verträge nur gefördert, wenn Sie mindestens 7 Jahre bezahlt bzw. nicht verfügt werden.

Wollen Sie die Sparförderung optimal ausnutzen? Dann sparen Sie künftig 40 Euro monatlich in einen Bausparvertrag und 34 Euro in einen Aktienfonds. Oder wollen Sie die Vermögensbildung optimieren? Nutzen Sie den Cost-Average-Effekt, sparen Sie über lange Zeiträume über die sekundären Börsenphasen hinweg (s. Grafik 77). Verzichten Sie auf die Prämie beim Bausparen! Investieren sie ab sofort 74 Euro monatlich in Aktienfonds. Die Überlegenheit von Aktienfonds kommt selbst ohne Sparzulage zum Tragen. Selbst der Gesetzgeber hat durch die höchste Förderung bestätigt, dass mit der Aktienfondsanlage auf Dauer die beste Form der Vermögensbildung genutzt werden kann. Allerdings dürfen Sie Ihr Kapital zum Auslaufen der Wartefrist nie fest verplanen. Bitte beachten Sie auch hier die Ablaufproblematik von Aktienfonds und bauen Sie Pufferzeiten mit ein (siehe Kapitel 16.5).

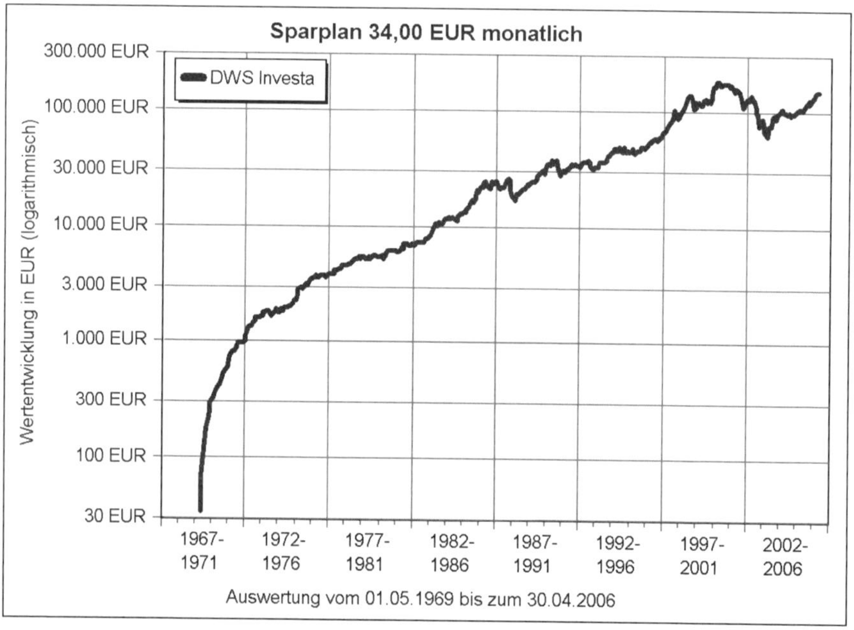

Grafik 77: VL klug für sich arbeiten lassen Quelle: FVBS

Ist die Förderung durch die Arbeitnehmersparzulage vor allem für die niedrigeren Einkommensgruppen eine lobenswerte Sache, muss sich der Gesetzgeber in Sachen Vermögensbildungsgesetz trotzdem Kritik gefallen lassen. Die Bindefrist von sieben Jahren ist viel zu kurz, um eine Optimierung der Vermögensbildung zu fördern. Seien Sie ehrlich, was haben Sie in der Vergangenheit mit Ihren auslaufenden Verträgen gemacht? Ist es Ihnen gegangen wie den meisten VL-Sparern, bei denen diese kurzen Vertragszeiten eher das „Konsumdenken" angeregt haben? Die erreichten Beträge finanzieren eher den Familienurlaub oder die neue Schrankwand als eine langfristige Vermögensbildung.

Haben Sie schon einmal darüber nachgedacht, was passiert, wenn Sie Ihren VL mehr Zeit lassen? Wenn die Kräfte des Zinses und Zinseszinses für Sie arbeiten können?

Da die VL direkt vom Arbeitgeber überwiesen werden, merken Sie die monatliche Rate sowieso nicht. Also wäre es doch leicht, das Kapital jeweils beim Ablauf der Bindefrist zu vergessen. Sie schließen einen neuen VL-Vertrag ab und lassen Ihr bisher aufgebautes Kapital weiterarbeiten. Ein heute 25-jähriger VL-Sparer kann dies mit sechs aufeinander folgenden Verträgen tun und mit 62 Jahren das durch die Kräfte der Kapitalmarktgesetze bewirkte Ergebnis ohne großen Konsumverzicht genießen.

Angenommen, Ihr Vater hätte sich in dieser Weise verhalten. Die **Grafik 77** zeigt am Beispiel des DWS Investa, welches Vermögen er aufgebaut hätte. Er hat seine VL, monatlich 34 Euro, über sechs Verträge hintereinander bespart und das Kapital jeweils weiterarbeiten lassen. Zum 62. Lebensjahr haben die Gesetze der Kapitalmärkte, die Kraft des Zinses und Zinseszinses, ihm ein Vermögen von 149.970 Euro beschert!

Wollen Sie mit Ihren VL eine optimierte Vermögensbildung erreichen? Dann gibt es keine Alternative zum Aktienfondssparen.

Fondsgesellschaft	Fonds für vermögenswirksames Sparen
ACM	ACM Global Growth Trends, ACM International Health Care
Activest	Activest TopDeutschland Activest TopEuro Activest TopWelt
ADIG	ADIG-CONVEST 21 VL, ADIVERBA, FONDAK, NÜRNBERGER ADIG A
Allianz	Allianz Aktien Europa, Allianz Aktienfonds, Allianz Aktien International
Alte Leipziger Trust	Alte Leipziger Trust Fonds A
AM Generali Invest	AM Generali Aktien Deutschland, AM Generali Aktien Europa
AXA Fonds Trust	AC Europa, AC Welt, Sun Life European Growth, Sun Life American Growth
BWK	BWK-EuroProfil
BB Invest	BB-Deutschland-INVEST, BB-Europa-INVEST
Credit Suisse Asset M.	CS Aktien Plus, DEVK-SPARDA-AKTIEN-CS
DeAM	DEGEF-VIAG-Mitarbeiter-Fonds II, DEGEF-WÜBA-Mitarbeiter-Fonds
Deka	AriDeka, DekaFonds, Deka Struktur: 2 Chance Plus, Naspa-Aktienfonds
DIT	DIT-VERMÖGENSBILDUNG EUROPA, INDUSTRIA, THESAURUS
DWS	Investa, DWS Deutschland, Top 50 Europa, Top 50 Welt, Ringaktien,
Franken-Invest	SchmidtBank Aktien Deutschland FI, SchmidtBank Euro-Aktien FI
Frankfurt Trust	FT Interspezial, FT Euro-Effekten-Fonds, BHW Europa FT
Gerling	KAPITALFONDS SPEZIAL, GERLING DYNAMIK FONDS, GERLING AKTIV
HANSAInvest	HANSAeffekt, HANSAtop 25
LAZARD AM	Lazard EuropeanTrend, Lazard Global BrandNet
MEAG	MEAG Eurokapital, MEAG Proinvest
Münchner Kapitalanlage	MK ALFAKAPITAL, MK ASIA-PAZIFIK, MK EUROAKTIV
Oppenheim	Oppenheim Topic Global
SEB Invest	SEB Invest Aktienfonds, SEB Invest EuroCompanies, SEB Invest Europa
Siemens KAG	SKAG EuroInvest Aktien, SKAG WeltInvest Aktien
UBS	UBS (D) Aktien Deutschland, SMH-International-UBS-Fonds
Union	UniFonds, UniGlobal, UniEuroAktien, Türkei 75 Plus, Citibank Invest Union
Veritas	RWS-AKTIENFONDS,VERI-EUROVALEUR Fonds, VERI-VALEUR Fonds
Warburg Invest	MMWI-DAXTREND, MMWI-EUROLEADERS, MMWI-PROGRESS
Zürich Invest	Zürich Invest Aktien Deutschland, Zürich Invest Aktien Schweiz

Tabelle 42: Fonds, in denen vermögenswirksame Leistungen angelegt werden können

Quelle: BVI und IFL® Rühl GmbH

Bei diesen zahlreichen Angeboten fällt die Auswahl schwer. In erster Linie sollten Sie sich aber auf gute, international breit gestreute Aktienfonds konzentrieren.

Sie können einen bereits laufenden VL-Vertrag jederzeit durch eine andere Vertragsform ablösen.

Falls Sie weitere Informationen zum aktuell geltenden Recht suchen, können Sie beim BVI (siehe Kapitel 17.1) die Broschüre „Vermögenswirksames Sparen“ anfordern.

16. 7 Mietkaution

Wohnen Sie zur Miete? Normalerweise ist Ihre Mietkaution auf einem Sparbuch angelegt. Ist es nicht ärgerlich, wenn man zusehen muss, wie die Mietkaution durch die magere Sparbuchverzinsung nach Abzug der Inflation an Wert verliert?

Was viele Vermieter nicht wissen: Wenn beide Parteien einverstanden sind, ist eine Anlage in Renten-, Immobilien oder auch Aktienfonds möglich. Auf diese Weise lassen sich auf jeden Fall größere Erträge erwirtschaften. Vor allem deutsche Fondsgesellschaften und Fondsplattformen haben sich mit entsprechenden Formularsätzen auf das Anlegen von Mietkautionen eingestellt.

16. 8 Mündelsichere Anlage

Wer Vermögen hat, kann in der Regel selbständig entscheiden, wie er dieses anlegt. Etwas komplizierter ist dies bei Kindern oder geistig Behinderten. Diese Fälle regelt das Bürgerliche Gesetzbuch (BGB).

Für Kinder sind die Eltern gemeinsam die gesetzlichen Vertreter. In den Fällen, in denen Kinder Vollwaisen werden, wird genau wie bei geistig Behinderten ein Vormund eingesetzt. Die unter Vormundschaft stehenden Personen werden als Mündel bezeichnet. Der Vormund hat die Pflicht, das zum Vermögen des Mündels gehörende Geld verzinslich anzulegen. Laut Gesetz gehören zu den mündelsicheren Anlagen: Sparbücher, Sparbriefe und die gesamte Palette der Bundeswertpapiere.

Das Ziel des Gesetzgebers bestand darin, eine hohe Sicherheit für die Mündelgelder zu garantieren. Investmentfonds sind im BGB allerdings nicht genannt. Dies liegt daran, dass es Investmentfonds zu der Zeit, in der die „Mündelparagraphen“ in das BGB aufgenommen wurden, noch nicht gab. Mittlerweile haben jedoch zahlreiche Vormundschaftsgerichte entschieden, dass bestimmte Investmentfonds nach Antrag für Mündelgelder verwendet werden können.

Offene Immobilien- und Rentenfonds erhalten am häufigsten das Prädikat „Für Mündelgelder geeignet“. Mittlerweile wurden auch einige Aktienfonds von Vormundschaftsgerichten genehmigt. Eine entsprechende Liste wird beim BVI (siehe Kapitel 17.1) veröffentlicht und bei neuen Gerichtsentscheidungen für Investmentfonds entsprechend aktualisiert. Im Internet ist sie unter: www.bvi.de abrufbar. Klicken Sie sich durch die Themen: Basiswissen => Fondstypen => Publikumsfonds und bestätigen Sie bei der Auswahl den Punkt: „Mündelsichere Fonds“ mit OK.

Sollten Sie im Falle einer Vormundtätigkeit erwägen, Mündelgelder in Aktionsfonds zu investieren, steht Ihnen nur eine eingeschränkte Auswahl zur Verfügung. Daher führe ich in der nachfolgenden Tabelle die interessantesten Fonds auf.

Fonds	KAG	WKN	AA	Besteht seit
Concentra	DIT	847500	5,0 %	März 1956
Industria	DIT	847502	5,0 %	Januar 1959
Investa	DWS	847400	5,0 %	Dezember 1956
Zürich Invest Aktien	Zürich Invest	849000	5,0 %	März 1989

Tabelle 43: Empfehlenswerte Aktienfonds für Mündelgelder

16. 9 Das „Freiheitskonto“, Ihre finanzielle Freiheit

„Geld ist ein Segel in der Tasche.“
Japanisches Sprichwort

Dieses Sprichwort bringt prägnant zum Ausdruck, warum Sparen ein Geschenk ist. Die Tatsache, Geld zu besitzen, macht noch nicht glücklich. Glückliche Menschen setzen sich Ziele und arbeiten auf diese hin. Wenn sie erreicht werden, stellen sich Glückgefühle, Gefühle der Freiheit ein.

Um Ziele zu erreichen, spielt Geld eine wesentliche Rolle. In der Finanzwelt sprechen wir von der „finanziellen Freiheit“. Ein Zustand, der uns die Möglichkeit gibt, Träume, die mit Geld bezahlt werden können, zu erfüllen, und uns gleichzeitig die Freiheit schenkt zu entscheiden, ob wir den Zwängen der Arbeitswelt noch unterliegen wollen oder nicht.

Diese finanzielle Freiheit können Sie sich schenken. Die Millionärsformel© hat Ihnen bereits gezeigt, welche Bausteine Sie dazu brauchen. Wenn Sie noch sehr jung sind, brauchen Sie nicht viel Geld, um Ihr „Freiheitskonto" aufzubauen – die richtige Rendite und viel Zeit sorgen für das Erreichen Ihrer Ziele. Wenn Sie älter sind oder Ihre Ziele in kürzerer Zeit realisieren wollen, müssen Sie ab morgen konsequent den Konsumverzicht üben. Sie können nur mit dem Geld Vermögen aufbauen, das Sie nicht ausgeben.

Ist die Vorstellung, sich regelmäßig einen Betrag vom Girokonto abbuchen zu lassen, der in die langfristige Vermögensbildung einfließen soll, und nicht mehr alle Konsumwünsche zu realisieren, für den einen oder anderen unter Ihnen kein Geschenk?

Haben Sie langfristige Ziele? Träumen Sie

- vom eigenen Haus,
- von einem Leben in der Südsee,
- vom Reisen oder
- davon, mit 55 Jahren nicht mehr arbeiten zu müssen?

Ist die Erfüllung dieser Träume kein Geschenk? Wenn Sie wirklich wollen, werden sich Ihre Träume erfüllen. Wenn Sie wirklich wollen, führt Sie das konsequente Sparen zu Ihrem Ziel. Wenn Sie wirklich wollen, tut Ihnen eine gewisse Einschränkung auch nicht weh. Alle, die sich die Sparraten für Ihre „Zielpläne" am Tag des Gehaltseingangs abbuchen lassen, sehen es nach kurzer Zeit auch nicht mehr als Einschränkung. Das können Sie wahrscheinlich am besten nachvollziehen, wenn Sie einmal geraucht haben. In der aktiven Raucherzeit haben Sie bis zu 100 Euro im Monat für diese Sucht ausgegeben. Mit der Aufgabe des Rauchens konnten Sie diese Summe einbehalten. Trotzdem hatten Sie vor der nächsten Gehaltszahlung wieder kein Geld: Die vielen Gelegenheiten des täglichen Konsumlebens sorgten für einen regelmäßigen Verbrauch Ihres Kontoguthabens. Für mich ist es ein Beweis dafür, dass es gar nicht so schwer ist, sich jeden Monat, am Tag des Gehaltseingangs, etwas auf sein Freiheitskonto zu buchen.

Angenommen, Sie gewöhnen sich mit 25 Jahren das Rauchen ab. Bei täglichen Kosten von drei Euro ergibt das ein monatliches Sparpotenzial von 90 Euro. Die folgende Tabelle macht deutlich, welchen Vermögenswert Sie im Laufe Ihres Lebens verrauchen.

Mit 25 Jahren monatlich 90 € nicht verraucht, sondern auf Dauer gespart, ergibt bei einer angenommenen Rendite von 9 % p. a. und unter Berücksichtigung einer 4%igen Preissteigerung einen Vermögenswert	
zum 55. Lebensjahr von	227080 €
zum 60. Lebensjahr von	373046 €
zum 65. Lebensjahr von	602760 €

Tabelle 44: Rauchen kostet Sie Ihre finanzielle Freiheit

Übrigens: In zahlreichen Fällen fiel die Aufgabe dieser Sucht viel leichter in Verbindung mit der Entscheidung, das gesparte Geld sofort anzulegen.

Wenn man durch diese Möglichkeit der finanziellen Freiheit näher rücken kann, stellt sich automatisch die Frage, wo weitere Finanzierungsquellen für Ihre Ziele schlummern.

Wenn Sie dies erfahren wollen, müssen Sie ein Haushaltsbuch führen. Schreiben Sie sämtliche Einnahmen und Ausgaben genau auf. Wenn Sie alles im Detail notieren, können Sie feststellen, wie Ihre Ausgaben verteilt sind. Bestehen dort Einsparmöglichkeiten? Sind sämtliche Ausgaben notwendig? Es gibt eine Menge von Kostenpunkten, die ohne großen Verzicht reduziert werden können.

Einige Punkte, die Sie sehr schnell umsetzen können:

- Spielen Sie regelmäßig Lotto? Es ist schon erstaunlich – gerade diejenigen, die behaupten, sie hätten nie Geld übrig, spielen seit vielen Jahren, oft mit 10 bis 20 Euro in der Woche! Wissen Sie, wie winzig Ihre Chance auf einen Gewinn ist? Die Wahrscheinlichkeit, sechs Richtige zu erzielen, liegt bei 0,00000715 Prozent! Es kann nur die Höhe der Gewinnchance sein, die solch unvernünftige Ausgaben zulässt. Wenn Sie anstelle der regelmäßigen Lottoausgaben mit der gleichen Disziplin Ihr Geld in internationale Aktienfonds investieren, werden Sie nicht mit undenkbar viel Glück, sondern in jedem Fall Millionär. Die Wahrscheinlichkeit, dass Sie als Lottospieler – wenn Sie vom 20. bis zum 65. Lebensjahr monatlich 60 Euro „anlegen" – sechs Richtige erzielen, liegt über die gesamte Zeit bei gerade mal 0,4 Prozent. Wenn Sie dieselbe Summe in Aktienfonds investieren, bringt Ihnen eine neunprozentige Durchschnittsrendite 397000 Euro!?
- Sind Sie in Sachen Auto ein Durchschnittsdeutscher? Das Auto ist unter allen Konsumartikeln des deutschen liebstes Kind. Leider aber

auch der teuerste Konsumartikel. Und – die Autoindustrie möge es mir verzeihen – auch noch das dümmste Konsumgut! Der deutsche Autofahrer kauft sich durchschnittlich alle vier Jahre ein neues Auto. Sie fahren bei Ihrem Autohändler vom Hof und sind im gleichen Moment mindestens 10 Prozent ärmer! Kein anderes Konsumgut verlangt von uns so hohe Investitionen und verliert gleichzeitig so viel an Wert. Das Einsparpotenzial ist immens. Die Qualität der Autos ist so gut, dass ein drei Jahre altes Auto mindestens fünf, meist jedoch viel länger gefahren werden kann, bevor größere Reparaturen beginnen. Der linke Teil der **Tabelle 45** zeigt Ihnen, welche Investitionen Sie im Laufe Ihres Lebens vornehmen, wenn Sie mit 25 Ihren ersten neuen Wagen kaufen und diesen alle vier Jahre durch einen neuen Mittelklassewagen ersetzen. Der rechte Teil zeigt Ihre Investitionen beim Kauf eines Dreijahreswagens und einer Haltedauer von jeweils fünf Jahren.

Alter	Listenpreis bei einer Inflation von	Kauf eines Neuwagens mit Rabatt	Verkaufswert nach vier Jahren	Für das neue Auto ist zu investieren	Kauf eines Dreijahreswagens	Verkaufswert nach fünf Jahren	Für das neue Auto ist zu investieren
	4,00%	-5,00%	-38,00%		-33,00%	-70,00%	
25	€ 20000	€ 19000		€ 19000	€ 13400		€ 13400
26	€ 20800			mtl. € 205			mtl. € 133
27	€ 21632						
28	€ 22497						
29	€ 23397	€ 22227	€ 12400	€ 9827			
30	€ 24333				€ 14493	€ 6490	€ 8003
31	€ 25306						
32	€ 26319						
33	€ 27371	€ 26003	€ 14506	€ 11497			
34	€ 28466						
35	€ 29605				€ 17633	€ 7896	€ 9737
36	€ 30789						
37	€ 32021	€ 30.420	€ 16.970	€ 13.450			
38	€ 33301						
39	€ 34634						
40	€ 36019				€ 21454	€ 9606	€ 11848
41	€ 37460	€ 35587	€ 19853	€ 15734			
42	€ 38958						
43	€ 40516						
44	€ 42137						
45	€ 43822	€ 41631	€ 23225	€ 18406	€ 26102	€ 11687	€ 14415
46	€ 45575						

Alter	Listenpreis bei einer Inflation von	Kauf eines Neuwagens mit Rabatt	Verkaufswert nach vier Jahren	Für das neue Auto ist zu investieren	Kauf eines Dreijahreswagens	Verkaufswert nach fünf Jahren	Für das neue Auto ist zu investieren
47	€ 47.398						
48	€ 49.294						
49	€ 51.266	€ 48.703	€ 27.170	€ 21.533			
50	€ 53.317				€ 31.757	€ 14.220	€ 17.537
51	€ 55.449						
52	€ 57.667						
53	€ 59.974	€ 56.975	€ 31.785	€ 25.190			
54	€ 62.373						
55	€ 64.868				€ 38.637	€ 17.300	€ 21.337
56	€ 67.463						
57	€ 70.161	€ 66.653	€ 37.184	€ 29.469			
58	€ 72.968						
59	€ 75.886						
60	€ 78.922				€ 47.008	€ 21.048	€ 25.960
61	€ 82.079	€ 77.975	€ 43.500	€ 34.475			
62	€ 85.362						
63	€ 88.776						
64	€ 92.327						
65	€ 96.020	€ 91.219	€ 50.889	€ 40.330	€ 57.192	€ 25.609	€ 31.583
Gesamtzahlungen für einen Mittelklassewagen:				€ 238.911			€ 153.822

Tabelle 45: Lebensinvestitionen bei Neu- oder Dreijahreswagen

Quelle: www.schwacke.de, Berechnungen: IFL® Rühl GmbH

Die Differenz der Gesamtzahlungen ist beeindruckend. Noch beeindruckender wird es, wenn Sie die gesparten Gelder auf Ihr „Freiheitskonto“ buchen und für Ihre finanzielle Freiheit arbeiten lassen. Die gesparten Gelder sind die Differenz der Erstinvestition: 5.600 Euro (Kaufpreis Neuwagen 19.000 Euro minus Kaufpreis Dreijahreswagen 13.400 Euro) und die Differenz aus der notwendigen Rücklage für den späteren Kauf des Nachfolgeautos: anfangs 72 Euro monatlich (beim Neuwagen monatlich 205 Euro minus Rücklage beim Dreijahreswagen 133 Euro). Wenn Sie sich mit dem Kauf eines Wagens in der Preiskategorie von circa 40.000 Euro bewegen, zeigt die zweite Spalte der Hochrechnung, was dem Deutschen sein Statussymbol wert ist.

Die Ersparnis im Vergleich zum Kauf eines Neuwagens, angelegt zu einer	in der Preiskategorie 20.000 €	40.000 €
Rendite von 9 % p. a. ergibt:	658.100 €	1.944.344 €

Berechnungen: IFL® Rühl GmbH, Differenzrechnung bei Autokäufen vom 25. bis zum 65. Lebensjahr. Für die Hochrechnung wurde eine 4%ige Inflation bei der Preisentwicklung der Autos unterstellt. In der Preiskategorie 40.000 Euro beträgt die Differenz bei der Erstinvestition 13.600 Euro (Quelle: www.schwacke.de) und die anfängliche Rücklage 234 Euro pro Monat.

Tabelle 46: Dreijahreswagen finanzieren Ihre finanzielle Freiheit

- Planen Sie Ihre Haushaltseinkäufe! Wie oft kaufen Sie am Wochenende bei der Tankstelle? Scheuen Sie sich nicht, bei Aldi einzukaufen! Die Qualität stimmt. Die richtige Planung und Einkaufsquellen machen schnell Ersparnisse von 50 Euro und mehr im Monat möglich.
- Erinnern Sie sich noch an die Zeit ohne Handy? Die zwischenmenschliche Kommunikation hat damals auch funktioniert. Sie war persönlicher und Ihre Telefonrechnung, trotz wesentlich teurerer Tarife, billiger. Ändern Sie hier Ihre Gewohnheiten! Wenn Sie bereits in der Garage stehen, brauchen Sie nicht anzurufen, dass Sie da sind. Überlegen Sie vorher, was Sie sagen wollen, und fassen Sie sich kurz. Halten Sie Ihr Handy nur für dringende Fälle. Die Ersparnismöglichkeit summiert sich, gut angelegt, auf hohe Millionenwerte!
- Durchforsten Sie Ihre privaten Versicherungen. Beauftragen Sie einen professionellen Versicherungsberater mit der Aufgabe, Ihre Kosten zu überprüfen. Überdenken Sie den einen oder anderen Versicherungsvertrag. Die beiden wichtigsten Verträge sind die Privathaftpflicht- und die Berufsunfähigkeitsversicherung. Wenn Sie eine Familie absichern müssen, kommt noch eine Risikolebensversicherung dazu. Alles andere ist unwichtig. Wenn möglich, vereinbaren Sie Selbstbehalte.
- Nehmen Sie für Ihren privaten Konsum nie einen Kredit auf! Wenn Sie für den Fernseher, den Urlaub oder das Auto kein Geld haben, verzichten Sie auf einen Kauf! Bis Sie Ihr Auto zurückbezahlt haben, brauchen Sie ein neues! Da Sie in der Zeit kein Geld ansparen können, müssen Sie einen neuen Kredit aufnehmen. Die Zeit, die Sie zum Aufbau Ihrer finanziellen Freiheit benötigen, rinnt Ihnen durch die Finger!

Haben Sie einige Ideen für Ausgabenkürzungen bekommen? Wenn

Sie Ihre Ausgaben schriftlich festhalten (Haushaltsbuch), werden Sie bestimmt noch einige Punkte finden. Nicht selten kommen auf diese Weise monatlich einige 100 Euro zusammen. Langfristig sinnvoll angelegt, bildet das Geld die beste Basis für die Erfüllung Ihrer Träume.

Ihr kurzfristiges Ziel muss eine Sparrate von mindestens 10 Prozent Ihres Einkommens sein. Wenn Ihnen das konsequent gelingt, gönnen Sie sich auch einmal eine kleine Belohnung, sonst macht das Leben keinen Spaß. Dabei rühren Sie aber nie Ihr „Freiheitskonto“ an. Schlachten Sie also nicht das Huhn, bevor es goldene Eier legt.

„Der Mensch ist nicht frei,
wenn er einen leeren Geldbeutel hat.“
Lech Walesa

Bis hierhin haben wir uns mit Einsparmöglichkeiten auf der Ausgabenseite beschäftigt. Die größte Einnahmequelle dürfte Ihr Gehalt sein. Angenommen, Sie sind heute 23 alt und verfügen als Angestellter über ein Nettoeinkommen von 1.250 Euro. Nehmen wir weiter an, Sie erleben keine großen Karrieresprünge, sondern eine durchschnittliche Gehaltssteigerung von 4 Prozent. Von Ihrem Einkommen investieren Sie diszipliniert jeweils 10 Prozent in Aktienfonds. Wenn wir davon ausgehen, dass Ihre Fonds zukünftig ähnliche Durchschnittsrenditen (neun Prozent p. a.) wie in der Vergangenheit erzielen, dann verfügen Sie mit 65 Jahren über ein Vermögen von 1.010.725 Euro!

Es gibt einen sehr einfachen Weg, langfristig noch mehr Geld auf Ihr Freiheitskonto einzuzahlen. Hierbei ist der Teil Ihres Gehaltes gemeint, an den Sie sich und Ihr Konsumverhalten noch nicht gewöhnt haben.

Sie beginnen gerade Ihre Ausbildung und wohnen noch zu Hause? Wenn Sie die Hälfte Ihrer Ausbildungsvergütung auf Ihr Freiheitskonto buchen, haben Sie immer noch mehr zur freien Verfügung, als Sie bisher gewohnt waren! Sie haben Ihre Ausbildung beendet, wohnen immer noch zu Hause und erhalten jetzt Ihre erste große Gehaltszahlung? Sparen Sie die Hälfte von dem, was Sie jetzt mehr ausbezahlt bekommen als zu Ihrer Ausbildungszeit. Es ist kein Verzicht, weil Sie vorher nicht mehr gewohnt waren und jetzt trotzdem über mehr verfügen.

Buchen Sie zukünftig bei jeder Gehaltserhöhung, Sonderzahlung oder Tantieme sofort 50 Prozent auf Ihr „Freiheitskonto“, mit dem Rest belohnen Sie sich für Ihre Konsequenz.

17. Kapitel

Vergleichs- und Informationsquellen

17. 1 BVI

Der Bundesverband Deutscher Investment- und Vermögensverwaltungsgesellschaften e. V. (BVI) erstellt vierteljährlich eine Vergleichsliste aller Fonds von deutschen Kapitalanlagegesellschaften sowie deren ausländischen Töchtern.

Da es sich um einen deutschen Verband handelt, fehlen leider sämtliche Fonds der ausländischen Kapitalanlagegesellschaften. Interessenten können die Vergleichsliste anfordern bei:

BVI, Bundesverband Deutscher Investment- und
Vermögensverwaltungsgesellschaften e. V.

Eschenheimer Anlage 28	Telefon: (0 69) 1 54 09 00
60318 Frankfurt	Telefax: (0 69) 5 97 14 06
	E-Mail: Redaktion@bvi.de

Für die Internetfans sind sämtliche Informationen auch über die Homepage des BVI abrufbar. Klicken Sie sich unter: www.bvi.de in die Welt der Fonds.

17. 2 Finanzzeitschriften

Die Möglichkeiten, sich über Fachzeitschriften zum Thema Fonds zu informieren, sind in den letzten Jahren gestiegen. Mindestens alle vier Wochen werden Sie mit aktuellen Vergleichslisten konfrontiert. Nutzen Sie diese für Ihre Informationssammlung, stehen Sie ihnen aber auch kritisch gegenüber. Prüfen Sie, ob wirklich nur gleiche Fonds gegenübergestellt werden. Immer wieder werden Fonds mit völlig verschiedenen Anlageschwerpunkten verglichen. Solche Veröffentlichungen sind völlig wertlos. Sie können nie eine Grundlage für Anlageentscheidungen bilden.

Ausnahmslos basieren die Vergleiche lediglich auf den Entwicklungen der Vergangenheit. Informationen, ob noch das gleiche Management, welches für die Vergangenheitsrenditen verantwortlich war, besteht oder welche Erträge nach Steuern erzielt werden, können die Vergleichslisten nicht liefern. Dies bleibt die Aufgabe der professionellen Investmentberatung. Kritisch sollten Sie ebenfalls Vergleiche über eine Woche, einen Monat oder ein Jahr betrachten. Wollen Sie genauso lange anlegen? Orientieren Sie sich lieber an Zeiträumen, die Ihrem geplanten Anlagehorizont entsprechen. Also mindestens fünf, am besten zehn und mehr Jahre.

Finanzzeitschriften, die ich bevorzuge, sind:

- Handelsblatt
- Der Fonds
- Euro (Finanzen)
- Finanztest

17. 3 Rating- / Ranking-Agenturen

Bei mehr als 5.000 Investmentfonds wird immer wieder nach Orientierungsmöglichkeiten gefragt. Glaubt man den unabhängigen Bewertungsagenturen, stellen ihre Fondsvergleiche eine Art „Schulnoten"-Vergabe für bisherige Fondsleistungen, die beste Hilfe bei der Fondsauswahl dar. Vor allem für die autarken Entscheider wird die Vergabe von „guten" und „schlechten" Schulnoten vor dem Hintergrund einer regelrechten Fondsflut immer wichtiger. Beim genaueren Hinsehen stellen Sie allerdings schnell fest, dass die Ergebnisse der Bewertungsagenturen als alleiniges Entscheidungskriterium nicht taugen. Sie sollten sie eher als eine Bestätigung für eine bereits gefasste Kaufentscheidung sehen. Fondsnoten können keine Aussage darüber treffen, ob ein beispielsweise mit „sehr gut" bewerteter Fonds zu Ihrer Anlagementalität passt und für Sie geeignet ist. Schließlich kann das Notensystem eine professionelle Investmentberatung nicht ersetzen.

Verwirrend sind schon die Begriffe Ranking und Rating. Die Fondsbewerter differenzieren hiermit zwischen den verschiedenen Arbeitsmethoden. Beim Ranking wird die Wertentwicklung der Vergangenheit als wichtigster Maßstab herangezogen. In begrenztem Maße fließt noch eine Risikobewertung mit ein. Der Begriff Rating nimmt eine subjektive Bewertung des Risikos und des Fondsmanagements auf Basis der Wertentwicklung im Vergleich zur Konkurrenz vor. Wie wenig sich ein Rankingsystem für die Fondsauswahl eignet, hatte im Sommer 2001 die Publikation „DM Fondsaktuell" gezeigt. Die Rankingfirma Morningstar führte zu dieser Zeit den DAC Fonds UI immer noch mit der besten Bewertung (fünf Sterne), obwohl die Wertentwicklung den Fondskäufern seit Frühjahr 2000 ein Minus von nahezu 70 Prozent bescherte. Der ebenfalls unter den international anlegenden Aktienfonds geführte Templeton Growth Fund, Inc. erzielte im selben Zeitraum ein Plus von 28 Prozent, war aber nur mit drei Sternen bewertet.

Wenn Sie, um sicherzugehen, die Fondsnoten der einzelnen Bewertungsfirmen vergleichen, wird die Verwirrung komplett. Die folgende Auswertung beinhaltet alle von S&P Micropal und Feri-Trust bewerteten Fonds.

**Unterschiedliche Fondsbewertungen –
Wer hat Recht? – Welcher Fonds ist der richtige?**

		FERI-Trust					
		(A)	(B)	(C)	(D)	(E)	Summe
S&P Micropal	*****	34	34	8	1	0	77
	****	23	71	43	10	2	149
	***	7	51	77	28	4	167
	**	3	34	93	65	10	205
	*	0	4	42	100	43	189
	Summe	67	194	263	204	59	787

Tabelle 47: S&P Micropal versus Feri-Trust Quelle: DWS/Feri/Micropal, Stand 31.12.00

Per 31.12.2000 waren es lediglich 787 Fonds die sowohl von S&P, als auch von Feri-Trust bewertet wurden. S&P vergab 77-mal die Bestnote (*****) und Feri-Trust 67-mal (A). Wenn Sie beispielsweise die Spalte (A) von Feri-Trust anschauen, dann werden von den 67 Feri-Trust-Spitzenfonds nur 34 bei S&P mit der Bestnote bewertet. Drei dieser Fonds erhalten bei S&P nur eine Zweisternbewertung. Für den gleichen Fonds existiert ein Unterschied bis zu vier Bewertungsstufen. Wer hat jetzt Recht? Sie sehen, die Hilfe bei der Fondsauswahl hält sich doch in Grenzen!

Trotzdem lässt die hohe Fondsvielfalt immer mehr Researchfirmen entstehen. Sie werden in der Zukunft wohl mit einer Fülle von Bewertungen konfrontiert werden. Wenn man Fachleuten Glauben schenkt, dürften sich auf lange Sicht jedoch nur die großen Anbieter als Marktführer durchsetzen. Zu den „Großen" am Markt habe ich weitere Informationen zusammengestellt.

17.3.1 Standard & Poor's

Standard & Poor's (S&P Star Ranking, Micropal) vergleicht die Wertentwicklung und das Risiko innerhalb der gleichartigen Fonds. Die Fondsnoten werden in Form von Sternen vergeben. Je mehr Sterne, desto besser war in den letzten drei Jahren die Performance im Vergleich zu den anderen Fonds.

Sterne	Kriterien für die Sternenanzahl
*****	Der Fonds gehört zu den besten 10 % seiner Kategorie.
****	Der Fonds gehört zu den besten 11-30 % seiner Kategorie.
***	Der Fonds gehört zu den besten 31-50 % seiner Kategorie.
**	Der Fonds ist schlechter als der Durchschnitt seiner Kategorie, aber besser als das unterste Viertel.
*	Der Fonds liegt im untersten Viertel seiner Kategorie.

Tabelle 48: S&P Star Ranking Quelle: Handelsblatt

Unter dem Anbieternamen „S&P Fund Management Rating" wird noch ein zweiter Ansatz verfolgt. Dabei ist der subjektiven Einschätzung der Fondsmanagementqualität bei der Fondsbewertung ein sehr hoher Stellenwert eingeräumt. Wertentwicklung und Schwankungsabweichung fließen nur noch mit 40 Prozent in die Gesamtbewertung ein. Es werden die besten 20 Prozent einer Fonds-Anlagegruppe geratet. Die Bewertungsnoten gehen von „AAA" bis „A". Wenn S&P die Kürzel „UR" oder „NR" vergibt, ist Vorsicht angesagt. Diese Kürzel signalisieren gravierende Veränderungen. „Under Review" (UR) weist in den meisten Fällen auf einen Managementwechsel hin, bei welchem der Nachfolger entweder bereits langfristig als Co-Manager an den vergangenen Ergebnissen mitgewirkt oder als neuer Manager an anderer Stelle bewiesen hat, dass er seinen Job versteht.

„Not Rated“ (NR) steht für erhebliche Veränderungen. Womöglich wurde mit dem Wechsel des Fondsmanagements gleichzeitig der Fonds völlig umstrukturiert. Aufgrund der neuen Anlagepolitik spielen die Ergebnisse der Vergangenheit keine Rolle mehr. In dem Moment entfällt eine der wesentlichen Grundlagen für das Rating.

17. 3. 2 Feri Trust

Feri Trust bewertet ausschließlich Fonds, bei denen auf eine mindestens fünf Jahre alte Datenreihe zurückgegriffen werden kann. Das Ranking wird auf Basis der Wertentwicklung (70 Prozent des Gesamturteils) und der Risikobeurteilung (30 Prozent) im Vergleich zu Konkurrenzfonds vorgenommen. Die Notenskala geht von „(A)“, der Note „sehr gut“, bis „(E)“, gleich „schwach“.

Note	Feri-Trust-Rating
(A)	Sehr gut, exklusive Managementbewertung
(B)	Gut
(C)	Durchschnittlich
(D)	Unterdurchschnittlich
(E)	Schwach

Tabelle 49: Feri-Trust-Qualitätsstufen Quelle: Handelsblatt

Fonds mit erheblichen Veränderungen im Vergleich zur Vergangenheit setzt Feri Trust auf eine Beobachtungsliste. Der Grund dafür wird mit folgenden Kürzeln kommentiert:

Kürzel	Feri-Trust-Kommentar
MW	Managerwechsel
P+	Performanceverbesserung
P-	Performanceverschlechterung
R+	Verbessertes Risikoprofil
R-	Verschlechtertes Risikoprofil
S	Strategieänderung

Tabelle 50: Feri-Trust-Beobachtungsliste Quelle: Handelsblatt

17. 3. 3 Morningstar

Morningstar verwendet die Rankingmethode und ist dabei der einzige Fondsbewerter, der Ausgabeaufschläge auf drei Jahre verteilt und in der Performanceentwicklung berücksichtigt. Ansonsten werden die Wertentwicklung und Schwankungsbreite der Fondspreise analysiert. Das Ergebnis fließt in die Fondsbenotung mit ein. Morningstar arbeitet ebenfalls mit maximal fünf Sternen.

Sterne	Kriterien für die Sternenanzahl
*****	Der Fonds gehört zu den besten 10 % seiner Kategorie.
****	Der Fonds gehört zu den besten 11-32,5 % seiner Kategorie.
***	Der Fonds gehört zu den besten 32,6-67,5 % seiner Kategorie.
**	Der Fonds gehört zu den schlechtesten 67,6-90 % seiner Kategorie.
*	Der Fonds gehört zu den schlechtesten 10 % seiner Kategorie.

Tabelle 51: Morningstar-Ranking Quelle: Handelsblatt

Ergänzend sorgt die Morning Style Box®, eine 3x3-Felder-Matrix, für einen schnellen Überblick. Die Feldplatzierung zeigt, welcher Investmentstil angewandt wird und wie hoch die Börsenkapitalisierung bei den gekauften Aktien ist. Dies lässt auch Rückschlüsse auf das Risiko zu. Ein Fonds, der sich auf große Value-Titel konzentriert, hat automatisch eine geringere Chance-Risiko-Klasse als ein Fonds, der sich auf kleine Wachstumswerte spezialisiert.

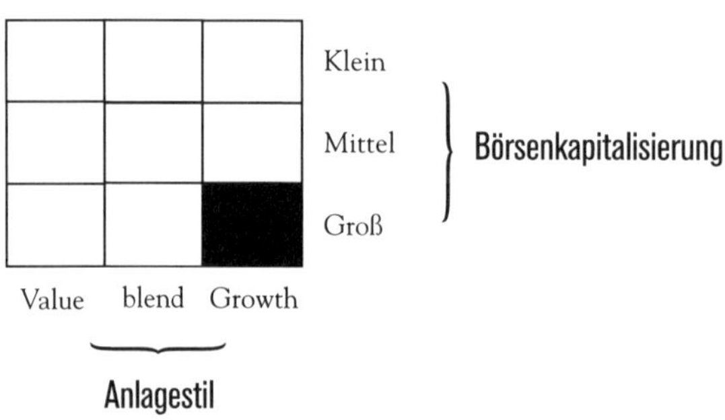

Tabelle 52: Morning Style Box® Quelle: Morningstar

17. 4 Interessante Internetadressen

Das Internet ist die Welt der Informationen. Aktuelle Kurse, volkswirtschaftliche Nachrichten, Fondsanalysen, sofortiges Ordern Ihrer Fonds – das Netz macht es möglich. **Tabelle 48** zeigt einige interessante Adressen.

Internetadresse: www.	Inhalt
bankenverband.de	Bundesverband Deutscher Banken
bvdi-ev.de	BundesVerband Deutscher Investmentberater e. V.
bvi.de	Bundesverband Deutscher Investment- und Vermögensverwaltungs-Gesellschaften e. V.
carat-ag.de	Zusammenschluss von acht unabhängigen Fondsvermögensverwaltern
comdirect.de	Kursinformationen mit Echtzeitdaten
dai.de	Deutsches Aktieninstitut u. a. mit dem DAI-Rendite-Dreieck
discountbroker.de	Autarke Entscheider finden einen Vergleich zwischen den Direktbanken.
e-fundresearch.de	Fondsrating von FondsConsult und e-fundresearch Data
fb-research.de	Franke & Bornberg. Sichern Sie Ihre Finanzpläne ab!
feritrust.de	Fondsranking von Feri Trust
fonds-sp.de	Fondsranking von Standard & Poor's (S&P Star Ranking, Micropal)
fonds-web.de	Autarke Entscheider finden einen, nicht kompletten Vertriebsstellenvergleich.
formblitz.de	Ihnen fehlt die Anlage SO für Ihre Steuererklärung? Formblitz hilft.
handelsblatt.com	Unter „/fonds" finden Sie das Fondswissen einer der besten Tageszeitungen.
infos.com	Durch Börse Online zu einer der besten Fondsseiten gekürt.
morningstarfonds.de	Fondsranking von Morning Star
stiftung-warentest.de	Finanztests bei Deutschlands unabhängiger Vergleichsadresse.
vuv.de	Verband der unabhängigen Vermögensverwalter
vwd.com	Fondspreise werden viermal täglich aktualisiert.

Tabelle 53: Gute Informationen im Netz

17. 5 BundesVerband Deutscher Investmentberater e.V. (BVDI)

Die oben genannten Vergleichs- und Informationsquellen sollen Ihnen die Möglichkeit bieten:

- ➢ autarke Entscheidungen zu treffen oder
- ➢ eine Kontrolle über die Empfehlungen Ihres Investmentberaters vorzunehmen.

Falls Sie zu der Überzeugung gekommen sind, dass sich eine optimierte Vermögensbildung am besten mit Hilfe eines professionellen Fondsexperten umsetzen lässt, bei der Suche nach einem für Sie geeigneten Spezialisten aber noch Unterstützung brauchen, kann ich Ihnen den BVDI empfehlen. Dessen strenge Aufnahmekriterien sorgen dafür, dass Sie einen kompetenten Investmentberater für Ihre persönlichen Belange finden.

BundesVerband Deutscher Investmentberater e. V.
Kieler Str. 357-359, 22525 Hamburg
Telefon: (040) 54 54 52 E-Mail: investment@bvdi-ev.de
Telefax: (040) 54 53 55 Internet: www.bvdi-ev.de

17. 6. Verband der unabhängigen Vermögensverwalter (VuV)

Wenn Sie professionelle Ansprechpartner für Single Hedgefonds bzw. Portfolioverwaltung suchen, wenden Sie sich am besten an den VuV. Dieser Verband ist nur zugelassenen Finanzdienstleistungsinstituten (FDLI) vorbehalten. FDLI unterliegen einem ständigen Kontroll- und Meldewesen der Bundesanstalt für Finanzdienstleistungsaufsicht (BaFin) und erhalten ihre Zulassung nur, wenn sie der BaFin nachweisen konnten, dass sie einen mindestens dreijährigen Erfahrungswert in der Portfolioverwaltung haben.

VUV – Verband unabhängiger Vermögensverwalter Deutschland e.V.
Mörfelder Landstr. 117, 60598 Frankfurt
Telefon: (069) 96 36 48 44 Internet: www.vuv.de
Telefax: (069) 96 36 48 29 E-Mail: contact@vuv.de

18. Kapitel

Aktien-, Immobilien- oder Rentenfonds?

Bevor ich Ihnen die Frage nach dem für Sie richtigen Fonds stelle, möchte ich Ihnen anhand einiger Gedanken zu den Aktienmärkten dieser Welt noch einmal verdeutlichen, warum ich unser Privatvermögen und das Kapital unserer Stiftung nicht in Einzelaktien investiere.

Am Beispiel einer Aktie will ich es aufzeigen.

Die Aktie wird täglich gehandelt. Auf der einen Seite gibt es Käufer, auf der anderen den oder die Verkäufer. Der Handel findet täglich zu ausgeglichenen Stücken statt. Die Anleger, die sich mit diesem Aktienwert beschäftigen, teilen sich also auf in Käufer und Verkäufer jeweils zu 50 Prozent. Steigt die Aktie am nächsten Tag, liegen die ersten 50 Prozent, die Käufer, richtig und die anderen 50 Prozent, die Verkäufer, falsch.

Bezogen auf den gesamten Markt führt das dazu, dass sämtliche Marktteilnehmer in der Summe genau den Markt abbilden. 50 Prozent liegen richtig, 50 Prozent falsch. Alle Marktteilnehmer zusammen erzielen also genau das Ergebnis des Gesamtmarktes. Deshalb ist für die Masse der Marktteilnehmer auf Dauer auch nur ein durchschnittliches Ergebnis möglich. Wer könnte nach diesen Ausführungen jetzt nicht zur Masse gehören?

Langfristig nur die Marktteilnehmer, die mehr wissen als die anderen. Welche Informationsquellen sind hierfür notwendig?

Das Monatsmagazin? Die Wochenzeitschrift? Die Tageszeitung? Das Internet? Der Reuters-Monitor Ihres Bankers?

Vergessen Sie es! All die Information sind veraltet, um den Markt zu schlagen. Egal, wo Sie es lesen, welcher Kurs bei „Ihrer" Aktie gerade gemacht wird, all die Informationen, die dafür die Grundlage bilden, sind in diesem Moment bereits verarbeitet und damit veraltet. Ihnen und der

Masse der Marktteilnehmer wird immer der notwendige Informationsvorsprung fehlen, um auf Dauer überdurchschnittliche Ergebnisse zu erzielen.

Also noch einmal die Frage: Wie oder wer kommt an diese Informationen? Wo sind die Quellen, die noch keiner kennt?

David Alger, exzellenter, leider bei den Terroranschlägen vom 11.09.2001 verstorbener Fondsmanager, antwortete auf die Frage:

Welche Aktie würden Sie kaufen?
„Ebay, aber vielleicht will ich nächste Woche schon wieder verkaufen."

Knapper lässt sich das Problem des Privatanlegers nicht darstellen. Selbstverständlich werden Sie jeden Fonds schlagen, wenn Sie die richtige Einzelaktie kaufen. Dennoch, Einstein hätte es Ihnen vorgemacht, es ist eine Frage der Wahrscheinlichkeit! Es ist nicht wichtig, wie schnell Sie sind, sondern dass Sie Ihr Ziel erreichen. Die Wahrscheinlichkeit, langfristig, durch Hausse- und Baissephasen, mit Einzelaktien überdurchschnittliche Ergebnisse zu erzielen, ist für den Privatanleger wie der Sechser im Lotto. Auf Dauer können nur Fondsgesellschaften ein solches über dem Markt liegendes Resultat erreichen, da sie in den Märkten, in welchen sie sich bewegen, zu Hause sind. Sie müssen ihre Informationen vor Ort, direkt von der Quelle, also bei den Unternehmen holen. Hierzu ist die Nähe zum Markt notwendig. Das ist nur dann möglich, wenn die Fondsgesellschaft dort ihren Sitz hat oder in den einzelnen Märkten mit qualifizierten Unternehmensanalytikern, das heißt den eigenen Researchbüros vor Ort vertreten ist.

Unternehmensbesuche, Gespräche auf allen Ebenen, Produktvergleiche sowie Analysen und Befragungen der Kunden machen die Bewertung eines Unternehmens möglich. Erst dann kann festgestellt werden, ob die Beteiligung an diesem Unternehmen ein überdurchschnittliches Wachstums- und Ertragpotenzial verspricht. Die Antwort von David Alger macht klar, dass diese Unternehmensanalyse keine einmalige Arbeit ist, sondern über den gesamten Zeitraum der Beteiligung notwendig erscheint. Wenn neue Erkenntnisse die überdurchschnittlichen Ertragschancen in Frage stellen, wird sich der Fondsmanager sofort von seiner Beteiligung trennen. Trauen Sie sich diese Arbeit zu? Haben Sie hierfür die Zeit?

Wenn Sie Ihre Vermögensbildung optimieren wollen, befolgen Sie meine Ausführungen und investieren Sie Ihr Kapital in gut gemanagte Investmentfonds.

18. 1 Welcher ist der richtige Fonds?

Der richtige Fonds bzw. die richtigen Fonds sind für Sie immer diejenigen, die – wie ich es bereits erwähnte – zu Ihrer Anlagementalität passen. Deshalb lässt sich diese Frage nicht so einfach beantworten. Sie muss in jedem Fall individuell erarbeitet werden.

Wenn Sie dem Prinzip der Fondsanlage folgen und optimierte Vermögensbildung bei gleichzeitiger Risikoreduzierung erreichen wollen, müssten Sie sämtliche liquide Mittel sofort in Aktienfonds investieren. Allerdings gibt es auch noch einige Lebensziele, die in kürzeren Zeithorizonten umgesetzt werden sollen. Außerdem zeigen praktische Erfahrungswerte, dass man die Schicksalsschläge des Lebens wie:

- Arbeitslosigkeit,
- berufsbedingten Umzug,
- Liquiditätsengpässe im eigenen Unternehmen,
- Ehescheidung,
- unfall- oder krankheitsbedingte Erwerbsunfähigkeit,
- im Nachhinein abgewiesene Steuersparmodelle

nicht einkalkulieren kann. Diese Eventualitäten können aber jeden treffen. Deshalb gilt:

Die Basis ist der Aufbau einer gesunden Vermögensstruktur. Hierzu gehören sämtliche Anlagesegmente.

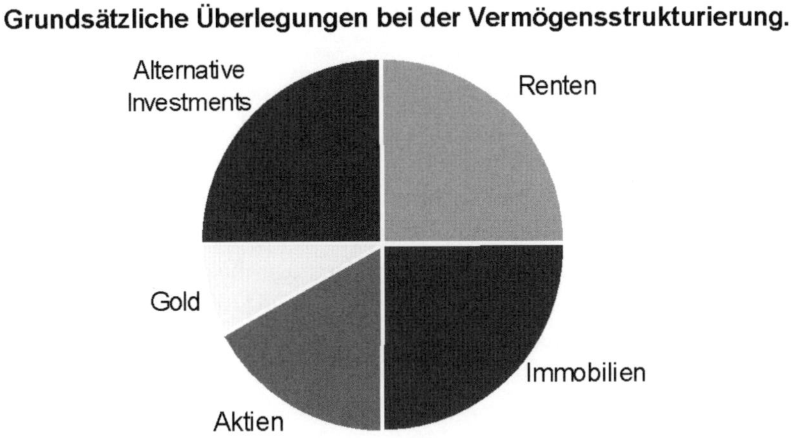

Grafik 78: Ausgangsbasis für eine Vermögensgliederung Quelle: IFL® Rühl GmbH

Die grundsätzliche Überlegung hierbei besteht darin, das vorhandene Vermögen in sämtliche Bausteine der Vermögensbildung mit jeweils etwa gleichen Anteilen zu investieren.

Je nach Mentalität, Anlagehorizont, sekundärer Börsenphase und Lebensalter können von diesem Grundsatz erhebliche Abweichungen die richtige Lösung sein. Ob Sie – wie in **Grafik 78** dargestellt – breit gestreut oder gar 100 Prozent in einem Segment anlegen, ist von Ihrer persönlichen Analyse abhängig! In einer guten Beratung muss im Vorfeld die Frage geklärt werden, was Sie wollen.

- Welcher Anlagebetrag steht zur Verfügung?
- Wie ist Ihr weiteres Vermögen investiert bzw. verteilt?
- Wie lange kann das Geld arbeiten?
- Welche Verwendung ist vorgesehen?
- Bringen Sie praktische Erfahrungswerte mit?
- Beinhaltet der Zeitraum Ihrer eigenen Erfahrungen Hausse- und Crashphasen?
- Haben Sie die Marktbewegungen bewusst erlebt?
- Oder haben Sie selbst crashartige Verlustphasen nicht wahrgenommen, weil Sie das Thema Geld eigentlich nicht interessiert?
- Wie haben Sie beim letzten Crash reagiert? Haben Sie Ihre Aktienfonds verkauft, gehalten oder nachgekauft?
- Ist für zukünftige Notsituationen weiteres Kapital vorhanden, auf das Sie zurückgreifen können?
- Sind Ihre steuerlichen Sparerfreibeträge ganz oder zum Teil ausgeschöpft?
- Wollen Sie womöglich auf Kreditbasis spekulieren?

Der obige Fragenkatalog zeigt Ihnen ganz deutlich, dass die Voraussetzungen des einzelnen Anlegers grundverschieden sind. Sie müssen mit Ihrem Berater die individuelle Situation erarbeiten und entsprechend Ihrer Mentalität und Ihren Anlagezielen eine Mischung von passenden Fonds aufbauen.

Die Deutsche Bank hat anhand der Vergangenheitsergebnisse des deutschen Aktienmarktes versucht, eine mögliche Aktienquote in Abhängigkeit von der Anlagedauer zu erforschen. Das daraus resultierende Ergebnis kann für das Festlegen der Quote „Aktien- zu Rentenfonds" eine Hilfestellung sein.

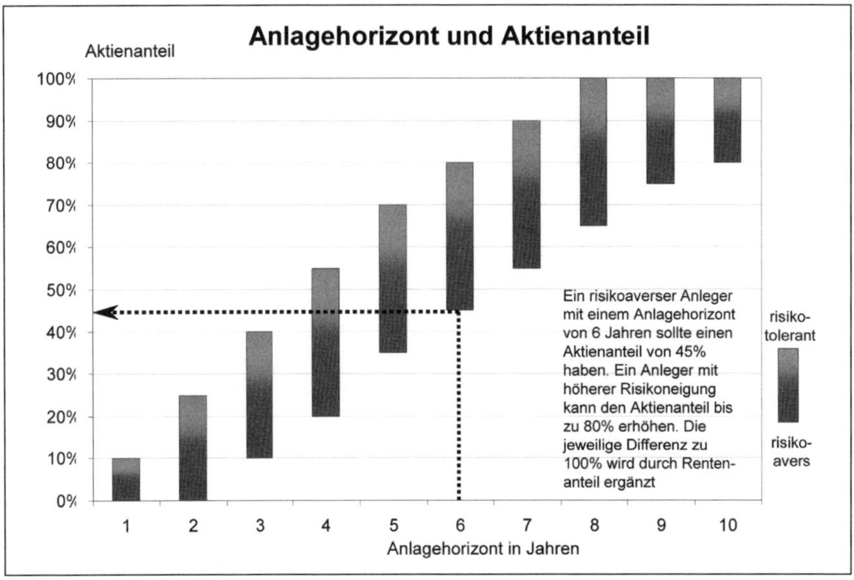

Grafik 79: Mögliche Aktienquote bei unterschiedlichen Anlagehorizonten

Quelle: Deutsche Bank, Anlage-Strategie Privatkunden

Diese grafische Darstellung ist das Resultat einer Untersuchung, die auf Basis des Rentenindex REXP und des Aktienindex DAX über einen Zeitraum von 30 Jahren (01.68 bis 12.98) vorgenommen wurde. Die Annahme, dass sich das Ertragsverhalten der Aktien- und Rentenmärkte zukünftig nicht wesentlich von der Vergangenheit unterscheiden wird, stellt die Grundlage für eine Portfolioaufteilung in Abhängigkeit von Ihrem Anlagehorizont.

Um Ihnen eine noch genauere Vorstellung zu vermitteln, was auf Sie zukommt, wenn Sie Ihr Geld in die eine oder die andere Fondsart investieren, greife ich ebenfalls auf die Entwicklungen der Vergangenheit zurück. Die folgenden Seiten zeigen Ihnen, wie sich Ihr Kapital entwickeln könnte, wenn Sie es in Immobilien-, Renten- oder Aktienfonds investiert haben. Es handelt sich jeweils um die tatsächliche Entwicklung des Zeitraums von Januar 1986 bis Dezember 2005. Meiner Ansicht nach kann Ihnen nichts besser aufzeigen als die reale Vergangenheit, was zukünftig auf Sie zukommt. Die Unterschiede der einzelnen Fondsarten sind ebenfalls hervorragend nachvollziehbar.

Beginnen wir mit offenen Immobilienfonds. Im Durchschnitt erzielten Immobilienfonds eine jährliche Rendite von 5,6 Prozent. Wenn Sie sich die Wertentwicklungen pro Kalenderjahr anschauen, wird deutlich,

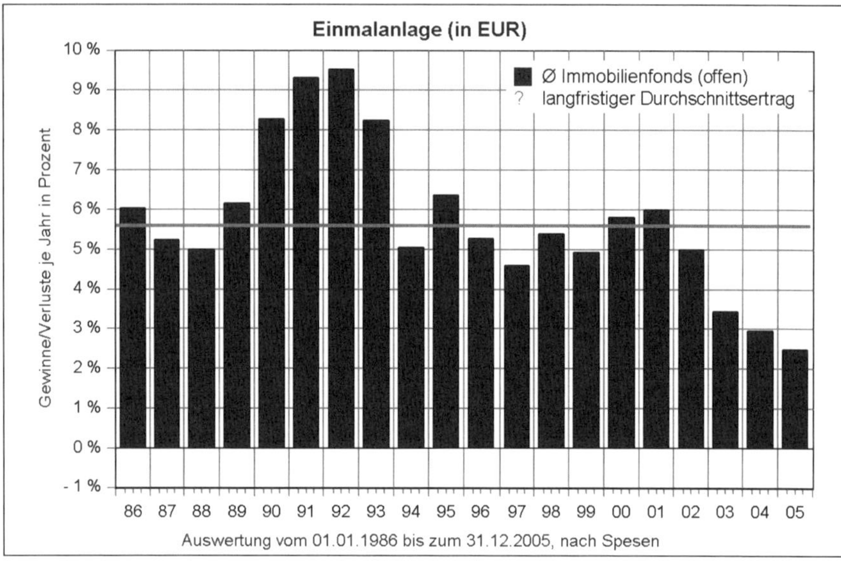

Grafik 80: Immobilienfonds und ihre jährlichen Ergebnisse Quelle: FVBS

dass die einzelnen Jahresergebnisse vom durchschnittlichen Ertrag abweichen. Die Schwankungsbreite ist jedoch „relativ" gering. In Abhängigkeit von der Inflationsrate liegen die niedrigsten Wertentwicklungen bei etwa drei Prozent, die höchsten bei knapp zehn Prozent pro Jahr.

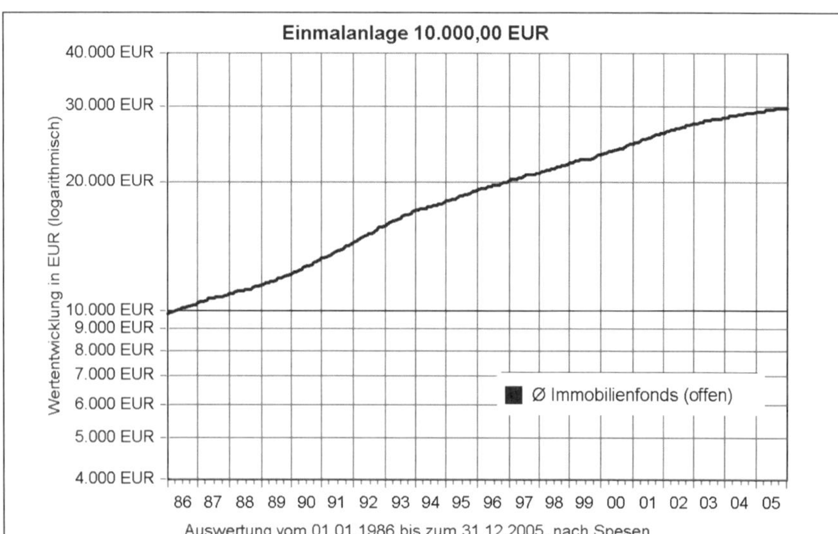

Grafik 81: Vermögensverlauf bei einer Anlage in Immobilienfonds Quelle: FVBS

Die Entwicklung eines Einmalbetrages zeigt, dass der Verlauf Ihres Vermögens mit Immobilienfonds keinen großen Schwankungen unterliegt. Der Ertrag ist in den einzelnen Jahren immer positiv und Ihr Vermögen unterliegt einer ruhigen und kontinuierlichen Wertsteigerung.

Wenn Sie Ihr Geld in internationale Rentenfonds investieren, wird die Entwicklung in den einzelnen Kalenderjahren schon etwas spannender. Die durchschnittliche Rendite pro Jahr beträgt 6,1 Prozent. Die Abweichungen von diesem Durchschnitt sind jedoch wesentlich größer als bei Immobilienfonds. Die Gesamtbetrachtung zeigt ein insgesamt unruhigeres Bild. Zwar selten, aber in Phasen extremer Zinsanstiege oder Währungsveränderungen kommen sogar negative Jahresergebnisse vor.

Der Vermögensverlauf zeigt im Vergleich zu Immobilienfonds größere Schwankungen in der Entwicklung auf. Auf mittlere Sicht setzen sich jedoch die Gesetze der Kapitalmärkte durch. Ihre Bereitschaft, höhere Kurzfristrisiken zu akzeptieren, wird langfristig durch einen höheren Ertrag belohnt.

Noch extremer wird es, wenn Sie Ihr Geld in internationale Aktienfonds investieren. Der Durchschnitt erzielte im Betrachtungszeitraum

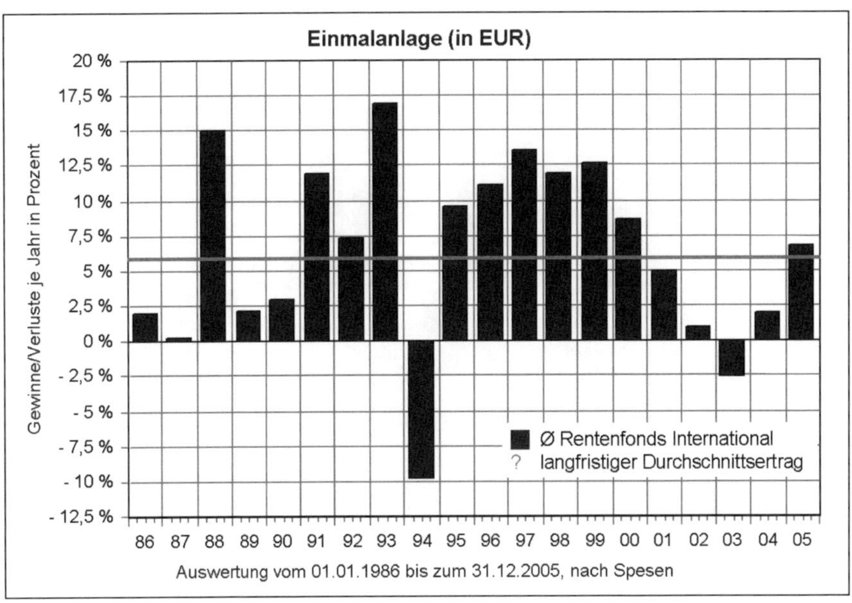

Grafik 82: Internationale Rentenfonds und ihre jährlichen Ergebnisse Quelle: FVBS

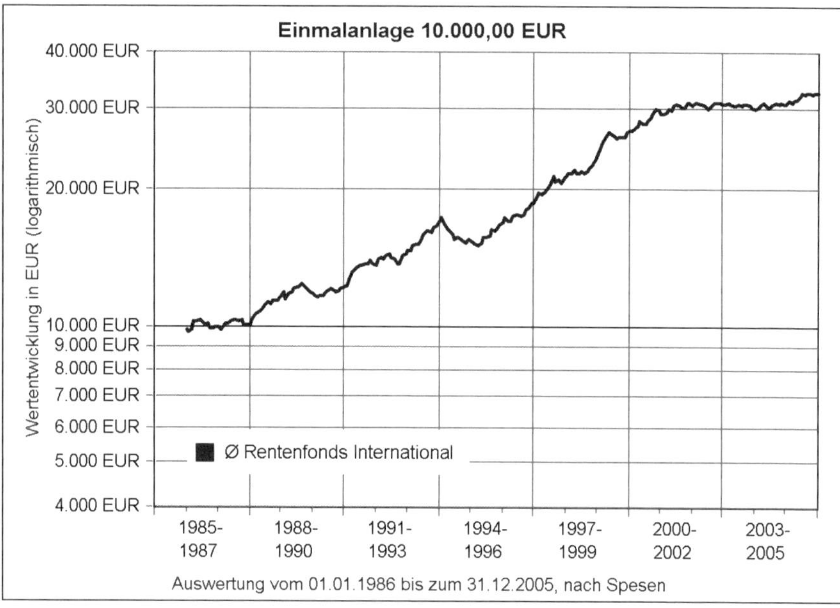

Grafik 83: Vermögensverlauf bei einer Anlage in internationale Rentenfonds

Quelle: FVBS

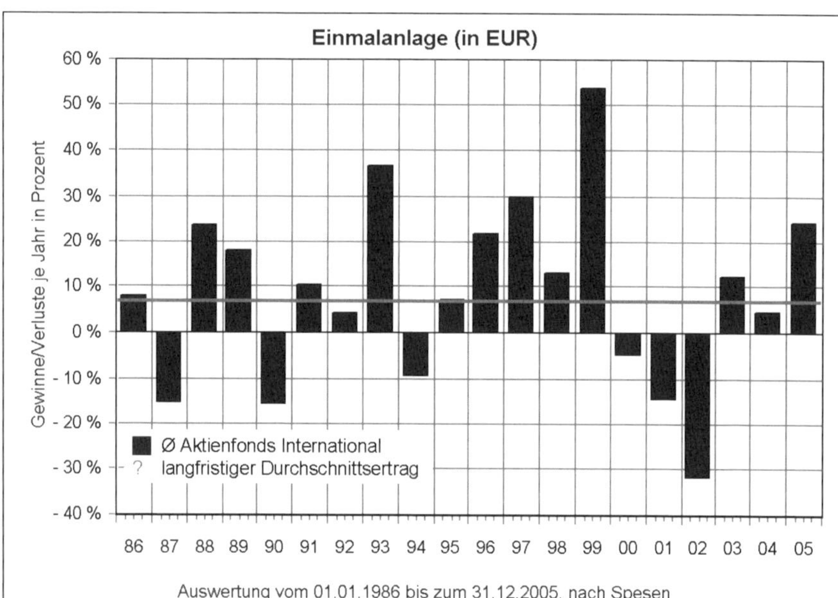

Grafik 84: Internationale Aktienfonds und ihre jährlichen Ergebnisse

Quelle: FVBS

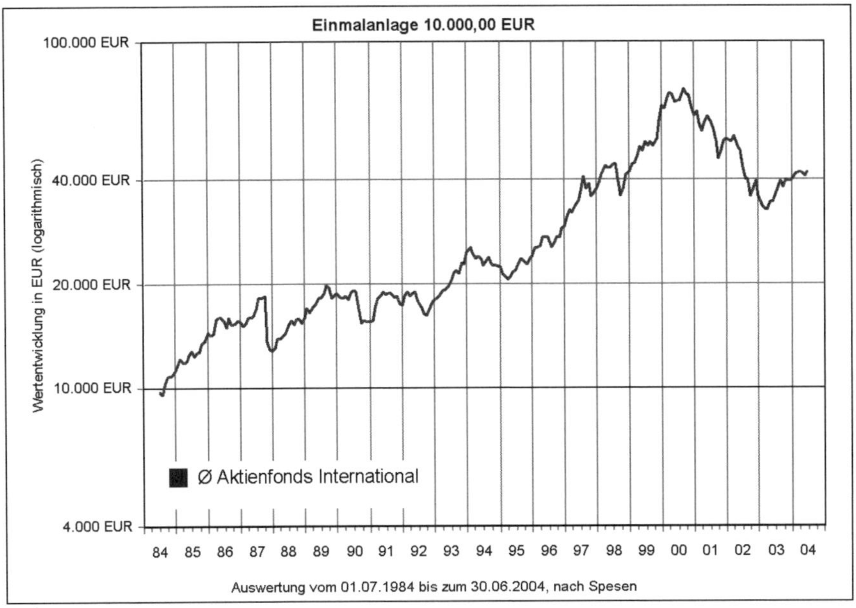

Grafik 85: Vermögensverlauf bei einer Anlage in internationalen Aktienfonds

Quelle: FVBS

eine jährliche Rendite von 6,9 Prozent. Das Gesamtbild lässt erhebliche Schwankungsbreiten erkennen. Die Abweichungen zum Durchschnittsergebnis sind extrem. Negative Jahre sind keine Ausnahme, sondern eher die Regel. Die Bandbreite geht von minus 35 Prozent bis plus 50 Prozent!

Der Vermögensverlauf zeigt, dass Ihr in internationale Aktienfonds investiertes Kapital die unterschiedlichsten Entwicklungsphasen durchmacht. Längere Seitwärtstrends werden durch schnelle Anstiege, aber auch steile Rückschläge abgelöst. Die Kurzfristrisiken kommen im Vergleich zu internationalen Rentenfonds wesentlich öfter zum Tragen und haben ein weitaus größeres Ausmaß. Die Entlohnung für die Bereitschaft, solche Vermögensschwankungen zu akzeptieren, führt langfristig zur höchsten Ertragschance.

18. 2 Die Wirtschaft zieht nach oben!

Wenn Sie die Schaubilder der einzelnen Fondsarten noch einmal Revue passieren lassen, wird ersichtlich, dass die Schwankungsbreite mit der höheren Renditechance stark zunimmt. **Grafik 18** (Der Primärtrend einer Wirtschaft. Kapitel 7.1) zeigt, dass mit zunehmendem Anlagehorizont Aktien weniger riskant werden. **Grafik 21** zeigt allerdings auch sehr deutlich, dass Sie sich deshalb nicht verleiten lassen dürfen. Ihre Vermögensstruktur darf nie so einseitig sein, dass Sie in schlechten Marktsituationen Buchverluste realisieren müssen. Für die Notsituationen und andere Eventualitäten in Ihrem Leben müssen auch die sicherheitsorientierteren Anlagen berücksichtigt werden.

Die Entwicklung der Aktienmärkte wird auch zukünftig mit erheblichen Schwankungen einhergehen, **Grafik 18** lässt aber einen klaren Trend erkennen. Mit dem Pfeil habe ich diesen Trend angedeutet. Es ist unschwer zu erkennen: Er ist nach oben gerichtet.

An diesem Trend wird sich nie etwas ändern!

Warum bleibt dieser Trend erhalten? Warum werden wir auch zukünftig auf lange Sicht die höchsten Erträge mit der Aktienfondsanlage erzielen? Die Kurse bewerten ein Wirtschaftssystem. Ein Wirtschaftssystem, das auf einer urmenschlichen Eigenschaft aufgebaut ist. Diese heißt Gier! Solange der Mensch gierig bleibt, wird es Wertewandel und Innovation geben. Weder die schlimmsten Naturereignisse (Erdbeben in Kobe), Kriege (Golf-Krieg) noch Terroranschläge (World Trade Center) werden das Wachstumsstreben der Menschheit stoppen. Solange es Menschen gibt, werden sie mit dem Erreichten nicht zufrieden sein. Der Mensch ist unersättlich! Solange er vorankommen will und nach Neuem strebt, werden Unternehmen wachsen und den eigenen Wert steigern.

Allerdings nicht alle Unternehmen! Eine ganze Anzahl heute am Markt agierender Firmen wird es in zehn Jahren nicht mehr geben. Ihr Fehler: Sie werden sich auf gesättigte Märkte konzentrieren und sich dem Neuen nicht öffnen. Diese Unternehmen werden ihren Platz im globalen Wirtschaftsystem verlieren. Andere werden den Wandel der Zeit begleiten bzw. durch innovative Neuerungen selbst gestalten. Jedes Jahr werden Tausende neuer Unternehmen gegründet. Viele von ihnen werden zu-

Grafik 86: Der technische Fortschritt ist nicht aufzuhalten Quelle: Janus

künftig Produkte und Dienstleistungen anbieten, die uns heute noch unbekannt sind. Diese Produkte und Dienstleistungen werden aber so genial sein, dass sich ein immenses Wachstum entwickeln wird.

Was könnte die Innovation, den Ideenreichtum und die zukünftige Produktvielfalt besser aufzeigen als die rasante Entwicklung der Vergangenheit.

Zur Zeit der einen oder anderen Erfindung machten die besten Wirtschafts- und Unternehmenslenker dieser Erde in absoluter Überzeugung folgende Aussagen:

- „Dieses Telefon hat zu viele Nachteile, um als Kommunikationsmittel ernst genommen werden zu können. Dieses Gerät hat an sich keinen Wert für uns.“ *Western Union, Interne Mitteilung, 1876*
- „Fluggeräte, die schwerer als Luft sind, sind unmöglich.“ *Lord Kelvin, Präsident der Royal Society, 1895*
- „Alles, was es zu erfinden gibt, ist bereits erfunden.“ *Charles H. Duell, Leiter des US-Patentamts, 1899*
- „Ich glaube, es existiert ein Weltmarkt für vielleicht fünf Computer.“ *Thomas Watson, Präsident von IBM, 1943*

- „Es gibt keinen Grund, warum irgendjemand einen Computer in sein Haus stellen sollte.“

Ken Olson, Gründer von Digital Equipment Corp., 1977

- „Eine Speicherkapazität von 640K sollte eigentlich für jeden genug sein.“ *Bill Gates, Chairman Microsoft, 1981*
- „Das Internet wird 1996 in einer Katastrophe untergehen.“

Robert Metcalf, Erfinder des Internets

Diese Aussagen und der obige Zeitstrahl machen deutlich, dass die Menschen schon immer der Meinung waren, das Erreichte sei nicht mehr zu verbessern. Wir werden uns auch zukünftig eines Besseren belehren lassen müssen.

Das Forschen und Streben nach mehr wird nie einen Stillstand zulassen!

18. 3 Investor oder Spekulant

Über sekundäre Bullen- und Bärenmärkte hinweg denkend können Sie an den steigenden Unternehmensergebnissen und dem daraus resultierenden Wachstum partizipieren. Kurzfristig beeinflussen Gier und Panik das Geschehen an den Finanzmärkten. Boom und Crash wechseln sich ab.

Wenn Sie verstanden haben, was Aktienkurse wiedergeben, dann sind die hohen Ausschläge an den Börsen rational nicht nachvollziehbar. Schließlich beteiligen wir uns mit dem Kauf der Aktien an dem jeweiligen Unternehmen. Der Kurswert sämtlicher Aktien dieses Unternehmens stellt also den Unternehmenswert dar. Boomt die Wirtschaft und profitiert das Unternehmen davon, steigen die Erträge, der Wert des Unternehmens wird größer. Also steigt der Aktienkurs. In einer Konjunkturflaute oder bei Managementfehlern ist der Ertrag rückläufig, im schlimmsten Fall werden sogar Verluste produziert. Der Wert des Unternehmens wird kleiner. Also fällt der Aktienkurs.

Wenn Börsenkursbewegungen die Entwicklung der einzelnen Unternehmen genau darstellen würden, würden die Kurvenverläufe (Kondratieff-)Wellenbewegungen, entsprechend den Konjunkturverläufen, nachbilden und hätten eine grundsätzlich aufwärts gerichtete Tendenz.

Die Realität sieht aber anders aus! Richtig ist, dass wir langfristig einen aufwärts gerichteten Trend haben. Die Bewegungen innerhalb dieses Trends zeigen jedoch ganz erhebliche Abweichungen nach oben und unten, zum Teil sich weit wegbewegend von der idealen Bewertungslinie des Unternehmens. Da die Unternehmensbewertungen (Aktienkurse) nicht durch eine einfache Preisveröffentlichung, sondern durch Angebot und Nachfrage entstehen, ist die Verantwortlichkeit für die hohen Ausschläge bei den Börsianern zu suchen. Die Börsianer setzen sich aus zwei Arten von Anlegern zusammen. Wir haben auf der einen Seite die Investoren. Sie glauben an das auf Ertrag ausgerichtete Wirtschaftssystem, an den langfristig nach oben gerichteten Trend und die daraus resultierenden Ertragschancen. An diesem Trend und einer langfristigen Ertragschance von ca. sieben Prozent in der Wirtschaft bzw. mit gut gemanagten Fonds von sieben bis neun Prozent durchschnittlichen Ertrags pro Jahr wollen sie profitieren. Kurzfristige Schwankungen beeinflussen die Investoren nicht in ihrer Anlageentscheidung. In dem Moment, wo Kapital für eine langfristige Anlage zur Verfügung steht, wird es, unabhängig von aktuellen Börsenständen, investiert.

Auf der anderen Seite haben wir die Spekulanten. Sie sind mit den Ergebnissen des langfristigen Trends nicht zufrieden. Die Tatsache, dass es innerhalb dieses Trendkanals Abweichungen nach oben und unten gibt, ist die theoretische Grundlage für eine wesentlich höhere Ertragsmöglichkeit. Beim Tiefststand einsteigen, auf dem Höchstkurs verkaufen und dann wieder warten, bis ein neues Börsentief kommt: Das ist die gewünschte Ertragsoptimierung. Man möchte nicht mit der Zeit, sondern am besten innerhalb weniger Wochen reich werden. Dieses schnelle „Reichtumstreben" sorgt, je nach Börsenlage, für erhöhtes Angebot oder Nachfrage. Je mehr Spekulanten sich an der Börse tummeln, desto stärker werden die Kursabweichungen von der idealen Bewertungslinie eines Unternehmens.

Die theoretische Möglichkeit, mit den Schwankungen innerhalb des langfristigen Trends schneller reich zu werden, ergibt beim täglichen Börsenhandel ein Anlegerverhältnis von etwa 80 bis 85 Prozent Spekulanten zu circa 15 bis 20 Prozent Investoren. Durch ihren hohen Anteil am täglichen Handelsvolumen treiben die Spekulanten die kurzfristigen Hoch- und Tiefbewegungen so lange, bis sie

- in aufwärts gerichteten Phasen ihr „Pulver" verschossen haben. Sie haben dann keine Liquidität mehr, die kurzfristig weiter steigende Kurse finanzieren kann,

- in fallenden Phasen so viele Aktien verkauft haben, dass sie keinen Aktienbestand mehr halten.

In beiden Fällen führt das zu Übertreibung. In steigenden Märkten heißt es: Die Hausse nährt die Hausse. In fallenden Börsenzeiten spricht man davon, dass die Baisse die Baisse nährt. Einem Trend folgend, kommt bei der Masse der Anleger plötzlich das Gefühl auf, dass dies immer so weitergeht. Vor allem die Spekulanten lassen sich vom Börsenfieber anstecken. Es wird nicht mehr rational überlegt und entschieden, sondern einfach dem Trend hinterhergelaufen. In extremen Haussephase – meist am Ende eines sekundären Bullenmarktes – versucht man, auf den bereits mit Höchstgeschwindigkeit rasenden Börsenzug aufzuspringen. In den Endphasen eines Crashs will man schnell aus dem eigentlich schon haltenden Börsenzug rausspringen.

Im Endstadium von Hausse oder Baisse haben sich die Aktienkurse also weit von der idealen Unternehmensbewertung entfernt. Und diesen Zustand wird die Börse immer korrigieren!

Erinnern Sie sich an André Kostolanys Bild? Ihr Hund kommt immer wieder zu Ihnen zurück. Das heißt: Übertreibungen nach oben oder unten werden über kurz oder lang korrigiert. Die Börse stellt wieder eine kaufmännisch sinnvolle Bewertung her.

Des Weiteren zeigt die praktische Erfahrung, dass es nur ein Prozent der Spekulanten schafft, zum Ende einer Haussephase rechtzeitig den Absprung zu finden, langfristig also ein besseres Ergebnis als die Investoren zu erzielen. Die restlichen 99 Prozent der Spekulanten unterliegen dem Timingproblem (siehe Kapitel 15) und finanzieren den Ertrag der Investoren. Wenn man es wirklich ernst meint mit seiner Vermögensbildung, sollten solche Quoten eigentlich jeden, der überzeugt ist, er könne gut mit Geld umgehen, davon abhalten, sich im Lager der Spekulanten zu tummeln.

18. 4 Aktienmärkte in Extremsituationen

„Drei Dinge treiben den Menschen zum Wahnsinn.
Die Liebe, die Eifersucht und das Studium der Börsenkurse."
John Maynard Keynes

Wann ist es am sinnvollsten, eine Aktie bzw. einen Aktienfonds zu kaufen? Logisch, wenn es billig ist. Also müssten doch in jeder Crashphase die aktienorientierten Anleger beim Kaufen Schlange stehen? Die Praxis zeigt etwas anderes. Jedes Mal, wenn Crashs die Aktienmärkte in die Knie zwingen, wird der Zweifel am System so groß, dass man sich eher einen Fall ins Bodenlose vorstellen kann, als an günstige Einstiegskurse zu denken.

In jeder extremen Börsensituation handelt die Masse der Anleger genau konträr zur theoretischen Optimierungsmöglichkeit. Die Psychologie, unsere Emotionen lassen meist keine Entscheidungen auf der rationalen Ebene zu. Die starken Kursauschläge lenken die Ebenen Gier und Angst, die meisten Kauf- und Verkaufsentscheidungen. Der Blick auf die fundamentale Entwicklung und die Bewertung der Unternehmen entfällt.

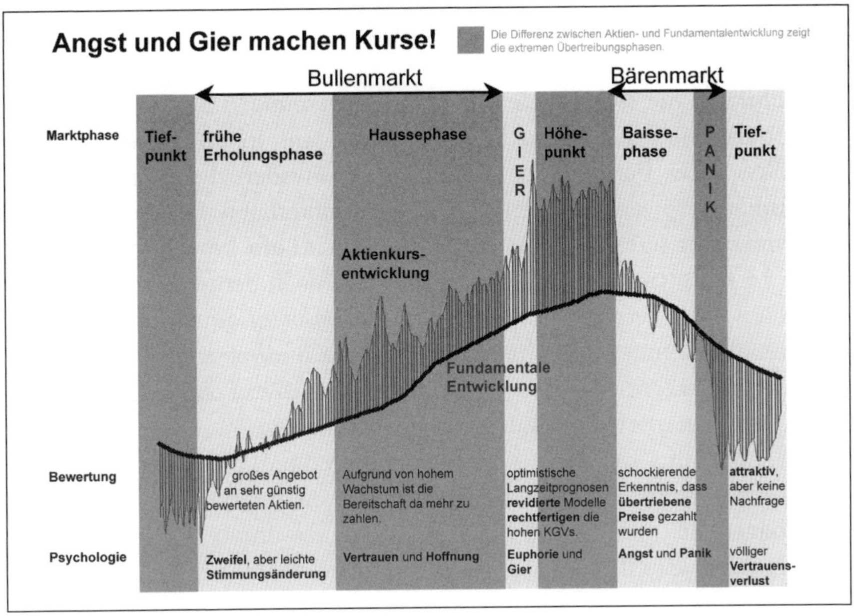

Grafik 87: Was lenkt Aktienkurse in Extremsituationen? Quelle: IFL® Rühl GmbH

Grafik 87 zeigt deutlich, dass in Extremsituationen Gier und Panik zu sehr starken Übertreibungen bei den Aktienkursen führen. In den Endphasen der Übertreibung weichen die Aktienbewertung und der reale Unternehmenswert stark voneinander ab. Die Marktkorrektur, die daraufhin folgt, hat Ihnen Kostolany mit seinem Bild verdeutlicht.

Dramatische Übertreibungen werden also korrigiert. Wenn man dies weiß, stellt sich die Frage nach dem richtigen Verhalten in Extremsituationen. Da man von einer psychischen Belastung eigentlich nur in der Baisse und panikartigen Ausverkaufsphasen reden kann, zeige ich Ihnen, wie sich die Aktienkurse in der Praxis bei Korrekturen vom Hoch zum Tief und in der Zeit danach entwickeln.

Anleger, die sich von der Panik anstecken lassen, stellen meist nach einigen Wochen bzw. mehreren Jahren fest, dass sie fast an den Tiefstständen verkauft haben. Sie sind quasi in die (Psycho-)Bärenfalle getappt.

Vor allem in einem sekundären Bullenmarkt scheitert der Versuch, nach dem rechtzeitigen Ausstieg billiger wieder „in den Markt zu kommen", in 99 Prozent aller Fälle am Timingproblem (Kapitel 15). Die hohen Durchschnittsrenditen der Aktienmärkte werden nämlich entgegen der landläufigen Meinung nicht in vielen Jahren, sondern in diesen Extremsituationen und dort in einigen Stunden bzw. wenigen Tagen gemacht. Wenn Sie da nicht investiert sind, fällt Ihre langfristige Rendite auf Sparbuchniveau (Kapitel 15, **Grafik 61**).

Wie schützen Sie sich vor der (Psycho-)Bärenfalle?

➢ Grundsätzlich gilt es zu klären, ob wir uns in einem sekundären Bullen- oder Bärenmarkt (Kapitel 7.2) befinden. Im Jahr 2000 hat beispielsweise der Wandel von einem sekundären Bullen- in einen Bärenmarkt stattgefunden. In der Regel wird ein Börsentief erst zehn bis 13 Jahre (siehe **Grafiken 24** und **25**) nach dem Höchststand ein zweites Mal „getestet". Erst dann ist die Basis für einen neuen sekundären Bullenmarkt geschaffen. Wenn Sie und/oder Ihr Berater dies frühzeitig erkennen, lohnt es sich auch, Verluste zu realisieren und das Kapital sicherheitsorientierter arbeiten zu lassen.

Befinden wir uns in einem sekundären Bullenmarkt, erleben wir keine Wirtschafts-, sondern lediglich Finanzkrisen, dann gilt:

➢ Schauen Sie nicht so oft hin! Lassen Sie das Ihren Berater machen. Behandeln Sie Ihre Aktienfonds wie eine Immobilie. Bei dieser wollen Sie auch nicht täglich wissen, was sie wert ist. Deshalb belasten Sie die Schwankungen des Immobilenwertes auch nicht, obwohl die

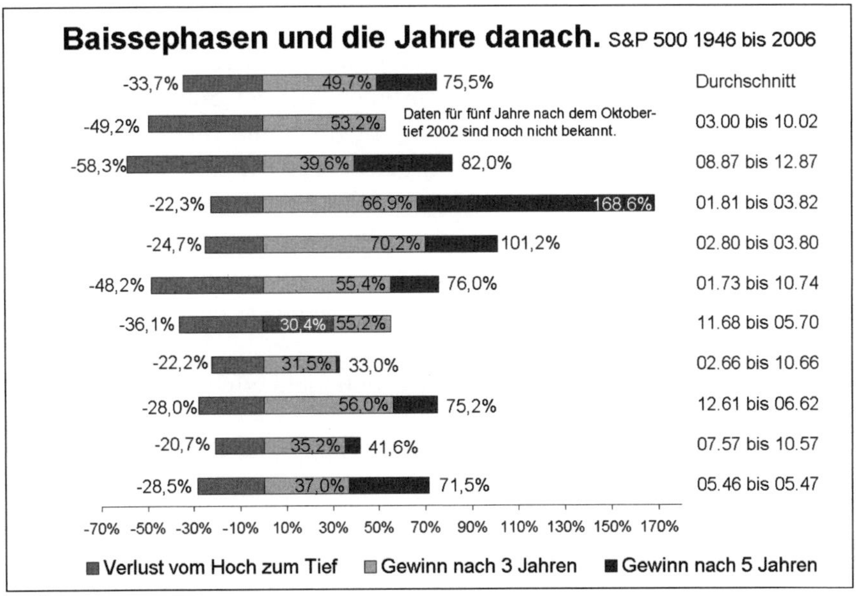

Grafik 88: Baissephasen mit (Psycho-)Bärenfalle Quelle: Bloomberg

Schwankungsbreiten zum Teil mit extremen Börsenentwicklungen vergleichbar sind.

➢ Achten Sie auf eine gesunde Vermögensstruktur. Investieren Sie immer nur so viel Kapital Ihres liquiden Vermögens in Aktienfonds, dass Sie in extremen Börsensituationen die Rückschläge mental verkraften! Machen Sie sich klar, dass selbst Basisinvestitionen, also Aktienfonds der CRK 4, bei großen Crashs von der Spitze bis zu 45 Prozent verlieren können.

Lassen Sie mich dies in Zahlen noch einmal verdeutlichen:

Sie legen an:	100.000 €	
Vier Wochen später ist der Wert:	90.000 €	– 10 %
Nach weiteren vier Wochen:	80.000 €	– 20 %
Zehn Wochen nach der Anlage:	75.000 €	– 25 %
Drei Wochen später nur noch:	68.000 €	– 32 %
14 Wochen nach der Anlage ist mit	55.000 €	– 45 % der

Tiefststand erreicht.

Mit welchem Anteil Ihres Vermögens können Sie solche Bewegungen mental verkraften? Schreiben Sie die Summe Ihres liquiden Vermögens auf. Schreiben Sie zu den oben genannten negativen Prozentzahlen den entsprechenden Vermögenswert. Und jetzt versuchen Sie, sich diesen Verlauf auf einem Kontoauszug vorzustellen. Bei der Summe, bei der es anfängt, wehzutun, stoppen Sie sofort. Jetzt gilt es, mit Ihrem Berater eine Vermögensstruktur zu erarbeiten, bei der die Aktienquote im Extremfall (Börsencrash) maximal diesen Gesamtverlust produziert. Das restliche Vermögen muss sicherheitsorientiert angelegt werden. Wenn Sie ganz auf Nummer sicher gehen wollen, reduzieren Sie die Aktienquote nochmals um zehn Prozent. Die Praxis hat nämlich gezeigt, dass es ein großer Unterschied ist, ob man über Kurzfristrisiken spricht, liest oder sie grafisch sieht oder ob man sie mit dem eigenen Geld erlebt.

- ➢ Spekulieren Sie nicht mit Ihrem Kapital. Das Geld, das Sie für Anschaffungen oder Darlehenstilgungen verplant haben, hat nichts in Aktienfonds zu suchen. Sie sollten nur Geld in Aktienfonds investieren, das Sie langfristig entbehren können. Der Rest Ihres liquiden Vermögens gehört in Geldmarkt-, Renten- und Immobilienfonds.
- ➢ Stellen Sie auf keinen Fall Ihre Sparpläne ein. Besser als in Crashphasen kann der Cost-Average-Effekt nicht wirken. Wenn Sie langfristig an steigende Kurse glauben, nutzen Sie das attraktive Einstiegsniveau. Wenn möglich, erhöhen Sie Ihre Sparplanraten.
- ➢ Ignorieren Sie die Medien. Ob Zeitung oder Fernsehen – hier werden nur aktuelle Stimmungen wiedergegeben. In Crashphasen befinden wir uns fast schon in der Weltwirtschaftskrise oder stecken bereits drin. Die Nachrichten werden von Tag zu Tag schlimmer, und da sollen Sie mit Ihren aktienorientierten Anlagen noch ruhig bleiben? Wenn Sie schon gewisse Zweifel haben, werden diese durch die Medien nur noch bestärkt. Der Verkauf nahe dem Tiefstkurs ist fast schon vorprogrammiert.

18. 5 Fondsstrategien im Allgemeinen

Setzen Sie niemals nur auf einen Fonds. Streuen Sie Ihr Kapital. Entsprechend Ihrer Mentalität, Ihren Anlagezielen und den damit verbundenen Anlagehorizonten gilt es, sämtliche Fondsarten zu berücksichtigen. Ergänzend zu den Fondseinteilungen nach Chance-Risiko-Klassen (Kapitel 8.3.1), dem Zeitstrahl (Kapitel 16.1) und der Grundsatzüber-

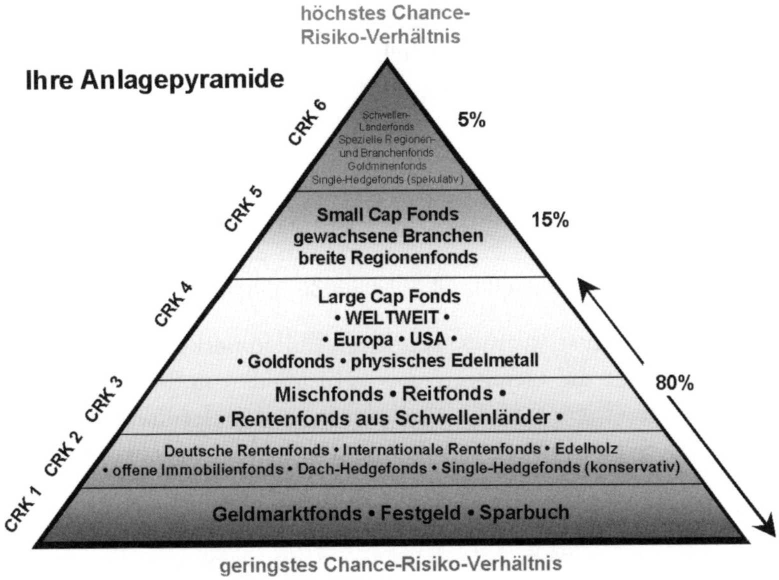

Grafik 89: Anlagepyramide Quelle: IFL® Rühl GmbH

legung einer gesunden Vermögensstruktur (Kapitel 18.1) zeigt Ihnen die Anlagepyramide, wie man die Vermögensbildung auf soliden Fundamenten aufbaut.

Wenn Sie mit Ihrem Investmentberater Ihre Anlageziele erarbeitet haben, könnte die obige Anlagepyramide mit den seitlich genannten Vermögensgewichtungen Ihren Zielvorstellungen entsprechen. Jetzt gilt es, von unten, auf stabilen Fundamenten beginnend, die Anlagepyramide zu erbauen. Nehmen Sie den Bau Ihres Fundamentes ernst. Es ist die Finanzquelle für die Notsituationen und die nicht richtig planbaren Eventualitäten des Lebens, bei denen Sie unter Umständen schnell und ohne Rücksicht auf irgendwelche Kapitalmarktentwicklungen an Ihr Geld heranmüssen. Wenn Sie Ihr Finanzhaus auf der Spitze beginnen, stellen Sie Ihre Anlageziele auf eine äußerst wackelige Basis. Dann besteht die Gefahr des Umkippens. Mit hoher Wahrscheinlichkeit fallen Ihre erreichbaren Lebensziele der nächsten Baisse, sprich Ihrer Gier und Spekulation zum Opfer!

Streuen Sie. Sobald es Ihr Einmalbetrag oder Ihre Sparplanrate zulässt, investieren Sie in zwei oder mehr Fonds. Streuung schafft Sicherheit. Wenn Sie in einen Fonds investieren, der in der Vergangenheit überdurchschnittliche Ergebnisse erzielt hat, haben Sie bei unverändertem

Fondsmanagement eine Wahrscheinlichkeit von 90 Prozent, dass Sie auch in der Zukunft überdurchschnittliche Ergebnisse erzielen werden. Das Risiko einer unterdurchschnittlichen Wertentwicklung liegt bei zehn Prozent. Haben Sie Ihr Kapital auf einen zweiten, dritten oder vierten Fonds gestreut, tendiert die Wahrscheinlichkeit, mit dem Gesamtvermögen unterdurchschnittlich zu sein, gegen null.

18. 5. 1 Aktienfondsstrategien im sekundären Bullenmarkt

Der tendenzielle Anstieg eines sekundäen Bullenmarktes (siehe **Grafiken 22** und **23**) birgt die Gefahren von Fehlsignalen und dem klassischen Timingproblem (Kapitel 15.1). Die Erfahrungen in der Praxis zeigen hier, dass die Buy & Hold (Kostolany)-Strategie und das regelmäßige Sparen (Cost-Average-Effekt) die erfolgreichsten Anlageformen sind. Grundsätzlich kaufen und liegen lassen, bei starken Kurseinbrüchen freie Mittel zum Nachkaufen nutzen. Allerdings nur dann, wenn dies Ihre persönliche Mentalität und Ihre bereits vorhandene Aktienquote zulassen.

18. 5. 2 Aktienfondsstrategien im sekundären Bärenmarkt

Der klassische Verlauf eines sekundären Bärenmarktes ist für die Buy & Hold-Strategie tödlich. Die lange Zeit, bis sich wieder positive Renditen bemerkbar machen, unterliegt extremen Velustphasen. Die Erholungsphasen verhungern jeweils im Ansatz oder nach einigen Monaten. Die Nerven der Aktienanleger werden aufs Stärkste strapaziert. Indexfonds sind in Bärenmärkten die schlechteste Fondsauswahl, sie brauchen genauso viele Jahre wie der Index bis die alten Höchstkurse erreicht sind.

18. 5. 2. 1 Globale Strategie

Wenn Sie aktienorientiert investiert bleiben wollen, setzen Sie auf globale „Stockpicker". Diese Fondsmanager können sich zwar nicht dem negativen Trend entziehen, aber die weltweite Anlagemöglichkeit gibt ihm die Möglichkeit, auf Aktienmärkte zurückzugreifen, die sich zum Teil oder auch im Ganzen der Baisse an den Hauptmärkten entziehen kann. Die Grafik 84 zeigt den sekundären Bär, S&P 500, von Januar 1969 bis Dezember 1983. Der globale Index MSCI World benötigte drei Jahre weniger, um den ursprünglichen Höchststand wieder zu erreichen. Der

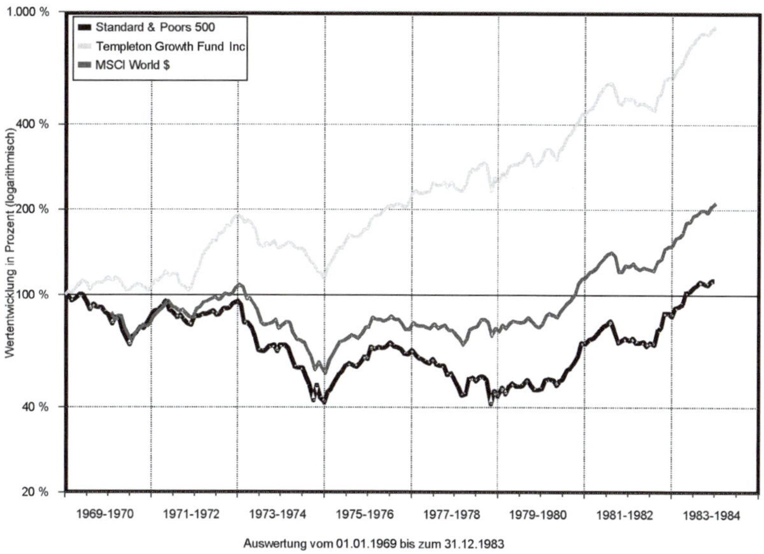

Grafik 90: Sekundärer Bär versus globale Strategien Quelle: FVBS

Klassiker unter den Stockpickern – der internationale Aktienfonds Templeton Growth – konnte das Kapital in der gleichen Zeit mehr als vervierfachen.

18. 5. 2. 2 Krisenwährung Gold

Ergänzend zu Ihren Internationalen Stockpickern sollten Sie mindestens zehn Prozent Ihres aktienorientierten Portfolios mit goldorientierten Fonds absichern. Sekundäre Bärenmärkte gehen einher mit Krisen in der Wirtschaft, der Politik und dem Weltfrieden. Automatisch ensteht eine dauerhafte Nachfrage nach der Krisenwährung Gold (siehe Kapitel 8.3.2.6).

18. 5. 2. 3 Regelmäßiges investieren

Eine der besten Anlagestrategien – wenn es um die Anlage in Aktienfonds geht – ist das regelmäßige Investieren. Ob Sie einen Einmalbetrag auf 24 Monatsraten verteilen oder einen dauerhaften Sparplan vornehmen, Ihre gleich bleibenden Raten führen automatisch zu einem antizyklischen Verhalten. Sind die Kurse hoch, kaufen Sie wenig Anteile, sind sie niedrig, kaufen Sie viele Anteile. Alles andere ist eine Frage der

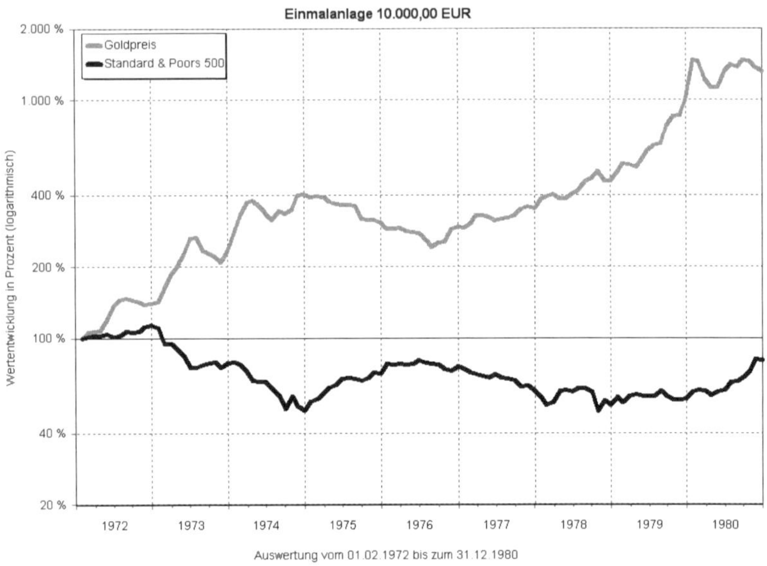

Grafik 91: Sekundärer Bär versus Depotabsicherer Gold Quelle: FVBS

Zeit. Bringen Sie zu wenig Zeit mit bzw. müssen Sie zu einem genau darüber festgelegten Zeitpunkt verfügen, besteht die Gefahr der Cost-Average-Falle. Angenommen, Sie haben mit Ihrem Sparplan genau zum Wendepunkt vom sekundären Bullen- zum Bärenmarkt (Januar 1969) angefangen. Aufgrund des Cost-Average-Effekts eigentlich gar nicht schlecht, mit jeder Rate kaufen Sie mehr Anteile dazu. Wenn Sie nun aber nach genau zehn Jahren über Ihr Kapital verfügen müssen, entspricht dies dem Zeitpunkt (Ende 1978) mit den tiefsten Kursen. Die **Grafik 92** zeigt: Jede Rate, die Sie bis dorthin investiert haben, ist im Verlust. Der Zwang, zu einem bestimmten Termin verkaufen zu müssen, ist im sekundären Bärenmarkt die Basis für die Realisierung eines hohen Verlustes.

Sind Sie nicht an eine bestimmte Zeit gebunden, können Sie die Erholungsphase abwarten. **Grafik 93** zeigt, dass am Ende des weitgefassten Bärenmarktes (er hat sein historisches Hoch wieder erreicht) jede Rate, die Sie in der Vergangenheit investiert haben, im Gewinn ist – dem Cost-Average-Effekt sei Dank. **Grafik 94** verdeutlicht den dadurch erzielten Mehrwert. Die hellere Kurve zeigt die Entwicklung des Bärenmarktes 1969 bis 1983. Die dunkle Kurve zeigt die Entwicklung Ihres Anlagekontos – auch im Vergleich zu Ihren Einzahlungen (schräg nach oben laufende Linie) – wenn Sie über die gesamte Zeit eine regel-

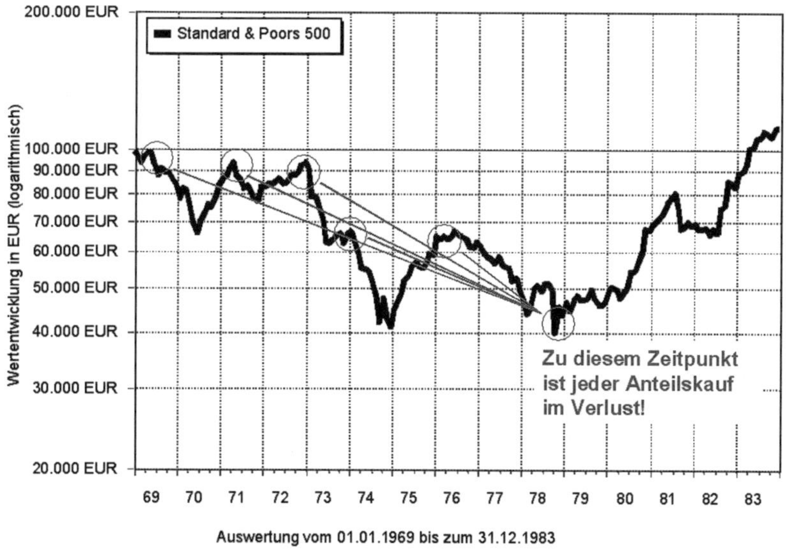

Grafik 92: Sekundärer Bär und die Cost-Average-Falle Quelle: FVBS

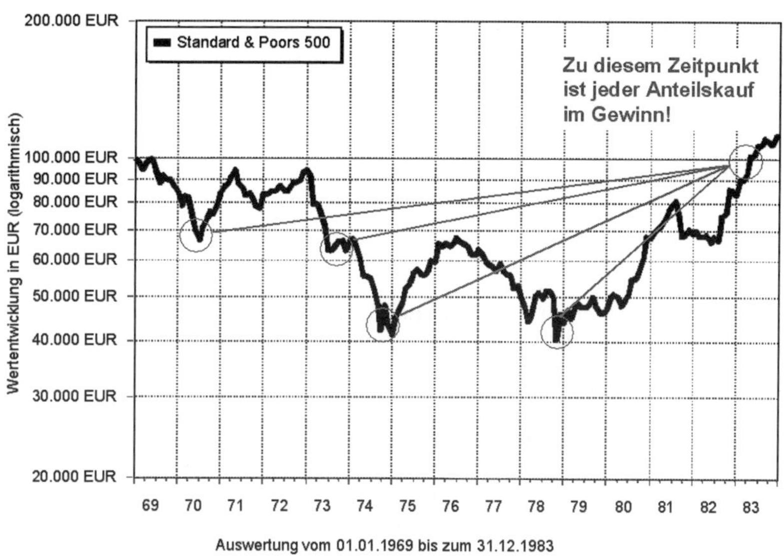

Grafik 93: Sekundärer Bär und der Cost-Averge-Effekt (1) Quelle: FVBS

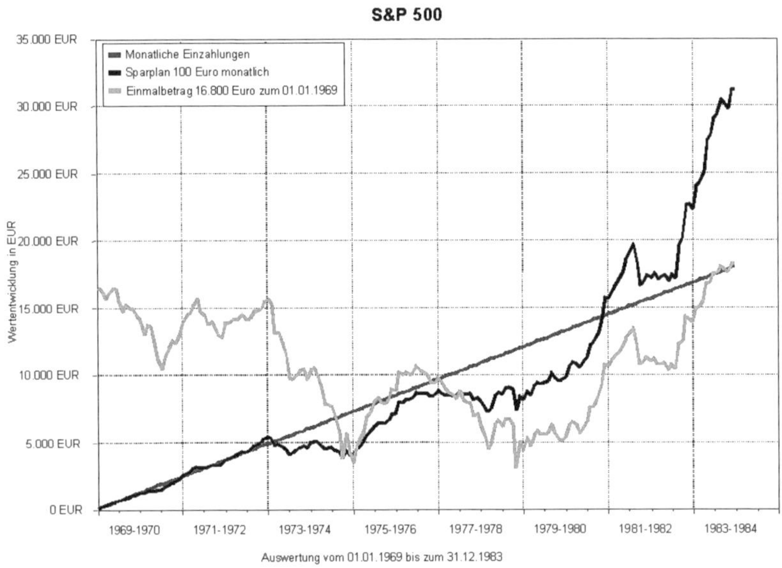

Grafik 94: Sekundärer Bär und der Cost-Average-Effekt (2) Quelle: FVBS

mäßige Einzahlung in Höhe von 100 Euro gemacht haben. Durch die Erholungsphase vom Tief zum historischen Hoch wird in Ihrem Sparplan-Anlagekonto der Turbo eingeschaltet. Obwohl die Einmalanlage am Ende unseres Betrachtungszeitraumes – nach 14 Jahren – gerade mal ein ausgeglichenes Konto ausweist, hat das Sparplankonto nahezu eine Verdoppelung des Kapitals erreicht. Die Voraussetzungen für eine erfolgreiche Sparplanstrategie sind: regelmäßig und diszipliniert – trotz aller schlechten Wirtschaftsnachrichten – die gleiche Rate investieren und ausreichend Zeit und Geduld mitbringen.

18. 5. 2. 4 Absolute Erträge

Den Wechsel von einem sekundären Bullen- in einen sekundären Bärenmarkt auf dem Börsenhoch zu erkennen ist im Nachhinein sehr viel einfacher als im täglichen Börsenleben festzustellen. Unterstellt, diese Erkenntnis kommt – wie in **Grafik 95** am Punkt 1 – erst einige Zeit nach dem Wendepunkt.

Das Wissen um den sekundären Bärenmarkt, dass ein Tief, vor der Trendwende zu einem neuen sekundären Bullenmarkt, erst circa zehn bis 13 Jahre nach dem historischen Kurshoch gemacht wird, gibt Ihnen die Möglichkeit, die Priorität auf Kapitalsicherung zu legen.

Verkaufen Sie Ihre Aktienfonds, selbst mit Verlust. Setzen Sie für die folgenden Jahre auf absolute Erträge. Die Linie mit dem Punkt 3 zeigt die Entwicklung offener Immobilienfonds, mit dem Punkt 4 der festverzinslichen Wertpapiere, nachdem in diese getauscht wurde. Durch die Kapitalsicherung und den kontinuierlichen Ertrag verfügen Sie zum Zeitpunkt eines erkennbaren Trendwechsels (Punkt 2, die eingezeichnete Abwärtstrendlinie wird gebrochen, ein erster Aufwärtstrend ist erkennbar) über 90 Prozent (Immobilienfonds) bis 130 Prozent (Rentenfonds) mehr an Kapital, welches Sie jetzt wieder in Aktienfonds investieren können. Bei dieser Strategie liegt Ihr Risiko in dem Verpassen einer schnellen Renditechance. Die praktische Erfahrung zeigt jedoch, dass die Priorität der Kapitalsicherung, das ruhige Schlafen und die wesentlich bessere Ausgangsbasis für den in einigen Jahren wieder anstehenden Bullenmarkt eine viel größere und vor allem psychisch gesündere Bedeutung haben.

18. 5. 2. 5 Trendfolgemodell

Prinzipiell ist das Trendfolgemodell ein Konzept mit Timingansatz. Die Risiken hierzu wurden im Kapitel 15 ausführlich erläutert. Da die Schwankungsbreiten und -zyklen in einem sekundären Bärenmarkt jedoch wesentlich ausgeprägter als in einem Bullenmarkt sind, ist die

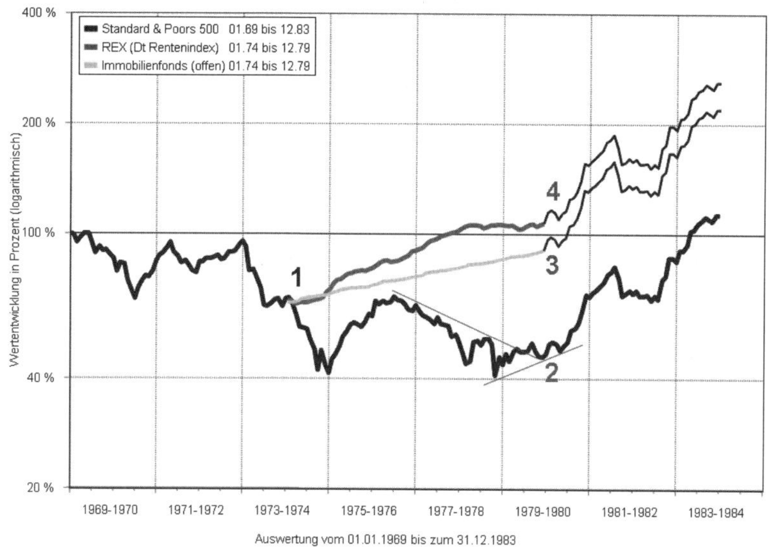

Grafik 95: Sekundärer Bär versus absolute Erträge Quelle: FVBS

Gefahr der Fehlsignale zwar gegeben, aber wesentlich niedriger. Anhand des Kurvenverlaufes werden mittelfristige Aufwärts- und Abwärtstrends erkennbar. Werden diese Trends gebrochen – wie beispielsweise der Abwärtstrend am Punkt 2 der **Grafik 95** –, müssen Sie oder Ihr Berater aktiv werden. Beim Bruch des mittelfristigen Aufwärtstrends – Tausch der Aktienfonds in Geldmarktfonds. Beim Bruch des Abwärtstrends – Tausch in die Aktienfonds.

Das Schwierige dieser Strategie ist, die hohe Disziplin und die notwendige Geduld mit zu bringen. Geduld, weil sich diese mittelfristigen Trends über Wochen und Monate aufbauen, bevor sie deutlich erkennbar werden. Die Gefahr, zu kleine Bewegungen nutzen zu wollen, erhöht die Fehlsignale und führt zum bekannten Timingproblem. Disziplin, weil Ihnen ein Trendbruch und das daraus notwendige Handeln, im Vergleich zu den Signalen aus der Wirtschaft oder den Informationen aus den Medien, völlig sinnlos erscheinen. Das Kopf- und Bauchgefühl sagt Ihnen: „Dieses Mal das Trendfolgesignal nicht beachten." Dass mittel- und langfristig jedoch stets die Börse Recht behält, will man in solchen Momenten einfach nicht glauben. Diese Disziplin können in der Regel nur erfahrene Berater mitbringen und in einem Trendfolgemodell erfolgreich umsetzen.

18. 6 Fondsstrategien in der Praxis

Kommen wir nun zu dem Kapitel, auf das Sie schon mit großem Interesse gewartet haben: Strategien mit klaren Fondsempfehlungen. Ich denke, Sie ahnen es bereits. Mit den für die Allgemeinheit gültigen Empfehlungen ist es so eine Sache! Egal, an welchen Vorträgen oder Seminaren ich teilnehme oder ob ich sie selbst halte, die Teilnehmer erwarten immer ganz konkrete Empfehlungen. Dass es sich hierbei eigentlich nie um eine individuelle Lösung handeln kann, stört nicht.

Es gibt keinen Musterfonds, der für jeden Anleger gilt!

Deshalb zeige ich verschiedene Anlagestrategien auf. Vielleicht finden Sie sich und Ihre aktuelle Lebensphase in einer der empfehlenswerten Zusammenstellungen der Fonds wieder. In jedem Fall sollten Sie diese Fondsstrategie mit einem erfahrenen Investmentberater überarbeiten, bevor Sie sie in die Praxis umsetzen.

18. 6. 1 Vermögensbildung – je früher, desto reicher

Sie wollen für Ihr Kind oder Enkelkind den Grundstock für das erste Vermögen bilden. Das Geld wird – ob in Form eines Einmalbetrags oder einer regelmäßige Sparrate – direkt auf den Namen des Kindes angelegt. Wenn direkt nach der Geburt mit der Anlage begonnen wird, kann sie mindestens 18 Jahre lang, wahrscheinlich aber noch länger arbeiten. Da das Kind über einen eigenen Grund- und Sparerfreibetrag verfügt, ist eine steuerliche Optimierung nicht notwendig. Mischen Sie zwei unterschiedliche Anlagestile und investieren Sie das Kapital in zwei Klassiker unter den internationalen Aktienfonds. Für den Value-Stil empfiehlt sich der Templeton Growth Fund und für den Growth-Stil der ACM Global Growth Trends. Als Depotabsicherung ist es ratsam, zehn Prozent der Sparrate in einen Goldminenfonds, den Craton Capitel Precious Metal Fund, zu investieren. Aufgrund der langen Laufzeit und keiner festen Terminvorgabe kann auch ein Einmalbetrag – per Ratenzahlung – in diese Fonds investiert werden. Will man den Einmalbetrag im Ganzen investieren, sollte man der sekundären Börsenphase Beachtung schenken und vorerst sicherheitsorientierte Anlagen bevorzugen. Wenn es die Betragshöhe zulässt, empfiehlt sich eine Aufteilung in die offenen Immobilienfonds Axa Immoselect und TMW Immobilien Weltfonds und zwei Dachfonds, die ihre Zielfonds ganz oder zum Teil aus der Vermögensklasse „alternative Investments" suchen. Absolute Return S.A. und CS Carat Global One.

Fondsname	WKN	Anteil		Anlage-schwerpunkt	Anlage-stil	CRK
		1/1	1/12			
ACM Global Growth Trends	974264	-	40%	Aktien weltweit	Growth	4
Templeton Growth Fund	971025	-	40%	Aktien weltweit	Value	4
Activest Commodities	A0DNXU	-	10%	Rohstoffe		4
Craton Capital Precious	964907	-	10%	Goldaktien, Welt		6
Absolute Return S.A.	914716	25%		Dachfonds, AI		2
CS Carat Global One	930386	25%		Dachfonds, AI		2
Axa Immoselect	984645	25%		Immobilien, EU		2
TMW Immobilien Weltfonds	A0DJ32	25%	-	Immobilien, Welt		2

Tabelle 54: Praxisstrategie: je früher, desto reicher

18. 6. 2 Mit 35 das Anlageziel haben, mit 55 Privatier zu sein

Sie verfügen über 100.000 Euro Kapital und können monatlich 1.000 Euro sparen. Ihr Wunschtraum ist es, mit 55 Jahren aus Ihrem privaten Vermögen einen monatlichen Ertrag in Höhe von 4.500 Euro finanzieren zu können. Mit Einzelaktien haben Sie die Schwankungen der Aktienmärkte bereits ganz bewusst erlebt. Baissephasen haben Sie nicht aus der Ruhe gebracht. Der Einmalbetrag wird aufgeteilt. Da Sie als Mieter keinen Immobilienbesitz haben, sind extreme Notsituationen nicht zu kalkulieren. Der Ausfall Ihrer Arbeitskraft ist versicherungstechnisch abgesichert. Steuerpflichtige Erträge, die über dem Sparerfreibetrag liegen, sollen vermieden werden. Für den Aufbau einer gesunden Vermögensstruktur werden 40 Prozent des Einmalbetrages in den Chance-Risiko-Klassen 2 investiert. Die restlichen 60 Prozent und die gesamten Sparplanraten (zur Ausnutzung des Cost-Average-Effektes) werden in Aktienfonds investiert. In Haussephasen, wenn die Aktienfonds Ergebnisse erzielt haben, die weit über den Durchschnittsergebnissen von neun Prozent Rendite p. a. liegen, wird der Mehrertrag gesichert und durch Gewinnmitnahmen den sicherheitsorientierten Fonds gutgeschrieben.

Fondsname	WKN	Anteil 1/1	Anteil 1/12	Anlageschwerpunkt	Anlagestil	CRK
MAT Mediorent	848410	10%	-	Renten, Kurzläufer		1-2
Absolute Return S.A.	914716	15%	20%	Dachfonds, AI		2
CS Carat Global One	930386	10%		Dachfonds, AI		2
Axa Immoselect	984645	20%		Immobilien, EU		2
TMW Immobilien Weltfonds	A0DJ32	15%	10%	Immobilien, Welt		2
ACM Global Growth Trends	974264	-	25%	Aktien weltweit	Growth	4
Templeton Growth Euro	941034	20%	15%	Aktien weltweit	Value	4
Craton Capital Precious	964907	-	10%	Goldaktien, Welt		6
Activest Commodities	A0DNXU	-	10%	Rohstoffe		4
DWS Gold Plus	973246	10%	10%	Goldpreis		4

Tabelle 55: Praxisstrategie. Mit 55 Privatier

18. 6. 3 Mit 65 die fälligen Lebensversicherungen anlegen

Sie erhalten 220.000 Euro aus zwei Lebensversicherungen ausbezahlt. Dieselbe Summe haben Sie bereits in Festgeld (50.000 Euro), Aktien (große deutsche Standardwerte, 90.000 Euro) und Aktienfonds (Branchen-

und Regionenfonds der Chance-Risiko-Klasse 5 und 6, 80.000 Euro) angelegt. Die Immobilie, die Sie mit Ihrer Frau bewohnen, gehört Ihnen. Sie ist bezahlt und hat einen Marktwert von 600.000 Euro. Die Betriebsrente und die Rentenzahlungen aus der gesetzlichen Rentenversicherung betragen für Sie und Ihre Frau insgesamt 4200 Euro. Durch Entnahmen aus Ihrem Kapital wollen Sie Ihre Zahlungen so aufstocken, dass Sie netto über 5.000 Euro monatlich verfügen können. Da die Betriebsrente steuerpflichtig ist, müssen monatlich circa 300 Euro Steuerabzug berücksichtigt werden. Wenn aus Ihrer Kapitalanlage keine weiteren Steuern zu bezahlen sind, ist eine monatliche Kapitalentnahme von 1.100 Euro nötig.

Für die Renovierungsarbeiten an Ihrem Eigenheim müssen in den nächsten Jahren 50000 Euro als Notgroschen berücksichtigt werden. Das Auto ist zwei Jahre alt und wird noch mindestens sechs Jahre lang halten. Nach Abzug der Gelder, die Sie für die Renovierung benötigen, macht die gewünschte Entnahmerate circa 3,5 Prozent aus Ihrem liquiden Vermögen aus. Es sind also keinerlei zusätzliche Risiken notwendig. Zu Ihrer Lebensphase gehören sicherlich Aktienfonds, aber Fonds der Chance-Risiko-Klasse 5 und 6 haben hier nichts zu suchen! Deshalb empfiehlt sich ein sofortiger Tausch der Fonds gegen Basisinvestitionen der CRK 4. In Phasen eines sekundären Bärenmarktes empfiehlt es sich, gänzlich darauf zu verzichten. Ihre Einzelaktien werden nicht betreut und sind seit Jahren unverändert. Auch hier empfiehlt sich ein Verkauf. Das Festgeld wird in einen steueroptimierten Geldmarktfonds investiert. Da es sehr wahrscheinlich ist, dass es über ein Jahr dauert, bis die Renovierungsarbeiten anfallen, können die Gelder so investiert werden, dass keine steuerpflichtigen Erträge aus Ihrem liquiden Vermögen entstehen. Ansonsten konzentrieren sich die Empfehlungen im sicherheitsorientierten Bereich auf steueroptimierten Renten- und Absolute-Return-Fonds. Immobilienfonds werden nur in einem sehr kleinen Anteil eingebaut, da die bezahlte Immobilie sowieso ein Schwergewicht in der Vermögensstruktur darstellt. Nach Abzug des Notgroschens empfiehlt sich folgende Fondsaufteilung zwischen den unterschiedlichen Vermögensklassen:

Fondsname	WKN	Anteil		Anlage-schwerpunkt	Anlage-stil	CRK
		1/1	1/12			
DBIM Rendite Garant	971730	5%	-	Geldmarkt		1
MAT Mediorent	848410	15%	-	Renten, Kurzläufer		1-2
Absolute Return S.A.	914716	20%	-	Dachfonds, AI		2
CS Carat Global One	930386	20%	-	Dachfonds, AI		2
Axa Immoselect	984645	10%	-	Immobilien, EU		2
ACM Global Growth Trends	974264	10%	-	Aktien weltweit	Growth	4
Templeton Growth Euro	941034	15%	-	Aktien weltweit	Value	4
DWS Gold Plus	973246	5%	-	Goldpreis		4

Tabelle 56: Praxisstrategie in einem sekundären Bullenmarkt. Mit 65 Geldanlage für den Lebensabend

Fondsname	WKN	Anteil		Anlage-schwerpunkt	Anlage-stil	CRK
		1/1	1/12			
DBIM Rendite Garant	971730	10%	-	Geldmarkt		1
MAT Mediorent	848410	20%	-	Renten, Kurzläufer		1-2
Absolute Return S.A.	914716	20%	-	Dachfonds, AI		2
CS Carat Global One	930386	25%	-	Dachfonds, AI		2
Axa Immoselect	984645	5%		Immobilien, EU		2
TMW Immobilien Weltfonds	A0DJ32	10%	-	Immobilien, Welt		2
Morgan Stanley P2 Value	A0F6G8	5%	-	Immobilien, Welt		2
DWS Gold Plus	073246	5%	-	Goldpreis		4

Tabelle 57: Praxisstrategie in einem sekundären Bärenmarkt. Mit 65 Geldanlage für den Lebensabend

18. 6. 4 Frustabbau bei Mietimmobilien

Haben Sie Ärger mit Ihren Mietern? Oder ärgern Sie sich, weil Sie gar keine haben? Haben Sie sich Ihren Lebensabend anders vorgestellt, als sich ständig um die Immobilienverwaltung zu kümmern? Ist Ihnen bewusst geworden, dass Sie mit Ihren Wohnimmobilien in Deutschland gar keinen richtigen Inflationsschutz erzielen können? Sie wären nicht der Erste, der sämtliche Immobilien verkauft und das Geld im offenen Immobilienfondsbereich investiert.

Fondsname	WKN	Anteil		Anlage-schwerpunkt	Anlage-stil	CRK
		1/1	1/12			
Axa Immoselect	984645	25%	-	Immobilien, Europa		2
TMW Immobilien Weltfonds	A0DJ32	25%	-	Immobilien, Welt		2
Morgan Stanley P2 Value	A0F6G8	25%	-	Immobilien, Welt		2
CS Euroreal	980500	25%	-	Immobilien, Europa		2

Tabelle 58: Praxisstrategie: die bequeme Alternative zur Wohnimmobilie

So macht Immobilienvermögen Spaß.

Die Fondsempfehlungen für die verschiedenen Lebensphasen und Strategien wurden sorgfältig ausgewählt. Basis war die Kenntnis über Kapitalmärkte, Fondsmanagement und steuerliche Handhabung zum ersten Quartal 2006. Die Grundlagen sind und bleiben komplex. Einschätzungen über wirtschaftliche Entwicklungen und die Phasen der sekundären Börsenentwicklung können sich ändern und müssen in dem Moment entsprechend angepasst werden, deshalb ist es ratsam, sämtliche Empfehlungen einer kompetenten Investmentberatung anzuvertrauen. Die jeweils erläuterten Grundlagen müssen in jedem einzelnen Fall individuell geprüft werden. Für die zukünftige Wertentwicklung ist die überdurchschnittliche Managementleistung der Vergangenheit eine gute Vergleichsgrundlage, stellt aber für eine zukünftige Überperformance keine Garantie dar.

19. Kapitel

Ihre Zukunft liegt in Ihrer Hand!

„Das Entscheidende an Wissen ist,
dass wir es beherzigen und anwenden!"
Konfuzius

Wissen ist Macht. Nutzen Sie Ihre neuen Kenntnisse. Solange Sie Ihr neues Wissen nicht anwenden, halten Sie nur eine potenzielle Macht in Ihren Händen. Das Wissen allein bringt Sie Ihren Lebenszielen nicht näher. Abschließend erinnere ich ein letztes Mal an die Millionärsformel©. Haben Sie die einzelnen Bausteine noch im Kopf?

Rendite, Kapitaleinsatz, Zeit und Disziplin werden ergänzt durch „Wissen".

Millionärsformel©:		
1 Mio € (Ziel)	=	Rendite p.a. x Kapitaleinsatz x Zeit (x Disziplin x **Wissen**) (Weg)

Das Wissen, wie?
Das Wissen, warum?
Das Wissen, weshalb?
Das Wissen, wer?
Das Wissen, wann?
Diese Fragen können Sie jetzt beantworten.

Bei Ihrer Planung des Ausfluges zum Bergsee kennen Sie nunmehr das Ziel und den richtigen Weg dorthin. Jetzt gilt es, dieses Wissen umzusetzen! Machen Sie Ihren ersten Schritt.

19. 1 Bauhaus-Lebens-Lineal©

Gehören Sie zu den Heimwerkern, die im Baumarkt in der Holzabteilung bereits eingekauft haben? Das Bauhaus stellt Ihnen für das Ausmessen von Bauteilen ein 100 cm langes Maßband zur Verfügung. Sie nutzen es, um an einem Bauteil, mit dem Sie einen kleinen Teil Ihrer zukünftigen Lebenswelt zimmern, Maß zu nehmen. Das Bauhaus möge es mir verzeihen, ich schneide davon erst einmal 12 cm ab. Damit entsteht Ihr „Bauhaus-Lebens-Lineal©". Es dokumentiert Ihre statistische Lebenserwartung. 88 Jahre insgesamt.

Grafik 96: Bauhaus-Lebens-Lineal heute

Wie alt sind Sie? Machen Sie einen dicken Punkt an dieser Stelle!

Das Bauhaus-Lebens-Lineal© und der dicke Punkt zeigen Ihnen nun bildhaft

- ➢ Ihre Lebenszeit, die Sie bereits hinter sich haben, und
- ➢ Ihre Lebenszeit, die, statistisch gesehen, noch vor Ihnen liegt. Ihre Zukunft!

Überlegen Sie einmal, wie schnell die Zeit, die hinter Ihnen liegt, vorbeigegangen ist? Vor allem, wenn Sie an die letzten zehn oder nur fünf Jahre denken.

Glauben Sie, die noch vor Ihnen liegende Zukunft vergeht langsamer?

Das Zweite, was Sie sehen, ist eine Lebenslinie, die waagrecht dargestellt ist. Eine Vergangenheit, aber auch eine Zukunft ohne große Hochs oder Tiefs, ohne wirklich große Ereignisse.

Warum zeige ich Ihnen das? Mein Wunsch ist, dass Sie Ihre neuen Kenntnisse verinnerlichen und umsetzen. Untersuchungen beweisen: Wenn Menschen neues Wissen erworben haben und eigentlich überzeugt sind, werden sie davon zukünftig profitieren; wenn sie nicht innerhalb von 72 Stunden beginnen, die ersten Schritte zu machen, bleibt das neue Wissen wirkungslos.

Das, was der Vergangenheit angehört, können wir nicht mehr ändern. Diese Zeit liegt hinter uns. Sie ist nicht mehr nutzbar. Aber die Zeit, die vor Ihnen liegt, Ihre Zukunft, die können Sie nutzen, lenken und beeinflussen. Ich verspreche Ihnen, wenn Sie anfangen, Ihr Wissen umzusetzen, dann wird aus dem Punkt, den Sie vorhin auf Ihrem Bauhaus-Lebens-Lineal© gemacht haben, ein Gelenk. Ein Gelenk, das eine neue Richtung ermöglicht. Für diese neue Richtung wünsche ich Ihnen alles Gute, die Ideen und die Zeit, Ihren positiven Lebensweg zu nutzen und Ihre Lebensziele zu genießen.

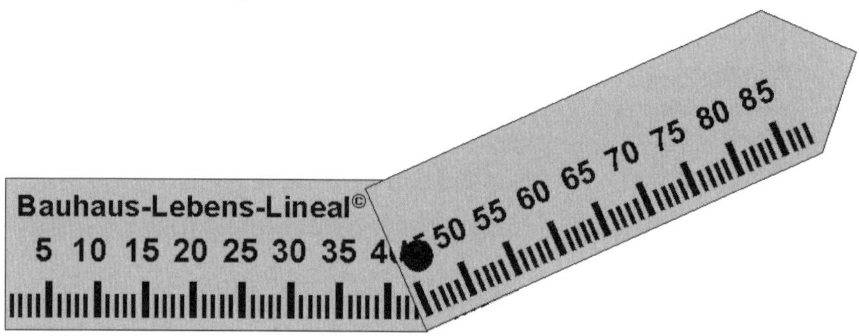

Grafik 97: Bauhaus-Lebens-Lineal in der Zukunft

Wenn Sie das hier gewonnene Wissen bei Ihren zukünftigen Anlageentscheidungen anwenden, war der Kauf dieses Buches, die Zeit, die Sie in die Lektüre investiert haben, die beste Anlage, die Sie in Sachen Kapitaloptimierung machen konnten.

Haben Sie eine gute Freundin, einen guten Freund? Mögen Sie Ihren Nachbarn? Schenken Sie Ihnen dieses Buch! Behalten Sie Ihr neues Wissen nicht für sich! Geben Sie den Personen, die Ihnen nahe stehen, die Chance, die Zukunft auf ihrem „Bauhaus-Lebens-Lineal" genauso zu bestimmen.

Viel Erfolg mit der „Welt der Fonds" wünscht Ihnen Ihr

Andreas Rühl

Anhang

Fondsgesellschaften im Porträt

Dieses abschließende Kapitel vermittelt Ihnen einen Überblick über wichtige Fondsgesellschaften mit ihren Daten und der grafischen Darstellung eines ausgewählten Fonds. Diese Informationen stammen direkt von den Fondsgesellschaften. Welcher Fonds an dieser Stelle im Vergleich zum Durchschnitt der Alternativfonds vorgestellt wird, wurde auch von den Fondsgesellschaften festgelegt.

Unter dem Namen der KAG finden Sie neben der KAG-Geschichte und den Kontaktdaten Erläuterungen zu den folgenden Punkten:

(1) Werden die Anlageentscheidungen durch ein Fondsmanager-Team oder durch einzelne Personen (Kopf) getroffen?

(2) Kann der Managementansatz erkennbar einer Growth- oder einer Value-Strategie zugeordnet werden?

(3) Findet die Unternehmensauswahl nach Bottom-up- oder Top-down-Stil statt?

(4) Welche Beträge (in Euro) müssen als Mindestsummen angelegt werden? Falls kein Spar- und/oder Entnahmeplan angeboten wird, ist das mit k. Sp. und/oder k. Ep. vermerkt.

(5) Vertrieb: Wo können Sie die Fondsanteile erwerben? Direkt = bei der Fondsgesellschaft. Discountbroker: ein einfaches ja = Bezug zu Normalkonditionen möglich, m. R. = mit Rabatt möglich.

(6) Beispiel für den Verkauf: Wie viele Bankarbeitstage vergehen, bis das Geld von der Fondsgesellschaften auf den Weg gebracht wird? Zu diesen BAT müssen Sie dann noch die Zeit für den Überwei-

sungsweg dazurechnen, bis Sie mit dem Eingang auf Ihrem Girokonto rechnen können.

(7) Das Konto für Überweisungen an die Fondsgesellschaft. Vorsicht: Überweisen Sie kein Geld auf Konten eines Investmentberaters.

(8) Auf welchem Weg sind Orderaufträge möglich? Wenn das „ja“ beim Fax mit „O. n.“ ergänzt ist, muss das **O**riginal **n**achgereicht werden.

(9) Wo können die Fondsanteile verwahrt werden?

(10) Ist das Anlagekonto für eine Verpfändung ggü. Banken (bei Finanzierungen) möglich? = „ja, B“ oder Privatpersonen (bei Rückstellungen für Pensionszusagen) = „ja, P,“ wenn beides möglich = „ja, BP“.

(11) Ist für das Anlagekonto eine Vollmacht für Dritte möglich?

(12) Sind Verkaufserlöse nur auf das Girokonto des Anlagekontoinhabers möglich? Oder wird der Betrag auch auf Konten Dritter überwiesen? (Beispielsweise auf das Zahlstellenkonto einer anderen KAG)

(13) Wird der Ausgabeaufschlag (AA) brutto (vom Überweisungsbetrag) oder netto (auf den Nettoanlagewert) berechnet? Ausgabeaufschlag bei den verschiedenen Fondsarten und Tauschaufträge innerhalb der KAG.

(14) Legt die KAG Gelder, die bereits im Fonds waren, nach einem Verkauf innerhalb einer bestimmten Frist kostenfrei/-günstig wieder an? Wenn ja, innerhalb welcher Frist muss das Geld wieder einbezahlt werden? Ist dafür ein Restbestand notwendig (prozentuale Höhe) oder kann das Kapital selbst nach einer Gesamtauflösung wieder kostengünstig einbezahlt werden?

(15) Beim Anlagekonto fallen folgende Kontoführungsgebühren an.

(16) Die Steuermitteilung wird
a) individuell mit Zahlen direkt auf den einzelnen Anleger berechnet, innerhalb von wie vielen Monaten nach dem Jahreswechsel versandt = i, 3, (i steht für individuell und 3 für die Monate),

b) pro Anteil veröffentlicht in Form eines persönlichen Anschreibens = Ai, 3,
c) pro Anteil veröffentlicht in Form des Rechenschaftsberichts = AR, 3.
d) Werden Zwischengewinne von unterjährigen Käufen/Verkäufen in der Steuermitteilung berücksichtigt?

(17) Spezielle Handhabungen bzw. Bedingungen werden hier erläuternd festgehalten.

Die Grafik stellt aus dem Fondspalette der Kapitalanlagegesellschaft einen Fonds im Vergleich zum Durchschnitt seiner Gattung vor.

ACM Bernstein International

Anschrift:	Tel.: 00800/22 63 86 37
AllianceBernstein Investor Services S.A.	Fax: 00800/22 63 29 37
Eine Division von AllianceBernstein	E-Mail: @acmfunds.com
18, rue E. Ruppert, L-2453 Luxembourg	Internet: www.acmfunds.com

ACM Bernstein Funds – verwaltet von AllianceBernstein L.P – bieten Kunden Zugang zu einem der weltweit mächtigsten Investmentunternehmen. Als führender Vermögensverwalter mit mehr als 624 Mrd US$ verwaltetem Vermögen (31.5.06), 4600 Mitarbeitern weltweit, davon 360 Researchanalysten, sowie Niederlassungen in 18 Ländern verfügt AllianceBernstein über globale Expertise in einem breiten Spektrum von Anlagestilen. Die enorme Investmentkompetenz von AllianceBernstein, die die Verwaltung von Wachstums- und Valuetiteln sowie von festverzinslichen Wertpapieren umfaßt, ermöglicht es, praktisch alle Kundenwünsche zu erfüllen – von institutionellen Investoren wie auch privaten Anlegern. Von den Top-100-Unternehmen in USA lassen mehr als 2/3 ihre Pensionsgelder von AllianceBernstein verwalten.

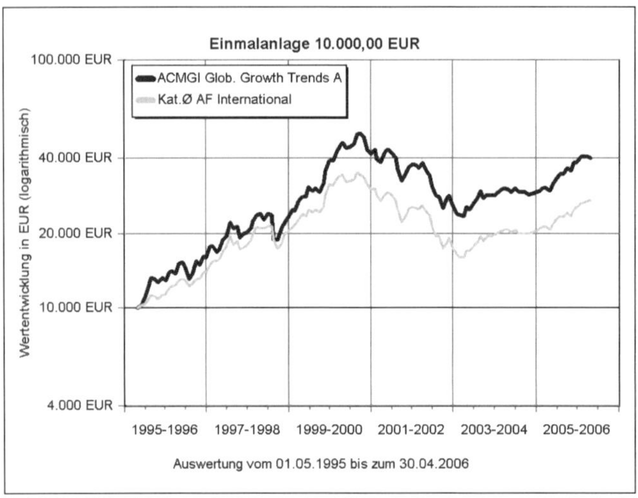

ACM Global Growth Trends Portfolio Quelle: FVBS

Der Erfolg von AllianceBernstein in den letzten vier Jahrzehnten kann auf die Ausrichtung auf hochqualitatives, fundamentales Research zurückgeführt werden. Heute ist Alliance Bernstein als eines der größten und weitreichendsten Researchunternehmen und als kompletter Vermögensverwalter in der Branche bekannt. Mittels ACM Bernstein Funds – angesiedelt in Luxemburg – profitieren die Kunden von den traditionellen Stärken von AllianceBernstein in der Verwaltung stilkonsistenter Anlageprodukte, welche nach einem klar definierten Investmentprozess unabhängig von der aktuellen Marktentwicklung in den Bereichen Value, Wachstum, Blend sowie im Management von Anleihen. Dabei erhalten Privatanleger die gleiche Expertise bei der Verwaltung Ihrer Investitionen wie einige der weltweit größten institutionellen Investoren. Der Vertrieb für Deutschland und Österreich wird vom ACM-Bernstein-Vertriebsteam in München koordiniert.

(1)	**Fondsmanagement**	Team: ja	Kopf: nein
(2)	**Managementansatz**	Growth, Value & blend services	
(3)	**Unternehmensauswahl**	Bottom up: ja	Topdown: nein
(4)	**Mindestanlage**	Erstanlage: Folgeanlage: Sparplan:	€ 2 000,00 € 750,00 € 100,00
		Entnahmeplan: Mindestkontobestand € 15 000; Mindestauszahlung je ACMBernstein Funds € 100	
(5)	**Vertrieb**	Direkt: nein Fondsshops: ja	Banken: ja Discountbroker: ja, m. R.
(6)	**Abwicklungszeitraum**	Kauf: 3 BAT Switch: 0 BAT	Verkauf: 3 BAT
(7)	**Zahlstelle**	Für Euro: Citibank Frankfurt Für USD: Bank of America NewYork	
(8)	**Kauf/Verkauf/Switch möglich per**	Post: ja Telefon: nein Internet: nein	Fax: ja (O. N.) E-Mail: nein
(9)	**Verwahrung**	Anlagekonto: ja	Bankdepot: ja
(10)	**Verpfändung**	Einmalbetrag: ja, B	Sparplan: nein
(11)	**Vollmacht**	ja	
(12)	**Verkaufserlöse**	auf eigenes Konto: ja	Konto eines Dritten: nein
(13)	**AA in %**	brutto*[1] Aktienfonds: 5,25 Geldmarktfonds: 0 Immobilienfonds: n/a	 Rentenfonds: 3 Switch: 0
(14)	**Teilliquidation**	nein Restwert: entfällt	 Zeitraum: entfällt
(15)	**Kontoführungsgebühr**	nein	
(16)	**Steuermitteilung**	ja, Ai, 3, (i, 3 in Planung) Zwischengewinne berücksichtigt: auf Anfrage	
(17)	**Besonderheiten**	*[1]Für die einzelnen Fonds werden auch „B-Shares" ausgegeben. B-Shares haben keinen Ausgabeaufschlag, sind aber mit einer über vier Jahre gestaffelten Rücknahmegebühr (4 % bis 1 %) ausgestattet.	

Activest-Gruppe

Anschrift:	Tel.: 0 18 03/76 77 78
Activest Investmentgesellschaft mbH	Fax: 0 18 03/76 77 40
Apianstraße 16-20	E-Mail: info@activest.de
85774 Unterföhring	Internet: www.activest.de

Activest gehört zu den größten und erfahrensten Investmentgesellschaften in Deutschland. An den Standorten in München, Luxemburg und Bern managt die Gruppe über 70 Milliarden Euro Anlagegelder und konnte so die Position unter den deutschen Kapitalanlagegesellschaften ausbauen: 5,53% Marktanteil gem. BVI, 04/2006 im Publikumsfondsbereich und 6,87% Marktanteil gem. BVI, 12/2005 im Spezialfondsbereich. Wer in Activest-Fonds investiert, setzt auf mehr als 15 Jahre Erfahrung im Publikumsfondsgeschäft und über 40 Jahre Kompetenz in der institutionellen Vermögensverwaltung.

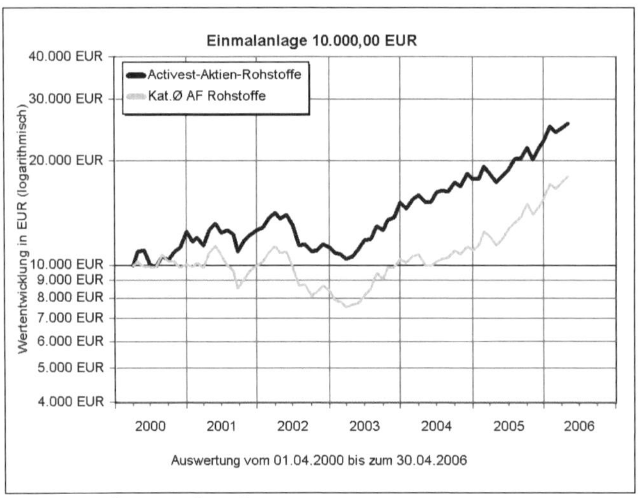

Activest-Aktien-Rohstoffe Quelle: FVBS

Ausgezeichnete Fonds
Activest überzeugt mit einer stringenten Produktpalette für nahezu jedes Kundenbedürfnis – und vielfach ausgezeichneten Fonds. Das zeigen die Urteile unabhängiger Ratingagenturen wie Standard & Poor's (S&P) oder Morningstar. Dabei wird hauptsächlich die Wertentwicklung der vergangenen Jahre unter Risikogesichtspunkten betrachtet. Ob Aktien-, Renten- oder Geldmarktfonds – in allen Anlageklassen ist Activest regelmäßig unter den bestbewerteten Produkten vertreten.

Pioneer Investments und Activest: gemeinsam stärker
Mit der Integration von Pioneer Investments und Activest entsteht ein global integrierter Vermögensverwalter. Die neue Investmentgruppe verwaltet 255 Milliarden Euro (Stand: 31.10.2005) und ist in 22 Ländern präsent. Anleger profitieren von einem noch breiteren Angebot an ausgezeichneten Fonds und der einzigartigen Kombination aus globaler und lokaler Investmentkompetenz.

(1)	**Fondsmanagement**	Alle Fonds werden im Team gemanagt.	
(2)	**Managementansatz**		
(3)	**Unternehmensauswahl**		
(4)	**Mindestanlagebeträge**	Erstanlage: Folgeanlage: Sparplan: Entnahmeplan:	ab € 500,00 ohne Mindestbetrag ab € 25,00 € 10 000,00
(5)	**Vertrieb**	Direkt: ja Fondsshops: ja	Banken: ja Discountbroker: ja m.R.
(6)	**Abwicklungszeitraum**	Kauf: 1 BAT Switch: 1 BAT	Verkauf: 1 BAT
(7)	**Zahlstelle**	Bayer. Hypo- und Vereinsbank AG Am Tucherpark 16, 80538 München	
(8)	**Kauf/Verkauf/Switch**	Post: ja Tel.: nein Internet: ja	Fax: ja E-Mail: nein
(9)	**Verwahrung**	Anlagekonto: ja	Bankdepot: ja
(10)	**Verpfändung**	Einmalbetrag: ja	Sparplan: ja
(11)	**Vollmacht**	ja	
(12)	**Verkaufserlöse**	auf eigenes Konto: ja	Konto eines Dritten: ja
(13)	**AA in %**	netto Aktienfonds: max. 6 Geldmarktfonds: max. 1 Immobilienfonds: keine	 Rentenfonds: max. 5 Switch: kostenlos*[1]
(14)	**Teilliquidation**	Restwert: 10 %	Zeitraum: 12 Monate
(15)	**Kontoführungsgebühr**	€ 8,90 inkl. MwSt.	
(16)	**Steuermitteilung**	Zwischengewinne berücksichtigt: ja	
(17)	**Besonderheiten**	*[1]kostenlos zwischen Fonds mit gleichem AA oder bei Switch in Fonds mit niedrigerem AA. Bei Switch in Fonds mit höherem AA ist die Differenz zu zahlen.	

Ampega Investment AG

Anschrift	Tel.: 05 11/90 57 94-0
Ampega Investment AG	Fax: 05 11/90 57 94-99
Karl-Wiechert-Allee 57	E-Mail: info@ampega.de
30625 Hannover	Internet: www.ampega.de

Die Ampega Investment AG mit Sitz in Hannover ist ein Tochterunternehmen der Talanx AG, der drittgrößten Versicherungsgruppe Deutschlands, und der US-amerikanischen Vermögensverwaltungsgesellschaft Putnam Investments. Ampega wurde 1999 gegründet, um das Leistungsangebot der Talanx um attraktive Investmentprodukte zu erweitern. Die Gesellschaft legt Fonds für institutionelle und private Anleger auf und betreut die konzerneigenen Mandate des Talanx-Konzerns. Kernkompetenzen der Ampega Investment AG sind die Auflage und Verwaltung von Spezial- und Publikumsfonds sowie das strategische Asset Management für institutionelle Kunden. Die langjährige Asset Management Erfahrung im Versicherungskonzern, verbunden mit der internationalen Expertise von Putnam Investments, nutzt Ampega auch in der Umsetzung der Fondsstrategien ihrer Publikumsfonds und kann ihren Kunden damit wesentliche Bausteine für eine ausgewogene Vermögensstrategie anbieten.

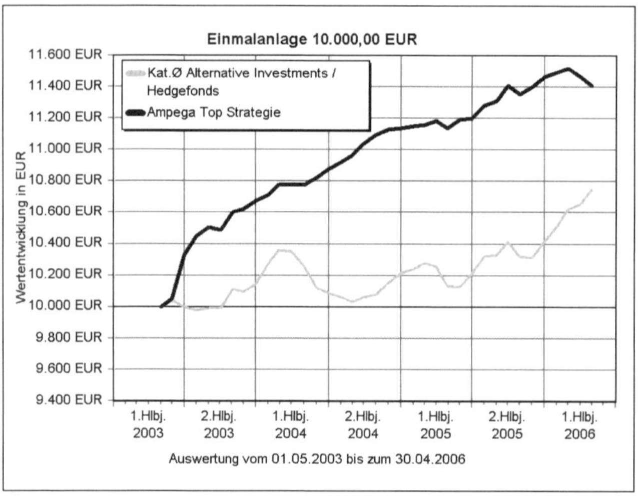

Ampega Quelle: FVBS

Als Fondsgesellschaft eines Versicherungs-Konzerns liegt die besondere Stärke der Ampega in der strategischen und taktischen Asset Allocation. Im Portfoliomanagement steht Ampega damit für Absolute-Return-Ansätze. Diese Kernkompetenz spiegelt sich auch im Ampega Top Strategie Fonds wider.

Die Ampega-Produktpalette umfasst derzeit 27 Publikumsfonds (davon zwei Single-Hedge-Fonds), 25 Spezialfonds sowie weltweit mehr als 177 institutionelle Portfolios aus dem Talanx-Konzern und von Drittkunden. Mit einem verwalteten Vermögen von rund 36 Milliarden Euro zählt Ampega bei den Asset-Managern innerhalb der Versicherungsbranche zur Spitzengruppe.

(1)	**Fondsmanagement**	Die meisten Fonds werden von einem Team gemanagt.	
(2)	**Managementansatz**	Keine generelle Zuordnung möglich	
(3)	**Unternehmensauswahl**	Kombination aus Bottom-up und Top-down	
(4)	**Mindestanlagebeträge**		€ 50,00
		Erstanlage:	€ 500,00
		Folgeanlage:	€ 500,00
		Sparplan:	€ 50,00
		Entnahmeplan:	€ 125,00
(5)	**Vertrieb**	Direkt: ja	Banken: ja
		Fondsshops: ja	Discountbroker: ja
(6)	**Abwicklungszeitraum**	Kauf: 2-4 Tage	Verkauf: 2-4 Tage
		Switch: 2-4 Tage	
(7)	**Zahlstelle**		
(8)	**Kauf/Verkauf/Switch**	Post: ja	Fax: nein
		Telefon: nein	E-Maiel: nein
		Internet: nach Online-Freischaltung des Depots ja	
(9)	**Verwahrung**	Anlagekonto: ja (Ebase)	Bankdepot: ja
(10)	**Verpfändung**	möglich	
(11)	**Vollmacht**	sowohl zu Lebzeiten als auch beschränkt auf den Todesfall möglich	
(12)	**Verkaufserlöse**	auf eigenes Konto: ja	
		Konto eines Dritten: nur bei schriftlichen Aufträgen	
(13)	**AA in %**	netto	
		Aktienfonds: i.d.R. 5	Rentenfonds: i.d.R. 3
		Geldmarktfonds: 0	Immobilienfonds: –
		Switch: je nachdem	
(14)	**Teilliquidation**	keine Angaben	
(15)	**Kontoführungsgebühr**	ebase € 36,00 p.a.	
(16)	**Steuermitteilung**	Jahressteuerbescheinigung	
		Zwischengewinne berücksichtigt: ja	
(17)	**Besonderheiten**	Die Investmentdepots werden bei der European Bank for Fund Services GmbH, kurz ebase, geführt.	

AXA Investment Managers

Anschrift:	Tel.: 069/900 25-0
AXA Investment Managers	Fax: 069/900 25-15990
Bleichstraße 2-4	E-Mail:
60313 Frankfurt	Internet: www.axa-im.com

Wir sind ein Unternehmen der AXA-Gruppe, eines weltweit führenden Anbieters in den Bereichen Vorsorge und Vermögensverwaltung. Als globaler Experte für Asset-Management ist es unser Ziel, serviceorientiert in enger Zusammenarbeit mit unseren Kunden hervorragende Investmentlösungen zu erarbeiten.

Multi-Experte im Asset-Management
Über unsere breite Fondspalette bieten wir Investmentexpertisen in allen wesentlichen Asset-Klassen an. Wir konzentrieren uns dabei auf Kernkompetenzen, in denen wir über eindeutige Wettbewerbsvorteile verfügen und einen Mehrwert für unsere Kunden erzielen.

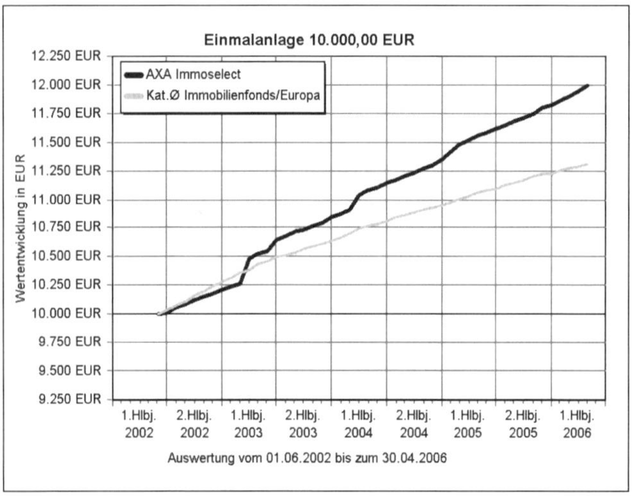

AXA Quelle: FVBS

Investments werden von Spezialisten verwaltet
Um innerhalb unserer großen Unternehmensstruktur die notwendige Dynamik und Schnelligkeit in den verschiedenen Investmentprozessen zu gewährleisten, sind die Investmentteams klein, entscheidungsbefugt und auf Anlageformen und Produkte spezialisiert. So erreichen wir ein hohes Maß an Effektivität.

Investmententscheidungen basieren auf fundamentalem Research
Wir sind davon überzeugt, dass qualifiziertes fundamentales Research der Schlüssel zu einer guten Performance ist. Daher verfügen wir über drei spezialisierte Research-Bereiche: Aktien, Renten und Investmentstrategie.

Strukturierte Investmentprozesse mit integriertem Risikomanagement
Unsere Investmentprozesse sind darauf ausgerichtet, beständige Performance durch klare Zuständigkeiten und integriertes Risikomanagement auf jeder Ebene zu generieren.

Unser Ziel: Überlegene Investmentlösungen für unsere Kunden
Dank unserer lokalen Präsenz kennen wir die Bedürfnisse unserer Kunden sehr genau. Unser umfassendes Angebot ermöglicht es uns, auf diese Anforderun-

(1)	**Fondsmanagement**	Die meisten Fonds werden von einem Team gemanagt.	
(2)	**Managementansatz**	Je nach Fonds eher „Valueorientiert“ oder „Growthorientiert“, jedoch keine generelle Zuordnung möglich.	
(3)	**Unternehmensauswahl**	Beide Investmentansätze fließen in unsere Produkte ein.	
(4)	**Mindestanlagebeträge**	je nach Fondspalette verschieden, generelle Aussage nicht möglich	
(5)	**Vertrieb**	Direkt: nein Fondsshops: ja	Banken: ja Discountbroker: ja
(6)	**Abwicklungszeitraum**	Kauf: 0-6 Tage Switch: 0 Tage	Verkauf: 0-6 Tage
(7)	**Zahlstelle**	je nach Fondspalette verschieden	
(8)	**Kauf/Verkauf/Switch**	Post: nein Telefon: nein Internet: nein	Fax: ja E-Mail: nein
(9)	**Verwahrung**	Anlagekonto: nein	Bankdepot: ja
(10)	**Verpfändung**	n/a	
(11)	**Vollmacht**	n/a	
(12)	**Verkaufserlöse**	n/a	
(13)	**AA in %**	brutto je nach Fondspalette verschieden, generelle Aussage nicht möglich	
(14)	**Teilliquidation**	n/a	
(15)	**Kontoführungsgebühr**	n/a	
(16)	**Steuermitteilung**	n/a Zwischengewinne berücksichtigt	

gen individuell mit maßgeschneiderten Produkt- und Investmentlösungen einzugehen.

Lösungen für private und institutionelleAnleger
Wir verwalten eine breite Palette an Portfolios und Fonds, sowohl für institutionelle Anleger als auch für Privatkunden. Deren Vertrauen haben wir durch die enge Zusammenarbeit mit ihnen, aber auch mit Consultants, Banken und Finanzberatern gewonnen.

Baring Asset Management AG

Anschrift: Baring Asset Management AG Friedrichstr. 2–4 60323 Frankfurt	Tel.: 069/71691888 Fax: 069/71691899 E-Mail: germany.sales@baring-asset.com Internet: www.baring-asset.de

Baring Asset Management ist ein internationales Investmenthaus, bei dem ausgezeichnete Performance Tradition hat. 1762 wurde Barings von den Nachkommen eines Bremer Pastors in England gegründet und war bereits Ende des 18. Jahrhunderts ein angesehener Name im weltweiten Bankgeschäft sowie an den Kapitalmärkten. Seit 1995 gehört Baring Asset Management zur ING Group, einem global tätigen Bank- und Versicherungskonzern niederländischen Ursprungs mit über 100.000 Mitarbeitern in 65 Ländern. Die Baring-Asset-Management-Gruppe verwaltet derzeit weltweit circa 50 Milliarden Euro. Dieses Volumen ist in einem ausgewogenen Verhältnis in Aktien (40 Prozent), Renten (30 Prozent) und gemischten Portfolios (30 Prozent) investiert. Baring Asset Management verwaltet knapp die Hälfte ihrer Assets im Auftrag von Pensionskassen und Versicherungen, ferner 17 Prozent in Publikumsfonds, zwölf Prozent für die öffentliche Hand und zwölf Prozent für Privatkunden und Stiftungen.

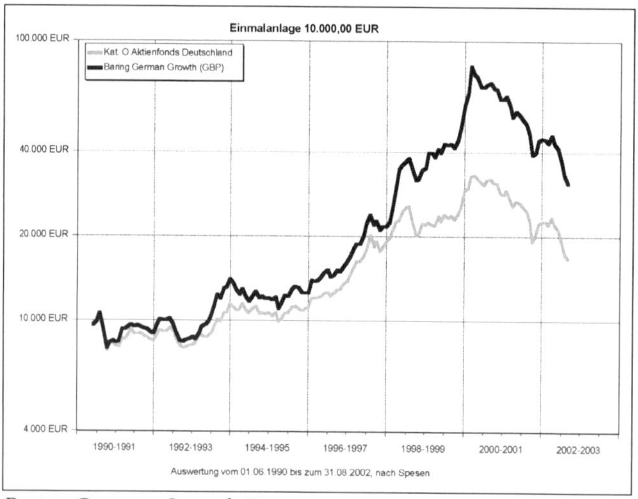

Baring German Growth Trust Quelle: FVBS

Die Ziele des Baring Asset Managements sind:

- ➢ Anbieten exzellenter Produkte und Wertschöpfung für die Kunden,
- ➢ hervorragender Kundenservice,
- ➢ Sicherstellung der optimalen Entwicklungsmöglichkeiten für alle Mitarbeiter.

Investment Management bei Baring Asset Management ist ein Team-Prozess. „Während wir persönliche Verantwortlichkeit befürworten, sind wir der Ansicht, dass Investmentexperten im Team bessere Entscheidungen treffen. Unser Teamansatz stützt sich u. a. auf die folgenden Überlegungen: 1) Teams profitieren von der gesammelten Erfahrung verschiedener Investmentexperten. 2) Intensive Diskussionen und das Überprüfen von Alternativen sind zentrale Bestandteile des Investment Prozesses. 3) Teams bieten eine Fülle von Ressourcen und Kontinuität in Übergangsphasen. 4) Ein Teamansatz liefert wiederholbare Prozesse und Ergebnisse."

(1)	**Fondsmanagement**	teamorientiert	
(2)	**Managementansatz**	Kombination aus Growth und Value	
(3)	**Unternehmensauswahl**	Kombination aus Bottom-up und Top-down	
(4)	**Mindestanlagebeträge**	Erstanlage: Folgeanlage: Sparplan:	€ 5 000,00 € 1 000,00 € 75,00*
(5)	**Vertrieb**:	Direkt: ja Fondsshops: ja	Banken: ja Discountbroker: ja
(6)	**Abwicklungszeitraum**	Trust: 4 BAT	Fund: 5 BAT
(7)	**Zahlstelle**	von Fonds zu Fonds unterschiedlich	
(8)	**Kauf/Verkauf/Switch möglich per**	Post: ja Telefon: ja Internet: nein	Fax: ja E-Mail: nein
(9)	**Verwahrung**	Anlagekonto: ja	Bankdepot: ja
(10)	**Verpfändung**	Einmalbetrag: ja, B	Sparplan: ja, B*
(11)	**Vollmacht**	ja	
(12)	**Verkaufserlöse**	Auf eigenes Konto: ja Konto eines Dritten: nein	
(13)	**AA in %**	brutto Aktienfonds: 5 Switch: kostenlos	 Rentenfonds: 5
(14)	**Teilliquidation**	Restwert: 1 000 Pfund	Zeitraum: -
(19)	**Kontoführungsgebühr**	keine (bei BAM)	
(16)	**Steuermitteilung**	AR 3 Zwischengewinne berücksichtigt: nein	
(17)	**Besonderheiten**	Die Baring Asset Management AG ist keine KAG	

* Sparpläne können derzeit nur bei der Allgemeinen Deutschen Direktbank (DiBa) und einer Reihe anderer Direktbanken eingerichtet werden.

Credit Suisse Asset Management (CSAM)

Anschrift: Credit Suisse Asset Management (Deutschland) GmbH Messe Turm 60308 Frankfurt am Main	Tel.: 069/75381500 Fax: 069/75381796 E-Mail: info@csam.comInternet: Internet: http://www.csam.de

Die CSAM ist eine 100-prozentige Tochter der Credit Suisse Group. Der Schweizer Ursprung ist auf das Jahr 1856 zurückzuführen. Bereits 1940 wurde in New York die erste Auslandsniederlassung eröffnet. Damit war für die Credit Suisse Group die Basis für die heutige globale Präsenz geschaffen. Sie selbst behauptet, heute eines der größten Netzwerke weltweit zu unterhalten.
Auf dieses globale Know-how greift die CSAM zurück. Sie ist eine der Kapitalanlagegesellschaften, die fest daran glauben, dass Gelder dort verwaltet werden müssen, wo die in Frage kommenden Unternehmen ihren Sitz haben; die so genannte Vorortanalyse ist von Bedeutung. Daher greift die CSAM aus Überzeugung auf ihre eigenen lokalen Experten (22 Niederlassungen weltweit) zurück. Nachhaltiger Wertzuwachs ist das oberste Ziel, dabei gibt es keine ausschließliche Konzentration auf Value- oder Growth-Ausrichtungen. Der Erfolg liegt in der richtigen Mischung beider Managementstile. Als weiteren Grundsatz betont die CSAM ihr internes Risikomanagement. Zum Schutz der Kunden unterliegt das Fondsmanagement einer ständigen Kontrolle. Die vorgegebenen Anlageziele sollen mit einem bestmöglichen Chance-Risiko-Profil erzielt werden.

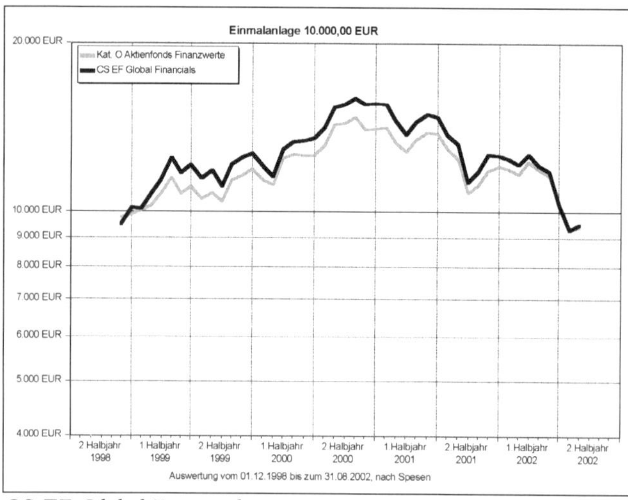

CS EF Global Financials Quelle: FVBS

Per 31.12.2000 verwaltet die CSAM 333 Milliarden Euro Vermögen. Die Anzahl der in Deutschland registrierten Fonds beläuft sich auf 98. Diese unterteilen sich in: 13 Länderfonds, fünf Regionenfonds, zwölf globale Sektorenfonds, vier Small- und Mid-Cap- Fonds, vier IndexMatch Fonds, 26 Rentenfonds, zwei Immobilienfonds und drei Dachfonds.

(1)	**Fondsmanagement**	Die meisten Fonds werden von einem Team gemanagt;	
(2)	**Managementansatz**	Je nach Fonds ergeben sich Kombinationen aus Value, Opportunistic*[1] oder Growth sowie aus Top-down, Bottom-up oder beidem.	
(3)	**Unternehmensauswahl**		
(4)	**Mindestanlagebeträge**	Erstanlage: Folgeanlage: Sparplan: Entnahmeplan:	€ 2 500,00 € 1 000,00 € 50,00 € 25 000,00
(5)	**Vertrieb**	Direkt: ja Fondsshops: ja	Banken: ja Discountbroker: ja, m. R.
(6)	**Abwicklungszeitraum**	Verkauf: 2 BAT	
(7)	**Zahlstelle**	Deutsche Bank AG, Ffm	
(8)	**Kauf/Verkauf/Switch möglich per**	Post: ja Telefon: nein Internet: nein	Fax: ja E-Mail: nein
(9)	**Verwahrung**	Anlagekonto: ja	Bankdepot: ja
(10)	**Verpfändung**	Einmalbetrag: ja,BP	Sparplan: ja,BP
(11)	**Vollmacht**	ja	
(12)	**Verkaufserlöse**	Auf eigenes Konto: ja	Konto eines Dritten: ja
(13)	**AA in %**	netto*[2] Aktienfonds: 5 Immobilienfonds: 5 Switch: 50 % der Zielfonds	 Rentenfonds: 2 oder 3 Geldmarktfonds: 0
(14)	**Teilliquidation**	nein	
(15)	**Kontoführungsgebühr**	0,145 %*[3]	
(16)	**Steuermitteilung**	i, 4*[4] Zwischengewinne berücksichtigt: ja	
(17)	**Besonderheiten**	*[1]Mischung aus Value und Growth. *[2]CS Carat (Lux) Global One 5,0 % brutto. *[3]gestaffelt, ab 125.000 € kostenfrei *[4]Bei CS Carat (Lux) Global One: AR, 4.	

Delta Lloyd Investment Managers GmbH

Delta Lloyd Investment Managers GmbH
Gustav-Stresemann-Ring 1
65189 Wiesbaden

Tel.: 0611/734 10
Fax: 0622/734 12 00
E-Mail: fonds@deltalloyd.de
Internet: http://www.deltalloyd.de

Die Delta-Lloyd-Gruppe gehört zur britischen AVIVA-Gruppe, einem der größten Versicherungs- und Vermögensverwaltungskonzerne weltweit, in Europa zählt die Gruppe zu den Top Five. Insgesamt verwaltete sie per Ende 2001 ein Fondsvermögen von mehr als 300 Mrd. Euro. Mit über den ganzen Globus verteilten Standorten und Research-Zentren sichert die Gruppe ihren Kunden den direkten und professionellen Zugang zum internationalen Finanzgeschäft. Das Fondsmanagement von Delta Lloyd Investment Managers GmbH nutzt diese konzernweiten Kapazitäten bei gleichzeitiger Wahrung ihrer eigenen Unabhängigkeit.

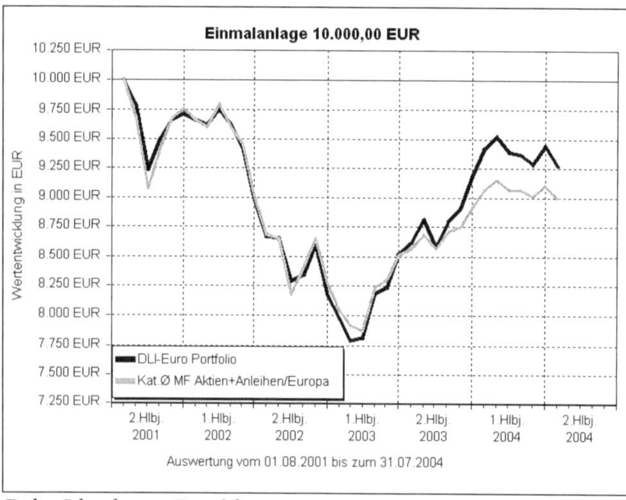

Delta Lloyd euro Portfolio Quelle: Comdirect

Delta Lloyd Investment Managers GmbH mit Sitz in Wiesbaden wurde 1998 als deutsche Kapitalanlagegesellschaft gegründet. Die Gesellschaft ist eine 100-prozentige Tochter der Holdinggesellschaft Delta Lloyd Deutschland AG und verwaltet neun Spezialfonds, elf Publikumsfonds und Finanzportfolios mit einem Gesamtvermögen von 3,6 Mrd. Euro (per 31.07.2002).

Delta Lloyd Investment Managers GmbH hat im Bereich Fondsinnovationen bereits mehrfach eine Vorreiterstellung eingenommen. So ist es ihr in Kooperation mit Morley Fund Management Ltd., London, im Juni 2002 gelungen, den ersten aktiv gemanagten und international investierenden Aktienfonds mit Nachhaltigkeitsstrategie (Sustainability, Social Responsible Investment) nach deutschem Recht aufzulegen. Auch in Sachen Transparenz hat sich Delta Lloyd Investment Managers GmbH unter dem Stichwort „Gläserne Fonds“ bereits einen Namen gemacht: Unter www.deltalloyd.de sind im Internet börsentäglich die Einzelwerte der im öffentlichen Vertrieb befindlichen Publikumsfonds einzusehen. Auf diese Weie können Anleger die Aktivitäten des Fondsmanagements ständig tagesaktuell nachvollziehen.

(1)	**Fondsmanagement**	Teamansatz	
(2)	**Managementansatz**	GARP – Growth at a reasonable price; aktiv, marktorientiert	
(3)	**Unternehmensauswahl**	Kombination Top-down, Bottom-up	
(4)	**Mindestanlagebeträge**	Erstanlage:	€ 5 000 (Geldmarktfonds) € 1 000
		Folgeanlage:	€ 250,00
		Sparplan:	€ 50,00
		Entnahmeplan:	ja (Depot bei Gries & Heissel Bankiers AG)
(5)	**Vertrieb**	Direkt: nein	Banken: ja
		Fondsshops: ja	Discountbroker: ja
(6)	**Abwicklungszeitraum**	Verkauf: 2 AT	
(7)	**Zahlstelle**	Gries & Heissel Bankiers AG, Berlin	
(8)	**Kauf/Verkauf/Switch möglich per**	Post: ja	Fax: ja
		Telefon: ja	E-Mail: nein
		Internet: nein (Depot bei Gries & Heissel)	
(9)	**Verwahrung**	Anlagekonto: ja	Bankdepot: ja (bei Gries & Heissel Bankiers AG)
(10)	**Verpfändung**	Einmalbetrag: ja	Sparplan: ja
(11)	**Vollmacht**	Für den Todesfall: ja	Depotvollmacht zu Lebzeiten: nein (Depot bei Gries & Heissel)
(12)	**Verkaufserlöse**	Auf eigenes Konto: ja	Konto eines Dritten: ja bei schriftl. Anzeige
(13)	**AA in%**	brutto	
		Aktienfonds: 0	Rentenfonds: 3
		Mischfonds: 4	Geldmarktfonds: 0
		Dachfonds: 3-5	Switch: ja
(14)	**Teilliquidation**	nein	
(15)	**Kontoführungsgebühr**	€ 15,00 p.a. (Depot bei Gries & Heissel)	
(16)	**Steuermitteilung**	ja Zwischengewinne berücksichtigt: ja (Depot bei Gries & Heissel)	
(17)	**Besonderheiten**	Bereits gezahlter AA wird bei Tausch in einen Fonds mit höherem AA angerechnet (Depot bei Gries & Heissel)	

DEUTSCHER INVESTMENT-TRUST (dit)

DEUTSCHER INVESTMENT-TRUST
Gesell. für Wertpapieranlagen GmbH
Mainzer Landstraße 11–13
60329 Frankfurt am Main

Tel.: 09281/72 20
Fax: 09281/72 21 15
E-Mail: info@dit.de
Internet: http://www.dit.de

Der dit ist die Fondsgesellschaft der Dresdner Bank AG und gehört zu den führenden Kapitalanlagegesellschaften in Deutschland.

Der dit wurde 1956 gegründet und ist die zweitälteste deutsche Fondsgesellschaft. CONCENTRA – der Fonds für deutsche Aktien – kam als erstes Produkt im Gründungsjahr auf den Markt. Innovative Stärke bewies der dit nicht nur mit dem ersten Rentenfonds im Jahre 1966, sondern beispielsweise auch bei der konsequenten Einführung von Länder- und Branchenkonzepten für Aktienfonds. Einer der Pioniere war der dit auch beim Einsatz der neuen Medien – bereits seit 1995 können Anleger die gesamte Fondspalette auch über das Internet ordern.

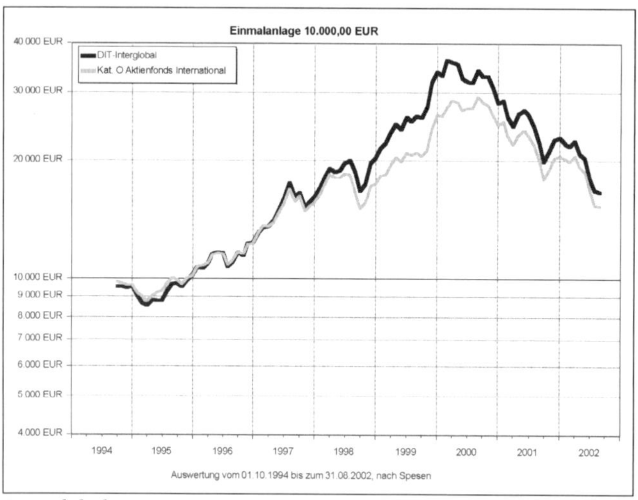

Interglobal Quelle: FVBS

Seit seinen ersten Produkten steht der dit für eine klar strukturierte Fondspalette mit ertragssicheren Anlagechancen. Dabei fühlt sich der dit seinen Investoren in besonderem Maße zu Produktwahrheit und Transparenz verpflichtet: In alle Aktien-, Renten-, Geldmarkt- oder Branchenfonds werden ausschließlich die Wertpapiere aufgenommen, die das Fondskonzept ausweist. Zusammen mit seinen Tochtergesellschaften verwaltet der dit-Fondsmanager heute Kundengelder von mehr als 48 Milliarden Euro (Stand: Juni 2001). Nicht zuletzt durch die Qualität seiner Produkte und die hohe Zufriedenheit der Anleger hatte der dit einen entscheidenden Anteil daran, dass Investmentfonds in Deutschland zu einem der bedeutendsten Geldanlageinstrumente geworden sind. Mit zurzeit über 130 Publikumsfonds bietet der dit seinen Anlegern eine vielseitige Palette, mit der sie ihre persönlichen Anlagestrategien und individuellen Vermögensziele verwirklichen können.

(1)	**Fondsmanagement**	Team	
(2)	**Managementansatz**	Je nach Fonds reine Growth- oder Value-Strategie bzw. Kombination von beiden	
(3)	**Unternehmensauswahl**	Je nach Fonds Bottom-up oder Top-down	
(4)	**Mindestanlagebeträge**	Erstanlage: Folgeanlage: Sparplan: Entnahmeplan:	€ 250,00 € 50,00 € 50,00 € 5 000,00
(5)	**Vertrieb**	Direkt: ja Fondsshops: ja	Banken: ja Discountbroker: ja
(6)	**Abwicklungszeitraum**	Verkauf: 1 BAT	
(7)	**Zahlstelle**	Dresdner Bank AG	
(8)	**Kauf/Verkauf/Switch möglich per**	Post: ja Telefon: ja Internet: ja	Fax: ja E-Mail: nein
(9)	**Verwahrung**	Anlagekonto: ja	Bankdepot: ja
(10)	**Verpfändung**	Einmalbetrag: ja, BP	Sparplan: ja, BP
(11)	**Vollmacht**	ja	
(12)	**Verkaufserlöse**	Auf eigenes Konto: ja	Konto eines Dritten: ja
(13)	**AA in%**	brutto Aktienfonds: 0-5 Geldmarktfonds: 0 Switch: voller Ausgabeaufschlag	 Rentenfonds: 0-4
(14)	**Teilliquidation**	nein	
(15)	**Kontoführungsgebühr**	€ 8,05	
(16)	**Steuermitteilung**	Ai, 1 Zwischengewinne berücksichtigt: ja	
(17)	**Besonderheiten**	–	

DJE – Dr. Jens Ehrhardt Kapital AG

Adresse:
Dr. Jens Ehrhardt Kapital AG
Georg-Kalb-Str. 9
82049 Pullach

Tel.: 089/79 04 53-0
Fax: 089/79 11 076
E-Mail: info@dje.de
Internet: www.dje.de

Gegründet 1974, hat sich das Unternehmen im Lauf der Zeit zu einem der führenden, von Banken völlig unabhängigen Vermögensverwalter im deutschsprachigen Raum entwickelt. Als zuverlässiger Partner von Investmentfondsanlegern, Depotverwaltungskunden, Banken und Versicherungen sind wir bekannt für eine wertorientierte und risikoarme Anlagepolitik: Seit Auflage unseres ersten eigenen Aktienfonds verzeichnen wir eine überdurchschnittliche Performance. Und das – entgegen allen branchenüblichen Erfahrungen – bei unterdurchschnittlichen Risiken. Die Fonds unserer Gruppe zählen zu den erfolgreichsten am Markt. Unser ältester Fonds, der FMM-Fonds, erzielte seit Auflegung im Jahr 1987 eine durchschnittliche jährliche Rendite von rund 10,8%, und das bei einer im Vergleich zu internationalen Aktienindizes niedrigen Volatilität. Der Fonds, nach dessen Strategie viele unserer Produkte gemanagt werden, wurde von der Agentur Standard & Poor's mit einem AA-Rating ausgezeichnet. Der Erfolg unserer Gesellschaft im Fondsgeschäft ist nicht nur auf die richtigen Anlageentscheidungen zurückzuführen, sondern insbesondere auch darauf, dass Dr. Jens Ehrhardt und sein Team es immer wieder verstehen, innovative, kundenfreundliche Anlagelösungen auf den Markt zu bringen. Unser Unternehmen verfügt über eines der größten und erfolgreichsten Research-Teams außerhalb des Bankensektors. Seine wichtigsten Instrumente: die speziellen Analysetechniken der Behavioral-Finance-Methode mit ihren psychologischen Stimmungsindikatoren. Unser Research-Team arbeitet eigenständig und unabhängig auf Basis der in unserem Haus entwickelten FMM-Methodik. FMM steht für „Fundamental", „Monetär" und „Markttechnisch" – die Aspekte, anhand derer wir die Entwicklung an den Märkten analysieren und interpretieren. Und FMM steht für unseren methodischen Vorsprung: Schon oft haben wir Trends frühzeitig erkannt und entsprechend gehandelt. Auf diese Weise haben wir selbst in den Krisenjahren 2000 bis 2002 Wertzuwächse realisiert, während andere Gesellschaften deutliche Vermögensverluste hinnehmen mussten.

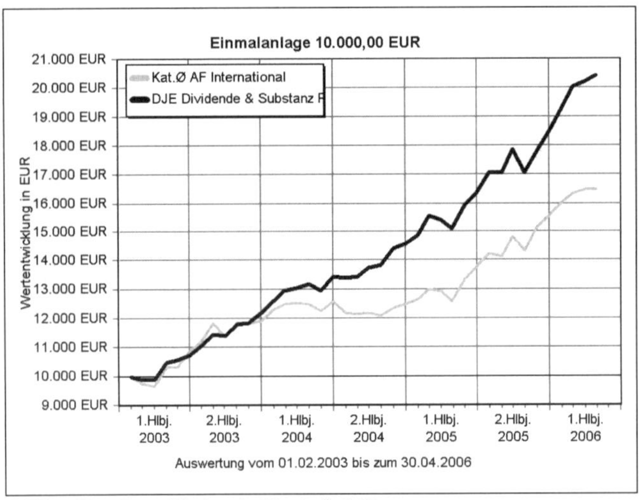

DJE – Dr. Jens Ehrhardt Kapital AG Quelle: FVBS

(1)	**Fondsmanagement**	Die meisten Fonds werden von einem Team gemanagt.	
(2)	**Managementansatz**	Growth: In Einzelfällten Value: Schwerpunkt	
(3)	**Unternehmensauswahl**	Bottom up: Beide Tow down: Beide	
(4)	**Mindestanlagebeträge**	Erstanlage: Folgeanlage: Sparplan: Entnahmeplan:	€ 2 500,00 für P-Shares € 2 500,00 für P-Shares € 50,00 keine Höhe festgelegt
(5)	**Vertrieb**	Direkt: ja Fondsshops: ja	Banken: ja Discountbroker: ja
(6)	**Abwicklungszeitraum**	Kauf: 2-4 Tage Switch: 2-4 Tage	Verkauf: 2-4 Tage
(7)	**Zahlstelle**	Bank of America Frankfurt	
(8)	**Kauf/Verkauf/Switch möglich per**	Post: ja Telefon: nein Internet: nein	Fax: ja E-Mail: ja
(9)	**Verwahrung**	Anlagekonto: nein	Bankdepot: ja
(10)	**Verpfändung**	Einmalbetrag: ja	Sparplan: ja
(11)	**Vollmacht**	ja	
(12)	**Verkaufserlöse**	Auf eigenes Konto: ja	Konto eines Dritten: ja
(13)	**AA in%**	brutto/netto Aktienfonds: 5 Geldmarktfonds: Switch: € 8,00	 Rentenfonds: 2 Immobilienfonds 2
(14)	**Teilliquidation**	Restwert: ja	Zeitraum: 90 Tage
(15)	**Kontoführungsgebühr**	€ 9,00 bis 20,00 p.a.	
(16)	**Steuermitteilung**	nein Zwischengewinne berücksichtigt: ja	
(17)	**Besonderheiten**	–	

DWS Investment GmbH

Anschrift:
DWS Investment GmbH
Grüneburgweg 113-115
60323 Frankfurt am Main

Tel.: 01805/10 11 10 11
Fax: 01805/10 11 10 50
E-Mail: info@dws.de
Internet: http://www.dws.de

Die DWS ist eine 93-prozentige Tochter der Deutschen Bank. Die verbleibenden sieben Prozent sind zu je 0,5 Prozent im Besitz von Privatbanken und Versicherungsgesellschaften. Die DWS wurde 1956 in Frankfurt am Main gegründet. Sie ist mit 23 Prozent Marktanteil Marktführer in Deutschland und mit rund fünf Prozent Marktanteil in Europa auch größte europäische Publikumsfondsgesellschaft. Anders als die meisten Fondsanbieter ist die DWS international aufgestellt. So ist sie unter anderem in Italien, Spanien, Luxemburg, Österreich, Polen, Frankreich und der Schweiz lokal präsent. Der Informationsaustausch zwischen den lokalen Fondsmanagementeinheiten und deren Marktnähe leisten einen wertvollen Beitrag für die Performance. Als Teil des Asset Management Division der Deutschen Bank hat sie ferner Zugang zu dem Know-how der Gruppe weltweit. Die Philosophie der DWS ist geprägt von den Werten Performance, Innovation und Service. Keine Fondsgesellschaft hat von neutralen Ratingagenturen und Medien mehr Auszeichnungen erhalten als die DWS. So kürte sie z. B. Standard & Poor's in Deutschland von 1994 bis 2001 sieben Jahre hintereinander zur „besten Fondsgesellschaft“– länger gibt es diese Auszeichnung nicht. Ihre Innovationskraft unterstreicht die DWS regelmäßig durch Produkteinführungen, die es bis dato auf dem deutschen Markt nicht gab: erste Branchenfonds, erste steueroptimierte Fonds, erste Tradingfonds, erstes Börsenlisting von aktiv gemanagten Fonds, erste Themenfonds, erste Dachfonds mit Fonds anderer KAGs etc. Die Servicequalität wurde im Juli 2001 unter anderem durch ein unabhängiges Rating des Internetangebots bestätigt. Die DWS landete auf dem ersten Platz von 40 in Deutschland aktiven Fondsanbietern. Per 31.12.2000 verwaltete die DWS ein Vermögen von 94 Milliarden Euro in Deutschland und 120 Milliarden Euro in Europa. Die Anzahl der in Deutschland registrierten Fonds beläuft sich auf über 220. Diese unterteilen sich in Aktien-, Renten-, Geldmarkt-, Dach-, AS- und gemischte Fonds. Die DWS managt keine Immobilien- und keine Indexfonds.

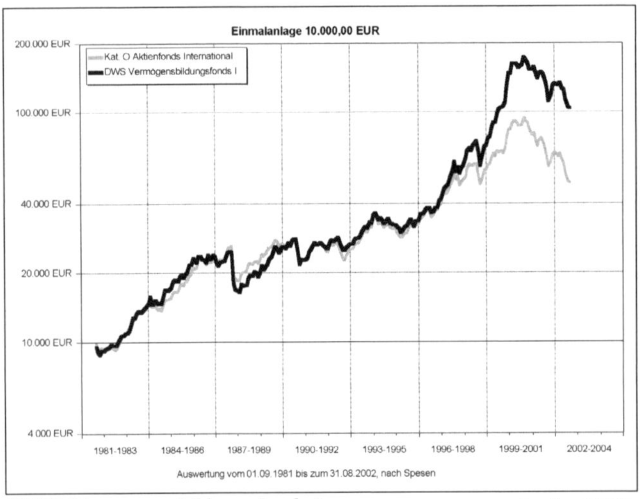

DWS Vermögensbildungsfonds I Quelle: FVBS

(1)	**Fondsmanagement**	Die meisten Fonds werden von einem Team gemanagt
(2)	**Managementansatz**	Je nach Fonds ergeben sich Kombinationen aus
(3)	**Unternehmensauswahl**	Value, Opportunistic*[1] oder Growth sowie aus Top-down, Bottom-up oder beidem.
(4)	**Mindestanlagebeträge**	Erstanlage: - Folgeanlage: - Sparplan: € 50,00 Entnahmeplan: -
(5)	**Vertrieb**	Direkt: ja Banken: ja Fondsshops: ja Discountbroker: ja
(6)	**Abwicklungszeitraum**	Verkauf: 1 BAT
(7)	**Zahlstelle**	Deutsche Bank AG, Ffm
(8)	**Kauf/Verkauf/Switch möglich per**	Post: ja Fax: ja E-Mail: nein Telefon: ja (Switch nur Internet: ja für DWS-Direkt-Kunden)
(9)	**Verwahrung**	Anlagekonto: ja Bankdepot: ja
(10)	**Verpfändung**	Einmalbetrag: ja, BP Sparplan: ja, BP
(11)	**Vollmacht**	ja
(12)	**Verkaufserlöse:**	Auf eigenes Konto: ja Konto eines Dritten: ja
(13)	**AA in %**	netto Aktienfonds: 3-5 Rentenfonds: 1,5-3 Geldmarktfonds: 0 Trading Fonds: 0 Switch: siehe (17)*[2]
(14)	**Teilliquidation**	nein
(15)	**Kontoführungsgebühr**	alle Angaben inkl. MwSt DWS (Ffm): 0,29% p.a., mind. € 5,04, max. € 10,08; DWS (Lux.): 0,448% p.a., mind. € 14,31, max. € 57,26
(16)	**Steuermitteilung**	ja Zwischengewinne berücksichtigt: ja
(17)	**Besonderheiten**	*[1]Mischung aus Value und Growth. *[2]Von Fonds mit AA in Fonds mit AA: 0,5 % (mind. € 50,00). Fonds mit AA in Fonds ohne AA: kostenfrei. Fonds ohne AA in Fonds mit AA: voller AA, wenn der Ausgangsfonds innerhalb der vergangenen 6 Monate erworben wurde, fi AA, wenn der Ausgangsfonds seit mind. 6 Monaten in Besitz ist. Fonds ohne AA in Fonds ohne AA: kostenfrei.

Fidelity Investment Services GmbH (Fidelity)

Anschrift	Tel.: 069 /242602-0
Fidelity Investment Services GmbH	Fax: 069 /233638
Lyoner Str. 24–26	E-Mail: –
60528 Frankfurt am Main	Internet: http://www.fidelity.de

Fidelity Investments wurde 1946 in Boston, USA, gegründet und ist heute mit über 15 Millionen Anlegern und einem verwalteten Vermögen von über 1.071 Milliarden Euro (Stand 31.03.2001) das weltweit führende unabhängige Fondsmanagement-Unternehmen. Fidelity Investments umfasst zum einen die Fidelity Management & Research Corporation in Boston, zum anderen Fidelity International Limited, die 1969 gegründet wurde und alle nichtamerikanischen Geschäftsinteressen von Fidelity wahrnimmt. Domizilstelle für die in Deutschland zum öffentlichen Vertrieb zugelassene Palette der Fidelity Funds SICAV ist Luxemburg. Aus den 400 Millionen US-Dollar, mit denen Fidelity in Kontinentaleuropa im Oktober 1990 begann, wurden inzwischen über 100 Milliarden US-Dollar. Diese teilen sich in Aktien-, Asset Allocation- und Rentenfonds sowie Misch- und geldmarktnahe Fonds auf.

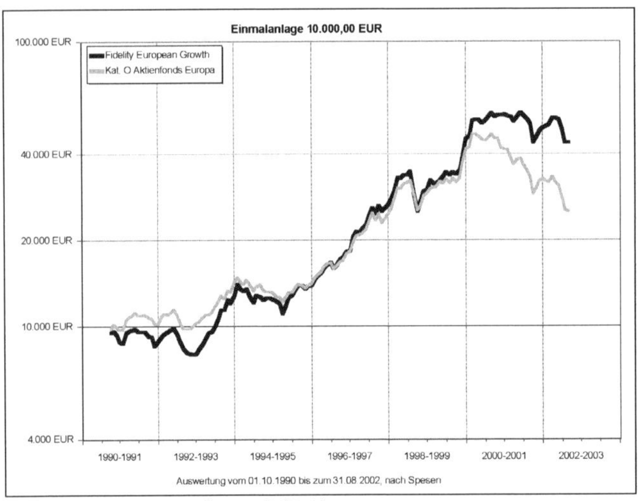

Fidelity International Fund (PA) Quelle: FVBS

Die Investmentphilosophie von Fidelity zeichnet sich durch die „Bottom-up"-Strategie und das Stockpicking (d. h. die gezielte Auswahl einzelner Wertpapiere) aus. Fidelity legt dabei großen Wert auf Research aus eigener Hand. Fidelitys Team aus Vorort-Experten umfasst weltweit 400 Analysten und Fondsmanager, die jährlich eine große Anzahl an Unternehmensbesuchen durchführen und Kontakte zur Geschäftsführung der zu untersuchenden Unternehmen herstellen. Die Anzahl der in Deutschland registrierten Fonds beläuft sich auf 66.

(1)	**Fondsmanagement**	teamorientiert
(2)	**Managementansatz**	Je nach Fonds Value, Growth oder Blend. Teilweise können Fonds ihre Strategie ändern.
(3)	**Unternehmensauswahl**	Bottom-up-Ansatz
(4)	**Mindestanlagebeträge**	Erstanlage: € 2 000,00*[1] Folgeanlage: € 750,00 Sparplan: € 125,00 Entnahmeplan: € 10 000,00
(5)	**Vertrieb**	Direkt: ja Banken: ja Fondsshops: ja Discountbroker: ja
(6)	**Abwicklungszeitraum**	Verkauf: 3-5 BAT
(7)	**Zahlstelle**	Bank of America NT & SA, Frankfurt
(8)	**Kauf(K)/Verkauf(V)/ Switch(S) möglich per**	Post: V:ja, S:ja Fax (sofern Faxvollmacht): V:ja S:ja Telefon: V:ja O.n. S:ja E-Mail: nein Internet: *[2] V:nein S:ja
(9)	**Verwahrung**	Anlagekonto: ja Bankdepot: ja
(10)	**Verpfändung**	Einmalbetrag: ja, BP Sparplan: nein
(11)	**Vollmacht**	ja
(12)	**Verkaufserlöse**	Auf eigenes Konto: ja Konto eines Dritten: nein
(13)	**AA in %**	brutto Aktienfonds: 5,25 Rentenfonds: 3,5 Geldmarktfonds: 0,0 Switch: *[3]
(14)	**Teilliquidation**	nein
(15)	**Kontoführungsgebühr**	keine
(16)	**Steuermitteilung**	i, 1 Zwischengewinne berücksichtigt: nein
(17)	**Besonderheiten**	*[1] Portfolio Selector Erstanlage € 5 000,00 Folgeanlage: € 1 250,00. *[2] Über WebXpress. *[3] Switch innerhalb Fonds ohne Ausgabeaufschlag 0,00 %; von Fonds ohne Ausgabeaufschlag in alle anderen Fonds bis zu 5,25 %; von allen anderen Fonds in Fonds ohne Ausgabeaufschlag 0,00 %; von allen anderen Fonds in alle anderen Fonds bis zu 1,00 %. (In Fällen, in denen der Anleger zu einem früheren Zeitpunkt bereits den vollen Ausgabeaufschlag auf die umzuschichtenden Anteile bezahlt hat, beträgt die Umschichtungsgebühr bis zu 1 %.)

FRANKFURT-TRUST Investment-Management GmbH (FT)

Anschrift:	Tel.: 069/9 20 50 200
FRANKFURT-TRUST Investment-GmbH	Fax: 069/9 20 50 102
Grüneburgweg 102	E-Mail: info@franfkurt-trust.de
60323 Frankfurt am Main	Internet: www.frankfurt-trust.de

FRANKFURT-TRUST wurde 1969 als eine 100-prozentige Tochtergesellschaft der BHF-BANK gegründet. Er gehört mit einem verwalteten Vermögen von über 14 Milliarden Euro zu den Top Ten der deutschen Fondsgesellschaften. Zu den Kunden des FRANKFURT-TRUST zählen einerseits anspruchsvolle Privatanleger, für die Gelder in 35 Fonds verwaltet werden. Die Anlagemittel großer institutioneller Investoren, wie Lebens- und Sachversicherer, Unternehmen und Verbände, die ebenfalls auf die langjährige Kapitalmarktexpertise des FRANKFURT-TRUST vertrauen, verteilen sich auf annähernd 90 Spezialfonds.
Neben der Produktqualität stehen beim FRANKFURT-TRUST Service und Kundenzufriedenheit an erster Stelle. Die Fondspalette reicht vom breit gestreuten, internationalen Aktienfonds bis zum Spezialitätenfonds und vom Geldmarktfonds bis zum internationalen Rentenportefeuille, wobei dem eigentlichen Investmentgedanken immer Rechnung getragen wird. Somit wird ein aussichtsreiches, einfaches und bequemes Engagement an den wichtigsten Wertpapiermärkten der Welt ermöglicht.
In einem teamorientierten Managementansatz werden gesamtwirtschaftliche Betrachtungen einer Top-down-Strategie mit einem Bottom-up-Ansatz verbunden. Dabei spielen Erkenntnisse, die bei direkten Unternehmensbesuchen gewonnen werden, eine äußerst wichtige Rolle. Ein weiterer Vorteil ist der Verbund mit der ING-Gruppe, einem der größten Asset Manager weltweit, der über ein eigenes internationales Informationsnetz verfügt.

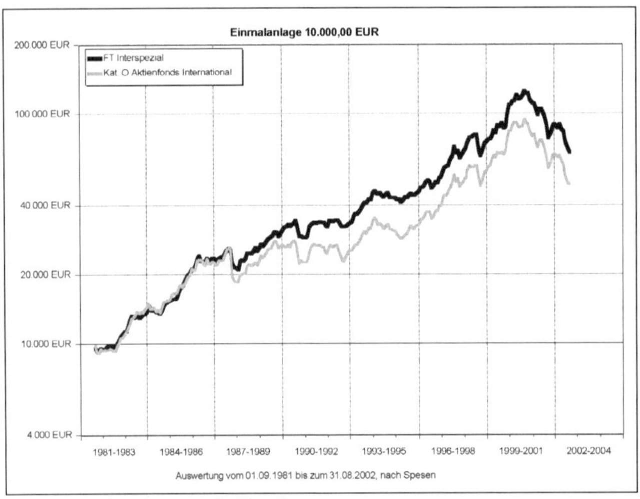

FT Amerika Dynamik Fonds Quelle: FVBS

(1)	**Fondsmanagement**	Die Anlageentscheidungen werden im gesamten Managementteam vorbereitet; die Verantwortung für die Umsetzung liegt i. d. R. beim jeweiligen Fondsmanager.	
(2)	**Managementansatz**	FT verfolgt einen integrierten Managementansatz, so dass eine direkte Zuordnung zu einem der genannten Managementstile nicht möglich ist.	
(3)	**Unternehmensauswahl**		
(4)	**Mindestanlagebeträge**	Erstanlage:	€ 2 500,00
		Folgeanlage:	€ 100,00
		Sparplan:	€ 100,00
		Entnahmeplan:	€ 5 000,00
(5)	**Vertrieb**	Direkt: ja	Banken: ja
		Fondsshops: ja	Discountbroker: nein
(6)	**Abwicklungszeitraum**	Verkauf: 2 BAT	
(7)	**Zahlstelle**	BHF-BANK, Frankfurt am Main	
(8)	**Kauf/Verkauf/Switch möglich per**	Post: ja	Fax: ja
		Telefon: nein	E-Mail: nein
		Internet: ja, bei Online-Kontoführung	
(9)	**Verwahrung**	Anlagekonto: ja	Bankdepot: ja
(10)	**Verpfändung**	Einmalbetrag: ja	Sparplan: ja
(11)	**Vollmacht**	ja	
(12)	**Verkaufserlöse**	Auf eigenes Konto: ja Konto eines Dritten: nein	
(13)	**AA in %**	brutto	
		Aktienfonds: 5	Rentenfonds: 3
		Geldmarktfonds: 0	Switch: 0,5*
(14)	**Teilliquidation**	ja Restwert: 90 % Zeitraum 12 Monate	
(15)	**Kontoführungsgebühr**	€ 8,90 je Fonds	
(16)	**Steuermitteilung**	ja; i, 1 Zwischengewinne berücksichtigt: ja	
(17)	**Besonderheiten**	*nach einer Mindestanlagedauer von 6 Monaten; Ersteinzahlungen in Geldmarkt- und Kurzläuferfonds ausgenommen. FT-Kombiplan: Umschichtungsmodell aus einem Geldmarktfonds in einen Aktienfonds zur Streuung des Einzahlungszeitpunktes (ab € 5 000 Anlagesumme).	

Franklin Templeton Investments

Franklin Templeton Investment Services GmbH
Postfach 11 18 03
60053 Frankfurt / Main

Tel: 0800/0 73 80 02
Fax: 069/272 23 120
E-Mail: info@templeton.de
Internet: www.franklintempleton.de

Templeton wurde 1940 von Sir John Templeton gegründet. Die Gründung von Franklin erfolgte 1947 in New York. Im Oktober 1992 schlossen sich die beiden Gesellschaften zur Franklin-Templeton-Gruppe zusammen. 1996 wurde Franklin Mutual Advisers als weiteres Unternehmen in die Gruppe aufgenommen. Seit April 2001 gehört Fiduciary Trust Company International, eine der ältesten und renommiertesten Investmentgesellschaften, ebenfalls zu Franklin Templeton Investments.

Weltweit verwaltet Franklin Templeton Investments ein Fondsvermögen von rund 316 Milliarden Euro für private Anleger und einige der bedeutendsten multinationalen Konzerne. In Deutschland beträgt das verwaltete Fondsvermögen circa sechs Milliarden Euro (Stand: zweites Quartal 2001). Die Franklin-Templeton-Gruppe hat mit über 40 Büros in den wichtigsten Wirtschaftszentren ein weltweites Netzwerk aufgebaut. Je nach Anlageziel und Sicherheitsbedürfnis können Anleger aus einer breiten Fondspalette auswählen.

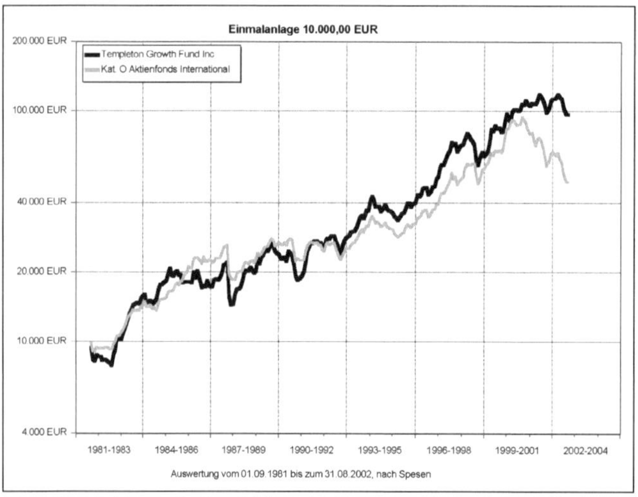

Templeton Growth Fund, Inc. Quelle: FVBS

(1)	**Fondsmanagement**	teamorientiert	
(2)	**Managementansatz**	Templeton Fonds: Value, Franklin Fonds: Growth,	
(3)	**Unternehmensauswahl**	Bottom-up	
(4)	**Mindestanlagebeträge**	Erstanlage: Folganlage: Sparplan: Entnahmeplan:	€ 2 500,00 € 500,00 1/12 oder 1/4 € 150,00 € 25.000,00
(5)	**Vertrieb**	Direkt: ja Fondsshops: ja	Banken: ja Discountbroker: ja
(6)	**Abwicklungszeitraum**	Verkauf: 1-2 BAT	
(7)	**Zahlstelle**	JP Morgan Chase & Co.	
(8)	**Kauf/Verkauf/Switch möglich per**	Post: ja Telefon: nein Internet: nein	Fax: nein/ja O. n./ja E-Mail: nein
(9)	**Verwahrung**	Anlagekonto: ja	Bankdepot: ja
(10)	**Verpfändung**	Einmalbetrag: ja, B	Sparplan: ja, B
(11)	**Vollmacht**	ja	
(12)	**Verkaufserlöse**	Auf eigenes Konto: ja Konto eines Dritten: ja	
(13)	**AA in %**	brutto Aktienfonds: TGF 0-5,75*[1]; FTIF 0-5,25*[2] Rentenfonds: 0-3*[2] Geldmarktfonds: 0 Switch: i.d.R. kostenfrei *[3]	
(14)	**Teilliquidation**	ja Restwert: nein Zeitraum: 12 Monate	
(15)	**Kontoführungsgebühr**	nein	
(16)	**Steuermitteilung**	Ai, 1 Zwischengewinne berücksichtigt: ja	
(17)	**Besonderheiten**	*[1] Für TGF gilt Staffelung in Abhängigkeit vom Investitionsbetrag – ab USD 1 Mio. ist der Ausgabeaufschlag 0 %, *[2] Für FTIF hängt der Ausgabeaufschlag von der Anteilsklasse ab, *[3] Switch von Rentenfonds in Aktienfonds nach 6 Monaten kostenfrei. Switch von Geldmarktfonds in Renten- oder Aktienfonds = Ausgabeaufschlag. TGF = Templeton Growth Fund, Inc. (USA-Fonds)	

Henderson Global Investors

Anschrift:	Tel.: 069/97 168 110
Henderson Global Investors	Fax: 069/168 304
Centre Frankfurt Trianon	E-Mail : horizon@henderson.com
Mainzer Landstraße 16, Frankfurt/Main	Internet: www.henderson.com

Henderson Global Investors ist eine britische Kapitalanlagegesellschaft, die zur australischen AMP-Gruppe gehört. Henderson wurde 1934 gegründet, um die Güter von Alexander Henderson, dem ersten Lord Faringdon, zu verwalten. Seit 1974 verwaltet das Unternehmen auch Pensionsgelder. Dem Börsengang 1983 folgte 1992 die Übernahme von Touche Remnant aus den Händen der Société Générale, bevor Henderson 1998 von AMP übernommen wurde. Durch diese Zusammenschlüsse verwaltet Henderson heute 165 Milliarden Euro. Das Unternehmen bietet eine breite Palette von Investmentprodukten für institutionelle und private Kunden an.

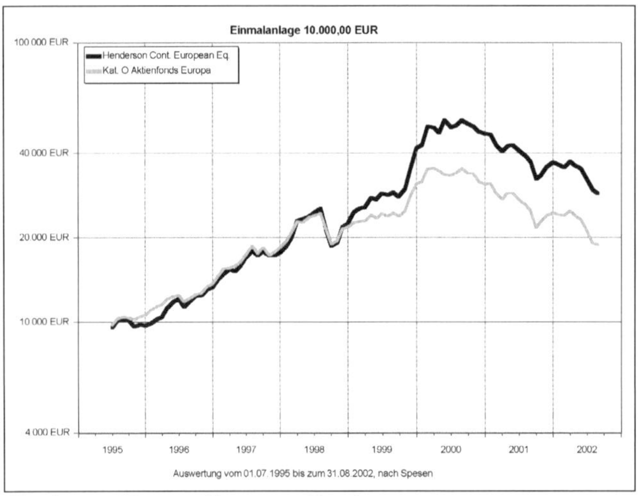

Henderson Horizon European Fund Quelle: FVBS

Henderson verfügt weltweit über ein Team aus mehr als 226 Investmentexperten. Das Unternehmen zielt ab auf Wertsteigerung der aktiv gemanagten Kundenportfolios durch Asset-Allokation, Sektoren- und Themenauswahl und Bestandsselektion und verlässt sich nicht auf einen einzelnen Aspekt des Investmentprozesses, um die angestrebte Wertsteigerung zu erreichen. Das kann bedeuten, dass die Experten auf einzelne Branchen oder Länder setzen, dass sie zwischen hoch und niedrig kapitalisierten Werten wechseln oder dass sie von einem eher wachstumsorientierten zu einem stärker wertorientierten Anlagestil wechseln. Der Selektionsprozess erfolgt von der makroökonomischen zur unternehmensbezogenen Ebene.

Dieser Investmentprozess ermöglicht Henderson eine sehr feine Steuerung des Risikoniveaus und damit eine exakte Anpassung an die Vorgaben für die jeweiligen Fondsprodukte. Daneben kann damit auch innerhalb enger Grenzen, wie etwa an den Rentenmärkten, eine kontinuierliche Outperformance gegenüber dem Marktindex erzielt werden. Henderson hat beispielsweise 2001 für einige Fonds zahlreiche Auszeichnungen erhalten. Die Gesellschaft ist davon überzeugt, dass dieser variable Managementansatz den Bedürfnissen der unterschiedlichen Privatanleger und der institutionellen Kunden besser gerecht wird als die Konzentration auf einen „Investmentstil des Hauses“. Sie trägt damit der Tatsache Rechnung, dass ein einzelner Anlagestil nicht allen Marktentwicklungen gerecht werden kann und in bestimmten Phasen des Börsenzyklus nicht die optimalen Ergebnisse erzielt.

(1)	**Fondsmanagement**	Teamansatz	
(2)	**Managementansatz**	Gemischter Ansatz	
(3)	**Unternehmensauswahl**	Top-down	
(4)	**Mindestanlagebeträge**	Erstanlage: Folgeanlage: Sparplan: Entnahmeplan:	USD 2 500,00 USD 500,00 kein Sp. kein Ep.
(5)	**Vertrieb**	Direkt: ja Fondsshops: ja	Banken: m. R. Discountbroker: m. R.
(6)	**Abwicklungszeitraum**	Verkauf: 5 BAT	
(7)	**Zahlstelle**	Eine Kontoeröffnung bei einer Bank oder einem Discountbroker wird bevorzugt.	
(8)	**Kauf(K)/Verkauf(VK)/ Switch(S) möglich per**	Post: ja Telefon: ja, VK, S Internet: nein	Fax: ja E-Mail: nein
(9)	**Verwahrung**	Anlagekonto: nein	Bankdepot: ja
(10)	**Verpfändung**	Einmalbetrag: nein	Sparplan: nein
(11)	**Vollmacht**	ja	
(12)	**Verkaufserlöse**	Auf eigenes Konto: ja Konto eines Dritten: ja	
(13)	**AA in %**	brutto Aktienfonds: 5	 Rentenfonds: 5
(14)	**Teilliquidation**	nein	
(15)	**Kontoführungsgebühr**	nein	
(16)	**Steuermitteilung**	Zwischengewinne berücksichtigt: AR, 3	
(17)	**Besonderheiten**	–	

INVESCO

Anschrift: INVESCO Bleichstraße 60–62 60313 Frankfurt	(4) Tel.: 069/29807-800 Fax: 069/29807-415 E-Mail: info@de.invesco.com Internet: www.de.invesco.com

INVESCO bildet gemeinsam mit dem amerikanischen Schwesterunternehmen AIM Management Group die AMVESCAP PLC. AMVESCAP ist die größte unabhängige und börsennotierte Asset-Management-Gruppe der Welt mit einer Marktkapitalisierung von über 16 Milliarden Euro, einem verwalteten Vermögen von derzeit 405 Milliarden Euro, Börsennotierungen in London (FT-SE 100), Paris und New York und einer mehr als 125-jährigen Unternehmensgeschichte. 8.200 Mitarbeiter in 40 Ländern verwalten und vertreiben über 400 Publikumsfonds und mehr als 1.500 institutionelle Mandate.

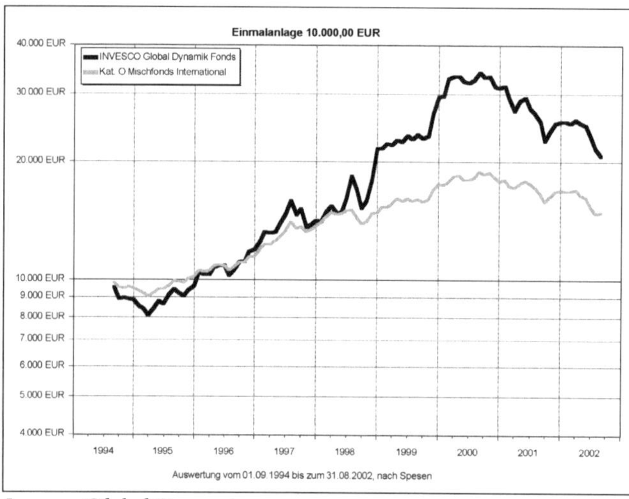

Invesco Global Dynamic Quelle: FVBS

Aufgrund der langjährigen Präsenz an den führenden Finanzplätzen der Welt kann sich INVESCO auf fundiertes regionales Know-how stützen. Erstklassiges Research und globales Investment-Know-how begründen die Spitzenstellung im Bereich der Spezial- und Publikumsfonds. INVESCO konzentriert sich ausschließlich auf das Asset Management – als Global Player mit starker Präsenz in lokalen Märkten.

(1)	**Fondsmanagement**	In der Regel Teamansatz	
(2)	**Managementansatz**	Es finden sich beide Stile wieder.	
(3)	**Unternehmensauswahl**	Es finden sich beide Managementansätze wieder.	
(4)	**Mindestanlagebeträge**	Erstanlage: Folganlage: Sparplan: Entnahmeplan:	€ 1 500,00 ohne Begrenzung € 50,00 € 25 000,00
(5)	**Vertrieb**	Direkt: nein Fondsshops: ja	Banken: ja Discountbroker: ja
(6)	**Abwicklungszeitraum**	Verkauf: 2 BAT	
(7)	**Zahlstelle**	INVESCO KAG-Fonds: INVESCO Bank OHG INVESCO GT-Fonds: Chase Manhatten Bank, Ffm	
(8)	**Kauf/Verkauf/Switch möglich per**	Post: ja Telefon: nein Internet: nein	Fax: ja (bei Auszahlung auf bekannte eigene Bankverbindung) E-Mail: nein
(9)	**Verwahrung**	Anlagekonto: ja	Bankdepot: ja
(10)	**Verpfändung**	ja Einmalbetrag: ja Sparplan: ja	
(11)	**Vollmacht**	ja	
(12)	**Verkaufserlöse**	Auf eigenes Konto: ja Konto eines Dritten: ja, nur per Original	
(13)	**AA in %**	brutto Aktienfonds: 4,5-5,25 Geldmarktfonds: 0	 Rentenfonds: 3,5 Switch: 1
(14)	**Teilliquidation**	nein	
(15)	**Kontoführungsgebühr**	ja, 0,05 %, mind. € 7,67, max. € 25,56, jeweils plus MwSt.	
(16)	**Steuermitteilung**	ja Zwischengewinne berücksichtigt: ja	
(17)	**Besonderheiten**	Alle Angaben beziehen sich auf die gesamte Produktplatte mit Depotführung in Frankfurt.	

JPMorgan Fleming Asset Management

JPMorgan Fleming Asset Managem.	Tel.: 00352/3410 3010
(Europe) S. à r. l.	Fax: 00352/3410 8000
6, route de Trèves,	E-Mail: info@jpmorganfleming.lu
L-2633 Senningerberg	Internet: www.jpmorganfleming.com

JPMorgan Fleming Asset Management will sich als weltweit führende Investmentgesellschaft etablieren und ist derzeit bereits der zweitgrößte aktive Fondsmanager der Welt.

JPMorgan Fleming bietet rund um den Globus eine herausragende Palette von Investmentlösungen und Dienstleistungen an, die ein breites Spektrum an Asset-Klassen und Wertpapiermärkten abdeckt. JPMorgan Fleming Asset Management arbeitet in vier Regionen: USA, Europa, Asien und Japan mit derzeit 750 Investment-Spezialisten in insgesamt 38 Niederlassungen. Die lokale Präsenz der Fondsmanager und Analysten erlaubt neben dem direkten Einblick in die aktuellen Trends dieser Märkte auch Kenntnisse über Veränderungen der wirtschaftlichen Rahmenbedingungen sowie weiterer Faktoren, die Einfluss auf die Zukunft einzelner Unternehmen oder der gesamten Konjunktur eines Landes haben. Die Erfahrung von JPMorgan Fleming Asset Management reicht bis in das Jahr 1873 zurück.

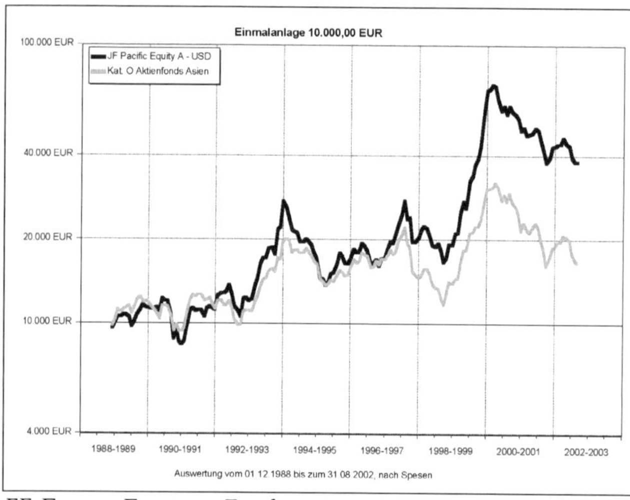

FF-Eastern European Fund Quelle: FVBS

JPMorgan Fleming verwaltet weltweit über 600 Milliarden US-Dollar an Kundengeldern – dies ist nicht nur ein Beweis für die Kompetenz dieses Vermögensverwalters, sondern auch für das Vertrauen der Kunden in dieses Unternehmen.

(1)	**Fondsmanagement**	Alle Fonds werden ausschließlich im Team gemanagt.	
(2)	**Managementansatz**	Alle Fonds verfolgen einen konsequenten Style-Ansatz. Es gibt sowohl Value- als auch Growth-Produkte sowie Kombinationen aus beiden Investment-Ansätzen.	
(3)	**Unternehmensauswahl**	JPMF verfolgt zwei unterschiedliche, aber sich ergänzende Aktienprozesse und einen einheitlichen Investment-Prozess für den Renten-Bereich.	
(4)	**Mindestanlagebeträge**	Erstanlage: Sparplan: Entnahmeplan:	€ 5 000,00 1/12 € 100,00 / 1/4 € 150,00 k. EP.
(5)	**Vertrieb**	Direkt: nein Fondsshops: ja	Banken: ja Discountbroker: ja m.R.
(6)	**Abwicklungszeitraum**	JP Morgan Fonds: 3 BAT Fleming Fonds: 5 BAT	
(7)	**Zahlstelle**	Citibank AG	
(8)	**Kauf/Verkauf/Switch möglich per**	Post: ja Telefon: ja O. n. Internet: ja	Fax: ja, O. n. E-Mail: nein
(9)	**Verwahrung**	Anlagekonto: ja	Bankdepot: ja
(10)	**Verpfändung**	Einmalbetrag: ja, B	Sparplan: ja, B
(11)	**Vollmacht**	ja	
(12)	**Verkaufserlöse**	Auf eigenes Konto: ja Konto eines Dritten: nein	
(13)	**AA in %**	netto Aktienfonds: 5 Geldmarktfonds: 0	 Rentenfonds: 3 Switch: 1
(14)	**Teilliquidation**	nein	
(15)	**Kontoführungsgebühr**	keine	
(16)	**Steuermitteilung**	Ai, 3 Zwischengewinne berücksichtigt: nein	
(17)	**Besonderheiten**	–	

Julius Baer Investment Funds Services ltd.

Julius Baer Investment Funds Serv. Ltd.	Tel.: +41-848-84 11 84
Freigutstrasse 12	Fax:
CH-8010 Zürich	E-Mail: jbfi@juliusbaer.com
Schweiz	Internet: www.juliusbaer.com

Julius Baer Investment Funds Services Ltd. ist die auf das Anlagefondsgeschäft spezialisierte Tochtergesellschaft der Julius-Baer-Gruppe und verwaltet ein Fondsvermögen von 29 Mrd. CHF (per 30.06.2001).
Die breite Fondspalette von Julius Baer umfasst Aktien-, Obligationen- und Geldmarktfonds. Der größte Teil dieser Investmentfonds ist in Luxemburg domiziliert und in den wichtigsten europäischen Ländern zum Vertrieb zugelassen.
Durch ihre Anlagekonzeption sind die Investmentfonds von Julius Baer hervorragende Bausteine der individuellen Vermögensverwaltung. Die Anleger können das Know-how von Julius Baer nutzen, ohne zu dessen traditionellem Private-Banking-Kundenkreis zu gehören.

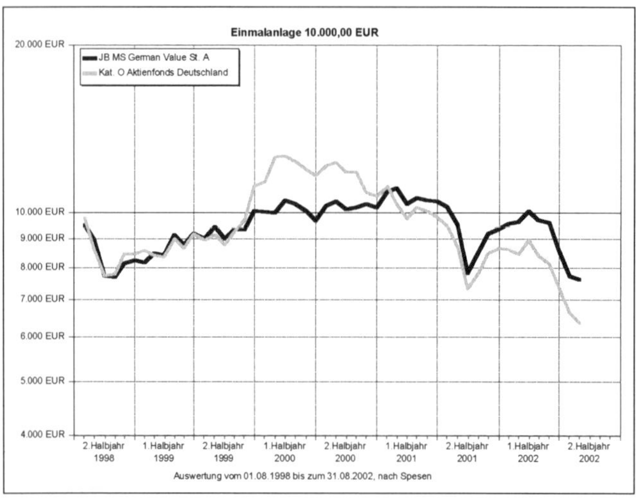

German Value Stock Funds Quelle: FVBS

(1) bis (3)
Die Julius Baer Investment Funds Services (JBIFS) ist zuständig für die Gründung, Registrierung und Vertrieb von Anlagefonds. Mit den Management Aktivitäten der einzelnen Fonds hat die JBIFS an andere interne und externe Asset Management Gesellschften erteilt. Deshalb treffen auf die Fragen 5, 6 und 7 jeweils beide Lösungen zu, je nachdem um welches Fondsprodukt es sich konkret handelt.

(4)	**Mindestanlagebeträge**	0 Euro, k. Sp. / k. Ep.	
(5)	**Vertrieb**	Direkt: ja Fondsshops: ja	Banken: ja Discountbroker: ja
(6)	**Abwicklungszeitraum**	T + 3	
(7)	**Zahlstelle**	Korrespondenzbank	
(8)	**Kauf/Verkauf/Switch möglich per**	Post: nein Telefon: nein Internet: ja	Fax: ja E-Mail: nein sonst.: SWIFT
(9)	**Verwahrung**	Reg.depot / Konto oder Depot der Hausbank	
(10)	**Verpfändung**	Einmalbetrag: n/a	Sparplan: n/a
(11)	**Vollmacht**	ja	
(12)	**Verkaufserlöse**	Auf eigenes Konto: ja Konto eines Dritten: nein	
(13)	**AA in %**	netto oder mit Komm. bis 5	
(14)	**Teilliquidation**	nein	
(15)	**Kontoführungsgebühr**	Konditionen Ihres Hausbank	
(16)	**Steuermitteilung**	Steuermitteilungen für Anleger (ausschüttungsgleiche Erträge, Ausschüttungen, akk.thes. Ertrag, Zwischengewinne) wird pro Anteil veröffentlicht in der WM-Datenbank, Börsenzeitung und Bundesanzeiger (nur ausschüttungsgleiche Erträge und Ausschüttungen). Es finden jedoch keine individuellen Berechnungen auf Anlegerstufe statt.	
(17)	**Besonderheiten**	–	

KBC Asset Management

Anschrift:	Tel.: 04 21/36 84 320
KBC Aset Management	Fax: 04 21/36 84 489
Wachtstraße 16	E-Mail: fonds@kbcbank.de
28195 Bremen	Internet: www.kbcfonds.de

KBC Asset Management verfügt als unabhängiger Vermögensverwalter für Institutionelle und Privatkunden über mehr als 50 Jahre Markterfahrung. Mit einem betreuten Anlagevolumen von € 139 Mrd. (31.03.06) hat KBC AM heute eine führende Position in Europa erreicht. KBC AM ist als 100-%-Tochter in die KBC Groep NV eingebunden, die weltweit mit ca. 50.000 Mitarbeitern in den wichtigsten Finanzzentren vertreten ist. Der Konzern verfügt über sehr gute internationale Ratings: Standard & Poors A+, Moody's Aa3. KBC Asset Management wurde von Fitch mit AM2 gerated.

Die Expertise und das Know-how an den internationalen Kapitalmärkten basiert auf einem Top-down Approach, der durch hochwertige, von KBC AM entwickelte quantitative Modelle und Optimierungsmodelle für verschiedene Portfoliokonstruktionen ergänzt wird. Die Anlagemethodik wurde auf Basis akademischer Forschungsarbeit erarbeitet und kontinuierlich weiterentwickelt. Eine stark ausgebaute Abteilung für Risikomanagement überwacht den gesamten Prozess.

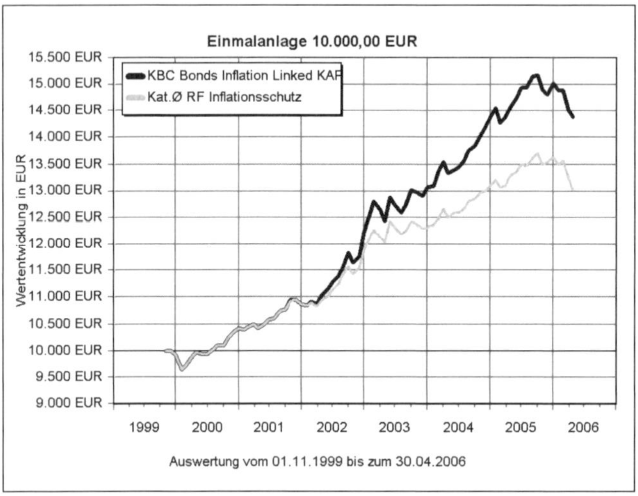

KBC Asset Management Quelle: FVBS

KBC AM profiliert sich regelmäßig als innovativer Asset-Manager, der frühzeitig neue Themen analysiert und seinen Kunden hierzu attraktive Fondsprodukte anbietet. So hat KBC AM als eines der ersten Investmenthäuser in Europa bereits 1999 einen Rentenfonds für inflationsgeschützte Anleihen aufgelegt. Andere Themen bei denen KBC zu den First Movern unter den Asset-Managern gehört sind, Unternehmen die Aktienrückkäufe (KBC Equity Buy Back Europe / USA) oder auch Nachhaltigkeitsprodukte wie z. B. Wasser (KBC Eco Fund Water) oder Alternative Energien (KBC Eco Fund Alternative Energy).

In Deutschland wird KBC Asset Management durch das Team des Fondsvertrieb Asset Management bei der KBC Bank Deutschland AG in Bremen und in Frankfurt vertreten. Betreffend Informationen zu den Fondsprodukten, Anlagestrategie, Abwicklung und Detailfragen unterstützt Sie ein erfahrenes Team von Investmentprofis.

(1)	**Fondsmanagement**	Der Fonds wird durch ein Team gemanagt.	
(2)	**Managementansatz**	Das Risikoprofil des Fonds ist defensiv ausgerichtet.	
(3)	**Unternehmensauswahl**	Beide Investmentansätze nehmen Einfluß auf dieses Produkt.	
(4)	**Mindestanlagebeträge**	Erstanlage: Folganlage: Sparplan: Entnahmeplan:	€ 500,00 € 500,00 nein nein
(5)	**Vertrieb**	Direkt: nein Fondsshops: ja	Banken: ja Discountbroker: ja
(6)	**Abwicklungszeitraum**	Kauf: 3 Tage Switch: 3 Tage	Verkauf: 3 Tage
(7)	**Zahlstelle**	Kredietbank Luxembourgeoise S.A., 43, boulevard Royal, L-2955 Luxemburg	
(8)	**Kauf/Verkauf/Switch möglich per**	Post: nein Telefon: nein Internet: ja	Fax: ja E-Mail: ja
(9)	**Verwahrung**	Anlagekonto: nein	Bankdepot: ja
(10)	**Verpfändung**	n/a	
(11)	**Vollmacht**	n/a	
(12)	**Verkaufserlöse**	n/a	
(13)	**AA in %**	brutto/netto Rentenfonds: 2,5 Switch: –	 Geldmarktfonds: nein
(14)	**Teilliquidation**	n/a	
(15)	**Kontoführungsgebühr**	n/a	
(16)	**Steuermitteilung**	n/a Zwischengewinne berücksichtigt	
(17)	**Besonderheiten**	Keine	

M&G International Investments Ltd.

M&G International Investments Ltd. Niederlassung Deutschland Joachimstaler Str. 10–12 10719 Berlin	Tel.: 0800/0700770 (geb.frei) Fax: 0800/0700771 (geb.frei) E-Mail: info@mandg-investments.de Internet: www.mand-ginvestments.de

Mit M&G ist im Frühjahr 2002 ein Pionier der Fondsbranche in den deutschen Markt eingetreten: Bereits 1931 legte das britische Unternehmen den ersten Publikumsfonds Europas auf und hat seither immer wieder die Konventionen der Investmentbranche gebrochen, um seinen Kunden bessere, weil vorausschauende Lösungen zu bieten.

M&G, Municipal and General Securities, wurde 1901 gegründet und ist heute eines der erfolgreichsten britischen Investmenthäuser, mit einem verwalteten Fondsvermögen von ca. 200 Mrd. Euro und etwa einer Million Investmentkonten in Großbritannien. Seit 1999 gehört M&G als eigenständige Geschäftseinheit zu Prudential plc., einem der größten Finanzdienstleister Europas. M&G verwaltet das gesamte Vermögen der Prudential-Gruppe.

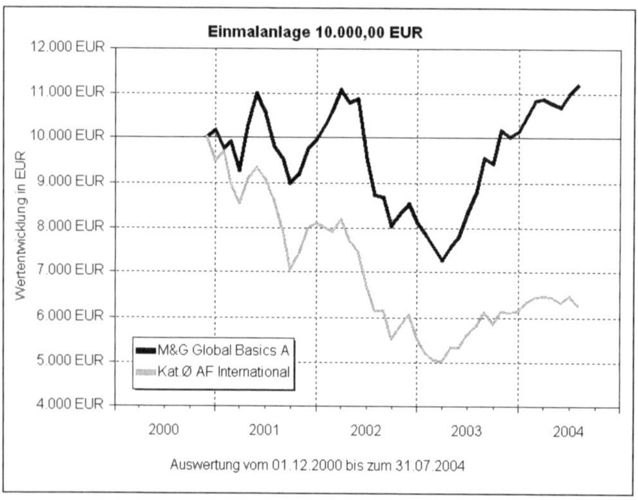

M&G Global Basics Quelle: M&G

(1)	**Fondsmanagement**	Team: Ein Team von 248 Investmentexperten (92 Fondsmanager, 156 Analysten)
(2)	**Managementansatz**	Je nach Fonds ergibt sich eine Kombination aus Value- und Growth-Ansatz
(3)	**Unternehmensauswahl**	Bottom-up
(4)	**Mindestanlagebeträge**	Erstanlage: € 1 000,00* Folgeanlage: € 75,00* Sparplan: € 75,00 Entnahmeplan: € 15 000,00
(5)	**Vertrieb**	Direkt: ja*[1] Banken: ja Fondsshops: ja* Discountbroker: ja*[,mR]
(6)	**Abwicklungszeitraum**	Kauf: t + 3 Verkauf: T + 5 Switch: t
(7)	**Zahlstelle**	JP Morgan Chase Bank
(8)	**Kauf/Verkauf/Switch möglich per**	Post: ja Fax: ja Telefon: ja E-Mail: nein Internet: nein
(9)	**Verwahrung**	Anlagekonto: ja* Bankdepot: ja
(10)	**Verpfändung**	Einmalbetrag: ja, B* Sparplan: nein**
(11)	**Vollmacht**	ja*
(12)	**Verkaufserlöse**	Auf eigenes Konto: ja* Konto eines Dritten: ja*, mit schriftl. Auftrag
(13)	**AA in %**	brutto Aktienfonds: 5,25 Immobilienfonds: n.a. Rentenfonds:3,25 Geldmarktfonds: n.a. Switch: Differenz bei Wechsel von Renten- zu Aktienfonds
(14)	**Teilliquidation**	ja Restwert: € 1000,00 Zeitraum: –
(15)	**Kontoführungsgebühr**	nein*
(16)	**Steuermitteilung**	i, 4 Zwischengewinne berücksichtigt: ja
(17)	**Besonderheiten**	* ab 2003. Die Fonds können aber bereits jetzt über Finanzberater erworben werden, die einer Fondsplattform angeschlossen sind. In diesem Fall gelten die Konditionen der Plattform, die von den o.g. abweichen können. ** nur über Plattform möglich; [*1] über unabhängige Finanzberater

Maintrust Kapitalanlagegesellschaft mbH (MAT)

Anschrift:	Tel.: 069/153093-02
Maintrust Kapitalanlageges. mbH	Fax: 069/153093-900
Gräfstr. 109	E-Mail: maintrust@maintrust.com
60487 Frankfurt	Internet: www.maintrust.com

Die Maintrust Kapitalanlagegesellschaft mbH ist eine Konzerngesellschaft der bereits 1925 in Osaka gegründeten The Nomura Securities Co., Ltd., Tokio. Nomura ist das größte Wertpapierhaus in Japan und eines der führenden Wertpapierhäuser weltweit. Per 31.03.2001 verwaltete Nomura Securities weltweit circa 193 Milliarden Euro und besaß ein Depotvolumen von nahezu 600 Milliarden Euro. Nomura Securities Co., Ltd. besitzt umfassende Erfahrung in der Entwicklung von Finanzprodukten und verfügt mit dem Nomura Research Institute (NRI) über ein weltweites Netzwerk zur Beschaffung notwendiger Informationen. Hierauf kann der Maintrust zurückgreifen, um bei seinen angebotenen Fonds durchgehend gute Performance bei moderatem bis geringem Risiko zu erzielen. Das besondere Know-how des Maintrust spiegelt sich in den Fondsprodukten für die Bereiche Japan und Asien/Pazifik sowie in steueroptimierten Geldanlagen und internationalen Rentenfonds wider, die zum Teil mehrfach ausgezeichnet wurden. Die Fondspalette des Maintrust besteht in Deutschland aus insgesamt zwölf registrierten Fonds, aufgeteilt auf fünf Rentenfonds, einen hauptsächlich in japanischen Wandelanleihen investierenden Fonds, fünf Aktienfonds und einen weltweit streuenden Dachfonds.

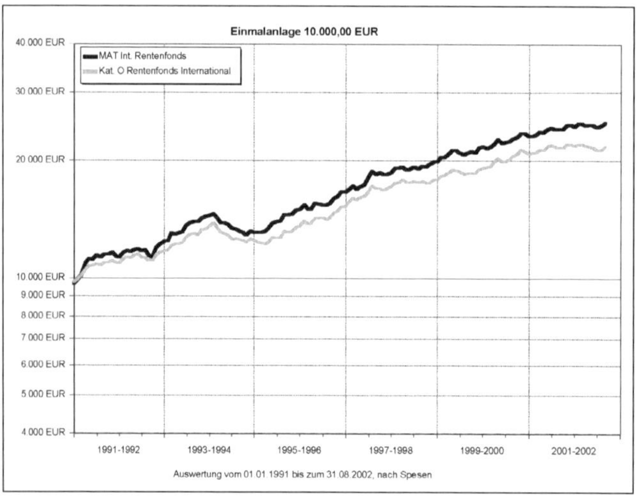

MAT Japan Furusato Quelle: FVBS

(1)	**Fondsmanagement**	Es besteht ein Teamansatz	
(2)	**Managementansatz**	Bewertungsorientierter Wachstumsansatz	
(3)	**Unternehmensauswahl**	Bottom-up	
(4)	**Mindestanlagebeträge**	Erstanlage: Folgeanlage: Sparplan: Entnahmeplan:	€ 5 000,00 ohne Begrenzung € 100,00 € 25 000,00
(5)	**Vertrieb**	Direkt: ja Fondsshops: ja	Banken: ja Discountbroker: ja
(6)	**Abwicklungszeitraum**	Verkauf: 2 BAT	
(7)	**Zahlstelle**	BHF-Bank AG	
(8)	**Kauf/Verkauf/Switch möglich per**	Post: ja Telefon: nein Internet: nein	Fax: nein (aber Kurssicherung) E-Mail: nein (aber Kurssicherung)
(9)	**Verwahrung**	Anlagekonto: ja	Bankdepot: ja
(10)	**Verpfändung**	Einmalbetrag: ja, B	Sparplan: ja, B
(11)	**Vollmacht**	ja	
(12)	**Verkaufserlöse**	Auf eigenes Konto: ja Konto eines Dritten: nein	
(13)	**AA in %**	brutto Aktienfonds: 5 Rentenfonds: 3 Geldmarktfonds: 0 Switch: Haltedauer < 6 Monaten 0,5 % des Anteilwertes; Haltedauer > 6 Monate 0,0 %	 Wandelanleihenfonds: 4 Medio Rent: 2
(14)	**Teilliquidation**	ja Restwert: mind. 10 % Zeitraum: innerhalb 12 Monaten	
(15)	**Kontoführungsgebühr**	€ 12,78 zzgl. MwSt.	
(16)	**Steuermitteilung**	i, 2 Zwischengewinne berücksichtigt: ja	
(17)	**Besonderheiten**	–	

Merrill Lynch Investment Managers

Merrill Lynch Investment Managers Vertriebsges. mbH
Neue Mainzer Straße 52
60311 Frankfurt / Main

Tel.: 069/58 99 2410
Fax: 069/58 99 4023
E-Mail: germany@ml.com
Internet: www.mlim.de

Hervorgegangen aus der Fusion der Mercury-Asset-Management- und Merrill-Lynch-Asset-Management-Gruppe im Oktober 2000 ist Merrill Lynch Investment Managers, die vermögensverwaltende Tochtergesellschaft der amerikanischen Investmentbank Merrill Lynch & Co. Inc.
Das Fondsmanagement der Gruppe verwaltet heute insgesamt mehr als 525 Milliarden Dollar. „Mit mehr als 900 Investmentexperten und weltweiten Niederlassungen bauen wir unsere Ressourcen für die Aktienanalyse und den Kundenservice kontinuierlich aus. Eine unserer wesentlichen Anlagephilosophien ist das ‚Stock-picking'. Hierfür ist es für unsere Fondsmanager entscheidend, regelmäßig in ihren jeweiligen Anlageregionen vor Ort zu sein, um den stetigen Kontakt mit der Geschäftsführung der jeweiligen Unternehmen aufrechtzuerhalten, in die wir investieren möchten oder deren Aktien wir in unseren Fonds halten.
Durch diese Strategie haben wir in der Vergangenheit Publikumsfonds für vor allem institutionelle Investoren von hoher Qualität und dauerhaft guter Performance geschaffen und zählen aufgrund dieses hohen Standards in Deutschland und Österreich mittlerweile zu den bekanntesten und erfolgreichsten Fondsanbietern."

Mercury European Oppurtunities Quelle: FVBS

(1)	**Fondsmanagement**	Alle Fonds werden von Investmentteams gemanagt. Den Teams steht jeweils ein Investment Supervisor vor, der das Fondsmanagement nach außen vertritt.	
(2)	**Managementansatz**	Mercury Selected Trust Fonds: stilneutral Merrill Lynch Asset Management (MLAM): wertorientierter Stil	
(3)	**Unternehmensauswahl**	Rentenfonds arbeiten eher mit einem „Top-down“-Ansatz als Aktienfonds, bewegen sich jedoch innerhalb des von der zentralen Strategiegruppe abgesteckten Investmentrahmens.	
(4)	**Mindestanlagebeträge**	Erstanlage: Folgeanlage: Sparplan: Entnahmeplan:	€ 4 000,00 € 800,00 € 150,00 derzeit noch nicht
(5)	**Vertrieb**	Direkt: nein Fondsshops: ja	Banken: ja Discountbroker: ja
(6)	**Abwicklungszeitraum**	Verkauf: 2 BAT	
(7)	**Zahlstelle**	The Chase Manhattan Bank N. A. The Bank of New York Europe Ltd.	
(8)	**Kauf/Verkauf/Switch möglich per**	Post: ja Telefon: ja Internet: nein	Fax: ja E-Mail: nein
(9)	**Verwahrung**	Anlagekonto: ja	Bankdepot: ja
(10)	**Verpfändung**	nein	
(11)	**Vollmacht**	möglich	
(12)	**Verkaufserlöse**	Auf eigenes Konto: ja Konto eines Dritten: ja	
(13)	**AA in %**	brutto Aktienfonds: 5 Switch: 0	 Rentenfonds: 5 Geldmarkt: 0
(14)	**Teilliquidation**	nein	
(15)	**Kontoführungsgebühr**	keine	
(16)	**Steuermitteilung**	i, 2 Zwischengewinne berücksichtigt: ja	
(17)	**Besonderheiten**	Umtausch von Fondsanteilen innerhalb der Mercury Selected Trust Fondspalette ist bis zu sechs mal p. a. kostenfrei, danach 1 % Gebühr.	

Metzler Investment GmbH

Anschrift: Metzler Investment GmbH Große Gallusstraße 8, 60311 Frankfurt am Main	Tel.: 0180/22 10 444 Fax: 069/2104-1444 E-Mail: Metzler@metzler.com Internet: www.metzler.com

Die Metzler Investment GmbH gehört zur Gruppe um das Privatbankhaus Metzler, das 1674 gegründet wurde und die älteste deutsche Privatbank in ununterbrochenem Familienbesitz ist.
Seit 1971 ist das Haus im Investmentbereich tätig. 1987 wurde das Fondsgeschäft in der Metzler Investment GmbH konzentriert. Mit der Gründung der irischen Fondsverwaltungsgesellschaft Metzler Ireland Ltd. im Jahre 1994 stellte Metzler das Fondsgeschäft auf eine internationale Basis.
Bislang wurden 31 Publikumsfonds mit unterschiedlichen Anlageschwerpunkten aufgelegt. Metzler verwaltet weiterhin 106 Spezialfonds für institutionelle Anleger wie Verbände, Versicherungsunternehmen, Kreditinstitute und große Konzerne. Das gesamte verwaltete Vermögen der Metzer-Gruppe beträgt derzeit bereits zehn Milliarden Euro (20 Milliarden DM).

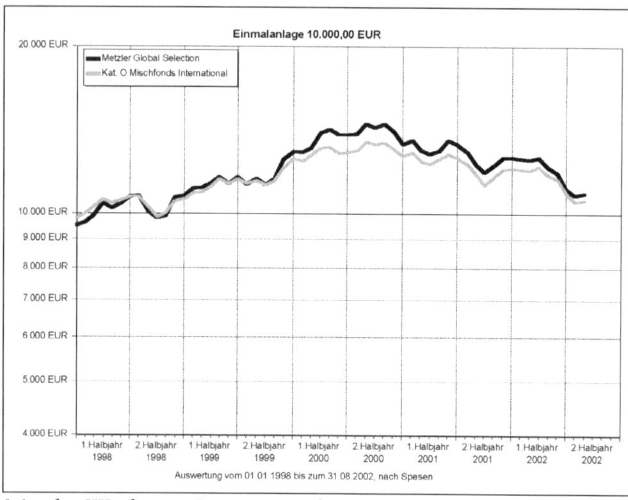

Metzler Wachstum International Quelle: FVBS

(1)	**Fondsmanagement**	Die Fonds werden jeweils von einem Team gemanagt, das aus Spezialisten für die jeweilige Anlagekategorie besteht.
(2)	**Managementansatz**	Generell handelt es sich bei den Managementansätzen je nach Anlagekategorie um zielgerichtete fundamentale Ansätze. Daher ist eine einheitliche Zuordnung zu „Growth" oder „Value" nicht möglich, da eine solche Zuordnung der Investmentphilosophie widerspricht. Die Anlagekategorie „Aktien/Spezialprodukte" lässt sich in erster Linie der Growth-Strategie zuordnen.

(3)	**Unternehmensauswahl**	Der Schwerpunkt der Einzeltitelanalyse liegt auf dem Bottom-up-Stil.	
(4)	**Mindestanlagebeträge**:	Erstanlage: Folgeanlage: Sparplan: Entnahmeplan:	€ 2 500,00 € 500,00 € 50,00 € 10 000,00
(5)	**Vertrieb**	Direkt: nein	Banken: nein
		Fondsshops: ja	Discountbroker: nein
(6)	**Abwicklungszeitraum**	Verkauf: 2 BAT	
(7)	**Zahlstelle**	B. Metzler seel. Sohn & Co. KGaA, Metzler-Anlage-Treuhandkonto	

(8)		**Kauf/**	**Verkauf/**	**Switch**
	Post	Ja	Ja	Ja
	Fax	Nein	Ja*[1]	Ja
	Telefon	Nein	Nein	Nein
	E-Mail	Nein	Nein	Nein
	Internet	Nein	Nein	Nein

(9)	**Verwahrung**	Anlagekonto: ja	Bankdepot: ja
(10)	**Verpfändung**	Einmalbetrag: ja, BP	Sparplan: ja, BP
(11)	**Vollmacht**	ja	
(12)	**Verkaufserlöse**	Auf eigenes Konto: ja Konto eines Dritten: ja	
(13)	**AA in %**	netto Aktienfonds: 5 Geldmarktfonds: 0	 Rentenfonds: 3 Switch: 0 *[2]
(14)	**Teilliquidation**	ja Restwert: 10 % innerhalb eines Kontos Zeitraum: innerhalb 12 Monaten	
(15)	**Kontoführungsgebühr**	€ 6,14 + MwSt. p. a.	
(16)	**Steuermitteilung**	i, 1 Zwischengewinne berücksichtigt: ja	
(17)	**Besonderheiten**:	*[1] nur in Verbindung mit einem Referenzkonto, *[2] Differenzbetrag bei höherem Ausgabeaufschlag	

Morgan Stanley SICAV

Morgan Stanley Bank AG Investment Manag. Junghofstr. 13–15 60311 Frankfurt a. M.	Tel.: 069/2166 2610 Fax: 069/2166 2699 jasmin.richter@morganstanley.com Internet: www.morganstanley.com/sicav

Morgan Stanley SICAV ist Teil von Morgan Stanley Dean Witter, einer globalen Investmentbank mit zahlreichen Auszeichnungen und einer führenden Position in allen Kerngeschäftsbereichen: Vermögensverwaltung (Investment Management), Wertpapierhandel und Finanzierung. Die weltweite Präsenz erstreckt sich auf 27 Länder, in denen 60.000 Mitarbeiter in 603 Niederlassungen arbeiten. Die 1989 gegründete Fondsfamilie – Morgan Stanley SICAV – besteht heute aus mehr als 30 Investmentfonds. Sie beinhaltet ein breit gefächertes Fondsangebot für regionale und globale Aktien, festverzinsliche Wertpapiere und aufstrebende Märkte. Mit dieser Palette bietet Morgan Stanley individuellen Anlegern den Zugang zu dem gleichen komplexen Know-how des Fondsmanagements, welches üblicherweise nur institutionellen Anlegern zur Verfügung steht. Morgan Stanley ist überzeugt, dass die Zukunft solchen Unternehmen gehört, die die Ressourcen für eine globale Vermögensverwaltung haben und ihre Kunden auf lokaler Ebene betreuen. Den Kern bilden dabei die Fondsmanager, die als eine Gruppe spezialisierter Managementteams die Anlageprodukte über das gesamte Risiko-Rendite-Spektrum hinweg anbieten. Erwähnenswert ist der disziplinierte Investmentprozess, geprägt durch die Stilansätze „Growth“ und „Value“ sowie moderne Risikomanagementsysteme. Unterstützt werden die Fondsmanager durch ein in seiner Breite als auch Tiefe einzigartiges, globales Team von Analysten.

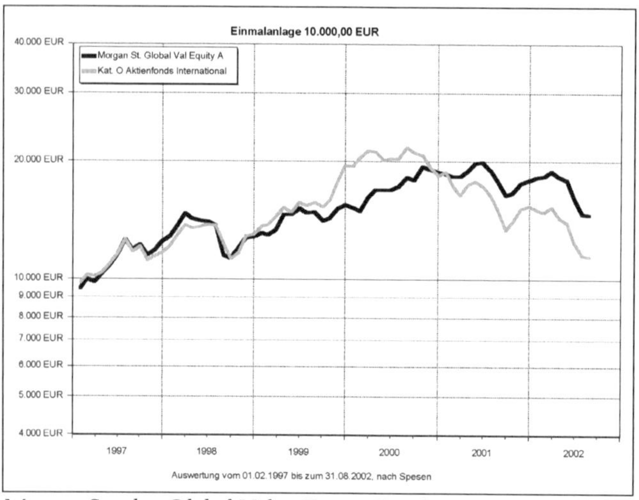

Morgan Stanley Global Value Equity Fund Quelle: FVBS

(1)	**Fondsmanagement**	Spezialisierte Managementteams operieren vorwiegend in London, New York und Tokio.	
(2)	**Managementansatz**	„Growth“, „Value“, „Blend“ (Mischung) oder „Core“ (stilneutral) werden pro Fonds festgelegt und konsequent gemanagt.	
(3)	**Unternehmensauswahl**	Bottom-up, bei einigen Fonds, vor allem den Immobilien- und Schwellenländerfonds, ergänzt um Top-down.	
(4)	**Mindestanlagebeträge**	Erstanlage*[1]: Folgeanlage*[2]: Sparplan: Entnahmeplan:	$ 5 000,00 $ 500,00 k. Sp k. Ep
(5)	**Vertrieb**	Direkt: nein Fondsshops: ja	Banken: ja Discountbroker: ja, m. R.
(6)	**Abwicklungszeitraum**	Verkauf: 5 BAT	
(7)	**Zahlstelle**	Chase Manhattan Bank, Frankfurt	
(8)	**Kauf/Verkauf/Switch möglich per**	Post: ja Telefon: nein Internet: nein	Fax: ja, O. n. E-Mail: nein
(9)	**Verwahrung**	Anlagekonto: ja	Bankdepot: ja
(10)	**Verpfändung**	Einmalbetrag: ja, B	Sparplan: nein
(11)	**Vollmacht**	ja	
(12)	**Verkaufserlöse**	Auf eigenes Konto: ja Konto eines Dritten: nein	
(13)	**AA in %** [1]	brutto Aktienfonds: 5,75 Rentenfonds: 4[2] Switch: 0[3]	 Geldmarktfonds: 0
(14)	**Teilliquidation**	Restwert: nein	Zeitraum nein
(15)	**Kontoführungsgebühr**	nein	
(16)	**Steuermitteilung**	IR, 4 Zwischengewinne berücksichtigt: täglich ermittelt	
(17)	**Besonderheiten**	*[1]: Klasse I: $ 2 500.000, *[2]: Klasse I: $ 250.000 [1] Auf Fonds der Klassen I und B wird kein Ausgabeaufschlag erhoben. [2] Ausnahme: Emerging Markets Debt Fund: 5,75 % [3] 0,00 % bei Switch vom Renten- zu Aktienfonds wird die Differenz berechnet.	

NESTOR Investment Management S. A.

Anschrift: NESTOR-Fonds-Vertriebs-GmbH Augusta-Allee 2 61348 Bad Homburg	Tel.: 0800/0637867 Fax: 06172/9238-200 E-Mail: info@nestor-fonds.de Internet: www.nestor-fonds.de

Die Gründung erfolgte Ende 1993 durch eine Bank (M. M. Warburg & CO Luxembourg S. A.) und zwei Vermögensverwaltungsgesellschaften (Dr. Kohlhase Vermögensverwaltung GmbH, München, und Dr. Kaposi Vermögensberatung GmbH, Kronberg). Durch diese Kombination wird ein besonders großer Erfahrungsschatz im Wertpapierbereich eingebracht. Bis heute wurden zehn Aktienfonds und ein geldmarktnaher Fonds aufgelegt. Das Ziel liegt im Erreichen einer besonders hohen Leistungsdichte der gesamten Fondspalette. Dies wird durch vertragliche Einbindung von im wahrsten Sinne ausgezeichneten Fondsmanagern anderer Fondsgesellschaften angestrebt. Zugleich wird den Anlegern damit volle Transparenz über die tatsächlichen Manager gewährleistet und jeder Wechsel der Verantwortung sofort berichtet.

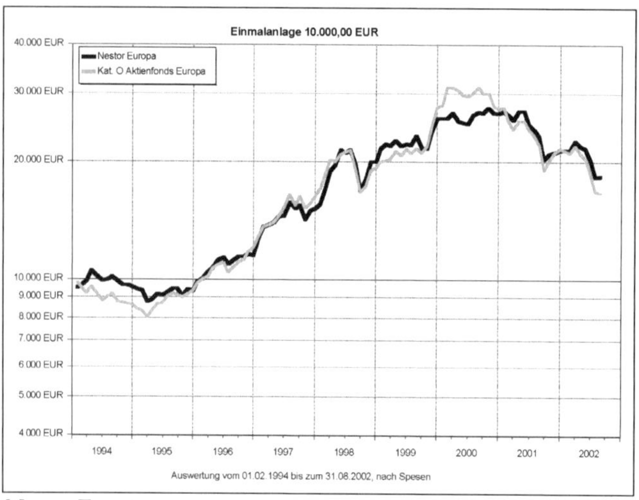

Nestor Europa Quelle: FVBS

(1)	**Fondsmanagement**	externe Berater	
(2)	**Managementansatz**	Je nach Fonds: Growth oder Value bzw. Kombination	
(3)	**Unternehmensauswahl**	Je nach Fonds Bottom-up oder Top-down bzw. Kombination	
(4)	**Mindestanlagebeträge:**	Erstanlage:	€ 2 500,00
		Folgeanlage:	€ 500,00
		Sparplan:	€ 50,00
		Entnahmeplan:	€ 25 000,00
(5)	**Vertrieb**	Direkt: ja	Banken: ja
		Fondsshops: ja	Discountbroker: ja, m.R.
(6)	**Abwicklungszeitraum**	Verkauf: T+2 BAT	
(7)	**Zahlstelle**	M. M. Warburg Bank, Hamburg	
(8)	**Kauf/Verkauf/Switch möglich per**	Post: ja	Fax: ja
		Telefon: nein	E-Mail: nein
		Internet: nein (in Vorbereitung)	
(9)	**Verwahrung**	Anlagekonto: ja	Bankdepot: ja
(10)	**Verpfändung**	Einmalbetrag: ja, BP	Sparplan: ja, BP
(11)	**Vollmacht**	ja	
(12)	**Verkaufserlöse**	Auf eigenes Konto: ja	
		Konto eines Dritten: ja	
(13)	**AA in %**	netto	
		Aktienfonds: 5	Rentenfonds: –
		Geldmarktfonds: 0	Switch: 1
(14)	**Teilliquidation**	nein	
(15)	**Kontoführungsgebühr**	0	
(16)	**Steuermitteilung**	Zwischengewinne berücksichtigt: nein	
(17)	**Besonderheiten**	Alle Fondsmanager sind unabhängige Berater, die nach Leistung vergütet werden. Verluste werden vorgetragen.	

Nordea Investment Funds S. A.

Anschrift:
P. O. Box 782
L-2017 Luxembourg

Tel.: 00352/43 39 50 1
Fax: 00352/43 39 48
E-Mail: nordea@nordeafunds.lu
Internet: http://www.nordea.lu

Nordea Investment Funds S. A. gehört zu Nordea, dem ersten einheitlichen Finanzdienstleistungskonzern Skandinaviens. Die Gesellschaft bietet einen Investmentfonds nach Luxemburger Recht unter dem Namen Nordea 1, SICAV, an. Dieser Fonds wurde 1989 gegründet und firmierte vormals unter dem Namen Frontrunner I, SICAV.

Nordea 1 bietet eine große Anzahl von global ausgerichteten Aktien-, Renten- und geldmarktnahen Fonds sowie Branchenfonds. Ihre Inspiration – und ihre Stärke – bezieht die Gesellschaft aus zwei unterschiedlichen Asset-Management-Philosophien: Einerseits werden unterbewertete Titel mit hohem Wachstumspotenzial gesucht (Value-Ansatz) und andererseits themenbezogene Anlageschwerpunkte gesetzt. Diese Methode hat sich immer wieder bewährt, und Nordea hat damit beachtliche Erfolge erzielt. Die ausgezeichnete Performance der Fonds ist auf die Sachkenntnis und Erfahrung der zuständigen Fondsmanager zurückzuführen. Bestes Zeichen für die Qualität ist die Tatsache, dass zwei der drei Fonds – der Far Eastern Value Fund und der North American Value Fund – mit einem Fünf-Sterne-Rating von Standard and Poor's ausgezeichnet wurden.

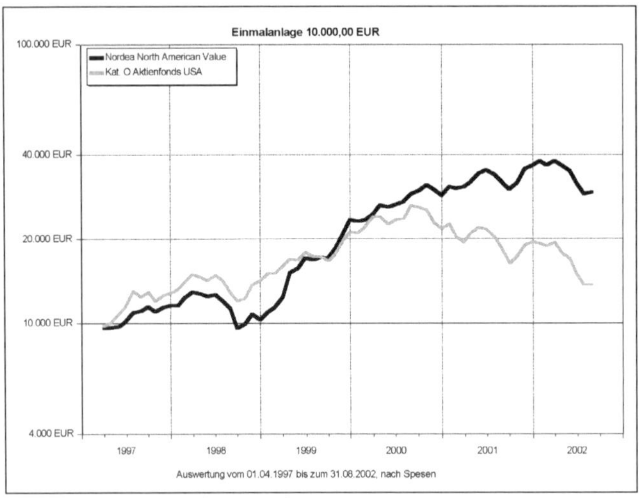

North American Value Fund Quelle: FVBS

Nordea ist ein junger Finanzkonzern, der aus der Fusion von vier führenden Banken der nordischen Region hervorgegangen ist. Nordea besteht aus der dänischen Unibank, der finnischen Merita Bank, der norwegischen Christiania Bank og Kreditkasse und der schwedischen Nordbanken. Ihre Wurzeln reichen knapp 200 Jahre zurück. Nordea verwaltet ein Gesamtvermögen von rund 230 Milliarden Euro. Die Gesellschaft beschäftigt 38.000 Mitarbeiter und zählt mehr als zehn Millionen Kunden.

(1)	**Fondsmanagement**	Team: Themen; Kopf: Value Fonds	
(2)	**Managementansatz**	Growth: Top-down, Kombination Large und Mid-Caps	
(3)	**Unternehmensauswahl**	Bottom-up, Kombination Mid/ Small-Caps bei den Value-Fonds	
(4)	**Mindestanlagebeträge**	Erstanlage: Folganlage: Sparplan: Entnahmeplan:	€ 5 000,00 € 5 000,00 € 100,00 k. Ep.
(5)	**Vertrieb**	Direkt: nein Fondsshops: ja	Banken: ja Discountbroker: ja
(6)	**Abwicklungszeitraum**	Verkauf: BAT+4	
(7)	**Zahlstelle**	Unibank A/S Frankfurt	
(8)	**Kauf/Verkauf/Switch möglich per**	Post: ja Telefon: nein Internet: nein	Fax: ja O. N. E-Mail: nein
(9)	**Verwahrung**	Anlagekonto: ja	Bankdepot: ja
(10)	**Verpfändung**	Einmalbetrag: ja, B	Sparplan: nein
(11)	**Vollmacht**	ja	
(12)	**Verkaufserlöse**	Auf eigenes Konto: ja Konto eines Dritten: nein	
(13)	**AA in %:**	netto Aktienfonds: 5 Immobilienfonds: ./. Switch: 1	 Rentenfonds: 3 Geldmarktfonds: 1
(14)	**Teilliquidation**	nein	
(15)	**Kontoführungsgebühr**	./.	
(16)	**Steuermitteilung**	Zwischengewinne berücksichtigt: ja, i, 3	
(17)	**Besonderheiten**	–	

PEH

Anschrift:	Tel.: 06171/63 76 50
PEH Wertpapier AG	Fax: 06171/63 76 65
Füllerstr. 8	E-Mail: info@peh.de
61440 Oberursel	Internet: www.peh.de

Die PEH Wertpapier AG ist seit 1981 als konzernunabhängiger Assetmanager in der Betreuung und Beratung von Investmentfonds und institutioneller Anleger aktiv. Heute gehört die PEH mit einem verwalteten Vermögen von mehr als 800 Mio Euro zu den Top Five innerhalb der Branche der unabhängigen Assetmanager. Die PEH ist ein Finanzdienstleistungsunternehmen nach § 1 Abs. 1a Kreditwesengesetz (KWG). Die Aktien der PEH Wertpapier AG sind seit 1998 börsennotiert. Die Aktie wird an den Börsen in Frankfurt, Berlin und München im geregelten Markt notiert. Die Geschäftsfelder der PEH sind fokussiert und an den Kernkompetenzen des Unternehmens ausgerichtet. Sie umfassen die individuelle Finanzplanung und Vermögensverwaltung, das Asset- und Fondsmanagement sowie den Aufbau von Beteiligungen im Bereich der unabhängigen Vermögensverwaltungen. Als langjährig erfolgreicher Fondsmanager verbindet die PEH Wertpapier AG Unabhängigkeit und Flexibilität in systematischen Investmentprozessen für ihre Kunden. Der Hauptfokus der 20-jährigen Tätigkeit liegt auf den internationalen und europäischen Aktien-/Rentenmärkten. Kurzfristiges Liquiditätsmanagement gehört genauso zu den Kernkompetenzen wie die Verwaltung risikoadjustierter Mischportfolios. Neben dem gezielten Aufbau einer kontinuierlichen Outperformance wird ein konsequentes Risikomanagement in einem transparenten Allokationsprozess eingesetzt. PEH Wertpapier AG steht für aktives Fondsmanagement. Die Unabhängigkeit ist ein Garant für qualifiziertes Research nach den Prinzipien des „Best Advise“. Auf der Grundlage eines spezifischen Risiko-/Ertrags-Profils verfolgt die PEH Wertpapier AG einen aktiven Managementstil. Aufbauend auf verifizierten technischen und quantitativen Analyseprozessen werden diszipliniert Markt-Ineffizienzen ausgenutzt, die über die Asset Allocation bis zur Einzeltitel-Selektion systematische Outperformance generieren. Strukturierte und disziplinierte Investmentprozesse stehen für den Erfolg im Asset Management. Dynamische Risikomanagementstrategien im Aktien-, Duration- und Währungssegment werden additiv integriert.

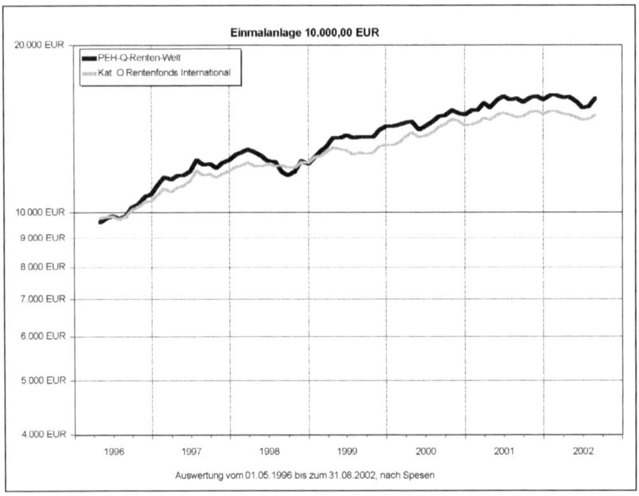

Quelle: FVBS

(1)	**Fondsmanagement**	Teamansatz; verantwortlich: Carsten Osswald	
(2)	**Managementansatz**	aktive Managementansätze, Value: PH-Strategie	
(3)	**Unternehmensauswahl**	Bottom-up bei Aktienfonds, Top-down bei Rentenfonds	
(4)	**Mindestanlagebeträge**	Erstanlage: Folganlage: Sparplan: Entnahmeplan:	€ 2 500,00 für P-Shares € 100,00 € 25 000,00
(5)	**Vertrieb**	Direkt: ja Fondsshops: ja	Banken: ja Discountbroker: ja
(6)	**Abwicklungszeitraum**	Kauf: 2 BAT, Verkauf: 2 BAT Switch: 2 BAT	
(7)	**Zahlstelle**	Dt. ZentraGenossenschaftsbank	
(8)	**Kauf/Verkauf/Switch möglich per**	Post: ja Telefon: ja Internet: nein	Fax: ja E-Mail: ja
(9)	**Verwahrung**	Anlagekonto: ja	Bankdepot: ja
(10)	**Verpfändung**	Einmalbetrag: ja	Sparplan: nein
(11)	**Vollmacht**	ja	
(12)	**Verkaufserlöse**	Auf eigenes Konto: ja Konto eines Dritten: nein	
(13)	**AA in %:**	brutto / netto Aktienfonds: 4 Switch: 1	 Rentenfonds: 2-4
(14)	**Teilliquidation**	Restwert: ja	
(15)	**Kontoführungsgebühr**	keine	
(16)	**Steuermitteilung**	ja Zwischengewinne berücksichtigt: ja	
(17)	**Besonderheiten**	–	

Pictet Funds

Anschrift:	Tel.: 069/707 966-0
Pictet Funds GmbH	Fax: 069/707 966-64
Guiollettstr. 34	E-Mail: pictetfunds@pictet.com
60325 Frankfurt	Internet: www.pictetfunds.com

Pictet & Cie wurde bereits 1805 in Genf gegründet und gilt als eine der renommiertesten Banken für Vermögensverwaltung in Europa. Mit über 130 Milliarden Euro verwaltetem Vermögen in über 80 Ländern ist Pictet eine der größten echten Privatbanken der Schweiz. Pictet & Cie ist im Besitz von acht geschäftsführenden Teilhabern, die mit ihrem gesamten persönlichen Vermögen uneingeschränkt und solidarisch für alle von der Bank eingegangenen Verpflichtungen haften.
Mit weltweit über 1.800 Mitarbeitern hat Pictet eine klar definierte und fokussierte Unternehmensstrategie gewählt, die sich auf sechs Geschäftsbereiche erstreckt (Private Banking, institutionelles Asset Management, Global Custody, Family Office, Brokerage Schweizer Aktien, Investmentfonds). Für den weltweiten Vertrieb von Pictet-Investmentfonds ist Pictet Fund S. A. (Genf) verantwortlich, vor drei Jahren als jüngster eigenständiger Geschäftsbereich gegründet. Pictets größte Fondsmanagement-Zentren sind in Genf und London angesiedelt. Die Tochtergesellschaft Banque Pictet (Luxembourg) S. A. ist das Kompetenzzentrum für die Administration der meisten Investmentfonds der Gruppe und dient als Depotbank, Verwaltungs-, Transfer- und Zahlstelle. Als Antwort auf die rasant wachsende Nachfrage nach erfolgreichen Fondsprodukten wurde im Dezember 2000 die Pictet Funds GmbH in Frankfurt gegründet. Dort widmet sich ein 13-köpfiges Team den Vertriebs- und Marketingaufgaben, die sich für den deutschen Markt stellen.

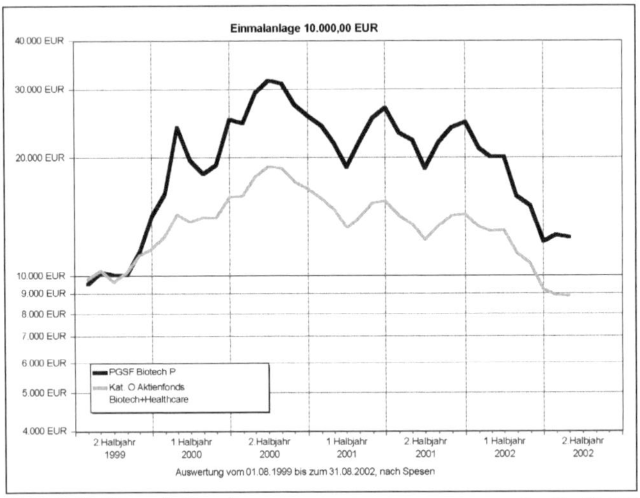

P.G.S.F. Biotech Fund Quelle: FVBS

(1)	**Fondsmanagement**	teamorientiert	
(2)	**Managementansatz**	Je nach Fonds eher „valueorientiert“ oder „growth-orientiert“, jedoch keine generelle Zuordnung möglich.	
(3)	**Unternehmensauswahl**	Beide Investmentansätze fließen in unsere Produkte ein.	
(4)	**Mindestanlagebeträge**	Erstanlage: Folgeanlage: Sparplan: Entnahmeplan:	€ 2 500 für P-Shares € 2 500 für P-Shares in Planung in Planung
(5)	**Vertrieb**	Direkt: nein	Banken: ja
		Fondsshops: ja	Discountbroker: ja, m.R.
(6)	**Abwicklungszeitraum**	Verkauf: 2-4 BAT	
(7)	**Zahlstelle**	B. Metzler seel. Sohn & Co. KGaA	
(8)	**Kauf/Verkauf/Switch**		
	möglich per	Post: ja Telefon: nein Internet: nein	Fax: ja E-Mail: nein
(9)	**Verwahrung**	Anlagekonto: nein	Bankdepot: ja
(10)	**Verpfändung**	siehe Bank	
(11)	**Vollmacht**	siehe Bank	
(12)	**Verkaufserlöse**	siehe Bank	
(13)	**AA in %**	brutto Aktienfonds: 5 Geldmarktfonds: 0	 Rentenfonds: 3
(14)	**Teilliquidation**	nein	
(15)	**Kontoführungsgebühr**	siehe Bank	
(16)	**Steuermitteilung**	siehe Bank	
(17)	**Besonderheiten**	Bei Auflage des Buches konnten Privatanleger Pictet-Fonds nur über Banken erwerben. Investmentkonten und auch Sparpläne befanden sich jedoch bereits in Planung.	

Pioneer Investments

Anschrift:	Tel.: 089/29 07 41-0
Pioneer Fonds Marketing GmbH	Fax: 089/29 07 41-8099
Hopfenstraße 4	E-Mail: info@pioneerinvest.de
80335 München	Internet: www.pioneerinvestments.de

Pioneer Investments managt Fonds seit 1928 und gehört zur italienischen Bankengruppe UniCredit. Pioneer Investments ist weltweit tätig und unterhält Investmentzentren in Boston, Dublin, Mailand, Warschau, Prag und Singapur sowie Büros in 18 Ländern der Welt und beschäftigt über 1.800 Angestellte. Das verwaltete Fondsvermögen beträgt über 168,2 Mrd. Euro. Mit rund 4,5 Mrd. Euro Vermögensgeldern ist Pioneer Alternative Investments im Hedgefonds-Bereich vertreten.

Pioneer Investments und Activest: gemeinsam stärker
Mit der Integration von Pioneer Investments und Activest entsteht ein global integrierter Vermögensverwalter. Die neue Investmentgruppe verwaltet 255 Milliarden Euro (Stand: 31.10.2005) und ist in 22 Ländern präsent. Anleger profitieren von einem noch breiteren Angebot an ausgezeichneten Fonds und der einzigartigen Kombination aus globaler und lokaler Investmentkompetenz.

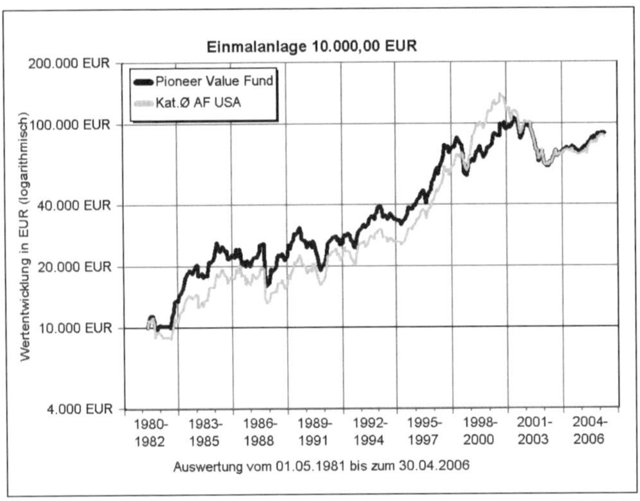

Pioneer Value Fund Quelle: FVBS

Investmentphilosophie und Erfolgsfaktoren: 1928 gründete Philip L. Carret den Pioneer Fund, den drittältesten Aktien fonds der USA. Warren Buffett bezeichnete ihn einmal als „besten langfristigen Anlageerfolg der Geschichte Amerikas". Carret war ein Visionär, der den Gedanken der Risikostreuung mit seiner Idee langfristiger Anlage verband: dem Value Investing: Er analysierte Unternehmen fundamental und investierte nur dann, wenn der Aktienkurs den eigentlichen Wert des Unternehmens nur ungenügend wiedergab und Erholungspotenzial bestand. Die Idee Carrets lebt in den Fonds von Pioneer Investments weiter. Die Kauf- und Verkaufsentscheidungen der Fondsmanager beruhen auf einer ausführlichen fundamentalen und quantitativen Analyse und der permanenten Suche nach attraktiv bewerteten Unternehmen. Der Bottom-up-Ansatz ist entscheidend für die Auswahl der Wertpapiere. Risikomanagement begleitet jede Investmententscheidung.

Ausgezeichneter Investmentprozess: Im Mai 2005 hat die internationale Rating-Agentur Fitch die Investmentzentren von Pioneer Investments in Boston, Dublin und Mailand eingehend analysiert und mit der Note „AM2+" für seinen weltweit sehr hohen Qualitäts- und Prozessstandard ausgezeichnet. „AM2+" ist das höchste

(1)	**Fondsmanagement**	Die Fonds von Pioneer Investments werden je nach Anlageschwerpunkt von verschiedenen Managementteams verwaltet.	
(2)	**Managementansatz**	Pioneer Investments bietet eine breite Palette von Fonds verschiedener Anlagestile an.	
(3)	**Unternehmensauswahl**	Bottom up	
(4)	**Mindestanlagebeträge**	Erstanlage: Folgeanlage: Sparplan: Entnahmeplan:	€ 2 500,00 € 1 000.00 € 150 mtl., € 250,00 vj. € 20 000,00
(5)	**Vertrieb**	Direkt: nein Fondsshops: ja	Banken: ja Discountbroker: ja
(10)	**Abwicklungszeitraum**	Kauf: 3 BAT Switch: 2 BAT	Verkauf: 5-7 BAT
(11)	**Zahlstelle**	Citigroup AG, Frankfurt	
(12)	**Kauf/Verkauf/Switch möglich per**	Post: ja Telefon: ja (nur Verkauf/Switch) Email: nein	Fax: ja (nur Verkauf/Switch) Internet: nein
(13)	**Verwahrung**	Anlagekonto: ja (Fonds von Pioneer Investments können in vielen Bankdepots verwahrt werden. Pioneer Investments bietet selbst jedoch kein Bankdepot an.)	Bankdepot: ja
(14)	**Verpfändung**	Einmalbetrag: ja	Sparplan: ja
(15)	**Vollmacht**	ja	
(16)	**Verkaufserlöse**	auf eigenes Konto: ja	Konto eines Dritten: ja
(17)	**AA in %**	brutto Aktienfonds: 5 Geldmarktfonds: 0 Lifestyle-Fonds: 5 Total-Return-Fonds: 3,5 (Bezogen auf Anteile der Klasse A)	 Rentenfonds: 3,5 Spezialrentenfonds: 5 Switch: –
(18)	**Teilliquidation**	ja – Restwert: kein Restwert vorgeschrieben Zeitraum: innerhalb 12 Monaten	
(19)	**Kontoführungsgebühr**	keine	
(20)	**Steuermitteilung**	ja, nach § 5 Abs. 1 Nr. 1 und 2 InvStG (für Luxemburger Fonds) Zwischengewinne berücksichtigt: ja	

globale Asset-Manager-Rating, das Fitch bisher vergeben hat. Weltweit wurden lediglich zwei Unternehmen mit diesem globalen Rating ausgezeichnet. Produkte: Pioneer Investments gestaltet auf der Basis seiner 78 Jahre langen Erfahrung Investmentlösungen für institutionelle Investoren und für Privatkunden. Zur Produktpalette gehören weltweit über 180 Aktien-, Renten- und Geldmarktfonds, sowie strukturierte Produkte und Hedgefonds. Insgesamt sind in Deutschland über 50 Publikumsfonds zum Vertrieb zugelassen.

Schroder Investment Management (Lux) S. A.

Anschrift:	Tel.: 069/975717-0
Schroder Fonds-Service GmbH	Fax: 069/975717-302
Mainzer Landstraße 16	E-Mail: info@schroders.com
60325 Frankfurt	Internet: www.schroders.de

& Schroder Fonds-Service GmbH, Frankfurt – Vertrieb
Schroders wurde 1804 in London gegründet und zählt heute weltweit zu den fünf größten unabhängigen Investmentgesellschaften. Mit mehr als 2.700 Mitarbeitern und 41 Standorten in 29 Ländern in Europa, Asien, Südamerika, den USA und Südafrika ist Schroders an allen bedeutenden Finanzplätzen der Welt vertreten. Die Fondsmanager der Gesellschaft betreuten zum 31.12.2000 ein Volumen von über 210 Milliarden Euro für private und institutionelle Anleger, das vorwiegend in Pensions- und Publikumsfonds angelegt ist.
In Deutschland ist die Gesellschaft mit der Schroder Fonds-Service GmbH am Finanzplatz Frankfurt vertreten. Schroder Fonds-Service ist als Vertriebsgesellschaft und Ansprechpartner für deutsche und österreichische Kunden tätig. Über Banken, Versicherungen und ausgewählte Vertriebspartner können die 31 Teilfonds des in Luxemburg domizilierten „Schroder International Selction Fund SICAV" (kurz SISF) erworben werden.

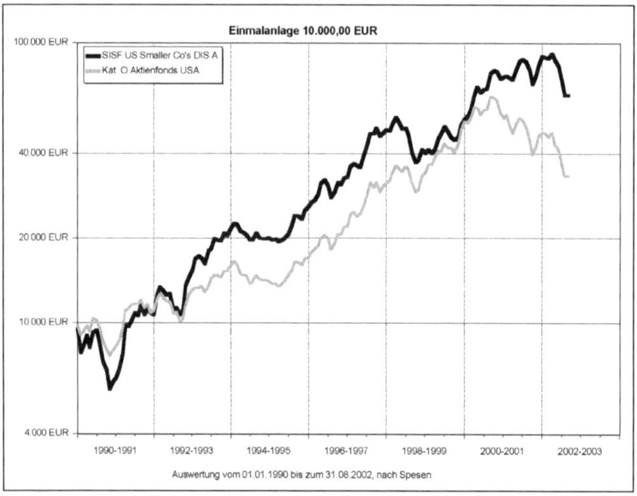

SISF US Smaller Companies Quelle: FVBS

Die Investmentstrategie von Schroders ist auf stabile, langfristige Erträge ausgerichtet. Bei der Anlageentscheidung setzen die Fondsmanager den Schwerpunkt deshalb auf langzeitorientierte Werte, die die fundamentalen Wirtschaftsdaten des jeweiligen Marktes widerspiegeln und deren tatsächliches Potenzial sich noch nicht im Marktpreis ausdrückt.

(1)	**Fondsmanagements**	teamorientiert	
(2)	**Managementansatz**	GARP – Growth at a reasonable price	
(3)	**Unternehmensauswahl**	Bottom-up: bei Titeln Selektion Top-down: bei Asset-Allocation	
(4)	**Mindestanlagebeträge**	Erstanlage: Folgeanlage: Sparplan: Entnahmeplan:	€ 1 000,00 € 1 000,00 k. Sp. k. Ep.
(5)	**Vertrieb**:	Direkt: nein Fondsshops: ja	Banken: ja Discountbroker: ja
(6)	**Abwicklungszeitraum**	Verkauf: 3 BAT	
(7)	**Zahlstelle**	Bank of America NT & SA,	
(8)	**Kauf/Verkauf/Switch möglich per**	Post: ja Telefon: nein Internet: nein	Fax: ja E-Mail: nein
(9)	**Verwahrung**	Anlagekonto: ja	Bankdepot: ja
(10)	**Verpfändung**	Einmalbetrag: ja	Sparplan: nein
(11)	**Vollmacht**	ja	
(12)	**Verkaufserlöse**	Auf eigenes Konto: ja Konto eines Dritten: nein	
(13)	**AA in % *1**	brutto Aktienfonds: 5 Switch: 0	 Rentenfonds: 5
(14)	**Teilliquidation**	nein	
(15)	**Kontoführungsgebühr**	keine	
(20)	**Steuermitteilung**	nein Zwischengewinne berücksichtigt: nein	
(21)	**Besonderheiten**	*1 B-Anteile: 0	

Threadneedle Investments

Anschrift:	Tel.: 0800/182 2549*[1]
Threadneedle Investments	Fax: 0044/1793 363 609
Client Service	E-Mail:
PO Box 1457	client.service@threadneedle.co.uk
Swindon SN1 1FP, Großbritannien	Internet: www.threadneedle.de

Threadneedle Investments ist eine Tochtergesellschaft von Zurich Scudder Investments, einem der weltweit größten Finanzdienstleistungsunternehmen mit mehr als 370 Milliarden US-Dollar unter Verwaltung (Stand: 31.12.2000). Gegründet 1994, war Threadneedle das erste Unternehmen in Großbritannien, das eine „Open Ended Investment Company" (OEIC) in Form eines „Umbrella-Fonds" anbot. Mit Threadneedle Investments stehen dem Anleger eine Vielzahl von Fonds und verschiedene Anlageklassen für Investments offen. Threadneedle Investments ist mit einem verwalteten Vermögen von rund 81 Milliarden Euro (Stand: 31.5.2001) die derzeit drittgrößte Fondsgesellschaft in Großbritannien und zählt damit zu den bedeutendsten Investmentgesellschaften sowohl für private als auch institutionelle Anleger im europäischen Investmentmarkt. Im Zentrum des Investmentprozesses steht das Investmentmanagement-Team. Dieses setzt sich aus mehr als 80 Investmentexperten zusammen, deren Kompetenzen schwerpunktmäßig auf sechs verschiedene Investmentregionen aufgeteilt sind. Zusätzlich bieten spezialisierte Teams, die für quantitatives und strategisches Research zuständig sind bzw. den Wertpapierhandel ausführen, kompetente Unterstützung. Obwohl die Teams in allen Bereichen des Fondsmanagements zusammenarbeiten, ist die Struktur so flexibel gehalten, dass auch die individuelle Leistungsfähigkeit gefördert wird. Die aussichtsreichsten Ideen bezüglich einzelner Wertpapiere werden von den Investmentteams in einer Kernliste festgehalten. Sämtliche Fonds müssen die Mehrheit ihrer Vermögenswerte aus dieser Kernliste zusammenstellen. Diese disziplinierte Vorgehensweise schafft einen hohen Grad an Konstanz in den verschiedenen Portfolios und nutzt Research-Ressourcen optimal. Threadneedle zählt zu den Fondsgesellschaften, die sich nicht nur auf Wachstumswerte konzentrieren. Vielmehr wird auch die Komponente Qualität beachtet. Wachstum muss zu rationalen Bewertungen erworben werden und nicht um jeden Preis.

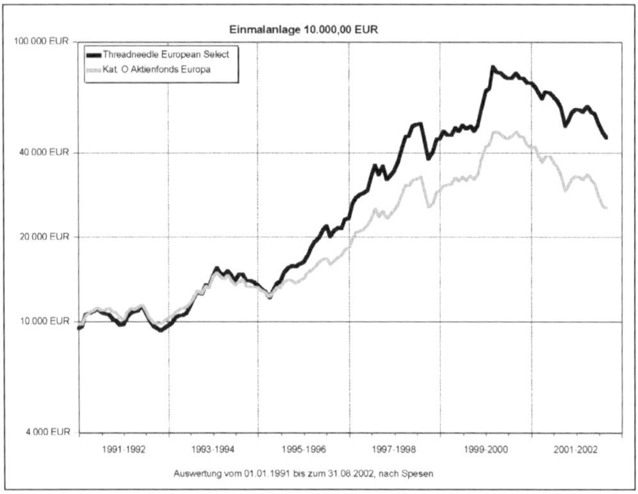

Threadneedle European Select Growth Fund Quelle: FVBS

(1)	**Fondsmanagement**	Ein Team von mehr als 80 Investmentexperten.	
(2)	**Managementansatz**	Je nach Fonds ergeben sich Kombinationen aus Value oder Growth sowie aus Top-down und Bottom-up.	
(3)	**Unternehmensauswahl**		
(4)	**Mindestanlagebeträge**	Erstanlage: Folgeanlage: Sparplan: Entnahmeplan:	€ 2 500,00*2 € 750,00*3 € 75,00 k. Ep.
(5)	**Vertrieb**	Direkt: ja Fondsshops: ja	Banken: ja Discountbroker: ja
(6)	**Abwicklungszeitraum**	Verkauf: 1 BAT	
(7)	**Zahlstelle**	Chase Manhattan Bank AG	
(8)	**Kauf/Verkauf/Switch möglich per**	Post: ja Telefon: ja Internet: nein	Fax: ja, O. n. E-Mail: nein
(9)	**Verwahrung**	Anlagekonto: ja	Bankdepot: ja
(10)	**Verpfändung**	Einmalbetrag: ja, B	Sparplan: ja, B
(11)	**Vollmacht**	ja (nur zu Lebzeiten)	
(12)	**Verkaufserlöse**	Auf eigenes Konto: ja Konto eines Dritten: nein	
(13)	**AA in %**	brutto*4 Aktienfonds: 5 Geldmarktfonds: 5	 Rentenfonds: 5 Switch: 0
(14)	**Teilliquidation**:	nein Restwert: entfällt	 Zeitraum: entfällt
(15)	**Kontoführungsgebühr**:	nein	
(16)	**Steuermitteilung**:	i4(KJ)/1 Finanzjahr Zwischengewinne berücksichtigt: ja	
(17)	**Besonderheiten**:	*1 Gebührenfrei aus Deutschland *2 Anteilsklasse 2: € 750 000,00 *3 Anteilklasse 2: € 40 000,00 *4 Anteilsklasse 2: 0 %	

UBS AG

Anschrift:	Tel.: 069/1369 5300
UBS Asset Management	Fax: 069/1369 5310
Stephanstrasse 14–16	E-Mail: sh-info-deutschlandfonds@ubs.com
60313 Frankfurt	Internet: ubs.com/deutschlandfonds

UBS AG, entstanden aus der Fusion von Schweizerischer Bankgesellschaft und Schweizerischem Bankverein, ist eines der führenden Finanzinstitute der Welt. Mit einem verwalteten Vermögen von 2.438 Milliarden Schweizer Franken (per 31.12.2000) gehört UBS weltweit zu den größten Vermögensverwaltern. Als Fondsverwalter beansprucht UBS mit einem verwalteten Fondsvermögen von 200 Milliarden Schweizer Franken (per 31.12.2000) eine Spitzenstellung in Europa. Die Präsenz rund um den Globus ermöglicht es UBS, neue Entwicklungen umfassend zu analysieren und schnell auf sie zu reagieren. Die Manager der UBS Investment Fonds greifen auf die weltweiten Ressourcen von UBS und die langjährige Erfahrung mit der Verwaltung großer Vermögen zurück. Damit bietet UBS Fondsanlegern ein professionelles Anlagemanagement, wie es üblicherweise nur institutionellen Investoren zugänglich ist. Schon seit fast 20 Jahren verfolgt UBS Asset Management dieselbe Investmentphilosophie, sie ist grundsätzlich langfristig und wertorientiert ausgerichtet. Bevorzugt werden also Wertpapiere, welche vergleichsweise günstig bewertet sind. Die Investitionsentscheidungen basieren auf fundamentaler Analyse, eigens entwickelten Bewertungsmodellen sowie der langjährigen Erfahrung der rund 700 Strategen, Analysten und Portfoliomanager.

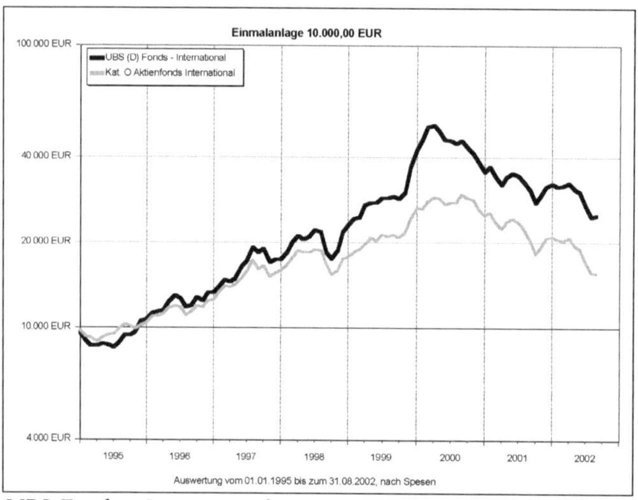

UBS Fonds – International Quelle: FVBS

UBS AG bietet insgesamt circa 150 Fonds in Deutschland zum Vertrieb an. Den Anlegern steht damit eine umfassende Palette von Aktien-, Renten-, Geldmarkt-, Anlagestrategie- und Absicherungsfonds zur Verfügung. Für die Verwahrung der Fondsanteile bietet UBS AG an, ein Investmentkonto zu eröffnen. Das Konto kann wahlweise in Deutschland oder in der Schweiz geführt werden. Die Kontoeröffnung kann in beiden Fällen auch von zu Hause aus erfolgen.

(1) **Fondsmanagement**	Die meisten Fonds werden von einem Team gemanagt.	
(2) **Managementansatz**	Preis-Wert-Ansatz	
(3) **Unternehmensauswahl**	Je nach Fonds ergeben sich Kombinationen aus Bottom-up und Top-down	
(4) **Mindestanlagebeträge**	Erstanlage Folgeanlage: Sparplan Entnahmeplan	€ 500,00 € 50,00 € 20 000.00
(5) **Vertrieb**	Direkt: Fondsshops: ja	Banken: ja Discountbroker: ja
(6) **Abwicklungszeitraum**	Kauf: 1-2 BAT Switch: 1-2 BAT	Verkauf: 1-2 BAT
(7) **Zahlstelle**	Schröder Münchmeyer Hengst AG	
(8) **Kauf/Verkauf/Switch möglich per**	Post: ja Telefon: nein Internet: nein	Fax: ja E-Mail: nein
(9) **Verwahrung**	Anlagekonto: ja	Bankdepot: nein
(10) **Verpfändung**	Einmalbetrag: ja, B	Sparplan: ja, B
(11) **Vollmacht**	ja	
(12) **Verkaufserlöse**	Auf eigenes Konto: ja Konto eines Dritten: ja	
(13) **AA in %**	netto Aktienfonds: 4-5 Geldmarktfonds: 1	 Rentenfonds: 3 Switch: i. d. R. kostenlos
(14) **Teilliquidation**	nein	
(15) **Kontoführungsgebühr**	€ 10,00 p. a.	
(16) **Steuermitteilung**	i, 3 Zwischengewinne berücksichtigt: ja	
(17) **Besonderheiten**:	Für sämtliche im Zusammenhang mit der Verwaltung von Fonds, dem Kauf oder Verkauf und der Verwahrung der Wertpapiere anfallenden Kosten und sonstige Aufwendungen wird eine umfassende „All-in-Fee" erhoben. Dies gilt für den größten Teil der UBS-Fondspalette und bietet Investoren eine optimale Preistransparenz.	

Vontobel Fonds Services AG

Anschrift:	Tel.: +41 1 283 76 55
Vontobel Fonds Services AG	Fax: +41 1 283 53 05
Dianastrasse 9	E-Mail: fonds@vontobel.ch
CH-8022 Zürich	Internet: www.vontobel.ch

Die 1990 gegründete Vontobel Fonds Services AG ist zu 100 Prozent ein Tochterunternehmen der Vontobel Holding AG.
Sie ist auf die Entwicklung und Lancierung neuer Anlagefonds (inklusive Private Labeling), deren Vertrieb sowie deren effiziente und kundengerechte Administration spezialisiert. Das Marketing und die Verkaufsunterstützung für die Schweiz, Deutschland, Italien und ab Ende 2001 auch für Spanien sind in Zürich angesiedelt.
Die Fondspalette umfasst 56 Fonds in den Anlagesegmenten Aktien, Obligationen, Portfolio, Nachhaltigkeit und Fund of Funds. Mit rund 32 Mitarbeitern betreut die Vontobel Fonds Services AG ein Fondsvolumen von rund 7,7 Milliarden Euro.

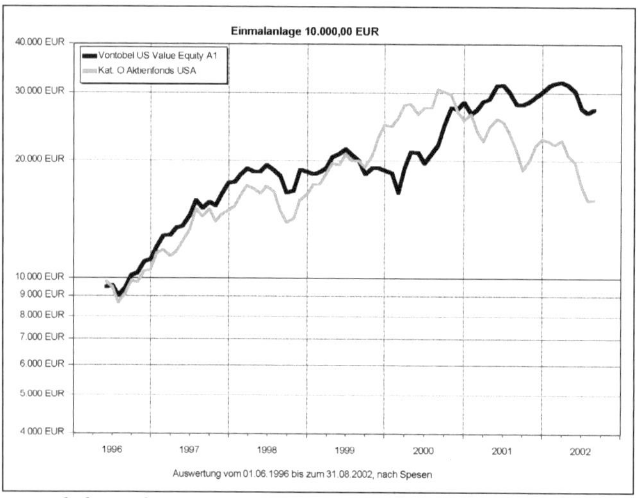

Vontobel Funds – US Value Equity Quelle: FVBS

(1)	**Fondsmanagement**	Die meisten Fonds werden von einem Team gemanagt.	
(2)	**Managementansatz**	Je nach Fonds verschieden	
(3)	**Unternehmensauswahl**	Je nach Fonds verschieden	
(4)	**Mindestanlagebeträge**	Erstanlage: Folgeanlage: Sparplan: Entnahmeplan:	€ 3 000,00 k. Sp. k. Ep.
(5)	**Vertrieb**:	Direkt: nein Fondsshops: ja	Banken: ja Discountbroker: ja
(6)	**Abwicklungszeitraum**	Verkauf 4 BAT	
(7)	**Zahlstelle**	B. Metzler Seel. Sohn & Co.	
(8)	**Kauf/Verkauf/Switch möglich per**	Post: ja Telefon: nein Internet: nein	Fax: ja E-Mail: nein
(9)	**Verwahrung**	Anlagekonto: nein	Bankdepot: ja
(10)	**Verpfändung**	Einmalbetrag: ja, B	Sparplan: nein
(11)	**Vollmacht**	ja (bei Bank)	
(12)	**Verkaufserlöse**	Auf eigenes Konto: ja Konto eines Dritten: nein	
(13)	**AA in %**	brutto Aktienfonds: 4,5 Geldmarktfonds: 0	 Rentenfonds: 3 Switch:
(14)	**Teilliquidation**	nein	
(15)	**Kontoführungsgebühr**	siehe Bank	
(16)	**Steuermitteilung**	siehe Bank	
(17)	**Besonderheiten**	–	

Fonds-ABC

A

Absolute Return: Die Anlagestrategie verfolgt ausschließlich absolute Erträge – sprich, das Kapital soll erhalten bleiben, und positive Erträge sollen dazukommen. Sollte die Strategie überhaupt Verluste zulassen, müssen diese auf Sicht von zwölf Monaten aufgeholt sein.

Anleihe: Ein Wertpapier, dass über eine definierte Laufzeit regelmäßig Zinszahlungen sowie am Ende das eingesetzte Kapital zurückzahlt. Da die Zinszahlung in regelmäßigen Abständen vorgenommen wird, bezeichnet man diese Wertpapierart auch als Rentenpapier.

Asset Allocation: Die Aufteilung und Zusammensetzung verschiedener Anlageklassen zu einem Ganzen.

B

Bärenfalle: Das Durchbrechen von Unterstützungslinien deutet auf weiter fallende Kurse hin. Den Zustand, daraufhin Verkäufe getätigt zu haben, und entgegen der Meinung wieder steigende Kurse bezeichnet man als Bärenfalle.

Bärenmarkt: siehe Baisse

Baisse: Anhaltende Phase sinkender Notierungen. Ausmaß 20% oder mehr. Durchschnittliche Dauer seit dem Jahre 1965: elf Monate.

Benchmark: Zielvorgabe für den Fonds. Meist ein Index, der möglichst nahe den Kapitalmarkt widerspiegelt, der am nächsten an der vorgegebenen Anlagepolitik liegt.

Beta-Faktor: Diese Kennzahl zeigt: Je unabhängiger die Kurse einzelner Wertpapiere zueinander verlaufen, desto niedriger ist ihre Korrelation und desto eher gehören beide Titel zugleich in ein Depot, weil durch die Kombination das Risiko des Gesamtdepots sinkt.

Bewertungseinheit: Währung, in der die Fondsgesellschaft den Fondspreis täglich ermittelt.

Blue Chips: Aktien von Unternehmen, die über einen sehr hohen Bekanntheitsgrad und Marktkapitalisierung verfügen.

Buchwert: Sämtliche Vermögensgegenstände eines Unternehmens, mit ihrem realen Wert bewertet. Liegt der Börsenwert über diesem Buchwert, gilt der Aktienkurs als preiswert.

Bullenmarkt: siehe Hausse

C

Contrary Opinion: Kaufen, wenn die Stimmung am Boden ist. Verkaufen, wenn die Euphorie groß ist. Die Erklärung: Optimisten haben ihr Geld investiert; Pessimisten warten dagegen auf bessere Zeiten und sind deshalb potenzielle Käufer.

Corporate Bonds: Die englische Bezeichnung für Firmenanleihen.

Credit Spread: Staatsanleihen gelten als sicherer wie Industrieanleihen. Je niedriger die Bonität des Unternehmens, desto höher ist der Aufpreis. Der Risikozuschlag, der über den Renditen von Staatsanleihen gezahlt wird, heißt „Credit Spread“.

D

DAX: Deutscher Aktien Index. Zeigt die 30 größten und umsatzstärksten deutschen Aktiengesellschaften (Blue Chips) als zusammengefasste Kursbewegung.

Dow-Jones-Index: US-amerikanischer Aktien-Index. Zeigt die 30 größten und umsatzstärksten amerikanischen Aktiengesellschaften (Blue Chips) als zusammengefasste Kursbewegung. Wurde 1897 vom Verlag Dow Jones & Comp. für die New Yorker Börse eingeführt.

Duration: Duration ist die durchschnittliche Kapitalbindungsdauer einer Investition. Sie spiegelt die Sensitivität des Preises einer Anleihe bei Veränderung des Zinsniveaus wider. Hohe Duration = lange Kapitalbindung = hohe Schwankungsintensität des Anleihenkurses bei Veränderungen des Renditeniveaus.

E

EBIT: Einkommen eines Unternehmens vor Zins- und Steuerzahlungen und Schuldentilgung.

Emerging Markets: Auch Schwellenländer genannt. Sich entwickelnde, aufstrebende Länder. Unter anderem: Argentinien, Brasilien, Osteuropa, Südafrika, Südkorea, Türkei.

F

Free Float: Der Aktienanteil, der von einer an der Börse notierten AG nicht in festem Besitz ist. Man sagt auch Streubesitz.

G

Goldminen: Die Bezeichnung Goldminen steht für alle Anlageformen, die direkt oder indirekt eine Investition in Goldminen-Aktien darstellen. Dies sind u. a.: einzelne Goldminen-Aktien, Goldminenfonds oder auch Zertifikate, die einen Pool von Goldminen-Aktien bzw. eine Investition in einen Goldminenindex nachbilden.

H

Hausse: Ausgedehnte Phase eines Marktanstieges. In der Regel ohne Rückschläge über zehn Prozent hinaus. Durchschnittliche Dauer seit dem Jahre 1965: 52 Monate.

K

KAG: Kapitalanlagegesellschaft. Umgangssprache: Fondsgesellschaft.

KGV: Kurs-Gewinn-Verhältnis. Der Gewinn pro Aktie wird ins Verhältnis zum Aktienkurs gesetzt. Je niedriger das KGV, desto günstiger ist das Unternehmen bewertet.

Korrekturphase: Ein relativ kurz anhaltender Abwärtstrend mit einem Ausmaß bis zu etwa zehn Prozent.

M

Marktkapitalisierung: Der Börsenwert eines Unternehmens. Er wird berechnet, indem alle ausgegebenen Aktien mit dem aktuellen Aktienkurs multipliziert werden.

Markt-Timing: siehe Timing

MSCI: Morgan Stanley Capital International Indices. Die Firma Morgan Stanley hat für die meisten Börsen dieser Welt Indizes entwickelt. Diese Indizes dienen als Benchmark und als Vergleichsmöglichkeit zwischen den einzelnen Kapitalmärkten.

Mutual Fund: amerikanischer Ausdruck für Fonds.

N

Nasdaq: Die Nasdaq wurde 1971 gegründet. Sie ist die elektronische Freiverkehrsbörse für Technologiewerte in den USA.

Neuemission: Ausgabe von Wertpapieren an die Öffentlichkeit. Der Verkauf wird meist von einem Emissionskonsortium (Bankengruppe) übernommen.

Neuer Markt: Deutsches Börsensegment für junge Wachstumswerte mit hohem Kapitalbedarf. Der Neue Markt wurde 1997 gegründet.

Nikkei: Index für die japanische Börse. Insgesamt in diesem Index 225 Aktiengesellschaften erfasst. Deshalb heißt er genau auch Nikkei 225.

P

PEG-Ratio: Price Earning to Growth Ratio: Das KGV eines Jahres wird in Relation zum erwarteten Gewinnwachstum des Folgejahres gesetzt.

Performance: Wertentwicklung von Wertpapieren/Fonds.

Portfolio: Die Zusammensetzung von verschiedenen Wertpapieren zu einem Depot bzw. Fonds.

R

Referenzwährung: siehe Bewertungseinheit.

Rentenpapier: siehe Anleihe

S

S&P 500: Index für die 500 größten US-Werte.

Sharpe Ratio: Die Sharpe Ratio misst die Überschussrendite eines Fonds pro Risikoeinheit. Wenn beispielsweise ein Anleger die Wahl zwischen zwei Fonds hat, die in den vergangenen Jahren die gleiche Durchschnittsrendite erzielt haben, dürfte er den Fonds bevorzugen, der die Rendite mit geringeren Schwankungen erzielt hat.

Spread: siehe „Credit Spread“

Switchen: Wechsel von einem Fonds in einen anderen.

T

Timing: geschicktes Auswählen von Kauf- und Verkaufszeitpunkten. Durch das Ausnutzen der Kursschwankungen kann man höhere Renditen erzielen als der Daueranleger.

Total Expense Ratio (TER): Die Gesamtkosten des Fonds im Verhältnis zum durchschnittlichen Fondsvermögen.

Total Return: Diese Anlagestrategie strebt – losgelöst von einer Benchmark – positive Erträge an. Je nach Kapitalmarktumfeld sind auf zwölf Monate Sicht negative Ergebnisse nicht gänzlich auszuschließen.

Tradingfonds: Fonds ohne Ausgabeaufschlag. Aufgrund der hohen internen Kosten ausschließlich für kurzfristige Anlagen interessant.

V

Volatilität: Schwankungsbereich von Wertpapierkursen während eines bestimmten Zeitraums.

X

XTF: Exchange Traded Funds: Deutsches Börsensegment für börsengehandelte Fondsanteile.

Z

Zinskurve: Grafische Darstellung der Renditeniveaus in Abhängigkeit von der Laufzeit.

Grafikverzeichnis

Tabellenverzeichnis

Stichwortverzeichnis